Carter County Tennessee
Record Abstracts

Marriages
1871-1920

Eddie M. Nikazy

HERITAGE BOOKS
2006

HERITAGE BOOKS
AN IMPRINT OF HERITAGE BOOKS, INC.

Books, CDs, and more—Worldwide

For our listing of thousands of titles see our website
at
www.HeritageBooks.com

Published 2006 by
HERITAGE BOOKS, INC.
Publishing Division
65 East Main Street
Westminster, Maryland 21157-5026

Copyright © 1992 Eddie M. Nikazy

Other books by the author:

Abstracts of Death Records for Johnson County, Tennessee, 1908 to 1941

Carter County, Tennessee Deaths, 1926-1934

Carter County, Tennessee Record Abstracts. Death Records, 1908-1925

Forgotten Soldiers: History of the 2nd Tennessee Volunteer Infantry Regiment (USA,) 1861-1865

Forgotten Soldiers: History of the 4th Tennessee Volunteer Infantry Regiment (USA), 1863-1865

Greene County, Tennessee Death Record Abstracts, Volume 1: 1908-1918

Sullivan County, Tennessee Death Records, 1908-1918, Volume 1

Sullivan County, Tennessee Death Records, 1919-1925, Volume 2

Unicoi County, Tennessee Death Record Abstracts, 1908-1936

Washington County, Tennessee Death Record Abstracts, 1908-1916

All rights reserved. No part of this book may be reproduced or transmitted in any form or by any means, electronic or mechanical, including photocopying, recording or by any information storage and retrieval system without written permission from the author, except for the inclusion of brief quotations in a review.

International Standard Book Number: 978-1-55613-765-6

PREFACE

This compilation of Carter County, Tennessee marriages was assembled and alphabetized to assist family researchers in identifying marriages between the years 1871 and 1920. The task of researching marriages of women is particularly difficult since county records are indexed only by the groom's surname. In this work, both bride and groom are listed alphabetically.

County marriage records were not always filed within the date span indicated on the marriage book. For example, many marriages which occurred in 1915 through 1918 time frame appeared in the 1920 books.

Marriages and marriage dates were copied from the following Carter County Court records on microfilm in the Tennessee State Library and Archives: Volume, Jun 1856 through Jan 1876; Volume, Dec 1796 through Feb 1879; Volume 2, Jan 1881 through Aug 1887; Volume 3, Aug 1887 through Oct 1982; Volume 4, Oct 1892 through Nov 1896; Volume 5, Dec 1896 through Sep 1900; Volume 6, Sep 1900 through Aug 1903; Volume 7, Sep 1903 through Jul 1906; Volume 8, Aug 1906 through Mar 1909; Volume 9, Mar 1909 through Dec 1911; Volume 10, Dec 1911 through Sep 1914; Volume 11, Sep 1914 through Aug 1917; Volume 12, Sep 1917 through Jun 1920; Volume 13, Jun 1920 through Apr 1922.

No asterisk following the date indicates the actual date of a marriage ceremony by a minister or local official. A single asterisk (*) following the date indicates the date the marriage license was issued and no date of marriage was shown in the record. Two asterisks (**) indicates the record showed that the marriage did not occur.

I wish to acknowledge the contribution of the Tennessee State Library and Archives. In addition, I wish to acknowledge the encouragement of my wife, Peggy Hart Nikazy, whose parents and grand-parents names are contained within these pages.

Eddie M. Nikazy
Hendersonville, Tennessee

Absher, Emma	Cordell, A.D.	19 Jun 1905
Absher, Nannie	Long, R.L.	5 Sep 1917
Abslier, Della Bell	Smith, Bruce	3 Jul 1913
Adams, John Q.	Weaver, Lucy	18 Nov 1910
Adams, Margurete May	Greer, T.J.	23 Jul 1918
Adams, Mary Jane	Horton, Toy	17 Sep 1919
Adams, Mary L.	Albertson, H.W.	30 Apr 1893
Adams, Polly	Campbell, Charles	2 Jul 1915
Adams, R.	Whaly, James	12 Jul 1903
Adams, R.E.	McQueen, John S.	7 Apr 1896
Adams, William	Emmert, Sarah	7 Jan 1878
Adams, William	Clemons, Minnie	18 Jun 1910
Adams Luther	McKeehan, Ollie	22 Sep 1916
Adamson, E.L.	Buck, Roxie Lee	14 Feb 1916
Adkins, Lockie	Buck, David	7 Mar 1908
Adkins, Milton	Baird, Eliza	3 Nov 1904*
Adkins, Rice	Peoples, Trude	23 Dec 1906
Adkins, Sam	Peters, Emma	1 Jul 1916
Adkins, Samuel	Houston, Grady	23 Dec 1911
Agers, Joseph	Smith, Delia	13 Sep 1896
Akin, William	Perry, Malinda	21 Dec 1874*
Akles, Eliza	Hardin, Eli	21 Jan 1887
Albert, Houston	Blevins, Bessie	16 Jan 1919
Albertson, Alberta	McNabb, Ben	28 Mar 1909
Albertson, H.W.	Adams, Mary L.	30 Apr 1893
Albertson, Lela	Hilton, Fred	3 Jan 1909
Albright, Sarah	Shell, H.J.	21 May 1871
Aldrich, Emma	Nave, L.D.	22 Mar 1915
Aldridge, Alice	Keen, James M.	23 Nov 1882
Aldridge, Annie	Nowell, Charles	19 Nov 1896
Aldridge, Ella	Colbaugh, Charles	25 May 1912
Aldridge, Etta	Colbaugh, Charles	3 Jul 1910
Aldridge, George	Burrow, Laura	4 Sep 1887
Aldridge, Stokes	Stewart, Lou	11 Dec 1903
Alexander, Henry F.	Stover, Emma Brooks	20 Jun 1894
Alford, Nancy	Harden, Daniel	27 Dec 1914
Alford, N.B.	Nidiffer, Mattie	6 Mar 1918
Alford, Rebecca	Crow, George W.	9 Nov 1902
Alfred, Arecy	Ritchie, Alvin	31 Jul 1904
Alfred, John	Ritchie, Dora	20 Jan 1901
Alfred, Leander	Litterel, Sarah	6 Apr 1880*
Alfred, N.B.	Peters, Lorena	18 Sep 1892
Aliff, Dicie	Lilly, M.J.	11 Dec 1905
Alison, Franklin	Daniel, Elizabeth	9 Sep 1871*
Alison, J. Porter	Feathers, Sudie E.	7 Apr 1904
Alison, S.C.	Hampton, Sarah	7 Sep 1876
Allen, Anna	Manning, William	18 Sep 1907

Allen, Eliza	Carter, Robert J.	(no date)
Allen, Frank H.	Ellis, Ethel M.	30 Sep 1918
Allen, Hamilton C.	Ferguson, Sadie	11 Jun 1920
Allen, Hunter	Williams, Maggie	5 Jul 1892
Allen, James R.	Wagner, Mary A.	25 Feb 1896
Allen, J.R.	Skirvin, Alice	22 Feb 1903
Allen, Mary C.	Nave, Joel B.	20 Feb 1887
Allen, Mary T.	Fletcher, James L.	6 Nov 1892
Allen, Winford	Morley, Andrie	24 Dec 1919
Allen, W.B.	Treadway, Nannie A.	19 Nov 1899
Allen, W.H.	Hyder, Minnie C.	4 Nov 1895
Allen, W.R.	Hendrix, Ditha	26 Feb 1903
Allen, W.R.	Renfro, Laura B.	1 Jan 1911
Allen, W.R. (Mr.)	Smith, S.M.	26 Dec 1890
Allison, John	Daniel, Martha	10 Sep 1871
Allison, Nancy F.	Estep, William	19 Mar 1882
Allison, Rena	Miller, Edward	27 Sep 1909
Allison, W.R.	Carriger, Flora	17 Mar 1911
Allmond, Adam	Leftwich, Mollie R.	30 Jun 1892
Alman, Adam	Reed, Mira	28 Jul 1897
Alman, Nancy J.	Myers, Ruben A.	20 Nov 1892
Almany, Mattie	Wilson, John L.	22 Feb 1890
Anderson, Addie L.	Taylor, Charles M.	25 Apr 1883
Anderson, Addie M.	Lacy, John W.	8 Jun 1916
Anderson, Charles	Scalf, Velva	22 May 1916
Anderson, Coy	Grindstaff, Connie	28 May 1919
Anderson, Dicey	Garland, Valentine	22 Oct 1871
Anderson, Eliza C.	Pierce, Lilbern L.	17 Aug 1789
Anderson, Florence J.	Taylor, Alfred A.	22 Jun 1881
Anderson, Frank	Peoples, Hattie	8 Oct 1899
Anderson, G.A.	Crockett, Mary E.	12 Jul 1876
Anderson, H.A.	Potter, J.H. (Mr.)	24 Mar 1918
Anderson, Ida	Buckles, Clyde	5 Oct 1912
Anderson, Ida Blanch	Porch, Harry H.	10 Jan 1916
Anderson, Isaac H.	Martin, Nanny J.	21 Feb 1877*
Anderson, James M.	Taylor, Evelyn	17 Oct 1872
Anderson, Jennie	Bowman, Frank	10 May 1916
Anderson, John E.	White, Rennie	1 Feb 1918
Anderson, J.C.	Gouge, Nettie	11 Mar 1913
Anderson, J.R.	Berton, Levicy	8 Nov 1911
Anderson, Kate	Presnell, G.T.	15 Dec 1900
Anderson, Lela	Brumit, Clarence	21 Dec 1916
Anderson, Lillie	Potter, W.C.	7 May 1895
Anderson, Lula	Pearce, Caleb	1 Jan 1911
Anderson, L.N.	Davis, Mollie	24 Aug 1892
Anderson, Maggie J.	Pierce, Charlie L.	21 Oct 1906
Anderson, Margaret	Wilson, Samuel E.	10 May 1890*

Anderson, Mary J.	Peoples, William B.	24 Apr 1889
Anderson, Mollie E.	Lowe, Henry	15 Sep 1887
Anderson, Pearl	Cole, John S.	28 Aug 1909
Anderson, P.C.	Eller, Roda	12 May 1873
Anderson, Robert	Forbush, Vena	17 Jul 1892
Anderson, Robert	Smith, Myrtle	5 Nov 1909
Anderson, Samuel	Bowers, Cordie	27 Aug 1903
Anderson, Soloman J.	Martin, Martha	24 Feb 1887
Anderson, Viney	Garland, William	21 May 1873*
Anderson, W.E.	Clark, Carrie E.	14 Nov 1894
Andes, J.W.	Potter, Nettie	3 Aug 1913**
Andes, Onida	Church, Sidney	23 Dec 1910
Andrews, C.E.	Lunceford, D.N. (Mr.)	12 May 1917
Andrews, Ezekiel	Banner, Mamie	7 Sep 1919
Andrews, Fannie	Stout, Alvin	21 Feb 1912
Andrews, Hattie	Wheeler, Adam	4 Jul 1914
Andrews, Joe	Clawson, Myrtle	22 Sep 1920
Andrews, Millard	Davis, Florence	23 Sep 1905
Andrews, Wheeler	Finney, Elizabeth	24 May 1919
Andrews, Zadie	Potter, H.P.	10 Jul 1904
Angel, Emma	Wolf, James	25 Jun 1893*
Angel, Eugen	Bateman, Samuel	9 Dec 1899
Angel, Folsom	Grindstaff, Nora	4 Feb 1906
Angel, Gains	Estep, Becca	7 Aug 1909
Angel, Ganes	Perry, Lena	20 Oct 1898
Angel, George	Bowling, Sarah	4 Jul 1900
Angel, Gertrude	Williams, D.N.	23 Oct 1909
Angel, L.L.	Angel, Mattie	31 Mar 1894
Angel, Mary	Smith, Ham	4 Sep 1915
Angel, Mattie	Bamis, John H.	18 Sep 1879
Angel, Mattie	Angel, L.L.	31 Mar 1894
Angel, Pearl	Miller, C.E.	24 Dec 1908
Angel, Robert B.	Folsom, Nancy E.	21 Nov 1886
Angel, Thomas	Guinn, Ellen	15 Feb 1880
Angel, Thomas A.	Turner, Emma	13 Apr 1879
Angell, George H.	Roberts, Lettia	2 Jan 1872
Arance, Sarah J.	Morgan, Andy	7 Jun 1882
Arance, William	Arnell, May	1 Jan 1876*
Arants, McKinley C.	Roberts, Edmond W.	11 Sep 1888
Arch, Margaret	Cash, George W.	24 Jul 1877
Archer, Andrew	Campbell, Mahalia	24 Sep 1898
Archer, Andy	Blevins, L.B.	22 Jan 1901
Archer, Bertha M.	Gray, Thomas M.	4 Dec 1915
Archer, Ella	Grindstaff, Thomas	1 Mar 1891
Archer, Josie	Peters, G.F.	4 Jul 1885*
Archer, Mary	Campbell, Ham	22 Aug 1900
Archer, Nuson	Hinkle, Celia	4 Dec 1895

Archer, Rebecca	Estep, Isaac J.	30 Mar 1890
Archer, Sallie	Campbell, D.R.	9 Jun 1888
Archer, Sallie	Bowers, T.B.	30 Sep 1894
Archer, Seriud	Elliott, Peter	27 Nov 1880
Archibold, George	Winters, Nancy L.	18 Jul 1909
Armed, James	Garland, Zillia	9 Aug 1911
Arnell, May	Arance, William	1 Jan 1876*
Arnett, A.J.	Peters, Annie J.	28 May 1899
Arnett, Bessie	Colbaugh, James	24 Apr 1916
Arnett, Blanch	Guinn, John	8 Sep 1919
Arnett, Columbus C.	Walker, Mary Alice	21 Nov 1915
Arnett, Daniel	Campbell, Cordelia	28 Dec 1896
Arnett, Delia	Dugger, J.H.	24 Dec 1908
Arnett, Dolly	Freeman, Henry	17 Oct 1910
Arnett, D.R.	Boone, Etta Rena	24 Dec 1907
Arnett, Eliza A.	Denny, J.A.	4 Jul 1899
Arnett, Ellen	Lyons, Samuel	26 Nov 1905
Arnett, Ellen	Hopson, Charles	8 Feb 1908
Arnett, Eva	Barnett, Logan	10 Oct 1920
Arnett, Harrison	Ingram, Pearl	14 Apr 1912
Arnett, Harrison	Waycaster, Minnie	2 Jun 1918
Arnett, Hyram	Bryant, Lytha	2 Nov 1881*
Arnett, H.H.	Miller, Alice	10 Jul 1898
Arnett, John	Osborn, Orfey	27 May 1893
Arnett, J.W.	McKinney, Sarah Ann	10 Mar 1912
Arnett, Lillie	Michals, Albert	8 Jan 1913*
Arnett, Lillie	Bennett, Malley	2 May 1915
Arnett, Mary	Orr, Sherd	11 Feb 1890
Arnett, Mary	Arwood, France	4 Apr 1915
Arnett, Nannie	Hopson, James	29 Jun 1902
Arnett, Pearl	Bennett, Harrison	7 Feb 1915
Arnett, Phillip	Banner, Annie	23 May 1920
Arnett, P.B.	Williams, Maude	8 Sep 1906
Arnett, Ruby Ann	Morgan, Samuel	24 Dec 1881
Arnett, Thomas B.	Twiggs, Mary Jane	14 Sep 1879
Arnett, Tim	Hopson, Martha	11 Mar 1903
Arnett, Timothy	Potter, Sary Ann	11 Dec 1910
Arnett, Walter	Lacy, Cordia	31 Mar 1920
Arney, Isaac	Lee, Bessie	20 Oct 1919
Arnold, Alice	Bailey, C.R.	16 Feb 1894
Arnold, Callie	Lipps, Daniel W.	15 Apr 1888
Arnold, Clara	Estep, Wiley	7 Feb 1909
Arnold, Claude	Pierce, Eliza	20 Dec 1903
Arnold, David M.	Garland, Elizabeth	8 Feb 1890
Arnold, Dicy	Campbell, Isaac	11 Dec 1893
Arnold, Easter	Elliott, C.V.	9 May 1908

Arnold, Fannie P.	Baker, C.L.	1 Oct 1891
Arnold, Frank	Campbell, Bessie	30 Apr 1905
Arnold, Garret	Hathaway, Vira	10 Sep 1902
Arnold, George W.	Richardson, Hanna	13 Aug 1876
Arnold, Harrison M.	Campbell, Elizabeth	8 May 1874
Arnold, Jessie	Nidiffer, Nelia	24 Sep 1905
Arnold, Joe Pearl	Brumitt, Edgar M.	24 Dec 1902
Arnold, J.D.	Nidiffer, Nora	10 Jun 1920
Arnold, Lizzie	Richardson, Samuel	2 Jan 1903
Arnold, Maggie	Dugger, William	16 Oct 1909*
Arnold, Maggie	Wilson, Nick	29 Jun 1913
Arnold, Maggie	Whaley, Carter	15 May 1915
Arnold, Martha	Garland, James	6 Dec 1906
Arnold, Martha A.	Fondren, A.B.	7 Mar 1878
Arnold, Mary E.	Campbell, Butler C.	25 Dec 1887
Arnold, Matilda	Cole, William K.	7 Mar 1890
Arnold, Pearl	Triplett, Dave	18 Jan 1919
Arnold, Pet	Lewis, J.B.	21 Dec 1911
Arnold, Phoeba	Ellis, D.G.	14 Jan 1888
Arnold, Sallie	Vanhuss, James M.	11 Jan 1892
Arnold, Virgie	Jackson, S.J.	9 Jul 1902
Arnold, William	Dugger, Ellen	4 Aug 1877
Arnold, William	Estep, Matilda	6 Jun 1893
Arnold, Zella	Estep, Isaac	27 Mar 1920
Arnt, James	Richardson, Phoebe	11 Jul 1895
Arrance, Elcana	Cole, Sarah	21 Feb 1890
Arrance, James	Edens, Ella	1 Oct 1900
Arrance, Timithy	Whitehead, Martha	3 Jan 1879
Arrance, William	White, Josephine	25 Jan 1878
Arrance, William	Richardson, Nancy	4 Feb 1883
Arrant, J.C.	Townsell, Pearl	20 Nov 1909
Arrants, Mary A.	Robertson, James C.	31 Oct 1897
Arrowood, C.L.	Moffet, Mary	10 Mar 1907
Arrowood, Henry	Weatherspoon, Maggie	21 Jan 1911
Arrowood, John	Houstin, Deby	2 Mar 1879
Arrowood, John	Jones, Bessie	3 Dec 1909
Arrowood, Josephine	Jenkins, W.H.	25 Feb 1879
Arrowood, J.C.	Oaks, Lourina	6 Feb 1883
Arrowood, Lillie	Taylor, John	13 Jul 1911
Arrowood, Nancy	Simerly, J.C.	15 Jun 1907
Arrowood, Pheby	Miller, John	26 May 1907
Arrowood, Rebecca	Hopson, Charles	19 Dec 1902
Arrowood, Retta	Taylor, A.W.	21 Oct 1906
Arrowood, Samuel	Nave, Mattie	13 Feb 1910
Arrowoow, Rosa	Gouge, Jacob	17 Jun 1894
Arwood, Alice	Oaks, W.A.	10 Dec 1905
Arwood, Alice	Vaughn, James B.	16 Sep 1913

Arwood, France	Arnett, Mary	4 Apr 1915
Arwood, John	Harrison, Bessie	28 Aug 1915
Arwood, J.W.	Simerly, Stella	8 Oct 1916
Arwood, Martha L.	Freeman, E.A.	20 Aug 1913
Ashby, Joseph	Saraut, Fanny	6 May 1897
Asher, Pearl	Estep, Sherman	7 Nov 1916
Asher, Roy	Hodge, Alaska	15 May 1915
Asher, W.E.	Garland, Nancy A.	22 Dec 1892
Asher, W.E.	Richardson, Martha	9 Jan 1908
Ashley, Fina	Young, Dan	14 Mar 1913
Ashley, James C.	Mock, Eliza	20 Jan 1899
Ashley, Joe	Sevier, Roda	18 Oct 1919
Ashley, Mary	Briggs, A.T.	14 Dec 1902
Ashley, Sarah Ann	Holtsclaw, Mack	30 Jul 1902
Ashley, Vesta	Davis, G.W.	18 Aug 1908
Ashley, Vistie	Crumley, Walter	28 Sep 1912
Ashley, Zelphia	Johnson, Rufus	8 Dec 1893*
Atwood, Jennie	Clark, Thomas G.	8 Sep 1905
Atwood, J.V.	Bowman, Juda	21 Jun 1908
Atwood, Minnie	Bowers, John	24 Mar 1901
Atwood, Troy	Rainbolt, Etoilie	25 Dec 1909
Auglin, John T.	Burlison, Jessie E.	24 Dec 1900
Ausbonre, Ellen	Swanner, George	14 Jan 1916
Austin, Elizabeth	Potter, Brownlow	1 Jan 1911
Austin, Lum	Potter, Birtha	20 Nov 1910
Austin, William	Fuches, E.T.	5 Jan 1884*
Autrey, Julie	Silver, G.H.	26 Jun 1900
Avery, C.L.	Jackson, Laura	24 Dec 1909
Avery, Ida	Stover, John	16 Oct 1900
Avery, Joseph	Finner, Maggie	6 Dec 1906
Ayers, Ira	Hawkins, Louise	23 Sep 1914
Ayers, J.F.	Perry, Julia	29 Jan 1903
Ayers, McKinly	Tennis, Kate	23 Sep 1914
Ayers, Stanley	Smith, Vena	11 Apr 1919
Backman, Charley	Taylor, Arzellia	24 Dec 1900
Badgett, Elijah C.	Perkins, Sarah	2 Oct 1905
Badgett, James	Hyder, Laura	22 Apr 1917
Bagwell, J.C.	Ingram, Bessie	25 Jan 1911*
Bagwell, Rebecca	Taylor, A.J.	11 Dec 1907
Bailey, Ada	White, L.L.	1 Apr 1914
Bailey, C.R.	Arnold, Alice	16 Feb 1894
Bailey, Isaac N.	Waller, Anna Lowella	4 Jun 1911
Bailey, J. William	Patton, Tempie	17 Apr 1892
Bailey, Loretta V.	Clark, David	15 Jul 1890
Bailey, Ruby	Williams, Sam	5 Jun 1920
Bailey, Samuel	Williams, Cora	16 Jul 1890
Bailey, Walter	McNeely, Mollie	5 Oct 1913

Bailey, William W.	Campbell, Jennie	4 Jan 1899
Baily, Alice A.	Hackey, J.E.	17 Mar 1896
Baily, Amanda	Wilson, John C.	7 Jan 1881
Baily, Daisy	Curry, W.M.	23 Aug 1903
Baily, David	McNeely, Julia	26 Aug 1897
Baily, Franie	Ward, A.L.	7 May 1881*
Baily, G.A.	Rowe, Lula	14 Nov 1909
Baily, Ida	Finly, Garfield	15 Jul 1907
Baily, James	Chatman, Fanny	8 Sep 1903
Baily, J.H.	Bumgardner, Eliza J.	1 Sep 1903
Baily, J.R.	Chambers, Hattie	20 Apr 1900*
Baily, Laura B.	Morley, A.J.	8 Jan 1898
Baily, Nillie	Campbell, W.G.	7 Oct 1899*
Baird, Charles B.	Banner, Virginia Lee	9 Sep 1920
Baird, Eliza	Adkins, Milton	3 Nov 1904*
Baird, Julia	Hicks, Henry	15 Sep 1912
Baird, L.M.	Loving, Fred	4 Dec 1912
Baird, Nonroe	Oaks, Josie	3 May 1908
Baker, Abb	Cordell, Lillie	31 Dec 1905
Baker, Albert C.	Brumit, Jessie	29 Sep 1908
Baker, Benjamin B.	Gardner, Ella	25 Dec 1893
Baker, Catherine	Kener, David	23 Dec 1875
Baker, Celia	Buck, Charles	22 Feb 1910
Baker, C.L.	Arnold, Fannie P.	1 Oct 1891
Baker, David E.	Glover, Ada	16 Jan 1904
BAker, E.H.	Collins, Worly	9 Apr 1913
Baker, Fred A.	Tester, Nola	3 Jan 1915
Baker, George	Johnson, Bell	26 Feb 1914
Baker, Grace	Walker, Joseph	25 Jan 1917
Baker, James	Clouse, Margaret C.	16 Mar 1879
Baker, John	Harris, Eva	18 Oct 1907
Baker, J.F.	Markland, Pearl	25 Jul 1897
Baker, Lula	Turner, James	14 Aug 1915
Baker, Mary Bell	Richardson, Wm. F.	3 Apr 1902
Baker, Nancy Ann	Jessie, A.B.P.	28 Nov 1890
Baker, Nannie	Dolen, John	24 Jun 1905
Baker, Sol	Markland, Nancy A.	22 May 1882
Baker, Walter (Col)	Wilson, Stella	29 Apr 1916
Baker, William	Syter, Mary	21 Dec 1871
Baker, William	Campbell, Bettie	13 Nov 1897
Baker, Wilson	K____, Margaret	16 Sep 1875
Ball, Alex	Deloach, Minnie	1 Oct 1910
Ball, Ellen	Kellair, Robert	28 Aug 1909
Ball, George	Myers, Rutha	2 Oct 1910
Baly, Osie	Pelkton, Filmore	9 Jul 1909
Bamis, John H.	Angel, Mattie	18 Sep 1879
Banks, Evelin	Berry, John W.	1 Nov 1874

Banks, K.P.	Crow, Madgie	29 Jun 1911
Banks, Laura	Street, Westly	9 Feb 1902
Banks, Mary	Simerly, Willie	22 Mar 1903
Banks, Sarah	Gouge, Henry	7 May 1904
Banner, Albert	Hale, Anna	6 Dec 1906
Banner, Annie	Arnett, Phillip	23 May 1920
Banner, Daniel	Cable, Della	26 Jul 1901
Banner, E.L.	Briggs, Dicie J.	30 Jun 1894
Banner, E.L.	Briggs, Hattie A.	30 Nov 1898
Banner, F.V.	Wilcox, Martha C.	15 Dec 1878
Banner, Grace	Morgan, E.L.	26 Dec 1920
Banner, Grace May	Jett, Hiram C.	25 Jun 1901
Banner, H.H.	Paregory, Clara	11 Apr 1915
Banner, Jerry	Webb, Ider	24 May 1881*
Banner, J.G.	Hyder, Cordelia	8 Aug 1878
Banner, J.L. (Mr.)	Calaway, C.D.	28 Dec 1886
Banner, L.A.	Montgomery, D.E. (Mr)	2 Jan 1897
Banner, L.A.E.	Johes, R.T.	10 Oct 1886
Banner, Mamie	Andrews, Ezekiel	7 Sep 1919
Banner, Molton C.	Beam, Gertrude	12 Jan 1904
Banner, Nettie	Smith, Henry	23 Jul 1905
Banner, N.E.	McKeehan, J.M. (Mr.)	25 Nov 1903
Banner, Virginia Lee	Baird, Charles B.	9 Sep 1920
Barber, Mariah	Holly, Frank	5 Jul 1877*
Barger, Alfred B.	Street, Sarah	29 Jul 1893
Barker, Marise	Cross, James	11 Jul 1881*
Barker, Nannie S.	Williams, George Y.	9 Oct 1879
Barlow, Carrie	Greene, Charles	16 Apr 1910
Barlow, Roy	Townsend, Lyaid	2 Sep 1909
Barn, John M.	Miller, Mary M.	7 Nov 1872
Barnes, A.B.H.	Swadley, Mary May	7 Jun 1899
Barnes, E.A.	Slagle, Genettie	3 May 1885
Barnes, John	McLoughlin, Martha	26 Jul 1874
Barnes, Laura	Trusler, A.J.	1 Mar 1885
Barnes, Loura R.	McFarland, Russell	25 Jun 1902
Barnes, Lue	Lilley, John	16 Jan 1876
Barnes, Mollie E.	Lacy, William J.	24 Dec 1883
Barnes, Robert	Saylor, Liitia	19 Apr 1904
Barnes, Robert S.	Kidwell, Ruby E.	9 Sep 1900
Barnes, R.S.	Whitson, Grace	9 Apr 1906
Barnes, W.M.	Persinger, Maggie M.	8 Oct 1899
Barnett, Aaron	Sizemore, Myra	17 May 1903
Barnett, Arvil	Hughes, Hassie	16 Sep 1906
Barnett, Bettie	McClellan, James	14 Aug 1904
Barnett, Caldona V.	Sams, Robert	21 Jul 1888
Barnett, Caroline	Hughes, William C.	20 Aug 1881*
Barnett, Carrie	Miller, Thomas	20 Sep 1908

Barnett, Clair C.	Perry, Elsie	17 Jun 1918	
Barnett, Dora	Morris, Frank	18 Jan 1901	
Barnett, Elizabeth	Rose, Frank	8 Oct 1891	
Barnett, Emily J.	Smith, William	5 Dec 1891	
Barnett, Fanny	Honeycutt, Manassy	30 Sep 1907	
Barnett, George	Norris, Delia	31 Jan 1920	
Barnett, Helen	Peterson, Zebb	31 Jul 1915	
Barnett, Herby	Honeycutt, Bessie	29 Sep 1905	
Barnett, James	Vandeventer, Bettie	14 Nov 1878	
Barnett, James	Smalling, Francis	14 Aug 1890	
Barnett, Josie	Crow, Oscar	1 Nov 1914	
Barnett, Julia	Hughes, Jake	8 Apr 1912	
Barnett, Laura	Odom, Thomas	24 Feb 1909	
Barnett, Leona	Greer, Ruben	24 Feb 1918	
Barnett, Lettie	Lyon, O.W.	3 Oct 1897	
Barnett, Liddie	Perry, James	7 May 1894	
Barnett, Lillie	Henson, Dave	11 May 1919	
Barnett, Litha	Odom, Hensley	24 Nov 1892	
Barnett, Logan	Arnett, Eva	10 Oct 1920	
Barnett, Lottie	Hyder, Samuel	25 May 1902	
Barnett, Lulia	Holtsclaw, Oscar	8 Apr 1916	
Barnett, Manda	Cole, Loyd	24 Dec 1913	
Barnett, Mina	Smith, William	6 Sep 1881	*
Barnett, Mollie	Roberts, James R.	7 Mar 1908	
Barnett, Nathan	Taylor, Ida	26 Apr 1907	
Barnett, Nellie	Street, Harrison	8 Nov 1908	
Barnett, Pheba	Simerly, D.A.	21 Jun 1912	
Barnett, Pheby	Roberts, James	15 Apr 1905	
Barnett, Porter	Sams, Virgie	22 Nov 1901	
Barnett, Robert	Stanley, Hattie	26 Sep 1916	
Barnett, Sarah	Whitehead, Albert	25 Aug 1914	
Barnett, Steven	Gouge, Lillie	29 Apr 1911	
Barnett, Swin	Miller, Dovie	14 May 1919	
Barnett, Tom	Campbell, Sallie	11 Jul 1916	
Barnett, Tom	Lyons, Pearl	4 Jul 1920	
Barnett, Vesta	Garland, Elisha	10 May 1903	
Barnett, Vesta	Cox, Samuel	24 Dec 1907	
Barnett, Waits	Cook, Mary J.	13 Jan 1912	
Barnett, Wats	Gouge, Julia	22 Apr 1909	
Barns, Elbert	Williams, Mary A.	19 Dec 1872	*
Barnwell, Allen Y.	Kitzmiller, Julia A.	2 May 1882	
Barr, Alice	Bullock, George	25 Dec 1909	
Barr, Isabell	Deloach, Wilburn	9 Sep 1906	
Barr, Mollie	Humphrey, Allen B.	20 Nov 1889	*
Barr, Mollie	Cole, Isaac	15 Aug 1900	*
Barrier, A.C.	Garland, Cinda	31 Dec 1906	
Barrier, Emma	Miller, Grover	23 Oct 1908	

Barrtie, Mollie	Markland, James	29 Mar 1901
Barry, Elbert H.	Williams, Mary A.	? Dec 1871*
Barry, Isaac	Hatcher, Ann	15 Sep 1872*
Barry, J.B.	Mottern, S.L.	25 Jun 1908
Bartee, Joseph	Estep, Mary	15 Jul 1899
Barter, Susan Argane	Pearce, N.J.	28 Apr 1889
Bartie, Lucy	Hardin, M.R.	4 Dec 1893
Bass, A.F.	Kite, Mary S.	7 Oct 1893
Bass, Edgar B.	Manning, Sallie	20 Dec 1905
Bass, James	Taylor, Lizzie	12 Sep 1907
Bass, Joe	Laws, Elsa	3 May 1908
Bateman, Martin	Bullock, Katie	23 Jun 1913
Bateman, Samuel	Angel, Eugen	9 Dec 1899
Baugus, L.H.	Bradshaw, Aggie	2 Dec 1900
Baumgardner, Cathern	Phillips, Joseph	13 Apr 1891
Bayes, Bettie	Markland, Henry J.	1 Feb 1900
Bayes, Cynthia	Burrow, J.R.	30 Jun 1908
Bayless, Blanch	Ellis, Eugene	25 Dec 1914
Bayless, Emma	Lusk, Tennessee	15 Feb 1883
Bayless, John	Boyd, Beulah	20 May 1890
Bayless, John H.	Cooper, Mattie	9 Feb 1916
Bayless, Sarah	Reeser, Isaac E.	7 Feb 1884
Bays, Ella	Rosenbalm, C.D.	26 May 1900*
Beach, Ethel	Jerry, A.K.P.	9 Jan 1902
Beach, Mary J.	Taylor, Eli C.	24 Nov 1904
Beal, H.R.	Leonard, Mary	10 Jun 1888
Beal, Thomas J.	Treadway, Mary E.	30 Mar 1897
Bealer, Augusta	Morgan, Jack	10 Dec 1912
Bealock, C.F.	Caloway, Dona	27 Feb 1895
Beam, Gertrude	Banner, Molton C.	12 Jan 1904
Beard, Eliza	Stout, James R.	12 Jun 1919
Beard, Emma	Lorance, Ed	9 Oct 1918
Beard, James	Staples, Lotta	22 Oct 1910
Beard, William	McCloud, Nora	29 Apr 1911
Beasley, Heattie H.	Crockett, J.E.	24 Sep 1896
Beasly, Sally P.	Campbell, A.J.	20 Dec 1883
Beaver, Crede	Brewer, Febia	26 Dec 1901
Beaver, Ellen	Miller, Charlie	8 Jul 1916
Beaver, Essie	Morton, William	4 Mar 1919
Beaver, Howard	Brewer, Susan	7 JUn 1902
Beaver, W.H.	Justice, Sarafina	16 Apr 1905
Beaves, Robert L.	Miller, Mollie E.	6 Dec 1885
Beck, Dovie	Hardin, J.H.	17 Feb 1898
Beck, Elizabeth	Deloach, John	5 Jan 1879
Beck, James	Nave, Mary J.	5 Dec 1886
Beck, James	Harden, Sarah E.	18 Sep 1898
Beck, James	Turner, Sallie	16 Oct 1898

Beck, James	Cole, Maggie	27 Aug 1902
Beck, John E.	White, Lucilla	3 Jan 1894
Beck, John F.	Berry, Sarah C.	13 Nov 1894*
Beck, Julia	Johnson, Buston	19 Mar 1914
Beck, Maggie	Hinkle, Lafayette	6 Jul 1898
Beck, Mary Ann	Deloach, Samuel	18 Mar 1882*
Beckner, Lizzie	Campbell, Sam	20 May 1916
Beckner, Manerva	Cokely, Joel	14 Oct 1914
Beeler, J.J.	Bowling, Bettie	30 Sep 1887
Beever, C.M.	Williams, Mattie	14 Nov 1906
Beiler, Myrtle	Powell, J.A.	8 Feb 1914
Bell, Delbert	Brumitt, Sue	20 Jun 1906
Bell, John	Taylor, Sallie	22 Oct 1892*
Bell, J.W.	Minton, Louisa	23 May 1883*
Bellamy, John R.	Wilcox, Nannie J.	19 Apr 1892
Benfield, A.L.	Brumit, Mary	18 Jul 1875
Benfield, Bertha	Waycaster, Cain	26 Oct 1912
Benfield, Bessie	Buchanan, Mark	14 Aug 1905
Benfield, Beulah	Breswell, W.W.	7 Aug 1915
Benfield, C.W.	Tolley, Elsie A.H.	1 May 1893
Benfield, Esther	Graybeal, Spencer	1 Jan 1911
Benfield, Ethel	Loveless, Tenn.	19 Dec 1914
Benfield, Jess	Franklin, Malinda	5 Feb 1914
Benfield, J.M.	Gouge, Mary	9 Jan 1900
Benfield, Lola	Carriger, Lemuel	27 Aug 1914
Benfield, Mahala	Owens, A.H.	9 Mar 1871
Benfield, Marion	Gouge, Lyra	18 Nov 1905
Benfield, Mathew	Whisenhunt, Hattie	9 Feb 1910
Benfield, M.C.	Troutman, Claricie	19 Nov 1905
Benfield, Nellie	Hughes, Edd	7 Apr 1917
Benfield, Nola	Hathaway, Robert E.	24 Dec 1919
Benfield, Samuel	Hileman, Sallie	22 Jan 1910
Benfield, Stacy	Honeycutt, Grady	12 May 1916
Benfield, Van	Miller, Lydia	17 Apr 1920
Benna, Addie M.	Loux, John J.	12 Jul 1899
Bennett, Ella	Tolly, Mack	21 Jul 1920
Bennett, Harrison	Arnett, Pearl	7 Feb 1915
Bennett, James D.	Bowman, Cora	7 Feb 1898
Bennett, Josephine	Presley, Leroy	5 May 1920
Bennett, J.D.	Hayes, Mary E.	26 Jan 1880
Bennett, J.D.	Smith, Ellen	24 Jan 1915
Bennett, Malley	Arnett, Lillie	2 May 1915
Bennett, Marion S.	Welch, Lillie G.	13 Mar 1892
Bennett, Mary	Johnson, Robert	23 Nov 1902
Bennett, Mouron	Whitehead, Ida	21 Oct 1911
Bennett, Pheby	Hill, Harrison	14 Jun 1914
Bennett, Swinfield	Miller, Sarah	4 Feb 1912

Bently, Adam B.	Janes, Centhia E.	8 Dec 1889
Bently, Rosa	Sluder, Monroe	6 Jul 1906
Berders, Alice	Marshall, Landon	2 Mar 1875*
Bergandine, Colbert	Hart, Winona	12 May 1910
Bergin, J.C.	Collins, Inez	30 Nov 1916
Bergman, R.P.A.	Carr, Nellie H.	21 Feb 1911
Bernett, Abraham	Wadkins, Flora	20 Sep 1893
Berrier, E.B.	Whitamore, John	8 mar 1898
Berry, Abigail	Hicks, S.J.	8 Feb 1915*
Berry, Alvin	Bowers, Josie	4 Jul 1914
Berry, Annie	Berry, John	9 Sep 1900
Berry, A.J.	Bowers, Martha E.	24 May 1896
Berry, A.T.	Crockett, Louvenia	7 Aug 1883
Berry, Bertha	Harmon, L.H.	16 Oct 1901
Berry, Bettie	Lawson, Albert H.	6 Oct 1907
Berry, B.B.	Nave, Arzillia	6 Oct 1895
Berry, Callie	Buckles, Martin C.	19 Oct 1919
Berry, Conny	Burk, John	29 Jun 1906
Berry, C.(Casy) H.	Crow, Abigail	15 Apr 1881
Berry, David	Head, Sarah	3 Mar 1875
Berry, D.J.	Collins, Coriene	18 Nov 1909
Berry, Elizabeth	Lewis, James D.	10 Jun 1875
Berry, Ella	Morrell, E.A.	18 Jan 1903
Berry, Ellerel	Crow, Marsha	25 Mar 1875
Berry, Ethel	Nave, D.E.	14 Dec 1899
Berry, E.R.	Pearce, Stella	14 Aug 1905
Berry, E.R.	Fair, Effa	7 Feb 1900
Berry, Fannie	Jones, Fletcher	6 Aug 1905
Berry, Griffin G.	Rainbolt, Dannie M.	15 Apr 1910
Berry, Jane	Buckles, Alfred	27 Mar 1910
Berry, John	Myers, Arzilla	2 Apr 1899
Berry, John	Berry, Annie	9 Sep 1900
Berry, John W.	Banks, Evelin	1 Nov 1874
Berry, Julia	Franklin, Generde	30 Mar 1907
Berry, J.F.	Young, Mary	24 Jul 1905
Berry, J.M.	Bowers, Mary	24 Dec 1899
Berry, Loal	Bowers, S.M.	31 Jul 1897
Berry, Lusk	Fry, Fannie	27 Jul 1904
Berry, Maggie	Crumley, F.J.	3 Aug 1884
Berry, Mamie	Hyder, Charlie	1 Sep 1919
Berry, Mollie	Elliott, Robert H.	26 May 1915
Berry, Myrtle	Lewis, H.C.	16 Jul 1905
Berry, Reuben	Young, Grant	2 Mar 1906
Berry, Robert A.	Bishop, Sarafina	18 Sep 1877
Berry, Ruthie	Lewis, C.C.	23 May 1897
Berry, Sally	Bowers, Pettibone	16 Aug 1903
Berry, Samuel	Carden, Josie	15 Jul 1901

Berry, Samuel J.	Yates, Alice	23 Feb 1872
Berry, Samuel M.	Buckles, Mary C.	4 Oct 1878
Berry, Sarah C.	Beck, John F.	13 Nov 1894*
Berry, S.A.	Oliver, Lottie	18 Oct 1914
Berry, Thomas	Williams, Margaret	11 Apr 1875
Berry, William	Carden, Lady	6 Jul 1907
Berry, William J.	Pearce, Mary C.	15 Feb 1877
Berry, Willie C.	Buckles, Bernie	9 Dec 1917
Berry, W.J.	Combs, Lavicy	14 Mar 1897
Berton, Levicy	Anderson, J.R.	8 Nov 1911
Bess, Andrew J.	Grindstaff, Susan A.	27 Jan 1918
Bewlott, Lackie	Good, S.T.	23 Mar 1908
Bice, Russell	Holtsclaw, Ida	28 Sep 1896
Biddleman, Maggie B.	Morrell, M.J.	20 Jun 1889
Bidleman, Amanda M.	Thomas, Andrew J.	18 Aug 1888
Biggs, Ader	Lewis, T.J.	1 Apr 1907
Biggs, Celie	Street, John	29 Apr 1916
Biggs, J.T.	Hoss, Eddy F.	24 Sep 1901
Biggs, Lydia	Birchfield, W.L.	12 Mar 1904
Biggs, Maggie C.	Hoss, Garfield	31 Oct 1901
Biggs, Mary	Twiggs, Timothy	10 Dec 1882
Biggs, Sarah	McKinney, Charles	16 Sep 1885
Birchell, Edward	Bristol, Carrie	4 Oct 1919
Birchett, Nenie	Gilbert, Roddie	11 Jul 1909
Birchfield, Addie	Gouge, Ruby	19 Feb 1911
Birchfield, Alex	Potter, Alice	24 Jul 1916
Birchfield, Bessie	Carrier, Alex	16 Dec 1910
Birchfield, Burnie	Street, Ona	12 Aug 1920
Birchfield, Celia	Mosely, A.F.	23 Sep 1905
Birchfield, Celia A.	Miller, Samuel	22 Aug 1899
Birchfield, Charles	Brown, Eliza	10 Apr 1906
Birchfield, C.A. (Mr)	Hayes, D.E.	22 Dec 1906
Birchfield, Daisy	Johnson, John	15 Jul 1916
Birchfield, David	Waters, Annie	28 Apr 1898
Birchfield, David	Garland, Cordelia	27 Apr 1905
Birchfield, Eliza	Herrell, D.C.	24 Mar 1912
Birchfield, Emma J.	Hand, Peter W.	2 May 1894*
Birchfield, E.J.	Irick, B. (Mr.)	22 Dec 1907
Birchfield, Grant	Irick, Bertha	25 Dec 1911
Birchfield, Jacob	Brown, Augusta	25 Mar 1917
Birchfield, Jane	Powell, John	5 May 1892
Birchfield, Jane	Weahterspoon, Marsh	20 Jan 1903*
Birchfield, Jane	Hyder, J.N.	29 Nov 1917
Birchfield, John	Stanly, Martha	27 Mar 1905
Birchfield, John	Julian, Ida	19 Apr 1914
Birchfield, John H.	Honeycutt, Lackey	15 May 1899
Birchfield, J.G.	Hyder, Lowia	9 Jun 1907

Birchfield, Marion	Hill, Celia	24 Apr 1904
Birchfield, Mary	Birchfield, M.C.	12 Sep 1871
Birchfield, Matilda	Vance, David	27 Oct 1889
Birchfield, Matilda	Cordell, Thomas	4 Apr 1902
Birchfield, M.C.	Birchfield, Mary	12 Sep 1871
Birchfield, Nathan	Stanly, Molly	1 May 1910
Birchfield, Nathan	Shell, Minnie	24 Dec 1912
Birchfield, Polly	Shell, J.L.	17 Apr 1908
Birchfield, Polly	Horton, Taylor	22 Feb 1914
Birchfield, Rosa B.	Tipton, James	11 Sep 1904
Birchfield, Sam	Moreland, Martha	8 Mar 1898*
Birchfield, Sam	Hughes, Polly	1 Sep 1920
Birchfield, Samuel	Brewer, Olanine	15 Jan 1904
Birchfield, Samuel H.	Holder, Eliza	1 Feb 1899
Birchfield, Thomas	Brewer, Hattie	13 May 1914
Birchfield, William	Clark, Sarah A.	9 Jan 1887
Birchfield, William	Tucker, Bettie	6 May 1900
Birchfield, Wilson	Freeman, Mary	13 Apr 1888
Birchfield, W.L.	Biggs, Lydia	12 Mar 1904
Birchifeld, Mary	Chambers, Jacob	24 Jun 1893
Bird, Jane	Carver, J.H.	10 Mar 1901
Bird, Johnie	Glover, Selma	20 Dec 1916
Bird, Minnie	Tolly, Eli	10 Oct 1909
Bird, Robert	Clark, Mary	2 Feb 1919
Bird, Son I.	Correll, W.A.	1 Jun 1898
Bird, _____	Tolly, Charles	30 Apr 1902
Bishop, Abby H.	Webb, Ella	4 Sep 1909
Bishop, Adrienne	Christian, Silas N.	27 Apr 1905
Bishop, Bessie	Buckley, M.Z.	17 May 1920
Bishop, David	Taylor, Rosa B.	4 Sep 1894
Bishop, Elizabeth A.	Hart, James	23 Mar 1885
Bishop, Ella	Little, Charles	28 Jul 1901
Bishop, Frona H.	Hart, James T.	9 Apr 1879
Bishop, Gertrude K.	Carrier, J.C.	20 Jan 1898
Bishop, Grant	Caraway, Bessie	9 Sep 1904
Bishop, James	Slagle, Mary	17 Feb 1883
Bishop, Jennie	Little, A.U.	12 Jun 1892
Bishop, J.S.	Cole, Alice	30 Jul 1885
Bishop, J.S. (Mr.)	Frasier, L.B.	16 Nov 1906
Bishop, Lillie B.	Heatherly, J.C.	1 Nov 1903
Bishop, Lucinda	Stout, Wilkie S.	23 Mar 1902
Bishop, Mae	Williams, Samuel T.	20 Oct 1919
Bishop, Mollie	Davis, Charles	26 Apr 1896
Bishop, Sallie A.	Little, Thomas G.	28 Aug 1887
Bishop, Samuel	Miller, Alice O.	30 Dec 1875*
Bishop, Sarafina	Berry, Robert A.	18 Sep 1877
Bishop, Saraphina	Livingston, Samuel	23 May 1886

Bishop, Walter	Cole, Mary	23 Nov 1909
Bivs, Will	Isaacs, Cozy	20 Dec 1918
Black, Cora	Black, Thomas M.	26 Mar 1907
Black, G.W. (Mr.)	Pilkerton, C.	30 Dec 1902
Black, G.W.S.	Norris, Lula	4 Jan 1903
Black, Henry	Holloway, Lula	20 Jul 1919
Black, H.B. (Mr.)	Holly, P.M.	11 Oct 1911
Black, J.C.	Black, M.G.	15 Sep 1907
Black, Leander	Moreley, Martha	24 Apr 1881
Black, Lula	Strickland, S.S.	29 Feb 1916
Black, L.J.	Wagner, T.D. (Mr.)	16 Mar 1907
Black, Manda	Greenwell, Thomas	18 Oct 1908
Black, M.G.	Black, J.C.	15 Sep 1907
Black, R.M.	Clark, Hannah	26 Dec 1896
Black, Thomas M.	Black, Cora	26 Mar 1907
Black, W.F.	Eggers, Emma	11 Apr 1920
Blackburn, Corsett	Hinkle, Virgil	5 Mar 1911
Blackburn, Henry	Johnson, Destie	17 Apr 1915
Blackburn, Ida	Deloach, William	30 May 1908
Blackburn, John D.	Webb, Ina	1 May 1909
Blackburn, Neal	Deloach, Henry	8 May 1914
Blackburn, Nelly	Jordan, John	17 Sep 1909
Blackburn, Rod R.	Bradley, Georgia	14 Jul 1920
Blackburn, Roderick	Estep, Ellen	20 Nov 1893
Blackburn, R.W.	McCloud, M.E.	14 Oct 1911
Blackburn, Unabell	Fair, John	23 Jul 1915
Blackman, Lillie	Taylor, John	16 Jul 1905
Blackwell, Ettie	Hopson, John H.	25 Mar 1916
Blackwell, James G.	Oaks, Julia E.	29 Jan 1884*
Blackwell, Wm. A.	Daugerty, Mary L.	22 Dec 1887
Blair, Dicy	Phipps, George	14 May 1885
Blankenship, W.W.	Hopson, Martha	23 Oct 1872
Blener, Hobert	Murry, Essie	4 Aug 1917
Blevins, Aaron J.	Perry, Pheoba	2 May 1920
Blevins, Alf	Williams, Glada	6 Jul 1913
Blevins, Alice	Daniels, Sam	18 Nov 1914
Blevins, Alice R.	White, James L.	26 Feb 1888
Blevins, Amelia	White, John	30 May 1903
Blevins, Annie	Lowe, George	11 Apr 1908
Blevins, A.	Campbell, Mickeal	16 Apr 1871
Blevins, Ben H.	Hughes, Iva May	26 Feb 1915
Blevins, Bessie	Maupin, Allen	3 Jul 1912
Blevins, Bessie	Albert, Houston	16 Jan 1919
Blevins, Callie	Smith, Tillman	13 Oct 1908
Blevins, Callie	Lacy, F.W.	2 Jul 1917
Blevins, Caswell	Blevins, Celia Bell	2 Mar 1911*
Blevins, Celia Bell	Blevins, Caswell	2 Mar 1911*

Blevins, Celia B.	Scarbrough, W.D.	30 Oct 1905
Blevins, Cenia	Burleson, Doss	4 Nov 1919
Blevins, Charles	Clemons, Lizzie	3 Apr 1898
Blevins, Charles	Franklin, Ella	5 Nov 1904
Blevins, Charles	Hurley, Harriett	16 Dec 1910
Blevins, Claudia	Taylor, Nick	25 Nov 1907
Blevins, Cora	Hendrix, Plumer	23 Nov 1907
Blevins, Creasy	Duffield, Landon	23 May 1893
Blevins, Cresia	Garland, Suiller	18 Jan 1907
Blevins, Crisa	Williams, _____	9 Mar 1875*
Blevins, C.A.	Smith, Maude	28 Apr 1901
Blevins, Daniel M.	Elliott, Amanda	4 May 1879
Blevins, Daniel M.	Estep, Sarah J.	31 May 1899
Blevins, Daniel M.	Culbert, Corlie D.	12 May 1901
Blevins, Daniel M.	Estep, Rebecca	25 Aug 1907
Blevins, David	Edards, Sarah	22 Apr 1887
Blevins, David	Hurly, Martha	5 Jul 1902
Blevins, David	Garland, Mary	27 Jun 1908
Blevins, David	Smith, Ida	19 Jun 1910
Blevins, David C.	Taylor, Alice	23 Mar 1883
Blevins, Dill	Hodge, Lizzie	4 Jun 1904
Blevins, Dill C.	Wilson, Sallie	19 Oct 1907
Blevins, Dillia C.	Creed, Napolian B.	12 Mar 1876
Blevins, Dora	Perry, Joseph	28 Jul 1895
Blevins, D.M.	McQueen, Rebecca Ann	29 Jun 1891*
Blevins, Elisha	Street, Mary	23 Apr 1882
Blevins, Elizabeth	Odum, Jason	27 Mar 1894
Blevins, Ella	Glover, John	24 Aug 1911
Blevins, Ethel	Vanhuss, Thomas V.	4 Jan 1896
Blevins, Ethel	Olliver, Isaac	14 Dec 1907
Blevins, Evaline	Odum, Samuel	24 Oct 1897
Blevins, Evaline	Chambers, W.M.	22 Apr 1907
Blevins, George	Ritchie, Lottie	20 May 1899
Blevins, Gilliard	Roberts, Emma	24 Oct 1912
Blevins, Golan	Garland, Isaac	15 Nov 1916
Blevins, G.M.	Hays, Sarafine	17 Dec 1893
Blevins, Harrett	Street, Robert	3 May 1919
Blevins, Hassie	Price, Talmage	16 Jul 1914
Blevins, Henry A.	Feathers, Lillie B.	7 Oct 1898
Blevins, Herbert	Garland, Lucy	16 Dec 1915
Blevins, Hulda	Wright, Plato	20 Jan 1918
Blevins, Isaac	Elliott, Mollie	17 Jul 1904
Blevins, Isaac	Gibson, Clemma	8 Aug 1909
Blevins, Isaac	Lowe, Maggie	9 Apr 1920
Blevins, I.A.	Fair, W.F. (Mr.)	21 Mar 1910
Blevins, James	Jenkins, Rebecca	4 Feb 1889
Blevins, James	Leonard, Sarah Ann	31 Mar 1892

Blevins, James	Hileman, Nerva	13 May 1893
Blevins, James	Miller, Arizona	8 Jul 1906
Blevins, James	Garland, Bertha	26 Jul 1919
Blevins, James	Massengill, Sallie	16 Jun 1920
Blevins, James A.	Feathers, Myrtle E.	16 May 1897
Blevins, John	Lilly, Bell	1 Jan 1910
Blevins, John	Simerly, Sarah	25 Aug 1877*
Blevins, John	Johnson, Martha Jane	13 Dec 1902
Blevins, John	Gillum, Emma	21 Jul 1895
Blevins, John	Hardin, Bessie	19 May 1917
Blevins, John M.	Wright, Mary	19 Feb 1880
Blevins, Julia	Simpson, James	5 Nov 1910
Blevins, J.A. (Mr.)	Blevins, M.E.	27 Mar 1888*
Blevins, J.B.	Campbell, Mary	14 Mar 1896
Blevins, J.G.	Henson, Mary	17 Jan 1903
Blevins, J.L.	Jones, Ida	14 Jul 1907
Blevins, J.W.	McKinney, Mary	9 Jul 1909
Blevins, J.W. (Mr.)	Hyder, B.B.	28 Mar 1901
Blevins, Kitty	Stout, Pinkney W.	21 Aug 1879
Blevins, Kitty	Lipps, William	4 Nov 1899
Blevins, Kitty	Stout, Clyde	2 Oct 1915
Blevins, Laura	Floyd, Harry	20 Aug 1918
Blevins, Lausy	Nidiffer, Traver	24 Dec 1907*
Blevins, Losie	Nidiffer, Traver	5 Mar 1909
Blevins, Lowsy	Blevins, William C.	26 Jun 1881
Blevins, Lula	Rogers, Tom	24 Aug 1915
Blevins, L.B.	Archer, Andy	22 Jan 1901
Blevins, Margaret	Wilson, Alfred	10 Mar 1905
Blevins, Margaret	Grindstaff, A.E.	7 Aug 1910
Blevins, Margaret B.	Carter, J.A.	29 Jun 1913
Blevins, Martha	Ritchie, C.N.	10 Dec 1876
Blevins, Martha	Williams, John	24 Aug 1907
Blevins, Martha	Markland, Garfield	21 Jan 1912
Blevins, Mary	Estep, S.R.C.	22 Sep 1889
Blevins, Mary	Stout, G.H.	26 Oct 1907
Blevins, Mary	Smith, Loss	27 Mar 1915
Blevins, Mary Jane	Hinkle, Frank	9 Nov 1877
Blevins, Mary L.	Hopson, Isaac P.	27 Nov 1883
Blevins, Minnie	Wheeler, C.R.	24 Dec 1896
Blevins, Minnie	Treadway, J.B.	10 Aug 1902
Blevins, Minnie Bell	Jones, Samuel	28 Apr 1913
Blevins, Mollie	Pierce, John	26 Dec 1890*
Blevins, Mollie	Carr, Daniel	26 Nov 1891
Blevins, Mollie	Hatcher, William A.	4 Jul 1893
Blevins, Mollie	Roberts, William	5 May 1913
Blevins, Mollie	Horton, Berne	27 Feb 1918
Blevins, Morrell	Lewis, Eva	15 Mar 1914

Blevins, M.E.	Blevins, J.H.	27 Mar 1888*
Blevins, Nancy	Simerly, James	5 Dec 1872
Blevins, Nancy	Cardin, A.C.	16 Mar 1884
Blevins, Nannie	Lewis, L.G.	18 Dec 1904
Blevins, Nat	Lewis, Lila	16 Jan 1913
Blevins, Nat	Odom, Polly	17 May 1915
Blevins, Neat	Ellis, Claud	11 Oct 1919
Blevins, Nora	Elliott, Mack	10 Jan 1918
Blevins, N.P.	Buckles, Addie	28 Sep 1894
Blevins, Oscar D.	Hester, Odie	26 Sep 1919
Blevins, Paul	Houston, Eva	22 Nov 1913
Blevins, Pearl	Stanly, Birt	29 Nov 1913
Blevins, Rebecca	Gilson, David D.	23 Oct 1919
Blevins, Robert	Fortner, Evaline	14 Jan 1882*
Blevins, Robert	Peters, Lorina	2 Jul 1896
Blevins, Robert	Garland, Cora	8 Nov 1914
Blevins, Sallie	Ellis, Landon C.	1 Mar 1888
Blevins, Sallie	Carden, James	28 Dec 1916
Blevins, Samuel E.	Williams, Callie	20 Feb 1891
Blevins, Sarah	Gipson, Henry	25 Feb 1876*
Blevins, Sarah	Hodge, Levi	14 Oct 1890*
Blevins, Suin	Tolly, Bell	3 Mar 1906
Blevins, Tennessee	Julian, Cora	27 Apr 1914
Blevins, Verna M.	Range, Edith C.	27 Jan 1917
Blevins, Visky	Honeycutt, Jebby	19 Aug 1900
Blevins, Vista	Hopson, William W.	24 Sep 1905
Blevins, Walter	Phillips, Rena	6 Aug 1014
Blevins, Will	Stout, Rebecca	20 Aug 1908
Blevins, Will	Lowe, Bessie	22 Dec 1914
Blevins, Will	McQueen, Minnie	31 Jul 1917
Blevins, William	Shell, Callie	27 Feb 1893
Blevins, William	Campbell, Cresie	17 Oct 1899
Blevins, William	Campbell, Lillian	12 Sep 1915
Blevins, William A.	Garland, Leanna	15 Oct 1892
Blevins, William C.	Blevins, Lowsy	26 Jun 1881
Blevins, William C.	Wilson, Hannah	16 Oct 1882
Bogin, Lou	Pugh, Elmer	13 Oct 1904*
Boice, Irena	Winehel, Henry	28 Oct 1884
Bolen, S.P. (Mr.)	Peregory, S.E.	18 Jun 1873
Boling, J.A.	Miller, Mary	6 Jan 1918
Boling, Tennie C.L.	Bolling, John	5 Jan 1887*
Bolling, John	Boling, Tennie C.L.	5 Jan 1887*
Bolton, Ida M.	Coomer, E.C.	30 Mar 1899
Bolton, Walter V.	Wagner, Nora B.	18 Jun 1918
Bonner, Manilla	McClain, Charles	23 Nov 1913
Booher, Frank	Malone, Katie	12 Jan 1898
Booher, James L.	Carr, Carrie S.	16 Nov 1902

Booher, Lillian E.	Klingensmith, Thadus	20 Feb 1900
Booher, Vick	Kinnis, John	29 Dec 1903
Booker, June	Vaughn, Colbern	1 Oct 1917
Booker, Noah	Bullock, Ethel	12 Apr 1917**
Boom, J.S.	Johnson, Maggie	9 May 1910*
Boon, Cora	Street, Lewis	24 Dec 1882
Boon, Etta	Forbes, Willie	13 Sep 1899
Boon, John	Shell, Deby	26 Dec 1882
Boon, Lidda	Shell, John L.	3 Aug 1887
Boone, Addie	Coleman, Edgar	10 Jun 1920
Boone, Bertha	Hughes, Lum	25 Apr 1916
Boone, Charles	Tucker, Lydia	25 Feb 1905
Boone, Etta Rena	Arnett, D.R.	24 Dec 1907
Boone, Heck	Julian, Eugina	17 Mar 1903
Boone, James	Tipton, Rettie	18 Sep 1895
Boone, Oma	Smith, Nick	14 Mar 1913
Boone, S.M.	Webb, Julia	11 Aug 1912
Borden, Clary	Odom, Edwin	6 Jun 1882*
Borders, Minnie	Markland, Yancel	6 Sep 1919
Boren, David	Hodge, Nancy	24 Dec 1874
Boren, George E.	Folsom, Ida	8 Jan 1895
Boren, L.T.	C____, Martha	31 Dec 1874
Boring, John Ruble	Cameron, Joanna Bell	12 Feb 1890
Bosburg, Albert E.	Thomas, Manda Lee	14 Jun 1905
Bougus, T.M.	McClure, Rosa Bell	21 Jan 1904
Bowen, M.J.	Crosswhite, C.L.	2 Nov 1901
Bowen, Paul	Campbell, Cora	10 Feb 1919
Bowen, Rebecca	Smith, Henry H.	22 Apr 1890
Bowen, Rhoda A.	Harden, J.A.	25 Dec 1899
Bowenger, Bessie	Cowan, G.D.	13 Sep 1908
Bowers, Ada	Loveless, Hacker	4 Nov 1916
Bowers, Agnes	Woods, Henry	6 May 1906
Bowers, Agnes P.	Pearce, Elijah S.	8 Apr 1888
Bowers, Alexander	Bowers, Cally	13 Jan 1885
Bowers, Alfred	Carriger, Rebecca	12 Oct 1876
Bowers, Allen	Smith, Bernie	26 Aug 1918
Bowers, Amelia C.	Cardin, Henry	24 Dec 1884
Bowers, Ann E.	Bowers, W.H.	28 Jul 1880*
Bowers, Annie	Nidiffer, Henry	9 Apr 1916
Bowers, Arnold	Nidiffer, Hattie	14 Mar 1914
Bowers, Auitize	Peters, B.H.	17 Oct 1880
Bowers, A.B.	Morrell, Bertha A.	16 Feb 1896
Bowers, A.D.	Ellis, Lucy	7 Oct 1900
Bowers, A.J.	Deloach, Eliza	20 Nov 1898
Bowers, Beatrice	Ellis, Thomas A.	1 Jan 1906
Bowers, Beauch	Morrell, Ellis	23 Apr 1905
Bowers, Bell	Bowers, W.P.	13 Aug 1916

Bowers, Belle	Justice, William	13 Jan 1914
Bowers, Bessie	Bowers, Brown	22 Feb 1903
Bowers, Bessie	Hardin, Alvin	7 Dec 1902
Bowers, Bill	Williams, Albert	7 Nov 1920
Bowers, Brown	Bowers, Bessie	22 Feb 1903
Bowers, Brown	Pierce, Fanny	1 Mar 1903
Bowers, Burgie	Oliver, Flossie	1 Jan 1915
Bowers, Callie	Williams, Eli	18 Aug 1893
Bowers, Callie	Pearce, P.W.	4 Oct 1896
Bowers, Callie	Williams, Samuel	29 Aug 1899
Bowers, Cally	Bowers, Alexander	13 Jan 1885
Bowers, Carmon S.	Taylor, Mary Hope	22 Sep 1915
Bowers, Carrie	Bowers, C.E.	17 Jan 1901
Bowers, Charles	Ervin, Lucy	11 Jan 1900
Bowers, Charles	Pearce, Eliza Jane	8 Jul 1908
Bowers, Charles	Williams, Grace	16 Aug 1919
Bowers, Charlie (Col)	Finley, Augusta	29 Sep 1919
Bowers, Clint	Caoloway, Virgie	31 Aug 1919
Bowers, Cordie	Anderson, Samuel	27 Aug 1903
Bowers, Cordie	Olliver, Judson	17 Apr 1904
Bowers, C.B.	Oliver, Susanna	9 Jan 1875
Bowers, C.E.	Bowers, Carrie	17 Jan 1901
Bowers, C.E.	Brown, Rener	14 Aug 1909
Bowers, C.F.	Large, Cora	21 Jun 1896
Bowers, C.G.	Richardson, Neroa	9 Aug 1910
Bowers, C.H.	Peters, Calia	24 Aug 1913
Bowers, Daniel	Cannon, Julia	27 Jun 1897
Bowers, Daniel	Oliver, Bertha	3 Jul 1902
Bowers, Daniel	Lewis, Mattie	16 Oct 1904
Bowers, David B.	Nave, Nannie L.	30 Jun 1901
Bowers, Delia E.	Slimp, James	30 May 1880
Bowers, Dora B.	Hicks, Stanfird, J.	12 Oct 1907
Bowers, Dosha	Williams, Isaac	13 May 1894
Bowers, D.B.	Loveless, Carrie	2 Jul 1892
Bowers, Earl	Cole, Vera	16 Nov 1918
Bowers, Elbert	Grindstaff, Ellen	7 Dec 1912
Bowers, Eliza	Peeks, David	1 Jun 1913
Bowers, Eliza	Williams, T.B.	23 Jun 1920
Bowers, Eliza C.	Harden, Charles	10 Jul 1893
Bowers, Elizabeth	Loveless, Michael C.	2 Nov 1890
Bowers, Elizabeth	Crow, Samuel	6 Sep 1894
Bowers, Elizabeth	Street, G.B.	3 Aug 1900
Bowers, Emaline	Rogers, Hugh G.	25 Dec 1876*
Bowers, Emeline	Bowers, Isaac N.	8 Mar 1876
Bowers, Emma	Hyder, J.L.	24 Dec 1896
Bowers, Emma	Nidfiffer, William	10 Feb 1899*
Bowers, Emnorah	Dennison, Bert	28 Nov 1917

Bowers, Ethel	Wilson, J.A.	3 Jul	1913
Bowers, Eva	Nave, John	7 Jan	1903
Bowers, E.C.	Morrell, G.I. (Mr.)	19 Sep	1901
Bowers, E.V. (Mr.)	Johnson, T.E.	22 May	1897
Bowers, Franklin M.	Lewis, Nancy A.	20 May	1897
Bowers, F.E.	Chambers, N.B. (Mr.)	1 Apr	1911
Bowers, George T.	Stout, Essie	4 Jul	1914
Bowers, Georgia	Crow, Carson	16 Apr	1917
Bowers, Gertie	Oliver, Isaac	6 Mar	1920
Bowers, Gistie	Jenkins, Pleas	30 Sep	1907
Bowers, Grant	Oliver, Ida	13 Aug	1895
Bowers, Harry	Dugger, Rosannah Jane	8 Jun	1876
Bowers, Hattie	Bradshaw, Lawrence	4 Aug	1918
Bowers, Herbert	Hopson, Lizzie	23 Dec	1920
Bowers, Hester	Crow, Tennessee	6 Nov	1879
Bowers, Hester A.	Oliver, Peter	16 May	1896
Bowers, Hunter	Crosswhite, Emma	11 Oct	1919
Bowers, H.B.	Williams, Alice	17 Nov	1907
Bowers, Ida	Dubk, D.E.	3 Feb	1909
Bowers, Isaac N.	Bowers, Emeline	8 Mar	1876
Bowers, Isaac N.	Morrell, Sallie L.	24 Aug	1879
Bowers, I.B.	Smith, Lizzie	5 May	1913
Bowers, I.G.	Bowers, Mollie	27 Apr	1899
Bowers, I.M.	Williams, Eva	16 Dec	1894
Bowers, James L.	Smith, Neelie O.	15 Feb	1908
Bowers, Jennie	Lovelace, M.C.	9 Jan	1896
Bowers, John	Williams, Minnie	5 Sep	1915
Bowers, John	Delocah, Angeline	23 Jan	1892
Bowers, John	Atwood, Minnie	24 Mar	1901
Bowers, John	Myers, Mollie	25 Dec	1903
Bowers, John	Taylor, Maggie	30 Jun	1907
Bowers, John	Nidiffer, Minnie	20 Apr	1919
Bowers, John	Heaton, Fannie	1 May	1920
Bowers, John L.	Potter, Mary	8 Dec	1879
Bowers, John M.	Cable, Mary M.	6 Oct	1876
Bowers, Joseph R.	Fletcher, Josie M.	10 Nov	1897
Bowers, Josie	Berry, Alvin	4 Jul	1914
Bowers, Julia	Hilliard, S.P.	4 Jul	1911
Bowers, J.A.	Sutfin, Bessie	25 Mar	1905
Bowers, J.A.	Nidiffer, Mary	19 May	1913
Bowers, J.B.	Williams, Rosa	19 Jun	1910
Bowers, J.C.	Ellis, Victore	24 Dec	1911
Bowers, Landin	Vandeventer, Margaret	24 Jan	1877
Bowers, Laura	Nave, William	16 Sep	1911
Bowers, Lawson	Williams, Mary E.	25 Jul	1891
Bowers, Leila L.	May, Roby D.	16 Aug	1916
Bowers, Lillie	Olliver, W.M.	29 Sep	1907

Bowers, Lillie	Williams, Mike	16 Apr 1909
Bowers, Lizzie	Fair, Robert	17 Feb 1895
Bowers, Lizzie	Campbell, Robert	23 Dec 1906
Bowers, Loretta	Canon, David	18 Sep 1892
Bowers, Lorettie	Merritt, Benjamin	29 Nov 1888*
Bowers, Lucy	Smith, George	22 Sep 1892*
Bowers, Lucy	Williams, Robert	25 Dec 1898
Bowers, Lula Kate	Morley, Edward R.	7 Feb 1920
Bowers, Luther	Buckles, Florie	25 Dec 1913
Bowers, Maggie	Hyder, James	23 Dec 1896
Bowers, Maggie	Hyder, James C.	17 Apr 1900
Bowers, Maggie	Markland, Homer	20 Apr 1913
Bowers, Maggie	Crow, Charlie	2 Jan 1915
Bowers, Margaret J.	Carriger, John C.	25 Sep 1876*
Bowers, Martha	Nave, D.S.	1 Apr 1913
Bowers, Martha E.	Berry, A.J.	24 May 1896
Bowers, Mary	Berry, J.M.	24 Dec 1899
Bowers, Mary E.	Ryan, John F.	8 Jul 1886
Bowers, Mary J.	Carden, R.P.	19 Jul 1885
Bowers, Matilda	Deloach, James	14 Apr 1877
Bowers, Mattie	Buckles, Daniel S.	24 Dec 1908
Bowers, Millard	Bowers, Sallie D.	15 Nov 1879
Bowers, Millard	Bowers, Myrtle	20 Oct 1906
Bowers, Minnie	Oliver, William	20 Dec 1894
Bowers, Minnie	Morrell, W.P.	3 Sep 1906
Bowers, Mollie	Bowers, I.G.	27 Apr 1899
Bowers, Mollie	Olliver, Charles	27 Jan 1905
Bowers, Mollie	Glover, Charlie	9 Dec 1916
Bowers, Monroe	Robinson, Ada	27 Sep 1914
Bowers, Myrtle	Bowers, Millard	20 Oct 1906
Bowers, M.C.	Davidson, Sylvia	2 May 1915
Bowers, M.E.	Collins, G.M. (Mr.)	26 Jun 1898
Bowers, Nancy S.	Morris, William M.	12 Mar 1882
Bowers, Nannie	Murry, Clyde E.	9 Jun 1917
Bowers, Nellie	Smith, Homer R.	24 Jun 1914
Bowers, Orlie	Proffit, Jason	8 Jul 1917
Bowers, Pettibone	Berry, Sally	16 Aug 1903
Bowers, Powell	Nidiffer, Girty	20 Oct 1883
Bowers, Reese B.	O'Brien, Martha	6 Feb 1908
Bowers, Rhoda E.	Vanhuss, David F.	29 Apr 1888
Bowers, Robert	Jenkins, Lizzie	23 Mar 1902
Bowers, Robert A.	Morris, Ella	7 Feb 1894*
Bowers, Roy B.	Hathaway, Myrtle	29 Oct 1907
Bowers, Ruthie	Buckles, Isaac	13 Feb 1888
Bowers, Ruthie	Wilson, Jackson	16 Apr 1898
Bowers, R.B.	Loveless, Maggie	25 Nov 1890
Bowers, R.T.	Headrick, Sarah	14 Sep 1902

Bowers, Sallie	Craig, George	17 Jul 1897
Bowers, Sallie D.	Bowers, Millard	15 Nov 1879
Bowers, Sopha	Mullins, John	27 Dec 1916
Bowers, S.F.	Peters, Gertie	8 Nov 1903
Bowers, S.M.	Berry, Loal	31 Jul 1897
Bowers, S.P.	Holloway, Sallie	16 Apr 1911
Bowers, Teter B.	Estep, Belle	22 Sep 1889
Bowers, T.B.	Archer, Sallie	30 Sep 1894
Bowers, Verna	Garland, Abraham	12 Jan 1910
Bowers, Virginia	Pearce, Jackson	24 Jan 1878
Bowers, Vista May	Carriger, Joel	25 Dec 1907
Bowers, Volentine	Ellis, Barbara	23 Mar 1871
Bowers, V.B.	Mariott, Hester	13 Oct 1880
Bowers, Willia	Olliver, M___	24 Dec 1911
Bowers, William A.	Williams, Sallie F.	18 May 1875
Bowers, W.C.	Morrell, Frankie B.	10 Apr 1903
Bowers, W.C.	Carriger, Lola	17 Mar 1916
Bowers, W.D.	Campbell, Olive	24 May 1913
Bowers, W.H.	Bowers, Ann E.	28 Jul 1880*
Bowers, W.P.	Bowers, Bell	13 Aug 1916
Bowers, W.P.	Lewis, Minnie	27 Oct 1918
Bowie, Annie Cassie	Long, Charles P.	18 Jun 1907
Bowie, Emma	Shull, D.T.	6 Oct 1912
Bowie, Ethel	Collins, Roscoe	25 Sep 1906
Bowie, L.B.	Crumley, George D.	20 Jun 1906
Bowlin, Dovie	Turner, Samuel	3 Feb 1891
Bowlin, D.M.	Garland, Lizzie	5 Jun 1897
Bowlin, Evaline	Goodman, Thomas A.	23 Jul 1884
Bowlin, Nancy	Teague, W.A.	26 Jan 1879
Bowlin, Tennessee S.	Moreland, J.W.	3 Nov 1881
Bowling, Anna	Davis, James	20 May 1911
Bowling, Bettie	Beeler, J.J.	30 Sep 1887
Bowling, Cain	Colwell, Mary	14 Jan 1905
Bowling, Cassie	Dillinger, Thomas C.	5 Aug 1900
Bowling, Charles	Martin, Emma	28 Nov 1910
Bowling, Clara J.	Bowling, Robert L.	25 Aug 1889
Bowling, C.A.F.	Bowling, Samuel J.	24 Jan 1886
Bowling, Frank	Smith, Hattie	8 Dec 1915
Bowling, G.C.	Fair, Ollie	21 Oct 1905
Bowling, Henry C.	Oaks, Sarah	25 Dec 1879
Bowling, Jacob	Lacy, Callie	7 Mar 1898
Bowling, Karl	Deloach, Elizabeth	18 Dec 1904
Bowling, Lucy	Harden, Grant	29 Apr 1906
Bowling, Maggie	Potter, Nat	23 Dec 1900
Bowling, Maggie	Lacy, R.A.	7 Jun 1908
Bowling, Melion	Treadway, Bessie	21 Oct 1900
Bowling, Nannie L.	Edmonson, Willard	18 Apr 1903

Bowling, Robert	Perry, Rachel	20 Nov 1903
Bowling, Robert	Scalf, Bessie	26 Oct 1913
Bowling, Robert L.	Bowling, Clara J.	25 Aug 1889
Bowling, Sallie	Miller, Nat	10 Jul 1910
Bowling, Samuel J.	Bowling, C.A.F.	24 Jan 1886
Bowling, Sarah	Angel, George	4 Jul 1900
Bowling, William	White, Cinthia	7 Jul 1912
Bowman, Beckie	Shell, Leonard	30 Oct 1914
Bowman, Callie	Robertson, J.F.	12 Feb 1891
Bowman, Caroline	Nidiffer, William	15 Nov 1888
Bowman, Cora	Bennett, James D.	7 Feb 1898
Bowman, Cora	Creed, G.W.	30 May 1920
Bowman, C.M.	Reece, Mary	15 Oct 1881*
Bowman, David	Smith, Lela	10 Sep 1908
Bowman, David	Potter, Rana	23 Aug 1919
Bowman, David M.	Taylor, Sarah	17 Aug 1876
Bowman, Edna	Braswell, Lune	26 Sep 1910
Bowman, Elizabeth	Slagle, James P.	19 Jan 1897
Bowman, E.M.	Fair, Maggie H.	16 Dec 1886
Bowman, Frank	Anderson, Jennie	10 May 1916
Bowman, G.L.	Dempsy, Jurina Ann	6 Dec 1887
Bowman, Hiram	Johnson, L.A.	28 Mar 1871
Bowman, Jennie	Whittimore, John	10 Mar 1895
Bowman, Josephine	Smith, Andrew Boyd	12 Mar 1882
Bowman, Juda	Atwood, J.V.	21 Jun 1908
Bowman, J.A.	Moody, Anna	9 Jan 1910
Bowman, J.M. (Mr.)	McIntuff, A.	13 Jul 1873
Bowman, Katy	Robinson, William	19 Mar 1911
Bowman, Lee	Buck, Nancy	20 Dec 1871*
Bowman, L.A.	Slimp, A.L. (Mr.)	21 Jun 1908
Bowman, L.R.	Ledford, Hassie	20 Jul 1919
Bowman, Maggie	Grindstaff, Henry	17 Oct 1915
Bowman, Mary	Honeycutt, Nathan	23 Mar 1873*
Bowman, Mary A.	Smith, Andrew Boyd	22 Apr 1878
Bowman, Minnie	Morris, Aron	21 Oct 1900
Bowman, Mollie	Culbert, W.M.	16 Sep 1910
Bowman, Nathaniel	Wodson, Lucinda	8 Jun 1908
Bowman, Ollie	Taylor, J.W.	11 Jul 1915
Bowman, Rebecca	Farrance, Arthur	4 May 1911
Bowman, Rebecca	Ellis, Henry	12 Feb 1918
Bowman, Samuel	Pierce, Nancy C.	16 Jan 1872
Bowman, Sara Fina	McIntuff, ____	30 Sep 1873
Bowman, Sarah A.	Gaddy, John	8 Dec 1908
Bowman, Sarah J.	Miliner, George A.	24 May 1890
Bowman, William M.	Hart, L.A.	21 Mar 1894
Bowman, W.B. (Mr.)	Guinn, M.A.	4 Nov 1900
Bowman, W.B. (Mr.)	Campbell, A.B.	11 Jul 1909

Bowman, W.G. (Mr.)	Ward, A.E.	2 Dec 1899
Bowrs, J.P.	Fletcher, Lela M.	24 Dec 1893
Bowtin, Ettie	Weaver, D.H.	6 Nov 1890
Boy, Laura A.	Hunt, R.C.	5 Jan 1888
Boy, William	Smith, _____	2 Sep 1884
Boyce, Fannie	Farris, Alex	26 Dec 1898
Boyd, Andrew J.	Hash, Mary J.	20 Aug 1905
Boyd, Beulah	Bayless, John	20 May 1890
Boyd, B.V.	Childress, Mosas	6 Feb 1896
Boyd, Emma B.	Mastin, J.F.	25 May 1895
Boyd, I.L.	Elliott, Rettie	29 Aug 1914
Boyd, Jackson	Erwin, Cassie Louisa	10 Apr 1897*
Boyd, Jessie	Watson, Maria	8 Oct 1886
Boyd, John E.	Slagle, Massie M.	17 Feb 1911*
Boyd, Mariah	Garman, John	7 Feb 1892
Boyd, Mary	Hale, George	28 Oct 1886
Boyd, Samuel F.	McIntruff, Martha	19 Apr 1892
Boyd, Samuel T.	Holder, Sarah E.	20 Feb 1899
Boyhton, Josie	Humphrey, Warren	18 Sep 1907
Bradley, Andrew T.	Crosswhite, Carrie L.	14 May 1901
Bradley, Annie	Fair, F.J.	8 May 1915
Bradley, Annie	Hilton, Lonzo	25 Dec 1919
Bradley, Bell	Fair, John H.	19 Mar 1905
Bradley, Carrie	McKerson, Waco	2 Feb 1913
Bradley, Charles	Erwin, Delia	27 Jul 1893
Bradley, Claud	Kimmes, Tenie	22 Jun 1918
Bradley, D.	Carter, William A.	15 Jun 1875
Bradley, Ed	Kennis, Sallie	6 Nov 1910
Bradley, Eliza	Kelley, James	16 Apr 1888*
Bradley, Elizabeth	Collins, G.O.	18 Sep 1897
Bradley, Frank	Slagle, Annie M.	9 Jul 1906
Bradley, Georgia	Delaney, C. (Col)	4 Nov 1916
Bradley, Georgia	Blackburn, Rod R.	14 Jul 1920
Bradley, Hester	Culver, C.M.	1 Nov 1908
Bradley, James	Range, Eliza	14 Feb 1897
Bradley, James L.	Hodge, Deskey	10 Aug 1881
Bradley, John T.	Nidiffer, Jessie	11 Mar 1906
Bradley, Josie	Crow, Charles	24 Oct 1908
Bradley, Josie	Crow, Charlie	5 Jul 1920
Bradley, Nathaniel	Heagins, Georgia	9 Dec 1902
Bradley, N.	Carn, Sarah	26 Dec 1872*
Bradley, Robert B.	Carter, Hester A.	24 Aug 1876*
Bradley, Roy A.	Morton, Ela	22 Jun 1919
Bradley, R.C.	Easly, Mary T.	14 Nov 1906*
Bradley, R.C.	Branch, Josephine	5 Nov 1919
Bradley, Walter	Holly, Julia E.	26 Mar 1893
Bradley, Zeuleaha	Marsh, Matison H.	25 Jan 1918

Bradly, Dock	Fair, Alice	8 Dec 1901
Bradly, E.S.	Grindstaff, Rebecca	9 Nov 1909
Bradly, Mary Evoline	Snider, Jacob	17 Sep 1889
Bradly, Samuel	Nidiffer, Nancy	25 Dec 1902
Bradshaw, Aggie	Baugus, L.H.	2 Dec 1900
Bradshaw, Clara	Fisher, John	14 Dec 1918
Bradshaw, Fanny	Keen, Charles	24 Jul 1909
Bradshaw, James A.	Roberts, Dora A.	25 Oct 1893
Bradshaw, John	Smith, Jennie	16 Nov 1901
Bradshaw, John	Nave, Eva	6 Feb 1909
Bradshaw, Lawrence	Bowers, Hattie	4 Aug 1918
Bradshaw, Lydia B.	Denny, John Henry	12 Feb 1910
Bradshaw, Mary	Fair, Thomas	25 Dec 1904
Bradshaw, Mattie	Fair, Sheriff	13 Oct 1901
Bradshaw, Offa	Ryan, Frank	28 Jul 1914
Bradshaw, Patton	Robinson, Jennie	23 Dec 1914
Bradshaw, Robert	Fair, Eva	9 Aug 1902
Bradshaw, Vina O.	Hampton, W.L.	29 Dec 1911
Bradshaw, W.F.	Deloach, M.	6 Apr 1902
Bradwhaw, R.S.	Perry, Sena	16 Sep 1905
Braidy, Susan	Marler, David	6 Nov 1892
Branch, Christopher	Wagner, Amanda C.	6 Feb 1877
Branch, Cora	Peters, Ruben	31 May 1916
Branch, Dock	Glover, Daisy	25 Oct 1902
Branch, Dora	Mathis, Elija	20 Feb 1895
Branch, Eva	Hix, James	8 Dec 1882
Branch, Josephine	Bradley, R.C.	5 Nov 1919
Branch, Lillie	Peters, Andy O.	31 Dec 1916
Branch, Sidney	Stepp, Ida	17 Sep 1882
Branch, Susan	Brumit, William	26 Aug 1875
Brasdshaw, William	Deloach, Carrie	5 Jul 1900
Braswell, James	Hyder, Gladys	1 Jul 1917
Braswell, James H.	Rominger, Nancy S.	23 Jun 1889
Braswell, Josie	Chambers, Charles	15 Feb 1914
Braswell, Lune	Bowman, Edna	26 Sep 1910
Braswell, Netta	Chambers, Cecil	25 Jun 1905
Braswell, Tettson	Tipton, Mary	22 Mar 1887
Braswell, Tom	Williams, Mary	2 Nov 1919
Bray, Joe	Davis, Ella	7 Aug 1897
Breedlove, W.A.C.	Welsh, Annie G.	23 Sep 1896
Breswell, W.W.	Benfield, Beulah	7 Aug 1915
Brewer, Bell	Monday, William	1 Jun 1912
Brewer, Bell	Simerly, Arthur	18 Aug 1914
Brewer, Bell	Little, Elbert	13 Dec 1919
Brewer, Birten N.	Whisenhunt, Tilda	3 Oct 1911
Brewer, Boly	Fields, Sarah	3 Feb 1883
Brewer, Calvin	Coffee, Mary A.	14 Jul 1878

Brewer, C.L.	Campbell, Ida	19 Oct 1904
Brewer, David	Shell, Etta	26 May 1900
Brewer, D.N.	Elliott, Nora	4 Feb 1914*
Brewer, Edgar	Shell, Callie	24 Aug 1906
Brewer, Emma	Timbs, Clarence	24 Oct 1920
Brewer, E.E.	Melton, Belle	4 Feb 1913*
Brewer, Febia	Beaver, Crede	26 Dec 1901
Brewer, Harriett	Horton, John	19 Mar 1905
Brewer, Hattie	Birchfield, Thomas	13 May 1914
Brewer, Hodge	Geisler, Katy	22 Jan 1910*
Brewer, H.L.	Caraway, Gipsy	20 Jun 1909
Brewer, Ida	Street, Frank	18 Jan 1913
Brewer, J.H.	Heaton, Orda	28 Mar 1907
Brewer, Kenneth	Moody, Etta	2 Oct 1919
Brewer, Laura	Powell, George	24 Dec 1914
Brewer, Mainaitha	Johnson, Herb	9 Oct 1917
Brewer, Martisha	Runions, William C.	15 Mar 1919
Brewer, Olanine	Birchfield, Samuel	15 Jan 1904
Brewer, Ruth	Oaks, Floyd	18 Jan 1918
Brewer, Susan	Beaver, Howard	7 JUn 1902
Brewer, Thomas	Welch, Dorsa	2 Jun 1908
Briant, J.B.	Dugger, Nancy	17 Oct 1908
Bridges, Earnest	Stober, Lucy	6 Apr 1910
Bridges, Mathew	Cameron, Lillie	13 Apr 1910
Bridges, Mollie	Greenlee, James	4 Apr 1915
Bridges, Ossie	Moore, Ed	19 Mar 1918
Bridges, W.N.	Wagner, Nancy C.O.	13 May 1897
Bridgett, Cenia	Nave, Will (Col)	29 May 1915
Briggs, A.T.	Ashley, Mary	14 Dec 1902
Briggs, Dave	Franklin, Flossie	9 Jun 1919
Briggs, David	Jenkins, Eliza Jane	8 Oct 1902
Briggs, David	McKinney, Callie	31 Jan 1914
Briggs, Dicie J.	Banner, E.L.	30 Jun 1894
Briggs, Fannie J.	Murphy, W.R.	10 Jan 1903
Briggs, George	Skipper, Rosa	26 Sep 1904
Briggs, Hattie A.	Banner, E.L.	30 Nov 1898
Briggs, James	Jenkins, Minnie	3 Nov 1902
Briggs, Jannie	Jones, Samuel	29 Dec 1909*
Briggs, Jennie	Smith, Daniel	14 Aug 1911
Briggs, Maggie	Buck, Andy	22 Sep 1906
Briggs, Mary	Shell, J.T.	16 Dec 1897
Briggs, Mary Ann	Ledford, David L.	21 Apr 1920
Briggs, Nora E.	Buck, Walter H.	31 May 1908
Briggs, Sarah Jane	Carver, Aden	27 Apr 1889
Briggs, T.H.	Wagner, Cordelia	23 Dec 1903
Brinkley, Anna	Ray, Charles W.	18 May 1919
Brinkley, Dallas F.	Simerly, Annie J.	20 Nov 1900

Brinkley, James W.	Church, Bina L.	9 Jul 1905
Brinkly, Addie	Miller, James	30 Jun 1905
Bristol, Carrie	Birchell, Edward	4 Oct 1919
Bristol, Elbert	Williams, Bonnie	16 Jun 1918
Bristol, J.B.	Burchett, Coria	17 Mar 1918
Britt, Bell	Livingston, S.B.	11 Sep 1904
Britt, Elbert	Brummitt, Ann	3 Jun 1876*
Britt, Eliza	Grindstaff, Alfred	15 Aug 1874*
Britt, Elizabeth	Sams, Daniel	19 Dec 1881
Britt, Elizabeth	Lyons, John	30 Jun 1890
Britt, Ellen	Geisler, George	7 Jan 1905
Britt, Emma	Whisenhunt, Cart	9 Jun 1920
Britt, Ethel	Whittamore, Robert B	9 May 1912
Britt, Frank	Livingston, Pearl	15 May 1918
Britt, George	Hyder, Nola	5 Mar 1893
Britt, Harriett E.	Peoples, Nathaniel	19 Jan 1879
Britt, James R.	Mosley, Delia C.	11 Aug 1889
Britt, Jerry	Hyder, Stacy Jane	10 Sep 1899
Britt, Julia	Foust, James	10 Mar 1884
Britt, Landon	Whitson, Evalyn	6 Apr 1871
Britt, Lula	Hyder, William A.	11 Dec 1899
Britt, Malinda	Dugger, D.W.	31 Jul 1900
Britt, Nannie	Clark, Robert	27 Jul 1879
Britt, Rhoda	Douglas, John	18 Apr 1897
Britt, Sinkles	Sherrill, Elda E.	29 Sep 1914
Britt, Susan	Owens, Sherman	5 Oct 1886
Britt, S____	Whitson, Catherine	4 Apr 1871*
Britt, Thomas	Helfer, Mirna	10 Mar 1894
Britt, Thomas Y.	Miller, Eva C.	17 Aug 1878
Britt, T.Y.	Walker, Mary Alice	19 Jul 1909
Britt, William	Lyons, Susan	28 Jan 1894
Britt, Worley	Hazlewood, Sallie	12 Oct 1905
Brivert, Mary	Ward, Finly	12 Mar 1910*
Brockwell, David	Twigs, Mary	20 Oct 1882
Brook, Nancy	Davis, Samuel	16 Dec 1874
Brooks, Catherine	Emmert, George	29 Apr 1874
Brooks, Charles	Dyke, Manda	20 Aug 1911
Brooks, Clara F.	Cole, A.J.	30 Jul 1910
Brooks, Dave (Col)	Smith, Omie	7 Jun 1917
Brooks, Jackson	Pearce, L.	23 Apr 1873
Brooks, Maggie	Taylor, W.A.	8 Jun 1901
Brooks, Margaret P.	Hyder, Lawson F.	29 Mar 1871
Brooks, Nora	Daniels, Isaac	5 Apr 1896
Brooks, Sallie	Gardner, James	6 Mar 1916
Brooks, Sallie	Greenlee, James	1 Feb 1911
Brooks, Victoria	Gather, Walter	23 Dec 1901
Brooks, Vina	Morris, William	3 May 1908

Brooks, William	Roller, Sallie	14 Jan 1900
Brookshire, Minnie	Stout, William B.	31 Dec 1911
Brookshire, Myrtha	Grindstaff, C.L.	29 Dec 1911
Brookshire, Myrtle	Williams, H.C.	5 May 1914
Brookshire, Samuel	Heatherly, Mary	4 Jan 1892
Brown, Alfa	Stanley, George	3 Aug 1907
Brown, Alice H.	Markland, A.C.	14 Nov 1906
Brown, Augusta	Birchfield, Jacob	25 Mar 1917
Brown, Bertha	Smith, Ed	12 Feb 1907
Brown, Cora	Powell, John	6 May 1902
Brown, Darwin	Gibbs, Dacil	30 Jan 1902
Brown, Drusilla J.	Snodgrass, Emery	7 Feb 1872
Brown, Eliza	Birchfield, Charles	10 Apr 1906
Brown, Emma C.	Renfro, James H.	3 Feb 1884
Brown, Flora	Hamby, Dewey	23 Apr 1917
Brown, Gaston	Rey, Mary	3 Oct 1894
Brown, George	Skipper, Mary	1 Jul 1905
Brown, G.V.	Cole, Chloris	20 Nov 1917
Brown, Hagie	Young, Leona	3 May 1913
Brown, Hattie	Feinster, John L.	21 Nov 1881*
Brown, Hilton, H.	Shell, Maggie	8 Jan 1907*
Brown, Ida	Ervin, Wilbon	26 Oct 1893
Brown, Joe	Manning, Bessie	16 Aug 1919
Brown, John	Richardson, Mary	16 Jun 1919
Brown, Joseph	McKinney, Caroline	25 Sep 1900*
Brown, Laura	Williams, Thomas J.	20 Apr 1887
Brown, Laura	Thompson, Roby	27 Jul 1915
Brown, Lee	Johnson, Mary	26 Dec 1894
Brown, Lelia I.	Pence, Charles P.	24 Apr 1889
Brown, Lewis	Hardin, Etty	11 Mar 1885
Brown, Lila	Goins, John	8 Jun 1912
Brown, Lillie	Street, Harrison	9 Sep 1911
Brown, Margaret P.	Worley, Joseph	21 Mar 1871
Brown, Mary A.	Hampton, James T.	19 Jan 1907
Brown, Minnie	Wilson, Gilbert	16 Sep 1900
Brown, Rener	Bowers, C.E.	14 Aug 1909
Brown, Reuben	Brvady, Minnie B.	22 May 1894
Brown, Rosa	Gibbs, James	18 Dec 1901
Brown, Rosie	Jarrett, McKinley	5 Dec 1920
Brown, Ruth	Webb, Elbert	7 Oct 1916
Brown, Shirl (Mr.)	Lineback, Jessie	15 Aug 1919
Brown, Tester	Daugherty, Cora	6 Aug 1914
Brown, Thomas	Smith, Rosie	5 Sep 1915
Brown, Worley H.	Rupe, Jennie	19 Nov 1919
Browning, John B.	Jenkins, Clarina	22 Jul 1877
Broyhill, Adiline	Kite, A.C.	23 Sep 1883
Broyhill, T.E.	Doby, Adalade	9 Dec 1879

Broyles, Nola	Buchanan, Stokes	7 Nov 1894
Broyles, Nora	Campbell, William	4 Feb 1898
Broyles, S.D.	Jackson, Emma	13 Mar 1894
Brumit, Alice	Campbell, James W.	26 Nov 1881*
Brumit, Annie	Campbell, N.T.	29 Apr 1903
Brumit, Axie J.	Reese, W.L.	20 Dec 1903
Brumit, A.C.	Smith, Alice R.	14 Feb 1899
Brumit, Bernice	Snodgrass, R.L.	29 Nov 1906
Brumit, B.L.	Trivett, E.G. (Mr.)	29 Sep 1906
Brumit, Carrie	Griffin, J.E.	27 Jan 1918
Brumit, Catherine	Wagner, D.S.	25 Mar 1893
Brumit, Charles H.	Ellis, Lorena B.	27 May 1894
Brumit, Charlie	Street, Lockie	23 Mar 1917
Brumit, Clarence	Anderson, Lela	21 Dec 1916
Brumit, Cordie	Williams, Thomas N.	19 Dec 1900
Brumit, David	Smith, Bessie	4 Jul 1898
Brumit, D.	Morris, Carrie A.	7 Mar 1894
Brumit, Elmer	McKeehan, Myrtle	8 Jan 1916
Brumit, Emma	Loveless, D.K.	7 Mar 1900
Brumit, Jessie	Baker, Albert C.	29 Sep 1908
Brumit, John W.	McInturff, Sarah A.	14 Jun 1872
Brumit, John W.	Street, Biddie E.	16 Dec 1893
Brumit, Joseph	Shell, Lucille	9 Mar 1909
Brumit, Lottie	Young, George	8 Jun 1898
Brumit, Lucy	Street, Landon, A.	19 Jun 1910
Brumit, Mary	Benfield, A.L.	18 Jul 1875
Brumit, Mary	Campbell, A.J.	21 Dec 1901
Brumit, Mary	Pierce, Joe P.	19 Sep 1915
Brumit, Mattie L.	Hyder, Robert D.	22 Jun 1909
Brumit, Nellie B.	Thomas, G.Tolly	3 May 1916
Brumit, P,T.	Campbell, Minnie	10 Sep 1893
Brumit, P.I.	Holly, Louie	5 Mar 1899
Brumit, Robert L.	Pearce, Annie L.	26 Apr 1908
Brumit, Sophia L.	Hendrix, Calvin T.	10 Oct 1908
Brumit, William	Branch, Susan	26 Aug 1875
Brumitt, Edgar M.	Arnold, Joe Pearl	24 Dec 1902
Brumitt, James D.	Twiggs, Susan	7 Aug 1892
Brumitt, Lola Bell	Ward, Earl W.	28 May 1914
Brumitt, P.I.	Lewis, Mable E.	29 Dec 1920
Brumitt, Sue	Bell, Delbert	20 Jun 1906
Brummitt, Ann	Britt, Elbert	3 Jun 1876*
Brummitt, C.D.	Jones, Josie	17 Jan 1913
Brummitt, G.W.	Grindstaff, Rebecca	27 Apr 1890*
Brummitt, Rebecca	Davis, James	23 Apr 1916
Brvady, Minnie B.	Brown, Reuben	22 May 1894
Bryant, Jasper	Stansberry, Louisa J.	8 Jun 1895
Bryant, Lytha	Arnett, Hyram	2 Nov 1881*

Bryant, Martha	Tester, Lee	4 Apr	1917
Bryant, Millie	Greer, J.M.	4 Jan	1900
Bryant, Nat H.	Potter, Rosa	23 Aug	1913
Bryant, N.J.	Emmert, Sarah	17 Dec	1877*
Bryant, Thomas	Woodby, Martha	9 Feb	1899
Bryant, Thomas	Hartly, Elvina	13 Sep	1909*
Bryant, Violet	Ward, David	25 Jun	1909
Bryant, William R.	Douglas, Harriett E.	29 May	1892
Bryant, W.R. (Mr.)	McKeehan, H.H.	19 Jan	1905
Buchanan, Acal	Burlison, Lyman	22 Feb	1913
Buchanan, Birdie	Heaton, Cain	15 Jul	1917
Buchanan, Clarence	Garland, Pearl	6 Mar	1915
Buchanan, Dave	Dile, Delia	17 Jul	1915
Buchanan, Della	Forbes, Matney	9 Jun	1914
Buchanan, Dewey	Jenkins, Una	3 Jun	1917
Buchanan, Disa	Callahan, Walter	12 Feb	1905
Buchanan, Dora	Roberts, John	20 Apr	1917
Buchanan, Edna Alice	Wagner, Edward B.	25 Dec	1920
Buchanan, Ella	Carpenter, Garfield	22 May	1915
Buchanan, General	Sizemore, Dokie	6 Aug	1907
Buchanan, James	Miller, Phoebe	21 Aug	1892
Buchanan, Mannie	English, Wade	24 Mar	1914
Buchanan, Mark	Benfield, Bessie	14 Aug	1905
Buchanan, Myra	Tolly, Winfield	30 Oct	1904
Buchanan, Rosa	Music, E.B.	17 Jun	1905
Buchanan, R.G.	Patton, Blanch	14 Feb	1892
Buchanan, Stephen L.	Twiggs, Amanda	2 Aug	1879
Buchanan, Stokes	Broyles, Nola	7 Nov	1894
Buchanan, Thomas	Miller, L.	13 Aug	1876*
Buchanan, Wilson	Patton, Lula	5 Feb	1891
Buck, Andy	Briggs, Maggie	22 Sep	1906
Buck, Annie	Shipley, Rhudy	15 Apr	1920**
Buck, Arthur E.	Hyder, Francis T.	19 Sep	1913
Buck, Berlie	Hoss, W.H.	12 Sep	1917
Buck, Bessie	Isaacs, Roy	5 Nov	1917
Buck, Cephus S.	Shelbum, Kate	28 Dec	1880
Buck, Charles	Baker, Celia	22 Feb	1910
Buck, Clemma J.	Frasier, James H.	17 Jan	1899*
Buck, Clinton	Dolen, Sallie	30 Sep	1901
Buck, David	Adkins, Lockie	7 Mar	1908
Buck, David E.	Teaster, Bell	4 Oct	1885
Buck, Dillie	Jones, David L.	1 Jun	1897
Buck, D.E.	Graybeal, A.M.	8 Jun	1907
Buck, Ernest	Johnson, Olive	30 Sep	1917
Buck, Harry	Wilson, Sallie	2 Oct	1872
Buck, Ida	Collins, John	24 Dec	1907
Buck, John B.	Range, Sarah E.	16 Dec	1886

Buck, John E.	Clark, Suvanna	15 Feb	1893
Buck, Julia A.	Leonard, W.H.	1 Jan	1912
Buck, Julia A.	Clark, William J.	2 Oct	1879
Buck, Leina	Dreuer, Ralph	23 Dec	1910
Buck, Lizzie	Hammer, Charles	7 Apr	1907
Buck, Mary	C____, John	19 Jul	1872
Buck, Mary J.	Williams, George D.	11 Aug	1889
Buck, Milton	Redmond, Osie	27 Jun	1915
Buck, Myrtle	Williams, Charlie	28 Oct	1906
Buck, Nancy	Bowman, Lee	20 Dec	1871*
Buck, Nathaniel	Taylor, Clemmie	5 Mar	1876*
Buck, Norma	Hicks, Luther	21 Aug	1917
Buck, Robert L.	Jones, Martha A.	23 Dec	1890
Buck, Roxie Lee	Adamson, E.L.	14 Feb	1916
Buck, Walter H.	Briggs, Nora E.	31 May	1908
buck, William	Hoss, Ray	26 May	1912
Buckler, Matilda	Shown, C.R.	1 Dec	1907
Buckles, Abraham H.	Buckles, Mary C.	11 Feb	1893
Buckles, Addie	Blevins, N.P.	28 Sep	1894
Buckles, Alfred	Williams, Elizabeth	24 Nov	1896
Buckles, Alfred	Buckles, Lizzie	13 Aug	1905
Buckles, Alfred	Berry, Jane	27 Mar	1910
Buckles, Alfred	Nave, Abby	9 Oct	1910
Buckles, Andy	Nidiffer, Catherine	10 Mar	1876
Buckles, Bernie	Berry, Willie C.	9 Dec	1917
Buckles, Callie	Heurman, Conley	4 Jun	1916
Buckles, Campbell	Hinkle, Manda	01 Dec	1910
Buckles, Catherine	Myers, C.C.	11 Mar	1888
Buckles, Catherine	Pierce, Clark	31 Mar	1909
Buckles, Clyde	Anderson, Ida	5 Oct	1912
Buckles, Cora	Carden, C.B.	2 Aug	1907
Buckles, Cora	Vandeventer, Charles	3 Feb	1914
Buckles, C.D.	Nave, Sarah	7 Nov	1903
Buckles, Daniel S.	Bowers, Mattie	24 Dec	1908
Buckles, David	Rithcie, Lillie	24 Dec	1896
Buckles, D.C.	Vanhuss, Myrtle	4 Jul	1917
Buckles, Eliaz J.	Crumlet, Elihu J.	8 Dec	1889
Buckles, Eliza C.	Robinson, David L.	25 Aug	1878
Buckles, Emma	Pierce, Samuel L.	19 Oct	1881
Buckles, Emma	Oliver, N.J.B.	26 Sep	1897
Buckles, Emma	Buckles, Frank	17 Feb	1918
Buckles, Florie	Bowers, Luther	25 Dec	1913
Buckles, Forney	Smith, Elizabeth	25 Dec	1909
Buckles, Frank	Buckles, Emma	17 Feb	1918
Buckles, Grant	Oliver, Maggie	22 Sep	1895
Buckles, Ida	Peters, W.M.	23 May	1905
Buckles, Isaac	Bowers, Ruthie	13 Feb	1888

Buckles, Isaac B.	Stover, Mary Jane	3 Feb 1914
Buckles, James	Herrell, Sallie	4 Jul 1919
Buckles, Jennie	Morrell, E.J.	2 Oct 1892
Buckles, Joe	Buckles, Laura	29 Sep 1907
Buckles, Julia	Buckles, Levi Jr.	7 Mar 1903
Buckles, Laura	Buckles, Joe	29 Sep 1907
Buckles, Lee	Williams, Callie	7 Dec 1919
Buckles, Levi Jr.	Buckles, Julia	7 Mar 1903
Buckles, Lizzie	Buckles, Alfred	13 Aug 1905
Buckles, Lourena	Culbert, William	24 Dec 1885
Buckles, Lucy E.	Peters, Michael	10 Nov 1881
Buckles, Margaret N.	McQueen, Walter	2 Sep 1891
Buckles, Martin C.	Berry, Callie	19 Oct 1919
Buckles, Mary	Williams, Levi	3 Feb 1883
Buckles, Mary	Culbert, Joseph	19 Jan 1893
Buckles, Mary	Colbaugh, T.N.	8 Jul 1903
Buckles, Mary C.	Berry, Samuel M.	4 Oct 1878
Buckles, Mary C.	Buckles, Abraham H.	11 Feb 1893
Buckles, Mary P.	Washbone, William	18 Sep 1877
Buckles, Mattie	Chambers, John N.	24 Dec 1896
Buckles, M.D.	White, Tissie	12 Dec 1914
Buckles, Nancy	Williams, David	10 Sep 1881*
Buckles, Rebecca	Ritchie, William C.	Jun 1877*
Buckles, Rebecca C.	Williams, Samuel C.	17 Sep 1891
Buckles, Robert	Peters, Rebecca	27 Sep 1881*
Buckles, Robert	Morrell, Alzenia	22 Nov 1883
Buckles, Rosa	Elliott, Roy C.	9 Mar 1913
Buckles, R.C.	Nidiffer, Martha	13 Feb 1890
Buckles, Sallie	Nave, Ora G.	27 Aug 1911
Buckles, Sallie	Staler, Vilas Leon	2 Aug 1917
Buckles, Sarah	Williams, Rod	22 May 1898
Buckles, Shnola	Pierce, Martin	16 Nov 1919
Buckles, Toy	Bullock, Gracy	16 Jun 1913
Buckles, William	Hinkle, Lula	16 Jan 1904
Buckles, William C.	Nave, Maggie	11 Nov 1889
Buckles, W.C.	Taylor, Eliza	16 Jan 1881*
Buckles, W.C.	Peters, Millie	21 Jan 1899
Buckley, Ellen	Riley, Thomas	12 Nov 1885
Buckley, M.Z.	Bishop, Bessie	17 May 1920
Buckner, Callie	Houston, John	26 Sep 1914
Buckner, A.A.	Swormer, Dean M.	4 Dec 1894
Bullock, Ebb	Webb, Bell	22 Jul 1906
Bullock, Ethel	Booker, Noah	12 Apr 1917**
Bullock, George	Barr, Alice	25 Dec 1909
Bullock, Gracy	Buckles, Toy	16 Jun 1913
Bullock, Granville	Ellis, Maud	1 Sep 1917
Bullock, John	Perry, Minnie	7 Jun 1914

Bullock, Katie	Bateman, Martin	23 Jun 1913
Bullock, Maud	Wilson, George	4 Jul 1918
Bullock, Robert	Slagle, Essie	16 May 1914
Bullock, Samuel	Kuhn, Millie	28 Nov 1897
Bumgardner, B.J.	Hicks, Easter C.	4 Oct 1907
Bumgardner, Eliza J.	Baily, J.H.	1 Sep 1903
Bumgarner, Mary	Green, John L.	3 Dec 1882
Bunten, Jessie C.	Perry, Shala	18 Jan 1871*
Bunten, M.	Perkin, P____ (Mr.)	12 Mar 1871
Bunten, W.G. (Mr.)	Smith, M.E.	28 Jul 1911
Buntin, B.T.	White, Jane G.	12 Oct 1879
Buntin, James E.	Dolin, Anna B.	8 Feb 1902
Buntin, J.M. (Mr.)	Greenwell N.E.	7 Jan 1900
Buntin, Robert G.	Sheets, Anna	2 Jan 1920
Buntin, T.J.	Shipwash, Mary M.	8 Mar 1901
Buntin, V.B.	Wagner, L.S. (Mr.)	6 Jan 1907
Buntin, William J.	Crowsswhite, Mary E.	11 Jan 1882
Bunton, Arrie	White, D.M.	25 Dec 1908
Bunton, Clinton	McCloud, Louise	15 Oct 1919
Bunton, Dovie	Pearson, Ross	28 Sep 1919
Bunton, Ettie	Shell, Henry	12 Jul 1896
Bunton, Fina	Davenport, Blain	1 Jan 1906
Bunton, James	Winters, Catherine	3 Apr 1910
Bunton, James	Morlow, Cora	7 Aug 1904
Bunton, John F.	Vines, Mary E.	20 Apr 1874*
Bunton, J.W.	Luther, Delly L.	26 Oct 1879
Bunton, J.W.	Hatcly, Berrie	1 Jul 1909
Bunton, Mack	Campbell, Maggie	11 Dec 1916
Bunton, M.F. (Mr.)	Voncannon, V.B.	3 Jan 1895
Bunton, M.W.	Luther, William	29 Dec 1903
Bunton, N.T.	Presnell, Berthie C.	22 Mar 1920
Bunton, Vick	White, Granville	20 Jun 1909
Bunton, W.D.	Taylor, Eva	18 Apr 1903
Bunton, W.J.	Phillips, Rosebud	18 Oct 1913
Burage, Elma	Simerly, Dayton M.	4 Jun 1918
Burchett, Coria	Bristol, J.B.	17 Mar 1918
Burchett, Dora	Cook, Wib	11 Mar 1917
Burchett, Lillie	Hicks, John	10 Jan 1920
Burchfield, Robert	Garland, Mary	28 Dec 1871
Burgett, J.R.	Clark, Nellie	24 Jan 1908
Burgie, Annie	Smith, D.J. Jr.	31 Jul 1894
Burgie, Annie	Burnham, G.H.	3 Oct 1901
Burgie, Selma V.	Mottern, W.R.	25 Jun 1902
Burgiss, Emily	Wilson, D.G.	11 Sep 1894
Burgner, Minnie	Taylor, Ben	22 Nov 1919
Burk, John	Berry, Conny	29 Jun 1906
Burks, Amelia	Renfro, Joseph	26 Dec 1876

Burks, John	Garland, Eliza	12 Dec 1872
Burleson, Doss	Blevins, Cenia	4 Nov 1919
Burleson, George	Crow, Vicy	17 Sep 1917
Burleson, Hobart	Hughes, Clara	18 Jun 1918
Burleson, Lula	Knight, Marian	30 Aug 1913
Burleson, Ruby W.	Hodgins, Luther	5 May 1920
Burleson, Samuel	Garland, Mary	4 Mar 1902
Burlison, Clayton	Calhoun, Myrtle	4 Dec 1920
Burlison, Eliza Jane	Shell, Alfred	1 Aug 1880
Burlison, Jessie E.	Auglin, John T.	24 Dec 1900
Burlison, Judith	Robinson, George	14 Jun 1910*
Burlison, J.S.	Elliott, Dorothy	6 Apr 1913
Burlison, Laura	Wilson, C.A.	7 Sep 1906
Burlison, Lyman	Buchanan, Acal	22 Feb 1913
Burlison, Mack	Gouge, Alice	27 Sep 1902
Burlison, Matt	Winters, Jessie	2 Sep 1916
Burlison, Nora	Michals, Albert	31 May 1913
Burlison, Samuel	Cable, Lockie	15 Feb 1913
Burlison, T.A.	Young, Ralph	19 Jan 1898
Burner, Barbery A.	Watson, Thomas J.	16 Jul 1901
Burnes, Alice	Wright, Aaron	22 Jun 1903
Burnett, Charles	Crow, Maude	14 Jan 1904
Burnett, Dorser	Hughes, Rebecca	2 Dec 1904
Burnett, Elizabeth	Odom, Jason	29 Apr 1916
Burnett, Martha	Odem, William	12 Nov 1892
Burnett, Ross	Woods, Lottie	7 Sep 1908
Burnham, G.H.	Burgie, Annie	3 Oct 1901
Burris, John	Spencer, Fannie	18 Nov 1918
Burrough, Hobert M.	Chambers, Mamie T.	8 Sep 1920
Burrow, Allie	Roberts, J.G.	24 Dec 1917
Burrow, Brown	Fair, Minnie	1 May 1910
Burrow, Frank	Garrison, Mae	16 Jan 1915
Burrow, Hattie	Markland, James	2 Jul 1908
Burrow, Henry F.	Hayes, Maryiel	18 Oct 1908
Burrow, James R.	Hayes, Hester	21 Sep 1881
Burrow, James R.	Miller, Lizzie	1 Mar 1902
Burrow, John	Campbell, Minnie	15 Nov 1904
Burrow, Josie	White, Edd	26 Dec 1912
Burrow, J.R.	Bayes, Cynthia	30 Jun 1908
Burrow, Laura	Aldridge, George	4 Sep 1887
Burrow, Nellie	Trusler, William	5 Aug 1913
Burrow, Oscar	Jordan, Nannie	12 Jul 1908
Burrow, Oscar	Stout, Vernie M.	22 Oct 1919
Burrow, Rebecca A.	Wagner, J.L.	9 Nov 1911
Burrow, R.B.	Jennings, Mattie	11 Dec 1906
Burrow, Samuel	Hicks, Sarah L.	3 Jan 1882
Burrow, Samuel	Turner, Nannie	6 Nov 1886*

Burrow, Walter	McNabb, Lucy	21 Mar 1906
Burrow, William	Slimp, Christine	8 Jan 1881
Burrow, William G.	Treadway, Rebecca A.	14 Dec 1890
Burrow, W.F.	Dalton, Naomi	13 Aug 1916
Butler, Birt	McKinney, Bessie	20 Jul 1912
Butler, Daniel	Myers, Mary	9 Jan 1882*
Butler, Delia	Clark, Andrew	30 Sep 1915
Butler, Ellen	Williams, D.N.	28 Nov 1908
Butler, Ephraim S.	Shell, Sudie J.	17 Sep 1897
Butler, Fayett	Street, Annie	11 Dec 1919
Butler, Hattie	Usary, Ernest	24 Dec 1915
Butler, Hester	Forbes, Matney	4 Jul 1910
Butler, Jane	Hughes, Walter	8 Feb 1908
Butler, Johnson	Hodge, Emma E.	5 Dec 1881
Butler, Julia	Jones, Walter	14 Mar 1908
Butler, Lewis	Moffett, Gertie	5 Apr 1920
Butler, Lydia	Roberts, A.J.	27 Dec 1904
Butler, Mary	Simerly, William H.	22 Nov 1893
Butler, Mary R.	Devault, William N.	22 Dec 1891
Butler, Mitchell	Moore, Nancy	4 Dec 1913
Butler, Rebecca Jane	Roberts, David	5 Feb 1902
Butler, William	Orr, Julia A.	22 Jun 1877*
Butler, W.M.	Lacy, Esther	1 Feb 1902
Butner, Louis	Harden, Callie	30 Sep 1906
Butterworth, Louisa	Gibson, William	20 May 1877*
Butterworth, Nannie	Vanhoy, John	2 Jul 1892
Byers, Calvin	Heck, Essie	11 Jan 1901
Byers, J.P.	Stout, Alice	(? 1897)*
Byers, Minnie Lee	Fletcher, Noah	26 May 1919
Byers, ____	Lewis, Isaac	22 Dec 1899*
Byrd, C.W.	Garland, Emma	15 Aug 1919
Byrd, G.W.	Murphey, Catherine	16 Jul 1900
Byrd, Locky May	Carver, Robert	8 Sep 1913
Byrd, Nelsie	Whitehead, James	16 Oct 1916
Byrd, Robert	Weeks, Sarah A.	11 Dec 1894
Byrd, R.E.	Ramsey, H.D. (Mr.)	15 Jul 1915
Byrum, W.L.	Gouge, Lockie	24 Jun 1903
Cable, Annie	Heaton, William	8 Jun 1894*
Cable, Arthur	Pilkerton, Victory	16 Nov 1913
Cable, Bessie	Whitehead, Thomas J.	5 Sep 1892
Cable, Catherine	Williams, Henry R.	29 Sep 1877
Cable, Cora	Hartly, William	23 Jul 1911
Cable, C.A.	Overbey, W.S.	5 May 1900
Cable, Della	Banner, Daniel	26 Jul 1901
Cable, D.G.	Ward, Ada	15 Jun 1912
Cable, Francis	Gilbert, Leonard	9 Jun 1918
Cable, Ida	Heaton, Gaston	7 Feb 1914

Cable, Jacob	Riner, Chania	4 Jul	1910
Cable, Janie	Teaster, L.A.	31 Aug	1902
Cable, J.E.	Williams, Julia	10 Sep	1903
Cable, J.P.	Dugger, Ida	16 Nov	1902
Cable, Katie	Raorick, Eddie	13 Jan	1909
Cable, Levi	Hyder, Judy C.	17 Nov	1888
Cable, Lockie	Burlison, Samuel	15 Feb	1913
Cable, Lorena	Franklin, G.A.	12 Sep	1918
Cable, Maggie	Clark, Charles	29 Apr	1917
Cable, Martha	Williams, C.B.	15 Nov	1911
Cable, Mary	Miller, Fred	24 Mar	1918
Cable, Mary Jane	Day, W.W.	13 Jun	1912
Cable, Mary M.	Bowers, John M.	6 Oct	1876
Cable, Minnie	Julian, J.C.	17 Aug	1913
Cable, M.M.	Hartley, Amanda	14 Oct	1917
Cable, Neoma E.	Trivett, James M.	1 Feb	1990
Cable, Noah	_____, Edia M.	8 Mar	1874
Cable, Richard	Whitehead, M.	5 Mar	1875*
Cable, Sarafina	Cowan, E.O.	21 Oct	1899
Cable, Stephen	Lunceford, Nancy	24 Jun	1905
Cable, William	Reece, Jemima	18 Aug	1902
Cable, W.L. (Mr.)	Goodwin, J.M.	10 Aug	1895
Cagle, B.B.	McDullystadin, Eliaz	5 Oct	1877
Cagle, Isaac	McQuin, Sarah	27 Jul	1873
Calahan, Jane	Duffy, James	2 Jun	1919
Calahan, John	Lunsford, Julia	15 May	1905
Calaway, A.B.	Dowell, T.M. (Mr.)	4 May	1910
Calaway, C.D.	Banner, J.L. (Mr.)	28 Dec	1886
Calaway, Harmon	Gourley, Maggie	22 Oct	1913
Calaway, T.C.	Humphrey, Mary L.	19 Dec	1878
Caldwell, John	Witherspoon, Florence	29 Dec	1900
Caldwell, Nora	Freeman, Stokes	3 Feb	1906
Caldwell, Robert	Rymer, Rhoda	2 Nov	1897
Caldwell, Samuel A.	Cooper, Grace K.	17 Dec	1894
Caldwell, Taylor A.	Moreland, Martha E.	18 Dec	1881
Caldwell, Walter	Goodson, Georgia	11 Jun	1916
Calhoun, Blanch	Webb, Ray	3 Aug	1919
Calhoun, Della M.	McKinney, J.H.	28 Nov	1912
Calhoun, D.S.	Heaton, Maggie	19 Apr	1902
Calhoun, Edwin	McKinney, Blanch	12 Jun	1917
Calhoun, Ella	Young, Samuel J.	30 May	1915
Calhoun, Etta	Graybeal, John	24 Dec	1908
Calhoun, Florence	Graybeal, C.R.	22 Jun	1906
Calhoun, Hale	Gouge, Lizzie	28 Nov	1914
Calhoun, Ida	Goodson, W.H.	15 Dec	1895
Calhoun, James E.	Wagner, Emily V.	7 Mar	1906
Calhoun, Maggie	McClurd, E.B.	11 Oct	1913

Calhoun, Maude	Taylor, S.M.	9 Dec 1906
Calhoun, Mollie D.	Heaton, E.W.	22 Apr 1891
Calhoun, Myrtle	Burlison, Clayton	4 Dec 1920
Calhoun, Octava	Heaton, John	28 Nov 1897
Calis, David A.	Whitehead, Martha	30 Dec 1877
Callahan, Mary S.	Carr, Andrew C.	23 Jul 1882
Callahan, Walter	Buchanan, Disa	12 Feb 1905
Calloway, E.L.	Campbell, S.J. (Mr.)	19 Mar 1899
Calloway, H.	Griffith, Mary C.	3 Sep 1892
Calloway, W.H.	Coffee, Addie	29 Sep 1909
Caloway, Dona	Bealock, C.F.	27 Feb 1895
Calvert, Ruth	Yorber, Lorse	30 May 1915
Camell, Rachell	Saylor, Naoh D.	May 1877*
Camerin, William M.	Stover, Mary J.	22 Feb 1876
Cameron, Harriett J.	Johnson, William T.	2 Oct 1901
Cameron, Joanna Bell	Boring, John Ruble	12 Feb 1890
Cameron, Lillie	Bridges, Mathew	13 Apr 1910
Cameron, Nola F.	Hardin, George W.	2 Feb 1888
Camp, James	Roberts, Elizabeth	25 Dec 1887
Campbell, Abbie	Whitehead, Carson H.	12 Mar 1905
Campbell, Adeline	Miller, George	9 Jul 1889*
Campbell, Alice	Hayes, Monroe	21 Apr 1883
Campbell, Alice	Livingston, Dewey	7 Apr 1917
Campbell, Alice	Mosely, Caddie	4 Nov 1917
Campbell, Andy	Justice, Roxie	24 Dec 1917
Campbell, Anna	Snodgrass, John	30 Jul 1911
Campbell, Annie J.	Glover, J.A.	28 May 1905
Campbell, Aris	Manning, Josie	22 May 1903
Campbell, A.B.	Bowman, W.B. (Mr.)	11 Jul 1909
Campbell, A.J.	Beasly, Sally P.	20 Dec 1883
Campbell, A.J.	Campbell, Vinie	6 Sep 1896
Campbell, A.J.	Brumit, Mary	21 Dec 1901
Campbell, Bell	Hall, Chester	22 Dec 1906
Campbell, Bell	Elliott, W.D.	24 Jan 1909
Campbell, Belle	Reynolds, Samuel E.	26 Jul 1893
Campbell, Bessie	Arnold, Frank	30 Apr 1905
Campbell, Bessie	Hathaway, Walter C.	11 Apr 1906
Campbell, Bettie	Baker, William	13 Nov 1897
Campbell, Bettie	White, William	19 Mar 1911
Campbell, Blannie	Shell, S.F.	25 Dec 1917
Campbell, Bruce	Fletcher, Rettie	28 Dec 1907
Campbell, Bruce	White, Julia	10 May 1914
Campbell, Bruce	Scalf, Julia	24 Jan 1920
Campbell, Butler C.	Arnold, Mary E.	25 Dec 1887
Campbell, B.F.	Gambill, Martha	5 Jul 1885
Campbell, Carlie	Miller, Eva	2 Jul 1905
Campbell, Caroline	Johnson, John	16 May 1894

Campbell, Cassie	Justice, James A.	23 Oct 1892
Campbell, Catherine	Heatherly, G.H.	11 May 1890
Campbell, Catherine	Teague, W.C.	2 Aug 1896
Campbell, Charles	McIntosh, Sallie	16 Oct 1892
Campbell, Charles	Estep, Birdie	10 Jul 1901
Campbell, Charles	Timbs, D.B.	28 Dec 1902
Campbell, Charles	Adams, Polly	2 Jul 1915
Campbell, Chester	Carden, Mittie	18 Jan 1903
Campbell, Cleo	Ward, Niley	4 Jul 1915
Campbell, Cleve	Holtsclaw, Bouie	19 Jan 1910
Campbell, Cora	Bowen, Paul	10 Feb 1919
Campbell, Cordelia	Minton, Robert	4 May 1896*
Campbell, Cordelia	Arnett, Daniel	28 Dec 1896
Campbell, Cornelia	Hyder, D.F.	25 Jan 1890
Campbell, Cornelia	Hughes, Robert	23 Feb 1881
Campbell, Cresie	Blevins, William	17 Oct 1899
Campbell, C.B.	Scott, Alice C.	28 Jan 1883
Campbell, C.C.	Hathaway, Ida	24 Dec 1911
Campbell, C.C.	Pierce, Callie	22 Dec 1912
Campbell, Dan	White, Sallie	19 Sep 1908
Campbell, Dan	Davis, Edyline	20 Nov 1914
Campbell, Dana	Lewis, Dora	24 Apr 1915
Campbell, David	Millhorn, Mattie	30 Aug 1895
Campbell, David	Cassey, Winnie	18 Jun 1919
Campbell, David W.	Davenport, Catherine	29 Nov 1920
Campbell, Dayton	Myers, Mollie	14 Apr 1906
Campbell, Dellia	Duval, J.D.	18 Sep 1902
Campbell, Dora	Ditean, William Lee	13 Jun 1920
Campbell, Dorcia	Hodge, Isaac	31 Jan 1893
Campbell, Dosia	Harden, John	8 Dec 1907
Campbell, D.	Jones, Littleton	26 Nov 1904
Campbell, D.C.	Grindstaff, Bessie	7 Feb 1917
Campbell, D.H.	Morton, Ida	7 Sep 1913
Campbell, D.R.	Archer, Sallie	9 Jun 1888
Campbell, D.R.	Cole, Sarah S.	6 Sep 1892
Campbell, D.R.	Rithcie, Sarah	17 Jan 1900
Campbell, Edna M.	Reynolds, James	8 Nov 1883
Campbell, Effie	Julian, James J.	25 Dec 1918
Campbell, Ela	Miller, Richard	5 Mar 1905
Campbell, Eldridge	Taylor, Vicy	15 Apr 1916
Campbell, Eliza	Estep, Andrew	8 May 1892
Campbell, Eliza A.	Oliver, Levi	31 May 1882
Campbell, Elizabeth	Jenkins, Samuel	20 Feb 1873*
Campbell, Elizabeth	Arnold, Harrison M.	8 May 1874
Campbell, Elizabeth	Persinger, George L.	6 Nov 1879
Campbell, Ellen	Glover, William	17 Jun 1877
Campbell, Ellen	Pierce, Lilburn L.	17 Jun 1883

Campbell, Ellen	Markland, Garfield	19 Mar 1904
Campbell, Eller	Smith, P.F.	5 Mar 1911*
Campbell, Emily	Frasier, A.L.	16 Feb 1899
Campbell, Emma	Estep, Charles	2 Jul 1893
Campbell, Estella	Grindstaff, D.H.	3 Jan 1909
Campbell, Ethel	West, Johnson J.	10 Aug 1902
Campbell, Etta	Olliver, Brown	11 Mar 1905
Campbell, Etter	Wright, Will	5 Aug 1920
Campbell, Ettie	Peters, Elijah	24 Aug 1899
Campbell, Eva	Smith, James L.	20 Nov 1878
Campbell, Evaline	Markland, Kyle	31 Jul 1920
Campbell, E.C.	Emmert, Jerry	10 Jan 1886
Campbell, E.E.	Pearce, Lafayette	13 May 1871
Campbell, E.J.	Shaw, G.S. (Mr.)	13 Apr 1883
Campbell, Fanny	Campbell, H.J.	9 Nov 1873
Campbell, Floyd	Campbell, Sarlie	27 Aug 1899
Campbell, Frank	Howell, Holly	18 May 1913
Campbell, Fred W.	Julian, Mable K.	18 Dec 1910
Campbell, George	Craig, Ellen	29 Mar 1906
Campbell, George P.	White, Leanor A.	16 Jul 1893
Campbell, Grace	Rogers, Roy	24 Sep 1910
Campbell, G.W.	Goodwin, Nancy	14 Sep 1874
Campbell, G.W.	Estep, Mollie	26 Jul 1892*
Campbell, Ham	Archer, Mary	22 Aug 1900
Campbell, Hattie	Nave, Joel	23 Apr 1916
Campbell, Hattie	Forbes, George	4 Jan 1920
Campbell, Henry A.	Garland, Bella A.	13 Jul 1876*
Campbell, Herbert	Perry, Lillie	23 Jun 1911
Campbell, H.J.	Campbell, Fanny	9 Nov 1873
Campbell, H.N.	Whitehead, Delia	9 Aug 1903
Campbell, Ida	Brewer, C.L.	19 Oct 1904
Campbell, Ida	Crumley, Robert	23 Feb 1909
Campbell, Ida	Lewis, William	1 Feb 1919
Campbell, Irene	Vance, Charles	19 Dec 1914
Campbell, Isaac	Cole, Adelia	24 Dec 1876
Campbell, Isaac	Arnold, Dicy	11 Dec 1893
Campbell, Isaac	Cole, Tish	27 Feb 1897
Campbell, Isaac	Estep, Nancy	15 Jun 1897
Campbell, Isaac	Young, Annie	18 Feb 1911
Campbell, James	Garland, Sarah	20 Mar 1876
Campbell, James	Tucker, Martha	10 Apr 1881
Campbell, James	Vines, Maggie	28 Jun 1903
Campbell, James D.	Tucker, Sallie	29 Aug 1884
Campbell, James W.	Brumit, Alice	26 Nov 1881*
Campbell, Janice	Shoun, Elijah	11 Apr 1901
Campbell, Jeff	Miller, Jane	26 Aug 1916
Campbell, Jennie	Bailey, William W.	4 Jan 1899

Campbell, Jeremiah	Hamby, Caroline	20 Sep 1874
Campbell, Jessie	Garland, Lucritia	10 May 1902
Campbell, John	Miller, _____	30 Dec 1875*
Campbell, John	Nave, Jane	6 Dec 1877
Campbell, John	Roberts, Mary	11 Apr 1899
Campbell, John	Shaw, Callie	1 Oct 1899
Campbell, John	Pritchett, Anna	16 Jul 1913
Campbell, John	Timbs, Sallie	16 Oct 1914*
Campbell, John	Range, Mattie	24 Dec 1916
Campbell, John	Wagner, Lizzie	14 Mar 1920
Campbell, John A.	Campbell, M.A.	8 Oct 1900
Campbell, John C.	Estep, Lila	30 May 1881
Campbell, John J.	McNeal, Maude	11 Oct 1903
Campbell, John R.	Weeks, Sarah A.	26 May 1900
Campbell, Josie	McNeely, John	8 Sep 1906
Campbell, Josie	Holder, Joseph	31 Jul 1908
Campbell, Julia	Manning, W.S.	20 Oct 1906
Campbell, Julia	Howell, J.G.	12 Nov 1906
Campbell, Julia	Hensley, Arthur	17 Jan 1911
Campbell, Julia E.	Webb, Joseph; M.	19 May 1883
Campbell, J.	Jenkins, Lena	29 Jan 1917
Campbell, J.B.	Vaught, Joanna Lee	6 Jun 1905
Campbell, J.D.	Clemons, Decky	21 Sep 1913
Campbell, J.E.	Garland, Rosa	29 Jun 1912
Campbell, J.F.	Ward, Rosie	7 Nov 1920
Campbell, J.P.	Tester, S.A. (Mr.)	6 Jan 1898
Campbell, J.R.	Hays, Sarah	21 May 1871
Campbell, J.R.	Nave, Bessie	3 Jan 1903
Campbell, Lace	Street, Kansas	25 Jan 1920
Campbell, Lawson	Goodwin, Elcy	31 Jul 1912
Campbell, Lee	Ivins, Sarah	3 Mar 1892
Campbell, Lillian	Blevins, William	12 Sep 1915
Campbell, Lillie	McKinney, J.B.	16 Aug 1902
Campbell, Lillie	Turner, William	21 Sep 1913
Campbell, Lillie B.	Oliver, John Bud	23 Dec 1900
Campbell, Lillie B.	Garvey, W.W.	12 May 1920
Campbell, Lizzie	McClelland, Charles	20 Jan 1891
Campbell, Lizzie	Fair, William F.	24 Sep 1893
Campbell, Lizzie	Oaks, Abe	4 Jul 1895
Campbell, Lizzie	Jones, John	22 Apr 1913
Campbell, Lizzie	Price, Amos	27 Jun 1920
Campbell, Lorana	Miller, D.J.	25 Jan 1911
Campbell, Louie C.	Campbell, M.D.	29 Aug 1891*
Campbell, Loura	Taylor, G.W.	12 Jun 1904
Campbell, Loura C.	Simerly, Johnson H.	3 Nov 1878
Campbell, Lousia	Mappin, Albert	25 Dec 1903
Campbell, Lula	Small, William Edw.	3 Jul 1920

Campbell, L.C.	Tribbet, S.R. (Mr.)	29 Nov 1894
Campbell, L.M.	Slimp, D.O. (Mr.)	1 Oct 1911
Campbell, Maggie	Lowe, H.D.	23 Oct 1887
Campbell, Maggie	Kite, James R.	19 Mar 1891
Campbell, Maggie	Bunton, Mack	11 Dec 1916
Campbell, Mahalia	Archer, Andrew	24 Sep 1898
Campbell, Major	Garland, Manerva	25 Apr 1903
Campbell, Mandy	Cole, Albert	12 Aug 1917
Campbell, Martha	Smith, J.R.E.	24 Dec 1891
Campbell, Martha	Jenkins, J.M.	13 May 1893
Campbell, Martha	Garland, John R.	15 Aug 1896
Campbell, Martha A.	Daugherty, A.J.	12 May 1887
Campbell, Mary	Douglas, William	12 Oct 1874
Campbell, Mary	Goins, C.M.	10 Nov 1891
Campbell, Mary	Glover, James	25 May 1876
Campbell, Mary	Blevins, J.B.	14 Mar 1896
Campbell, Mary	Colbaugh, W.M.	13 Aug 1907
Campbell, Mary	Richardson, W.A.	28 Aug 1915
Campbell, Mary Ann	Whaly, Tipton	10 Nov 1912
Campbell, Mary A.	Key, James	2 Sep 1895
Campbell, Mary E.	Mottern, Isaac H.	23 Dec 1880
Campbell, Mattie	Taylor, Samuel	18 May 1884
Campbell, Maynard	Campbell, Pearl	9 Jun 1920
Campbell, Michael H.	Glover, Delia	22 Jan 1887
Campbell, Michael R.	Lewis, Lulu	6 Aug 1898
Campbell, Michael T.	Glover, Annie	21 Jul 1892
Campbell, Mickeal	Blevins, A.	16 Apr 1871
Campbell, Mine	Markland, Daniel	9 Aug 1879
Campbell, Minnie	Brumit, P.T.	10 Sep 1893
Campbell, Minnie	Burrow, John	15 Nov 1904
Campbell, Minnie L.	Smalling, Prior F.	25 Dec 1911
Campbell, Mollie	Nave, John	14 Mar 1897
Campbell, Mollie M.	Hughes, C.D.	21 Dec 1883*
Campbell, Myrtle	Taylor, Hiraim	10 Aug 1918
Campbell, M.	Garland, Angie	10 Aug 1912
Campbell, M.A.	Campbell, John A.	8 Oct 1900
Campbell, M.C.	Garland, Eliza	24 Dec 1906
Campbell, M.D.	Campbell, Louie C.	29 Aug 1891*
Campbell, M.D.	Lewis, Celia G.	26 Oct 1895
Campbell, M.D.	Glover, Lou	2 Jul 1906
Campbell, M.S.	Perry, Eliza	4 Sep 1907
Campbell, Nancy	Fletcher, James D.	16 Nov 1871
Campbell, Nancy	Richardson, Sampson	29 Sep 1874
Campbell, Nancy	Ellis, Clifton A.	22 Jul 1883
Campbell, Nancy	Wilson, Joseph A.	30 Sep 1912
Campbell, Nancy J.	Kite, Andrew	25 Apr 1880*
Campbell, Nancy J.	Griffith, Pleasant	8 Nov 1903

Campbell, Nancy J.	Oaks, Hilton	23 Mar 1913
Campbell, Nannie	Hendrix, Charles M.	24 Dec 1889
Campbell, Nannie C.	Olliver, James M.	26 Jul 1903
Campbell, Nannie J.	Nidiffer, Carter	8 Feb 1897
Campbell, Nat	Ward, Marcie	28 May 1916
Campbell, Nelia	Garland, David C.	29 Dec 1902
Campbell, Nicholas W.	Nidiffer, Delcena	1 Apr 1888
Campbell, Nitta	White, B.C.	18 Apr 1897
Campbell, N.S.	Shell, Anna Lee	22 Mar 1904
Campbell, N.T.	Brumit, Annie	29 Apr 1903
Campbell, Olive	Bowers, W.D.	24 May 1913
Campbell, Orfa	Houge, William	6 Aug 1905
Campbell, Orlie	Hinkle, Charles C.	21 Jan 1900
Campbell, Pearl	Estep, Robert	19 Sep 1908
Campbell, Pearl	Campbell, Maynard	9 Jun 1920
Campbell, Percy	Smith, Lula	12 Sep 1909
Campbell, Rebecca A.	Gentry, William	22 Nov 1894*
Campbell, Rettie	Lewis, Willis	4 Aug 1904
Campbell, Rettie	Lewis, John	15 Aug 1888
Campbell, Rhoda J.	Humphrey, Francis M.	26 Nov 1874
Campbell, Richard	Holden, Elcy	19 Mar 1908
Campbell, Roas M.	Peters, B.H.	28 May 1905
Campbell, Robert	Garland, Ellen	22 May 1904
Campbell, Robert	Bowers, Lizzie	23 Dec 1906
Campbell, Robert	Carden, Clova	26 May 1920
Campbell, Rogan	Grindstaff, Phoeba J.	21 Oct 1888
Campbell, Rose (Mr.)	Garland, Dora	5 Jan 1903
Campbell, Roxie	Smith, Elbert	15 Jun 1919
Campbell, Ruth	Lewis, J.F.	12 May 1912
Campbell, R.L.	Heaton, Estalein	11 May 1888
Campbell, R.L.	Smith, Mary	16 Jun 1907
Campbell, Sallie	Williams, John H.	2 Dec 1900
Campbell, Sallie	Shoun, Powell	22 May 1904
Campbell, Sallie	Barnett, Tom	11 Jul 1916
Campbell, Sam	Curd, Lizzie	3 Mar 1916
Campbell, Sam	Beckner, Lizzie	20 May 1916
Campbell, Samuel	Leonard, Edna	29 Dec 1892
Campbell, Samuel	Whitehead, Julia	28 Mar 1907
Campbell, Samuel J.	Thompson, Sophrona	29 Sep 1893
Campbell, Sarafina	Taylor, _____	20 Feb 1875*
Campbell, Sarah	(illegible)	4 Mar 1875
Campbell, Sarah	Heatherly, R.C.	5 Apr 1875
Campbell, Sarah	Pearce, J.L.	14 Jul 1894
Campbell, Sarah A.	Lunceford, Andrew	24 Dec 1909
Campbell, Sarah E.	Garland, Mordica	11 Dec 1899
Campbell, Sarah Fine	Taylor, Henry	3 Oct 1908
Campbell, Sarah F.	Sheets, Joseph	2 Aug 1886

Campbell, Sarlie	Campbell, Floyd	27 Aug 1899
Campbell, Stella	McInturff, John	7 Apr 1917
Campbell, Steve	Roberts, Julia	26 Dec 1890
Campbell, Susan	Smith, James	11 Oct 1890
Campbell, Susie	Carden, L.C.	6 May 1917
Campbell, S.J.	Lyons, J.N. (Mr.)	5 Feb 1884*
Campbell, S.J.	Wilson, D.C. (Mr.)	26 May 1907
Campbell, S.J. (Mr.)	Calloway, E.L.	19 Mar 1899
Campbell, Texie	Freeman, Marion	20 Jan 1917
Campbell, Thomas	Nidiffer, Eliza	26 Sep 1874
Campbell, Thomas	Glover, Elizabeth	22 Jul 1877
Campbell, Thomas	Taylor, Alice	16 Aug 1918
Campbell, Tilda	Nilson, W.A.	1 Jan 1907
Campbell, Tilda	Lowe, Will	4 Jul 1917
Campbell, T.G.	Scalf, Myrtle	19 Apr 1913
Campbell, Verdie	Carden, J.A.	18 Dec 1903
Campbell, Vinie	Campbell, A.J.	6 Sep 1896
Campbell, Weddy	Johnson, James	10 Nov 1912
Campbell, Will	Usser, Annis	20 Jul 1894
Campbell, William	Nave, E.L.	31 May 1873
Campbell, William	Hester, Sallie	13 May 1888
Campbell, William	Broyles, Nora	4 Feb 1898
Campbell, William	Hodge, Rosa	24 Mar 1914
Campbell, William A.	Simmons, Maggie	11 Dec 1887
Campbell, William H.	Glover, Delia	29 Dec 1878
Campbell, Willie E.	Simerly, Lorina	17 Jul 1892
Campbell, Wily M.	Oliver, Sallie	23 Dec 1900
Campbell, W.G.	Manning, Mollie M.	26 Nov 1894
Campbell, W.G.	Baily, Nillie	7 Oct 1899*
Campbell, W.H.	Plot, Learmer	11 Oct 1903
Campbell, W.M.	Wilson, Ollie	9 Jul 1911
Campell, T.C.	Shull, Maggie	30 May 1903
Camron, George	Ervin, Harriett	31 Dec 1901
Cannon, Charles	Parsons, Darcus	29 Oct 1899
Cannon, David	Wilson, Nannie	13 May 1888
Cannon, Elbert	Hinkle, Elizabeth	17 Apr 1883
Cannon, George	Frasier, Flora	7 Oct 1916
Cannon, Julia	Bowers, Daniel	27 Jun 1897
Cannon, Mary	Richardson, Isaac J.	25 May 1891
Cannon, Matilda	Mitchell, Roby	9 Aug 1912
Cannon, Mattie	Hamby, L.C.	2 Feb 1914
Canon, Andrew	Collins, Eliza C.	1 Jan 1888*
Canon, Andrew	Dugger, Rose	1 Feb 1906
Canon, Andrew	Nidiffer, Sallie	13 Apr 1888
Canon, Annie	Jenkins, Vance	18 Sep 1918
Canon, David	Bowers, Loretta	18 Sep 1892
Canon, Godfrey	Mays, Lydia	3 Dec 1908

Canon, Isaac S.	Hinkle, Laura	5 Aug 1891
Canon, Mollie S.	Myers, Joseph L.	23 Feb 1888
Canter, Cora	Carrier, Doc	5 Nov 1903
Canter, Delbert A.	Lowrie, Theodisia S.	22 Nov 1914
Canter, Jennie	Percy, William	2 Jul 1910
Canter, Jessie	Hinkle, Delia	17 Sep 1919
Canter, Lorena	Holly, Samuel H.	29 May 1899
Canter, William	Leadford, Nannie	1 Aug 1904
Cantrell, Wesley M.	Rhea, Byrd Virginia	29 Dec 1906
Caoloway, Virgie	Bowers, Clint	31 Aug 1919
Caornett, Martitia	Goodwin, Alfred	29 Sep 1881*
Caraway, Bessie	Bishop, Grant	9 Sep 1904
Caraway, Cardell	Rilkins, Letha	13 May 1890*
Caraway, Cordell	Miller, Sarah	14 Nov 1892
Caraway, Ellen	Oaks, H.N.	10 Feb 1910
Caraway, Emma	Cordell, Thomas L.	18 Dec 1881
Caraway, Emma	Perry, Jeff	15 Nov 1900
Caraway, George	Truman, B.S.	30 Jan 1899
Caraway, Gipsy	Brewer, H.L.	20 Jun 1909
Caraway, Irena	Jones, Robert	17 Jul 1920
Caraway, Ireona	McNabb, Filmon	28 Oct 1917
Caraway, Lorana	Perry, James L.	1 Jan 1884
Caraway, Lorina	Shell, Jack	12 Feb 1900
Caraway, Mollie	Stone, Samuel L.	15 Jun 1914
Caraway, Nola	Winters, Fred	2 Aug 1910
Caraway, Nora	Icenhour, S.A.	1 Jan 1916
Caraway, Sarah	Hollifield, A.S.	27 Jul 1873
Caraway, W.H.	Riddle, May	28 Apr 1907
Caraway, W.R.	Perkins, Birtha	30 Jul 1910
Cardell, Etta	Morgan, W.L.	15 Mar 1896
Carden, Alfred	Mosely, Hester	1 Nov 1913
Carden, Amanda	Merit, B.F.	4 Jul 1895
Carden, Annie	Emory, James	8 Sep 1901
Carden, Carrie	Lewis, M.G.	30 Apr 1891
Carden, Charles	Nave, Maggie	1 Jan 1908
Carden, Clova	Campbell, Robert	26 May 1920
Carden, C.B.	Buckles, Cora	2 Aug 1907
Carden, David	Moody, Naomie	30 Mar 1911
Carden, David	McIntosh, Lucy	2 Feb 1915
Carden, Eliza	Estep, Bruce	29 Dec 1909
Carden, Ella	Carden, Martha	26 Nov 1907
Carden, Emma	Carden, R.B.	18 Mar 1903
Carden, Fine	Collins, Grant	22 Sep 1906
Carden, James	Blevins, Sallie	28 Dec 1916
Carden, James L.	Humphrey, Hannah	14 Aug 1920
Carden, Josie	Berry, Samuel	15 Jul 1901
Carden, J.A.	Campbell, Verdie	18 Dec 1903

Carden, Kinch	Collins, V___	26 Feb 1914
Carden, Lady	Berry, William	6 Jul 1907
Carden, Levicy	Williams, Everet	14 Jun 1888
Carden, Lonie	Teague, Emma	21 Apr 1918
Carden, L.C.	Campbell, Susie	6 May 1917
Carden, Maggie	Estep, A.J.	24 Jun 1894
Carden, Martha	Estep, Harry	21 Oct 1875
Carden, Martha	Carden, Ella	26 Nov 1907
Carden, Mary	Smith, John A.B.	4 Mar 1887
Carden, Mittie	Campbell, Chester	18 Jan 1903
Carden, Myrtle	Street, David	1 Jan 1914
Carden, R.	Nave, Mary	1 Jan 1875*
Carden, R.B.	Carden, Emma	18 Mar 1903
Carden, R.P.	Bowers, Mary J.	19 Jul 1885
Carden, S.J.	Glover, Lou E.	1 Jan 1902
Carden, Wesley	Goodwin, Emma	22 Sep 1907
Cardin, A.C.	Blevins, Nancy	16 Mar 1884
Cardin, Henry	Bowers, Amelia C.	24 Dec 1884
Cardin, Minnie	Peters, Jack	5 Aug 1897
Cardin, Myra	Rathbone, J.H.	17 Feb 1889
Cardin, N.T.	Jackson, Alice	29 Mar 1891
Cardin, Sarah	Price, Albert	22 Feb 1920
Cardin, Susan	Overholser, James N.	28 May 1885
Cardin, Vincent	Lewis, Casandra	16 Apr 1874
Carlton, John R.	Humphrey, Malissa	26 May 1888
Carmon, Isaac	Stanley, Neta	5 Jul 1920
Carn, Sarah	Bradley, N.	28 Dec 1872*
Carn, William J.	Carter, Margaret	5 Mar 1874
Carpenter, Carlton	Jordan, Leona	10 Jul 1920
Carpenter, C.H.	Cliffton, Loula	9 Mar 1908
Carpenter, Easter	Kistler, B.L.	27 Aug 1897
Carpenter, Garfield	Buchanan, Ella	22 May 1915
Carpenter, Goldman	Johnson, Sadie	7 Aug 1916
Carpenter, Lorrie	Hyleman, Avery	15 Jun 1907
Carr, Abe	Carrier, Janice	18 Mar 1900
Carr, Abraham	Carriger, Elizabeth	11 Mar 1882*
Carr, Adaline	Lyon, Ezekiel	24 Dec 1877
Carr, Alice	Smith, James	30 Apr 1910*
Carr, Amanda	Woods, James	15 May 1877
Carr, Andrew C.	Callahan, Mary S.	23 Jul 1882
Carr, Bessie	Perry, Butler	25 Dec 1915
Carr, Cain	Shipley, Renie	1 Mar 1915*
Carr, Cainie	Shipley, Renie	1 Mar 1918
Carr, Carrie S.	Booher, James L.	16 Nov 1902
Carr, Catherine	Lyons, Landon	26 Aug 1872*
Carr, Catherine	Taylor, William C.	2 May 1886
Carr, Daniel	Blevins, Mollie	26 Nov 1891

Carr, Elcana Jr.	McInnich, Manday	24 Oct 1904*
Carr, Emma	Potter, Joseph	28 Apr 1880
Carr, E.C. (Mr.)	Smith, M.L.	1 Nov 1896
Carr, Fina	Morris, William	26 Jul 1908
Carr, Frank A.	Green, Artie Bell	29 Nov 1917
Carr, Harriett	Scalf, Robert	17 May 1896
Carr, H.A.	Weaver, David	18 Dec 1877
Carr, Ida	Sams, Marion	30 Oct 1915
Carr, Jackson	Sambs, Harriett	9 Dec 1894
Carr, Jennie	Perry, John	10 Oct 1896
Carr, Johnson	Lyons, Suid	18 Jul 1909
Carr, Lee	Lyons, Bell	10 Dec 1905
Carr, Luaie	Morrell, W.H.	21 Jun 1914
Carr, Lucilla J.	Morris, Henry	13 Jun 1875
Carr, Maggie	Fox, A.D.	15 May 1920
Carr, Margaret	Richards, William	1 Aug 1877*
Carr, Mary M.	Lindemin, James M.	25 Jun 1875*
Carr, Mattie	Sams, Lee	25 Dec 1911
Carr, Mollie	Morris, Lee	9 Dec 1882
Carr, Mollie	Perry, Jackson	20 Nov 1901
Carr, Mollie	Ellis, George	9 Sep 1911
Carr, Nancy	Jones, Samuel J.	20 Nov 1887
Carr, Nannie	Carter, L.C.	25 Apr 1913
Carr, Nellie H.	Bergman, R.P.A.	21 Feb 1911
Carr, Nettie	Scalf, Charles	30 Jan 1904
Carr, Odd	Shipley, Crithie	9 Feb 1919
Carr, Rhoda	Perry, George	12 Nov 1905
Carr, Walter	Moody, Sarah J.	22 Dec 1901
Carr, William	Humphrey, Lillie	19 Oct 1911
Carrell, Charles L.	Dugger, Matilda	14 Jul 1913
Carrell, Matilda	Wilson, Dave	25 Jul 1919
Carrica, George	Chanceler, Elizabeth	28 Jul 1881*
Carrier, Alex	Birchfield, Bessie	16 Dec 1910
Carrier, Alvin	Estep, Nellie	24 Dec 1906
Carrier, Bettie	Wilson, Andy	25 Feb 1905
Carrier, Cleveland T.	Feathers, Leola Pearl	15 Oct 1918
Carrier, Doc	Canter, Cora	5 Nov 1903
Carrier, Elizabeth	Lyon, Jeremiah	6 Aug 1881*
Carrier, Ellen	Lyon, W.H.	15 Feb 1913
Carrier, Janice	Carr, Abe	18 Mar 1900
Carrier, Joseph	Perry, Eddie	14 Mar 1898
Carrier, J.C.	Bishop, Gertrude K.	20 Jan 1898
Carrier, Mabel	Whisner, Oliver	7 Apr 1918
Carrier, Mattie	Lyon, Samuel	4 Dec 1892
Carrier, Orr	Hughes, Frankie	20 Mar 1898
Carrier, Rhoda	Leonard, James	16 Jul 1910
Carrier, Rhoda Ann	Jobe, R.L.	5 May 1891

Carrier, Sallie E.	King, J.P.	27 Dec 1914
Carrier, Sarah	Shuffield, Dayton	28 Jan 1906
Carrier, Washington	Lyon, Mary	21 Nov 1872
Carrier, William	Kelly, Rhoda	20 Aug 1873
Carriger, Bettie C.	Vaught, W.M.	16 Jun 1896
Carriger, David N.	Treadway, Jane	25 May 1876
Carriger, D.K.	Grindstaff, Ida	2 May 1920
Carriger, Edgar E.	Thompson, H___	7 Dec 1911
Carriger, Elizabeth	Carr, Abraham	11 Mar 1882*
Carriger, Eller	Colbaugh, Kemma	12 Sep 1914
Carriger, Emely J.	Heck, Jacob	15 Dec 1874*
Carriger, Flora	Allison, W.R.	17 Mar 1911
Carriger, Grant	Smith, George A.	6 Jun 1886
Carriger, G.A.	Smith, Bessie	16 Dec 1900
Carriger, Hacker	Mottern, Alice	21 Nov 1914
Carriger, Ida	McQueen, H.E.	26 Aug 1919
Carriger, Isabel	Nave, Lew E.	11 May 1878*
Carriger, Jane	Wilson, Landow	8 Jul 1888
Carriger, Jennie	Richardson, Joe	28 Dec 1903
Carriger, Joel	Bowers, Vista May	25 Dec 1907
Carriger, John	Nave, Nola	17 Oct 1918
Carriger, John C.	Bowers, Margaret J.	25 Sep 1876*
Carriger, John H.	Collins, Lillian S.	7 Jun 1918
Carriger, J.L.	Olliver, Burnice	16 Sep 1906
Carriger, J.W.	Kidwell, V.E.	25 May 1898
Carriger, Lemuel	Benfield, Lola	27 Aug 1914
Carriger, Lola	Dowers, W.C.	17 Mar 1916
Carriger, Maggie	Olliver, Grant	12 May 1906
Carriger, Maggie	Hinkle, Cecil	21 Apr 1919
Carriger, Maggie D.	McKinney, R.M.	12 Oct 1882
Carriger, Margaret	Grindstaff, Alex	8 Apr 1884
Carriger, Mary	Jenkins, Robert	19 Jul 1877*
Carriger, Mary E.	Walker, Geroge J.	2 Dec 1883
Carriger, M.L.	Fitzsimmons, Mary C.	12 Sep 1915
Carriger, Nicholas	Simerly, Catherine	1 Jan 1873
Carriger, Rebecca	Bowers, Alfred	12 Oct 1876
Carriger, Samuel	Nave, Bessie	23 Aug 1908
Carriger, Sarena	Treadway, Jacob B.	23 May 1893
Carriger, S.A.	Simerly, Nellie F.	5 May 1912
Carriger, S.J.	Snodgrass, Lizzie	8 Feb 1903
Carriger, Thomas V.	Collins, Pearl J.	28 May 1919
Carriger, Tillie	Minton, David Earl	22 Jan 1911
Carriger, William L.	Merritt, Mary	11 Apr 1875
Carriger, Willis	Lewis, Lula	26 Nov 1895
Carriway, William G.	Hunter, Amanda	25 Jul 1877*
Carrol, Mary	Estep, Landon	6 Mar 1920
Carroll, Hattie	Ellis, Fred	9 Sep 1911

Carroll, Julia A.	Hawkins, S.H.	24 Dec 1901
Carroll, William	Taylor, Clemmy P.	22 Jan 1878
Carroll, William C.	Peoples, Emma	11 Jun 1883
Carrson, S.A. (Mr.)	Jenning, S.E.	2 Jun 1900
Carson, William	Vaught, Ella	19 Jun 1890*
Carter, Abb	Chambers, Celia	13 Aug 1914
Carter, Annie	Toncray, James	16 Oct 1897
Carter, Annie	Sturt, John	19 Dec 1913
Carter, Barney J.	Rowe, Burley A.	22 Feb 1905
Carter, Carrie E.	Hunter, W.D.	1 Jun 1892
Carter, C.C.	Ellis, Lillian	10 Sep 1916
Carter, Emma	Chambers, John	7 Mar 1878
Carter, Emma	Estep, Butler	24 Apr 1897
Carter, Frank	Estep, Jennie Bell	1 Apr 1906
Carter, Frank	Estep, Lucy	26 Sep 1912
Carter, Hester A.	Bradley, Robert B.	24 Aug 1876*
Carter, John	Miller, Mollie	15 Aug 1920
Carter, Joshua	Daugherty, Elizabeth	14 Feb 1891
Carter, J.A.	Blevins, Margaret B.	29 Jun 1913
Carter, Landon	Lyons, Bettie	25 Mar 1905
Carter, Landon C.	Garland, Rebecca	30 Jul 1877
Carter, Lula	Hunter, Earle E.	5 Aug 1901
Carter, L.C.	Carr, Nannie	25 Apr 1913
Carter, Margaret	Carn, William J.	5 Mar 1874
Carter, Ralph C.	Ellis, Ida	10 May 1918
Carter, Rebecca	Hart, Leonard	31 Jan 1899
Carter, Robert J.	Allen, Eliza	(no date)
Carter, Samuel	Morris, Rosa	4 Oct 1913
Carter, Sidney L.	Miller, Nancy E.	16 Jun 1902
Carter, William	Newton, Jane	12 Oct 1879
Carter, William A.	Bradley, D.	15 Jun 1875
Carter, Willie	Watson, Peter	12 Sep 1908
Carter, Willie A.	Robinson, Nancy Jane	24 Jun 1890
Carter, W.A.	Orsellie, Matilda	2 Oct 1900
Carter, W.A.	Fair, Anna	25 Feb 1903
Cartwright, J.H.	Chambers, Delia	5 Apr 1916
Carvenor, Joseph	Keener, Sarah A.	6 Feb 1881
Carver, Aden	Briggs, Sarah Jane	27 Apr 1889
Carver, Arthur	Carver, Ellen	5 Nov 1909
Carver, Arthur	Smith, Ann	21 Sep 1916
Carver, Biddie	Simerly, D.A.	12 Jun 1902
Carver, Charlie	Teague, Mary	3 Jul 1898
Carver, C.H.	Teague, J. Bell	20 Jun 1900
Carver, Debby	Smith, Alexander	10 Feb 1901
Carver, Delia	Moore, Walter	6 Apr 1905
Carver, Elizabeth	Gouge, J.H.	24 Mar 1900
Carver, Ellen	Woodby, Suidaire	12 Mar 1902

Carver, Ellen	Carver, Arthur	5 Nov 1909
Carver, George	Hyder, Mary Ann	20 Apr 1907
Carver, George	Miller, Nancy	27 Apr 1919
Carver, Hassie	Harden, Elija	19 Mar 1916
Carver, Henry	Gouge, Sarah A.	19 Nov 1898
Carver, James	Whitehead, Mary	8 Jul 1901
Carver, James	Clark, Hettie	2 Aug 1914
Carver, James J.	Escott, Nellie	13 Jun 1873*
Carver, Jane	Davis, D.R.	3 May 1891
Carver, Jane	Woodby, Cameron	2 Nov 1902
Carver, John	Moore, Bettie	25 Dec 1913
Carver, Joseph	Hill, Matilda	4 Apr 1891
Carver, Josie	Hughes, Dock	3 May 1908
Carver, Jospeh	Hughes, Stacy	13 Apr 1891
Carver, Julia	Chambers, J.D.	24 Dec 1906
Carver, J.H.	Bird, Jane	10 Mar 1901
Carver, Lenda Jane	Smalling, David R.	7 Feb 1909
Carver, Mary	Cochran, James	9 Sep 1906
Carver, Mary Jane	Teague, Nathan A.	20 Aug 1888
Carver, Mollie	Whitehead, George	6 Jan 1902
Carver, Robert	Byrd, Locky May	8 Sep 1913
Carver, Rosa	Tolly, E.K.	23 Jun 1919
Carver, Sallie	Hill, Nat	28 Mar 1896
Carver, Sis	Dunn, A.J.	6 Oct 1898
Carver, Susan	Hill, Nick	2 Jan 1892
Carver, Susan	Woodley, John	1 Jan 1912
Carver, Walter	Matthews, Callie	19 Dec 1915
Carver, William	Woodby, Susan J.	4 Sep 1906
Casey, Lula	Williams, Grant	14 Apr 1918
Cash, George W.	Arch, Margaret	24 Jul 1877
Cass, Charley P.	Wright, Sallie E.	13 Mar 1882*
Cass, Clardace	Nave, Ethel	25 Feb 1906
Cass, C.	Vaughn, William A.	29 Sep 1873*
Cass, Datie	Harden, G.W.	19 Jun 1904
Cass, Edmund C.	Crow, Lucy P.	15 Sep 1891
Cass, Lucy	Ponder, Peter H.	12 Feb 1884
Cassey, Winnie	Campbell, David	18 Jun 1919
Cassida, Julia A.	Stover, Andreson	7 Nov 1877
Castell, William	Taylor, Mollie	19 May 1901
Casy, Earnest	Henry, Maggie	9 Sep 1906
Casy, Eva	Warrick, Albert	25 Dec 1912
Casy, George	Morton, Lillie	10 Oct 1900
Casy, George W.	Gourley, Jennie	30 Nov 1911
Casy, James	Fowler, Dora	21 May 1902
Casy, William	Grindstaff, Louiasy	6 Jul 1879
Cates, Alice	Simons, Lewis	19 Nov 1871
Cates, Allen	Whitehead, Sallie	7 Dec 1890

Cates, Bettie	Clark, W.F.	3 Sep 1902
Cates, Callie	Smith, Charles	15 Jun 1902
Cates, Carrie	Moore, Henry	8 Nov 1909
Cates, Edd	Crow, Melia	23 Jun 1919
Cates, Frank	Ingram, Rhoda	26 Apr 1898
Cates, James	Hyder, Mattie	12 Jan 1911
Cates, Jule	Miller, Harry	16 Jun 1908
Cates, Julia A.	Mosely, John D.	29 Apr 1879
Cates, Martha J.	Ingram, David	3 Dec 1872*
Cates, Norman	Hill, Sarah	8 Sep 1920
Cates, Robert	Simerly, Rhoda	25 Dec 1908*
Cates, Rosecrants	Crow, Ida	12 Jul 1908
Cates, Williard	Little, Nola Lee	3 May 1908
Cates, W.F.	Ingram, Minnie	7 May 1891
Cathern, Mary	Street, Landon	25 Apr 1896
Cathers, Emma	Oaks, J.G.	15 Sep 1905
Caudill, T.D.	Simerly, Mary	3 Apr 1915
Cernoid, Minnie	Hately, Alvin	18 Sep 1910
Chambers, A.L.	Newton, Mary	25 Nov 1898
Chambers, Cecil	Braswell, Netta	25 Jun 1905
Chambers, Celia	Carter, Abb	13 Aug 1914
Chambers, Charles	Braswell, Josie	15 Feb 1914
Chambers, Daniel	Taylor, Maggie A.	28 Jan 1885
Chambers, David	Peaks, Lizzie	2 Feb 1894
Chambers, David	Nave, Verna	23 Jan 1916
Chambers, Deeia	Julian, Walter	25 May 1913
Chambers, Delia	Cartwright, J.H.	5 Apr 1916
Chambers, Dely	Moreland, A.J.	9 Dec 1888
Chambers, D.E.	Sims, Eliza	27 Nov 1890
Chambers, D.M.	Ellis, Martha	16 Feb 1907
Chambers, D.T.	Williams, Mary E.	5 Jun 1908
Chambers, Elijah	Whitehead, Hattie	1 Jan 1901
Chambers, Eugene	Ellis, Annie	9 Feb 1913
Chambers, E.A.	Estep, Crit	3 Oct 1991
Chambers, Guss	Grey, Rahcel	22 Dec 1919
Chambers, Hattie	Baily, J.R.	20 Apr 1900*
Chambers, Henry	Deloach, Callie	16 Apr 1915
Chambers, Jacob	Birchifeld, Mary	24 Jun 1893
Chambers, James	McCormmich, Nannie	4 Apr 1901
Chambers, John	Carter, Emma	7 Mar 1878
Chambers, John	Whitehead, Delia	9 Mar 1888
Chambers, John N.	Buckles, Mattie	24 Dec 1896
Chambers, Julia	Murry, W.H.	25 Jul 1909
Chambers, J.D.	Carver, Julia	24 Dec 1906
Chambers, Landon	Kuhn, Anna	22 Dec 1907
Chambers, Laura	Suess, Charles	23 Jan 1919
Chambers, Mamie T.	Burrough, Hobert M.	8 Sep 1920

Chambers, Mary	Ervin, L.C.	25 Dec 1900
Chambers, Mary	Sims, William	25 Aug 1907
Chambers, Mary	Glover, William A.	13 Aug 1915
Chambers, May	Perry, Sam	3 Mar 1918
Chambers, Menerva	Hathaway, R.B.	1 Sep 1893*
Chambers, Mollie	Cole, James H.	21 Jun 1888
Chambers, Nancy Ann	Roberts, Isaac L	3 Oct 1880
Chambers, N.B. (Mr.)	Bowers, F.E.	1 Apr 1911
Chambers, Oscar	Messimore, Laura	28 Jul 1907
Chambers, Osker	Frasier, Bessie	14 Sep 1903
Chambers, Sallie	Meredith, Joseph	4 Feb 1891
Chambers, Sallie	Whitehead, W.M.	25 Dec 1907
Chambers, Samuel	Collins, Rebecca	5 Sep 1880
Chambers, Sarah Jane	Hinkle, James	19 Sep 1880
Chambers, Susan	Simerly, J.L.	20 Aug 1905
Chambers, Walter	Davis, Rutha	6 Mar 1904
Chambers, William	Sams, Mollie	7 Mar 1897
Chambers, William H.	Vanhuss, Flora J.	12 Jan 1890
Chambers, William M.	Kelly, Catherine	11 Dec 1887
Chambers, W.H.	Dugger, Delia	25 Jun 1911
Chambers, W.M.	Blevins, Evaline	22 Apr 1907
Chance, Mary	Trusler, James	13 Sep 1884*
Chanceler, Elizabeth	Carrica, George	28 Jul 1881*
Chancelor, Clarisa	Hanes, George	25 Apr 1895
Chapman, Sam	Hart, Annie	26 Dec 1914
Chapman, William	Leonard, Sarah F.	9 Oct 1887
Chappell, Walter	Webb, Gussie	31 Mar 1918
Chase, Beatrice	Schumaker, Roy F.	21 Dec 1904
Chase, Pat H.	Wilson, Joseph A.	24 Jun 1908
Chatman, Arch	Jones, Ella	12 Sep 1909
Chatman, Fanny	Baily, James	8 Sep 1903
Chatman, Lee	Manning, Addie E.	1 Jul 1914
Cheek, David	Holoway, Lolie	10 Jun 1911
Cheek, Lola V.	Hare, Robert	12 Aug 1917
Cheek, Susan L.	Smith, John T.	15 Mar 1885
Chesnutt, R.W.	Gouge, Lynda	19 Apr 1904
Chesser, Alice	Potter, James T.	3 Apr 1920
Chesser, A.C.	Whittmire, Louie	19 May 1903
Chesser, H.F.	Lyons, Lydia E.	18 Mar 1900
Chester, John	Jones, Josie	5 Jan 1912
Chester, Myra	Miller, Johnson	5 Dec 1885
Chester, William J.	Markland, Lola	10 Mar 1919
Childers, May	Hill, Porter	12 May 1910
Childers, William	Murphey, Frankie	5 Nov 1888
Childress, May	Davis, Arthur	19 Jul 1910
Childress, Mosas	Boyd, B.V.	6 Feb 1896
Childress, Tilda	McKinney, Woodard	7 May 1895

Christia, Phillip A.	Millhorn, Vera	4 Jul	1914
Christian, Silas N.	Bishop, Adrienne	27 Apr	1905
Christy, John	Sellers, Inas	3 Apr	1904
Church, Bessie	Potter, M.F.	2 Apr	1916
Church, Bina L.	Brinkley, James W.	9 Jul	1905
Church, Cora	Clark, J.E.	3 Mar	1906
Church, Cora Lee	Oaks, Geder	9 Jun	1919
Church, John L.	Simerly, Celia A.	5 Apr	1893
Church, Lula C.	Snider, John H.	25 Nov	1896
Church, Mary	Minton, Alfred	22 Mar	1879
Church, Nancy	February, Isaac C.	25 Apr	1885
Church, Robert	Cook, Cordelia	11 Jan	1920
Church, Sidney	Andes, Onida	23 Dec	1910
Church, Viola	Potter, Blaine	20 Nov	1920
Church, William R.	Harmon, Minnie	7 Feb	1920
Church, W.F.	Cook, Sallie	17 Jul	1906
Claimon, Phoebe E.	Little, James	13 Oct	1876
Clamon, Martha C.	Hayes, J.L.	30 Jun	1896
Clark, Andrew	Butler, Delia	30 Sep	1915
Clark, A.F.	Loveless, Roda	19 May	1907
Clark, Bessie	Laws, Kennith	3 Jul	1910
Clark, Carrie E.	Anderson, W.E.	14 Nov	1894
Clark, Charles	Cable, Maggie	29 Apr	1917
Clark, Clara J.	Jones, C.H.	28 Nov	1907
Clark, C.B.	McCain, Dollie	24 Dec	1901
Clark, C.R.	McEwen, E.P. (Mr.)	6 Dec	1891
Clark, Dave	Roberts, Nancy	28 Aug	1919
Clark, David	Bailey, Loretta V.	15 Jul	1890
Clark, Effie	Street, M.C.	12 Dec	1920
Clark, Elzora	Gray, William	19 May	1897
Clark, Frank	Treadway, Maggie	21 Apr	1909
Clark, George	McCurry, Ethel	10 Nov	1920
Clark, George E.	Lady, Nannie Ethel	30 Apr	1919
Clark, Geroge W.	Range, Lydia	10 Oct	1887
Clark, G.W. Jr.	Hyder, R.J.	25 Aug	1906
Clark, G.W. (Mr.)	Goodwin, T.C.	21 Dec	1894*
Clark, Hannah	Black, R.M.	26 Dec	1896
Clark, Hassie	Williams, H.M.	20 Mar	1920
Clark, Hattie	Roberts, J.W.	7 Mar	1908
Clark, Hattie M.	Kane, H.C.	8 Sep	1906
Clark, Henry	Tolly, Mattie	13 Feb	1909
Clark, Hettie	Carver, James	2 Aug	1914
Clark, Jackson	Hix, Susan	17 Sep	1882
Clark, James C.	Matherson, Ellen	13 Oct	1881
Clark, Josie	Hodge, David	7 May	1911
Clark, J.E.	Church, Cora	3 Mar	1906
Clark, Lina	Fair, W.F.	23 Apr	1905

Clark, Lizzie	Roberts, A.J.	25 Dec 1909
Clark, Lottie	Woodley, Levi	30 Jan 1911
Clark, Lula	Swanner, Luther	5 Apr 1914
Clark, Luther	Davis, Sarah	23 Feb 1919
Clark, L.C.	Kite, F.D. (Mr.)	21 Jun 1899
Clark, Mary	Lyons, Jos.	16 Oct 1904
Clark, Mary	Bird, Robert	2 Feb 1919
Clark, Maude	Storie, Thomas	29 Jan 1914
Clark, M.F.	Whitehead, Bessie	15 Jan 1901
Clark, M.L.	Shell, Daniel	1 Nov 1885
Clark, Nat	Simerly, Polly	1 Dec 1910
Clark, Nellie	Burgett, J.R.	24 Jan 1908
Clark, Nora	Vanhuss, W.L.	9 Aug 1896
Clark, O.N.	White, L.A. (Mr.)	11 Oct 1903
Clark, Rebecca	Russell, John	31 Jan 1913
Clark, Robert	Britt, Nannie	27 Jul 1879
Clark, Robert N.	Young, Margaret	11 Apr 1919
Clark, R.N.	McKeehan, Ossie	15 Feb 1914
Clark, Sarah A.	Birchfield, William	9 Jan 1887
Clark, Stella	Pate, MOses	16 Feb 1916
Clark, Susan	Dial, P.C.	4 Mar 1900
Clark, Suvanna	Buck, John E.	15 Feb 1893
Clark, Thomas	Gardner, Celia	16 Jan 1909
Clark, Thomas G.	Atwood, Jennie	8 Sep 1905
Clark, T.C.	Grindstaff, Veary	30 Mar 1896
Clark, William	McInturf, Mollie	3 Dec 1882
Clark, William J.	Buck, Julia A.	2 Oct 1879
Clark, Willis	Hodges, Murl	17 Aug 1916
Clark, W.C.	Cochran, Ellen	11 Nov 1888
Clark, W.C.	Tolly, Molly	15 May 1914
Clark, W.F.	Cates, Bettie	3 Sep 1902
Clark W.M. Jr.	Hyder, L.T.	10 Sep 1905
Clarke, Retta	Miller, David	1 Nov 1885
Clauson, Fate	Hollyfield, Elizabeth	24 Oct 1909
Clauson, H.O. (Mr.)	Walsh, B.M.	5 Feb 1916
Clauson, James	Smith, Rebecca	8 Jul 1905
Clauson, Maggie	White, Grason	26 May 1906
Clawson, James	Stout, Rader	4 Nov 1918
Clawson, Myrtle	Andrews, Joe	22 Sep 1920
Clay, Grace	Estes, C.E.	13 Jun 1910
Claymon, Lydia A.	Range, Alfred	2 Jan 1873
Claymon, Susan A.	Price, N.B.	28 Aug 1906
Clein, Henry	Gru___, Ellen	24 Dec 1913
Clemmons, Ida	Lyon, J.H.T.	9 Apr 1890
Clemmons, J.	Smith, Lum	6 Jul 1905
Clemmons, William	Ellis, Emma	9 Jul 1884
Clemons, Ben	Peeks, Rebecca	22 Feb 1920

Clemons, Cena	Lyons, Landon	23 Dec 1906
Clemons, Charles	Taylor, Jennie	23 Dec 1906
Clemons, C. (Mr.)	Whaly, A.J.	18 Jun 1910
Clemons, Decky	Campbell, J.D.	21 Sep 1913
Clemons, Garfield	Newton, Hattie B.	6 Mar 1910
Clemons, Isaac	Davis, Alice	28 Oct 1905
Clemons, Isaac	Messimer, Rossie	20 Dec 1913
Clemons, John	Crow, Emma	10 Dec 1905
Clemons, Joseph	Crow, Catherine	6 Apr 1907
Clemons, J.D.	Taylor, Lillie B.	22 Aug 1899*
Clemons, Lizzie	Blevins, Charles	3 Apr 1898
Clemons, Lucy	Millard, Charlie	14 Sep 1919
Clemons, Martha	Hicks, William	6 May 1887
Clemons, Minnie	Adams, William	18 Jun 1910
Clemons, William	Peeks, Carrie	23 Sep 1908
Cliffton, Loula	Carpenter, C.H.	9 Mar 1908
Clouse, Margaret C.	Baker, James	16 Mar 1879
Cloy, Molly	Presnell, Willie	11 Apr 1903
Cloyd, C.E.	Hyder, Mary	10 Feb 1897
Cloyd, J.S.	Little, May	16 Jun 1899
Cloyd, Samuel M.	Riddle, Ella Grace	3 Jan 1901
Cochran, Amanda	Head, John	22 Aug 1891
Cochran, Claria	Gouge, Winfield	15 May 1885
Cochran, Eldridge	_____, Julian	17 Sep 1874*
Cochran, Ellen	Clark, W.C.	11 Nov 1888
Cochran, Hannah	Gregg, J.M.	6 Oct 1917
Cochran, Hattie	Kite, J.S.	15 Mar 1910
Cochran, James	CArver, Mary	9 Sep 1906
Cochran, John	Simerly, Sarah	18 Mar 1880
Cochran, Rena	Whittamore, Will	26 Jan 1919
Codie, Terrace P.	Parlier, Bessie D.	3 Jul 1916
Coffee, Addie	Calloway, W.H.	29 Sep 1909
Coffee, Dollie	Gragg, Vergil	24 Jul 1920
Coffee, Edd	Fortner, Virdie	22 Apr 1910
Coffee, Mande	Edens, M.T.	23 Sep 1915
Coffee, Mary A.	Brewer, Calvin	14 Jul 1878
Coffee, Maude	Woody, Thomas	28 Dec 1908
Coffey, Etta	Gragg, Henderson	19 Mar 1907
Coffman, Alice	Tipton, Thomas	11 May 1875
Coffman, Fanmnie C.	Holly, James R.	27 Apr 1882
Coffman, John H.	Sharp, Nena A.	11 Feb 1902
Coggins, James C.	Crouch, Julia A.	7 May 1888
Cokely, Joel	Beckner, Manerva	14 Oct 1914
Colbaugh, Aider	Garland, W.O.	18 Sep 1910
Colbaugh, Cellia	Hardin, Robert	17 Feb 1889
Colbaugh, Charles	Aldridge, Ella	25 May 1912
Colbaugh, Charles	Aldridge, Etta	3 Jul 1910

Colbaugh, David	White, Margaret	8 Nov 1892
Colbaugh, Eliza	Taylor, Michael	11 Feb 1898
Colbaugh, Ellen	Harden, William	16 Mar 1904
Colbaugh, Evi M.	Lowe, Stephen	15 Jan 1872
Colbaugh, Fanny	Taylor, C.N.	4 Feb 1894
Colbaugh, Faudie	Taylor, Jacob	18 Nov 1906
Colbaugh, Fred	Smith, Mary	23 Mar 1913
Colbaugh, George	Hensley, Bertie	1 Aug 1914
Colbaugh, Geroge D.	Daniels, Eva	31 Jan 1889
Colbaugh, James	Arnett, Bessie	24 Apr 1916
Colbaugh, Julia	Markland, Henry	11 Oct 1898
Colbaugh, Kemma	Carriger, Eller	12 Sep 1914
Colbaugh, Lavicy	Ritchie, T.J.	16 Feb 1896
Colbaugh, Maggie E.	Taylor, James	22 Jun 1895
Colbaugh, Marsha	Nidiffer, James C.	29 Jun 1871
Colbaugh, Mary	Nidiffer, William	3 Jun 1877
Colbaugh, Nancy	Shoun, David	28 Dec 1901
Colbaugh, Nola B.	Manning, S.J.	19 Feb 1911
Colbaugh, Rebecca	Hamby, Laurence	3 Sep 1900
Colbaugh, Rosa	Peters, William	4 Jul 1900
Colbaugh, T.N.	Buckles, Mary	8 Jul 1903
Colbaugh, Vena	Peters, J.W.	29 Jun 1906
Colbaugh, William	Loe, Elizabeth	24 Dec 1874
Colbaugh, William	Meredith, Catherine	27 May 1888
Colbaugh, William	Forbes, Nancy	21 Feb 1889
Colbaugh, W.C.	Peters, Nancy	21 Sep 1913
Colbaugh, W.M.	Campbell, Mary	13 Aug 1907
Colbock, Pete	Lewis, Eliza	8 Apr 1892*
Coldwell, Arthur	Myers, Pearl	2 Mar 1910
Coldwell, David F.	Hicks, Jannie J.	15 Nov 1905
Coldwell, Elizabeth	Freeman, Wilson	12 Mar 1905
Coldwell, Jackson	Hill, Mary	10 Mar 1881
Coldwell, John	Hoss, Nannie	14 Sep 1901
Coldwell, Katie	Freeman, Wesly	2 May 1903
Coldwell, Martha E.	Farrance, Anthony	17 Mar 1895
Cole, Addie	Estes, Clyde	11 Oct 1919
Cole, Adelia	Campbell, Isaac	24 Dec 1876
Cole, Albert	Campbell, Mandy	12 Aug 1917
Cole, Alfred	Garland, Susan	31 Jul 1892
Cole, Alice	Bishop, J.S.	30 Jul 1885
Cole, Alice	Estep, Rily	4 Feb 1900
Cole, Amanda	Rains, J.P.	9 Sep 1892
Cole, Annie	Dinzymore, E.	12 Feb 1906
Cole, A.D.	Hodge, Dora	24 Mar 1903
Cole, A.J.	Brooks, Clara F.	30 Jul 1910
Cole, A.P.	Duffield, Creecy	29 Oct 1910
Cole, Bell	Shell, John A.	6 Jun 1908

Cole, Ben	Smith, Winzy Ann	21 Mar 1907	
Cole, Callie	Richarson, J.R.	23 Aug 1888	
Cole, Cameron	Markland, Ada	8 Sep 1901	
Cole, Caney	Peters, Rosa	11 May 1899	
Cole, Carrie B.	Vandyke, P.M.	21 Jun 1902	
Cole, Catherine	Lowery, William	22 Jun 1883*	
Cole, Catherine	Lowe, Melvin	20 Jun 1894	
Cole, Celia A.	Taylor, S.M.	30 Oct 1878	
Cole, Charles	Pearson, Mary J.	17 Feb 1890*	
Cole, Charles	Cole, Minnie C.	23 Apr 1893	
Cole, Charles	Newton, Lucy	26 Dec 1914	
Cole, Chloris	Brown, G.V.	20 Nov 1917	
Cole, Clerna J.	Richardson, Jessie	25 Aug 1897	
Cole, Corrie	Stout, Godfrey	14 Mar 1916	
Cole, C.A.	Cole, C.S. (Mr.)	8 Nov 1913	
Cole, C.N.	Richardson, Bettie	25 Dec 1894	
Cole, C.S.	Williams, Delia	2 Jan 1893	
Cole, C.S. (Mr.)	Cole, C.A.	8 Nov 1913	
Cole, David	Daniels, Flora	25 Mar 1898*	
Cole, D.L.	Lewis, Mary	15 May 1915	
Cole, Elizabeth	Wilson, Isaac	16 Aug 1888	
Cole, Emma	Couty, Arthur Baxter	24 Dec 1919	
Cole, Ester	Simerly, Milton	11 Apr 1919	
Cole, George	Richardson, Lettie	19 Apr 1898	
Cole, George W.	Renfro, Maggie	3 Jul 1899	
Cole, George W.	Richardson, Zellie	14 Jun 1907	
Cole, Grant	Garland, Rebecca	23 Nov 1890	
Cole, Harriett	Ellis, Henry	2 Apr 1885	
Cole, Hester	Hodge, A.J.	26 Mar 1903	
Cole, Ira	Hyder, Bessie	24 Mar 1917	
Cole, Isaac	Barr, Mollie	15 Aug 1900*	
Cole, James	Rasor, Eliza	18 Mar 1875*	
Cole, James	Nidiffer, Rutha	22 May 1881	
Cole, James	Ray, Ida	13 Oct 1895	
Cole, James	Miller, Delia	24 Dec 1902	
Cole, James B.	Daniels, Cornelia	5 Sep 1896	
Cole, James H.	Chambers, Mollie	21 Jun 1888	
Cole, James M.	Heatherly, Amelia	9 Jul 1899	
Cole, Jane	Taylor, E.A.	26 May 1908	
Cole, John	Hicks, Pearl	26 May 1912	
Cole, John H.	_____, Martha E.	16 Jul 1875	
Cole, John S.	Anderson, Pearl	28 Aug 1909	
Cole, Joseph	Scalf, Atha	5 Nov 1895	
Cole, J.C.	Heatherly, Margaret	18 Mar 1888	
Cole, J.C.	Fletcher, Maggie	24 Aug 1902	
Cole, Lena	Turner, John F.	29 Mar 1909	
Cole, Lena	Rominger, D.C.	9 Sep 1916	

Cole, Lola	Hammett, Bill	21 Aug 1904
Cole, Loniza	Rosenbalm, John	23 Jul 1898*
Cole, Lottie	Hinkle, A.E.	23 Jun 1906
Cole, Louisa	Roberts, Calaway	22 Apr 1905
Cole, Loyd	Barnett, Manda	24 Dec 1913
Cole, L.	Cole, S.H. (Mr.)	20 Mar 1874*
Cole, Maggie	Beck, James	27 Aug 1902
Cole, Mahola	Taylor, Jeff	25 Mar 1906
Cole, Manerva	Holden, James	8 Mar 1900
Cole, Margaret	Nidiffer, Samuel	28 Dec 1878
Cole, Martha J.	Peters, D.S.	29 Mar 1896
Cole, Martin	Reader, Bernice	30 Apr 1911
Cole, Mary	Bishop, Walter	23 Nov 1909
Cole, Minnie C.	Cole, Charles	23 Apr 1893
Cole, M.B.	Meredith, Catherine	20 Dec 1877
Cole, M.D.	Hodge, Louisa	5 Apr 1902
Cole, Nannie	Potter, Isaac	18 Aug 1905
Cole, Ollie	Jenkins, Roy	2 Dec 1920*
Cole, Pacific	Hodge, Grant	25 Sep 1887
Cole, Robert J.	Lowe, Mary C.	24 May 1888
Cole, R.C.	Crow, Martha	20 Sep 1888
Cole, Samuel S.	Sheffield, Lora	27 Mar 1917
Cole, Sarafina	Wilson, Soloman	22 Apr 1874
Cole, Sarah	Arrance, Elcana	21 Feb 1890
Cole, Sarah	Woody, James	1 Nov 1908
Cole, Sarah E.	Garland, David C.	26 Feb 1900
Cole, Sarah E.	Taylor, Charles N.	8 Nov 1887
Cole, Sarah S.	Campbell, D.R.	6 Sep 1892
Cole, Sudie	Waters, Dana H.	19 Mar 1920
Cole, S.A.	Richardson, Jenny	19 Apr 1903
Cole, S.H. (Mr.)	Cole, L.	20 Mar 1874*
Cole, Tilly	Stout, Gridley	21 Jun 1919
Cole, Tish	Campbell, Isaac	27 Feb 1897
Cole, Tobitha	Oaks, Nathaniel	24 Dec 1878
Cole, Vera	Bowers, Earl	16 Nov 1918
Cole, William	Sheffield, Clary	13 Aug 1874
Cole, William	Scalf, Lorena	14 Nov 1890
Cole, William	Harris, Dollie	3 Sep 1904
Cole, William	Davis, Mary	20 Dec 1905
Cole, William J.	Foust, Susan E.	15 Sep 1887
Cole, William K.	Arnold, Matilda	7 Mar 1890
Cole, W.J.	Smith, Addie	5 Dec 1908
Cole, W.P.	Shuffield, Bettie	13 Dec 1898
Cole, W.S.	Ward, Flora	1 Oct 1916
Cole, W.S.	Miller, Sarah	4 Aug 1899
Cole, Zellia	Ensor, George	30 Jan 1907
Coleman, Annie	Miller, Sam	2 Apr 1916

Coleman, Bessie	Story, Jacob	15 Jun 1904
Coleman, Callie	Timbs, Dock	29 Jul 1916
Coleman, Edgar	Boone, Addie	10 Jun 1920
Coleman, Franklin	(not stated)	27 Feb 1877*
Coleman, John C.	Street, Minnie	23 Mar 1902
Coleman, Josie	Williams, P.P.	12 Jul 1917
Coleman, Julian	Stallings, Hattie E.	17 Sep 1880
Coleman, Maggie	Shell, George H.	21 Nov 1901
Collins, Amanda	Combs, Robert	23 Apr 1904
Collins, A.B.	Jenkins, Lena	17 Dec 1919
Collins, A.G.	Fondren, Crosha	4 Oct 1883
Collins, A.R.	Nave, Katie B.	2 Oct 1898
Collins, Callie	Keehan, John M.	26 Sep 1908
Collins, Coriene	Berry, D.J.	18 Nov 1909
Collins, C.	Oliver, T.W. (Mr.)	22 Mar 1896
Collins, Eliza C.	Ellis, Daniel	3 Sep 1876
Collins, Eliza C.	Canon, Andrew	1 Jan 1888*
Collins, Eliza C.	Wilson, George W.	6 May 1907
Collins, Emily	Ledford, Elbert	26 Jun 1915
Collins, Emma	Hinkle, E.C.	29 Mar 1910
Collins, Emmert	Gouge, Bettie J.	23 May 1890
Collins, Emmy C.	Glover, Elbert	27 Sep 1876
Collins, Estella	Wilcox, Frank N.	26 Oct 1904
Collins, Grant	Carden, Fine	22 Sep 1906
Collins, G.C.	Williams, Sallie	1 Jan 1902
Collins, G.M. (Mr.)	Bowers, M.E.	26 Jun 1898
Collins, G.O.	McKinney, Pall	10 Jun 1887
Collins, G.O.	Bradley, Elizabeth	18 Sep 1897
Collins, Inez	Bergin, J.C.	30 Nov 1916
Collins, Isaac M.	Treadway, Martha	28 Apr 1887
Collins, Jackson C.	Heaton, Rhoda C.	1 Jan 1879
Collins, James E.	White, Emma A.	25 Dec 1920
Collins, James P.	Garrison, Jane	1 Apr 1887
Collins, Jennie	Humphrey, Pinkney J.	7 Apr 1881
Collins, John	Buck, Ida	24 Dec 1907
Collins, John	Gourley, Josie	19 Feb 1917
Collins, John N.	Nidiffer, Permilia	5 Sep 1878
Collins, Katy P.	Daugherty, John F.	27 Jan 1912
Collins, Lillian S.	Carriger, John H.	7 Jun 1918
Collins, Lucy	Lacy, W.B.	30 Sep 1902
Collins, Maggie	Grindstaff, Samuel	20 Sep 1901
Collins, Maggie	Deloach, David	6 Apr 1902
Collins, Mollie	Price, William E.	11 Aug 1887
Collins, Ollie	Nave, Dessie	11 Apr 1909
Collins, Pearl J.	Carriger, Thomas V.	28 May 1919
Collins, Rebecca	Chambers, Samuel	5 Sep 1880
Collins, Roscoe	Bowie, Ethel	25 Sep 1906

Collins, R.C.	Hyder, Rettie	1 Jun 1902
Collins, S.P.	Whitehead, Lou	26 Jul 1894
Collins, Thomas	Jenkins, Eliza	12 Oct 1886
Collins, V___	Carden, Kinch	26 Feb 1914
Collins, William	Minton, Lilly	12 Nov 1899
Collins, Worly	BAker, E.H.	9 Apr 1913
Collins, W.G.	Robinson, Mahala	30 Dec 1901
Colvert, Ethel	Justice, Roscoe	2 Jul 1920
Colwell, Byon	Radford, Russie	18 Aug 1920
Colwell, Mary	Bowling, Cain	14 Jan 1905
Combes, Benjamin	Smith, Ruthie	17 Sep 1898
Combs, Amanda	Pierce, Houston	22 Jun 1911
Combs, Birtha	Mackley, John	22 Oct 1910
Combs, B.	Mackley, John	4 May 1910*
Combs, Caleb	Jenkins, Ottie	14 Jul 1900
Combs, Caleb	Richardson, Neely	4 Aug 1901
Combs, Emma	Elliott, David	11 Sep 1914
Combs, Fanny	Frasier, L.W.	2 Aug 1885
Combs, Henry	Whiteside, Sallie	13 Apr 1890
Combs, Herb	Fair, Rulie	8 Aug 1917
Combs, Lavicy	Berry, W.J.	14 Mar 1897
Combs, Marshall	Stout, Mollie	6 Aug 1894
Combs, Mattie	Lewis, James S.	1 Jan 1899
Combs, Robert	Collins, Amanda	23 Apr 1904
Combs, Robert E.	Lacy, Amanda J.	5 Dec 1888*
Combs, Roscoe	Lewis, Dora	21 Feb 1919
Combs, Thomas	Smith, Armintie	25 Dec 1902
Conly, John C.	Eldridge, Mary E.	5 Dec 1889
Conly, Rufus	Tate, Sallie	19 Sep 1905
Constable, Ida L.	Range, P.G.	15 Sep 1895
Constable, Nathaniel	Keen, Nancy E.	3 Jun 1888
Constable, Robert	Webb, Lilly	29 Aug 1908
Constable, William	Snodgrass, Josie	1 Dec 1895
Cook, Andrew	Davis, Sarah	5 Oct 1873
Cook, Anna Bell	Shell, William L.	31 May 1902
Cook, Charlotte	Winters, W.H.	15 May 1920
Cook, Cordelia	Church, Robert	11 Jan 1920
Cook, C.E.	Greer, Minnie	6 Mar 1899
Cook, Elizabeth	Winters, Robert	13 Sep 1903
Cook, Elsie	Richardson, Ernest	16 Nov 1919
Cook, G.W.	Forbes, Mamie	27 Jan 1915**
Cook, Hannah	Holden, Jasper	15 Apr 1900
Cook, James L.	Goodman, Myrtle	11 May 1902
Cook, Jennie L.	Fondren, Samuel A.	26 Feb 1902
Cook, Jessie J.	Payne, Hassie P.	14 May 1905
Cook, J.H.	Pyatt, Lillie	4 Jan 1894
Cook, Martha	Vance, Creed	5 Aug 1903

Cook, Mary E.	Potter, D.W.	28 Mar 1900
Cook, Mary J.	Barnett, Waits	13 Jan 1912
Cook, M.M.	Tolly, Minnie W.	18 Nov 1895
Cook, Nina	Tolly, L.C.	6 Jun 1909
Cook, Nola	Green, James	22 Mar 1919
Cook, Rettie	Peeks, L.L.	25 Nov 1897
Cook, Robert	Hicks, Nellie	6 Jan 1907
Cook, R.L.	Jennings, Hattie	30 Oct 1907*
Cook, Sallie	Church, W.F.	17 Jul 1906
Cook, Thomas	Goodwin, Hannah E.	25 Dec 1890
Cook, Wib	Burchett, Dora	11 Mar 1917
Cook Lizzie	Nidiffer, C.O.	14 Oct 1906
Coomer, E.C.	Bolton, Ida M.	30 Mar 1899
Cooper, Beulah	Holloway, Roy J.	10 Dec 1916
Cooper, David	Rowe, Sallie	18 Feb 1884
Cooper, Grace K.	Caldwell, Samuel A.	17 Dec 1894
Cooper, H.S.	Shell, Manda	2 Jul 1915
Cooper, James P.	Loudermilk, Francis	23 Dec 1880
Cooper, Jessie	Hodge, Lucy	20 Nov 1907
Cooper, John	Fields, Annie	20 Jun 1903
Cooper, Jordin	Ingram, Emaline	29 Apr 1881
Cooper, J.W.	Little, Rebecca Ann	6 Jan 1883
Cooper, Laura M.	Hendrix, J.C.	24 Feb 1918
Cooper, Mae	Rumly, James Edward	21 Aug 1909
Cooper, Martha	Gourley, James	24 Feb 1876*
Cooper, Mattie	Ford, Chester	19 Jun 1909*
Cooper, Mattie	Bayless, John H.	9 Feb 1916
Cooper, Mollie E.	Lilly, John W.R.	15 Nov 1887
Cooper, Montgomery	Williams, Rhoda	24 Jan 1879
Cooper, Nora	Pugh, David	23 Mar 1892*
Cooper, Rhoda A.	Potter, D.W.	29 Oct 1883
Cooper, Sally	Taylor, A.D.	15 Aug 1878
Cooper, Thomas	Holly, Sarah	7 Nov 1877*
Cooper, William H.	Williams, Rachel	8 May 1873
Copenhaver, Mary C.	Henegar, J.B.	14 Jan 1910*
Copeny, M.C.	Reynolds, Harriett	7 Jun 1887
Cord, Samuel D.	Simerly, Mary Jane	19 Deb 1908
Cordell, A.D.	Absher, Emma	19 Jun 1905
Cordell, A.D.	Evans, Parra	6 Jan 1917
Cordell, Durris	Smith, China	21 Apr 1917
Cordell, D.D. (Mr.)	Jones, L.A.	10 Feb 1917
Cordell, J.R.	Cornett, Hannah	26 Jun 1900
Cordell, J.R.	Lunceford, Nancy	25 Feb 1913
Cordell, Lillie	Baker, Abb	31 Dec 1905
Cordell, Lillie A.	Judy, Lawson W.	1 Jan 1889
Cordell, L.F.	Stout, David	25 Dec 1892
Cordell, Malona	Cornett, James A.	25 Dec 1890

Cordell, Nathaniel	Potter, Lillie	20 Oct 1907
Cordell, Nola E.	Shell, Alfred J.	14 Sep 1883
Cordell, Ross	Hopson, Liria	5 Nov 1916
Cordell, Russell	Ingram, Mary	23 Jun 1907
Cordell, Russell	Richardson, Bonnie	10 Mar 1917
Cordell, R.N.	Morgan, Sarah	23 Jul 1904
Cordell, Thomas	Birchfield, Matilda	4 Apr 1902
Cordell, Thomas L.	Caraway, Emma	18 Dec 1881
Cordnell, Mary	Sluder, David	29 Apr 1916
Cornett, Acy	Wagner, Amanda	15 Jun 1897
Cornett, Acy	Willis, Judy	9 Jul 1910
Cornett, Annie	Whitehead, Jas W. Jr.	17 May 1915*
Cornett, Annie	Richardson, John	2 Jul 1920
Cornett, A.L.	Wagner, Amanda	8 Jun 1898
Cornett, Catherine	Whitehead, Caleb	13 Mar 1871
Cornett, Cora	Townsell, L.L.	9 Mar 1902
Cornett, Daniel	Jordan, Lula	29 Jul 1916
Cornett, Elizzie	Ingram, David	2 May 1897
Cornett, F.C.	Stevens, Myrtle	14 Dec 1912
Cornett, George	Joins, Vadie	21 Oct 1916*
Cornett, Hannah	Cordell, J.R.	26 Jun 1900
Cornett, H.C.	Whitehead, Manda V.	24 Dec 1892
Cornett, Ida	Stevens, Henry	20 Jun 1903
Cornett, James A.	Cordell, Malona	25 Dec 1890
Cornett, Vina	Hill, Elijah	2 Jan 1904
Cornsforth., Little	Tate, Jos. A.	17 May 1887
Corping, Will	Sapp, Harriett	14 Oct 1908
Correll, Harrison	Guinn, Rosie	1 Aug 1918
Correll, W.A.	Bird, Son I.	1 Jun 1898
Cortner, Etally	Hodge, Isaac	18 Apr 1909
Cortner, Sarah	Hodge, George	1 Mar 1916
Cothran, J.D.	Freeman, Cordelia	31 May 1919
Cotner, William J.	Thompson, Jessie	25 Nov 1914
Counsil, William	Pope, Miny A.	22 Nov 1879*
Couty, Arthur Baxter	Cole, Emma	24 Dec 1919
Coventry, A.A.	Perrie, Loucretia	6 Oct 1906
Covington, Margaret	Grace, E.J.	28 Mar 1880
Cowan, E.O.	Cable, Sarafina	21 Oct 1899
Cowan, G.D.	Bowenger, Bessie	13 Sep 1908
Cowen, Cora	Roller, Abe	10 Jun 1904
Cox, Clate	Hinkle, Maggie	4 May 1919
Cox, Eddie	Snodgrass, Cad	26 Sep 1908
Cox, Eliza	Johnson, William	8 Jun 1913
Cox, George B.	Stout, Anis	29 Nov 1920
Cox, Guy	Taylor, Bertha	3 Mar 1917
Cox, J.M. (Mr.)	Smith, M.F.	13 Aug 1910
Cox, Lilly	Leonard, Fred	25 Mar 1906

Cox, Richard	Michals, Margie	29 Jun 1908
Cox, Samuel	Barnett, Vesta	24 Dec 1907
Cox, Soloman	Grindstaff, Nancy	8 Apr 1896*
Cox, S.M.	Houston, Sallie	9 Nov 1919
Cox, T.J.	Mathews, Elizabeth	21 May 1891
Cox, William Riley	Goodson, Matilda	17 Jul 1919*
Craig, Ellen	Campbell, George	29 Mar 1906
Craig, George	Bowers, Sallie	17 Jul 1897
Craig, George	Griffith, Celia	20 May 1900
Craig, William	McElrath, Jane	4 Jan 1900
Crawford, Cecil	Stober, Mary	10 Apr 1910
Crawford, James	Roller, Lula	29 Dec 1910*
Crawford, Lottie	Trent, Andy	17 Nov 1895
Crawford, S. Lynn	Johnson, Mable, V.	20 Aug 1901
Creaseman, J.A.	McKinney, Jessee	28 Mar 1909
Creed, G.W.	Loveless, Delia	25 Dec 1910
Creed, G.W.	Bowman, Cora	30 May 1920
Creed, Napolian B.	Blevins, Dillia C.	12 Mar 1876
Cress, George W.	Justice, Mollie	22 Sep 1915
Cress, Ida	Grindstaff, Raymond	6 Jul 1918
Cress, J.M.	Estep, Edie	22 Dec 1895
Cress, Maggie	Taylor, Jessie T.	3 Jul 1920
Cress, Mary	Ensor, John	22 Feb 1920
Cress, Mary M.	Estep, Samuel	28 Dec 1879
Cressman, Arthur	Slagle, Hazle	24 Jun 1917
Crockett, Cornelia A.	Smith, Franklin A.	1 Jan 1878
Crockett, Elbert	Troxwell, Mollie	28 Jun 1891
Crockett, J.E.	Beasley, Heattie H.	24 Sep 1896
Crockett, Louvenia	Berry, A.T.	7 Aug 1883
Crockett, Lucinda C.	Wilson, James D.	30 Aug 1882
Crockett, Mary E.	Anderson, G.A.	12 Jul 1876
Crockett, Samuel	Peters, Maggie	11 Sep 1887
Crofford, Sarah A.	Taylor, William	2 Jun 1900*
Cross, Clive	Jenkins, Carry	12 Jun 1913
Cross, H.C.	Minton, Vastie	9 Sep 1920
Cross, Jacob	Wilson, Malinda	19 Mar 1882*
Cross, James	Barker, Marise	11 Jul 1881*
Cross, Robert	Crow, Maude	9 Oct 1906
Crosswhite, Anna	Starkey, Frank	26 Dec 1920
Crosswhite, Carrie L.	Bradley, Andrew T.	14 May 1901
Crosswhite, C.L.	Bowen, M.J.	2 Nov 1901
Crosswhite, Emma	Bowers, Hunter	11 Oct 1919
Crosswhite, Ettie	Griffith, W.R.	19 Feb 1912
Crosswhite, Joseph	Elliott, Nerva	31 Jan 1903
Crosswhite, Laura	Lunceford, R.C.	4 Apr 1904
Crosswhite, Phoeba	Perry, Ralph	27 Dec 1920
Crosswhite, Sara M.	McNeely, Ensor M.	24 Feb 1881

Crosswhite, Sarah A.	Smith, J.T.	12 Nov 1895
Crouch, Dora Bell	Fitzsimmons, Charles	12 Feb 1893
Crouch, Julia A.	Coggins, James C.	7 May 1888
Crouss, Mattie	Roark, Henry	26 May 1896
Crow, Abigail	Berry, C.(Casy) H.	15 Apr 1881
Crow, Alexander	Lyon, Ritty	9 Jan 1902
Crow, Alice	Shell, William M,Sr.	18 Nov 1885*
Crow, Alice	Gilliland, Brownlow	18 Dec 1891
Crow, Alice	Treadway, J.H.	14 Oct 1898
Crow, Alice	Crow, William	19 Jul 1903
Crow, Belle	Hicks, Samuel	4 Aug 1913
Crow, Bronson W.	Pierce, Sarah	22 Feb 1918
Crow, Carson	Bowers, Georgia	16 Apr 1917
Crow, Catherine	Clemons, Joseph	6 Apr 1907
Crow, Charles	Bradley, Josie	24 Oct 1908
Crow, Charlie	Bowers, Maggie	2 Jan 1915
Crow, Charlie	Bradley, Josie	5 Jul 1920
Crow, Clarence	Wilson, Ofilia	21 Jul 1914
Crow, Clarence	Scott, Lucille	27 Dec 1920
Crow, C.F.	Dunn, Laura	17 Apr 1918
Crow, Daniel	Gourley, Mary	6 Sep 1877*
Crow, David	Wilcox, M.E.	2 Apr 1873
Crow, Delia	Hayes, W.E.	14 Mar 1914
Crow, Dora	Fair, Charles	30 Jun 1901
Crow, D.B.	Keen, Mollie	10 Jan 1915
Crow, Eliza	Roberts, Fletcher P.	28 Sep 1903
Crow, Ellen	Daniels, Roman	19 Jun 1908
Crow, Eller	Estep, Lum	25 Dec 1893
Crow, Ellie	Shores, Walter W.	28 Nov 1892
Crow, Emma	Clemons, John	10 Dec 1905
Crow, Flora	Riggs, Robert	29 Oct 1910
Crow, Francie	Taylor, J.H.	15 Dec 1907
Crow, Frank	Fondren, Mamie	18 Apr 1913
Crow, F.D.	Morton, Lottie P.	18 Nov 1911
Crow, George	Ritchie, Hettie	10 Sep 1899
Crow, George W.	Alford, Rebecca	9 Nov 1902
Crow, Henry	Maze, Maggie	9 May 1900*
Crow, Hettie	Crow, James C.	23 Jul 1916
Crow, Hugh	Loveless, Minnie	22 Mar 1908
Crow, Ida	Cates, Rosecrants	12 Jul 1908
Crow, Ida	Trent, Arthur	25 Sep 1904
Crow, Isaac N.	Slagle, Virginia	1 Sep 1878
Crow, I.N.	Pearse, Emily	2 Dec 1880
Crow, Jacob	Wilson, Grace	27 Oct 1905
Crow, James C.	Lacy, Thadory	24 Feb 1878
Crow, James C.	Crow, Hettie	23 Jul 1916
Crow, Jennie	Fair, John B.	29 Apr 1888

Crow, Jennie	Nifdiffer, P.M.	9 Jun 1908
Crow, Jennie	Nave, John T.	2 Jan 1911
Crow, Jennie E.	Nave, John T.	3 Mar 1893
Crow, Jessee B.	Smith, Bonnie	24 Aug 1910
Crow, Jessie	Crow, Mary	19 Nov 1900
Crow, John R.	Pierce, Gena	11 Mar 1888
Crow, J.C.	N____, Lenis	23 May 1913
Crow, Lena	Minton, Rufus M.	5 Aug 1888
Crow, Leonard	Hayes, Bettie	3 Dec 1898*
Crow, Levi N.	Dugger, Margaret	9 Oct 1873
Crow, Liddie E.	Kennon, J.T.	13 May 1893
Crow, Lillie	Peters, Isaac	17 Aug 1915
Crow, Lilly	Hinkle, Allen	6 Jun 1908
Crow, Lizzie	Ellis, A.M.	24 May 1908
Crow, Lottie	Lee, John	1 Mar 1909
Crow, Lucy P.	Cass, Edmund C.	15 Sep 1891
Crow, Madgie	Banks, K.P.	29 Jun 1911
Crow, Maggie	Williams, W.A.	21 Dec 1912
Crow, Marsha	Berry, Ellerel	25 Mar 1875
Crow, Martha	Cole, R.C.	20 Sep 1888
Crow, Martha	Pierce, John	19 Jan 1916
Crow, Martin	Taylor, Nannie	11 Jul 1909
Crow, Mary	Pippin, John W.	11 Nov 1875
Crow, Mary	Crow, Jessie	19 Nov 1900
Crow, Mattie	Estep, Joul	27 Oct 1910
Crow, Maude	Burnett, Charles	14 Jan 1904
Crow, Maude	Cross, Robert	9 Oct 1906
Crow, Maude	Lady, Albert	12 Feb 1912
Crow, Melia	Cates, Edd	23 Jun 1919
Crow, Minnie	Minton, Roscoe	22 May 1913
Crow, M.E.	Holmes, W.M. (Mr.)	10 Mar 1895
Crow, Nannie	Patton, C.E.	29 Jul 1908
Crow, Nannie	McCormack, G.P.	20 Jan 1903
Crow, Orvil C.	Smith, Bessie	27 Oct 1905
Crow, Oscar	Barnett, Josie	1 Nov 1914
Crow, Permilia	Nidiffer, Jessie	14 Nov 1879
Crow, Rachael	McCatherine, James	21 May 1899
Crow, Rebecca	Haynes, H.	16 Nov 1893
Crow, Rebecca	Mays, James	5 Aug 1905
Crow, Robert C.	McFarland, Caldona M.	24 Feb 1887
Crow, Robert R.	Vanhuss, Rhoda E.A.	18 May 1884
Crow, Sallie	Williams, T.B.	19 Jun 1910
Crow, Samuel	McCloud, Hester	15 Jan 1888
Crow, Samuel	Bowers, Elizabeth	6 Sep 1894
Crow, Samuel	Parson, Rebecca	19 Feb 1908
Crow, Samuel	Taylor, Mary	25 Jan 1913
Crow, Soloman	Folsom, Teenie	12 Feb 1878*

Crow, S.B.H.	Lacy, J.L. (Mr.)	24 Nov 1877*
Crow, S.C.	O'Brien, Maggie	25 May 1896
Crow, S.E.	Vanhuss, D.F. (Mr.)	15 Sep 1883
Crow, Tennessee	Bowers, Hester	6 Nov 1879
Crow, Thomas	Daniels, Emma	29 Aug 1878
Crow, Thomas	Pearce, Sallie	29 Nov 1883
Crow, Thomas J.	Mottern, Vera	20 Jun 1920
Crow, Vicy	Burleson, George	17 Sep 1917
Crow, William	Lewis, Eliza	15 Oct 1880
Crow, William	Crow, Alice	19 Jul 1903
Crow, William R.	Lewis, Ella	31 Jan 1893
Crow, W.B.	Morton, Amy E.	4 Nov 1911
Crow, W.H.	Garland, Bettie	16 Jun 1910
Crowder, Analiza	Forbes, Simon	28 Nov 1898
Crowder, Bessie	Herrell, Rexter	8 Jul 1911
Crowder, James	Webb, Jessie	18 Jul 1914
Crowder, John	Troutman, Vinie	7 Jan 1911
Crowder, Vina	Odom, James	12 Nov 1910
Crowsswhite, Mary E.	Buntin, William J.	11 Jan 1882
Croy, Annie	Hart, C.W.	27 Feb 1890
Croy, Bertha P.	Vest, Walter C.	5 Apr 1908
Croy, Bessie	Holly, Fred	2 Oct 1912
Croy, Clyde	Holly, Willie	4 Jul 1919
Croy, Florence E.	Hughes, Walter	20 Mar 1910
Croy, Frank	Holly, Julia	2 Jun 1912
Croy, James D.	Hart, Mary J.	28 Jul 1889
Croy, J.M. (Mr.)	Vanhuss, E.A.	21 Dec 1884
Croy, J.P.	Hall, Leona	29 Jul 1914
Cruise, Elizabeth F.	Thompson, Barney	27 Jan 1898
Crumlet, Elihu J.	Buckles, Eliaz J.	8 Dec 1889
Crumley, Allie	Treadway, Henry	1 Mar 1885
Crumley, C.C.	McQueen, Ivalee	8 Apr 1916
Crumley, C.M.	Jones (?), Peter	20 Oct 1913
Crumley, C.M.	Janes (?), Peter	20 Oct 1913
Crumley, C.M.	James (?), Peter	20 Oct 1913
Crumley, David S.	Turner, Eliza	5 Nov 1892*
Crumley, Eston	Lovern, Estel	10 Mar 1918
Crumley, E.	Treadway, Robert	4 Sep 1872
Crumley, F.J.	Berry, Maggie	3 Aug 1884
Crumley, George C.	Hoover, Lydia E.	16 Nov 1884
Crumley, George D.	Bowie, L.B.	20 Jun 1906
Crumley, Grover	Tilson, Edith P.	15 Mar 1906
Crumley, Guss	Hampton, May	9 Dec 1911
Crumley, Ina	Estep, Daniel	4 Dec 1910
Crumley, John	Hunt, Emma	29 Jan 1894
Crumley, Joseph	Larkin, Ada	17 Jun 1906
Crumley, Laura	Howard, B.R.	4 Jul 1918

Crumley, Lizzie	Folsom, M.N.	18 Nov 1896
Crumley, Loyd	Walker, M.F.	6 Sep 1909
Crumley, Lucy	Taylor, David	25 Mar 1894
Crumley, Mattie E.	Holly, M.L.	14 Aug 1887
Crumley, Minerva L.	Johnson, A.J.	6 Jan 1880
Crumley, Mytrle	Hoss, J.C.	25 Nov 1906
Crumley, M.	Hendrixson, E.D. (Mr)	10 Jan 1914
Crumley, Nellie	Little, Bascum	9 Mar 1895
Crumley, Nellie	Heaton, S.B.	12 Jun 1914
Crumley, Robert	Campbell, Ida	23 Feb 1909
Crumley, S.A	Lewis, Bessie	14 Oct 1900
Crumley, Walter	Ashley, Vistie	28 Sep 1912
Crusier, Margaret V.	Spragar, William	25 May 1904
Crussell, Mattie	Stover, John	16 Jul 1911
Cuddebock, Bell	Howell, Dudley	28 Feb 1918
Culbert, Corlie D.	Blevins, Daniel M.	12 May 1901
Culbert, Henry	White, Jennie	4 May 1879
Culbert, Henry	Echols, Carie	29 Jul 1890
Culbert, Joseph	Buckles, Mary	19 Jan 1893
Culbert, Lourette	Kinnick, Jacob C.	8 Apr 1877
Culbert, Maggie	Richardson, Francis	11 Jul 1917
Culbert, Mary	Richardson, Isaac	29 Mar 1881
Culbert, Mary	Robinson, W.F.	18 Apr 1886
Culbert, Mike	Griffey, Loura Bell	6 Jun 1915
Culbert, Ora	Lyons, James E.	18 May 1907
Culbert, Robert	Rains, Nancy A.	2 Aug 1888
Culbert, Robert	Shuffield, Mary	22 Dec 1903
Culbert, Venie	Hoover, J.S.	21 Feb 1904
Culbert, William	Buckles, Lourena	24 Dec 1885
Culbert, W.F.	Lowe, Ether	6 Nov 1906
Culbert, W.M.	Bowman, Mollie	16 Sep 1910
Culler, Elizabeth E.	McClain, E.S.	20 Sep 1916
Culver, C.M.	Bradley, Hester	1 Nov 1908
Cunningham, Lee	Hampton, Martha	18 Jan 1911
Curd, Alvin	Feathers, Pearl	15 Jun 1918
Curd, Julia H.	Powell, Adolphus H.	19 Sep 1887*
Curd, Lizzie	Campbell, Sam	3 Mar 1916
Curd, Verna Lee	Shell, J.F.	16 Oct 1915
Curd, Wesley	Humphrey, Lola	5 Feb 1916
Curd, William A.	P____, Matilda	21 Dec 1874
Curry, Ray	Fletcher, Josie	12 Dec 1912
Curry, W.M.	Baily, Daisy	23 Aug 1903
Curtis, Andrew	Myers, Daisy	21 Jun 1909
Curtis, C.G.	Hampton, Maggie	20 Sep 1905
Curtis, Delia	Nave, William C.	27 Jul 1887
Curtis, J.N.	Onks, Willie Mae	28 Dec 1918
Curtis, Lula B.	Holly, David A.	2 May 1891

Curtis, Martin	Payne, Cora	17 Jul 1907
Curtis, Richard	Lilly, Maggie	3 Aug 1906*
Curtis, W.T.	Kidwell, Hellen	1 Apr 1900
Daily, Laura	Tolly, William	16 Dec 1889
Dalton, Naomi	Burrow, W.F.	13 Aug 1916
Dalton, O.M.	Welch, D.C. (Mr.)	8 Apr 1909
Dalton, Rhoda F.	Pleas, Charles Lee	30 Dec 1918
Dameron, William D.	Stout, Emma	25 Sep 1918
Dancy, William	Gourley, Carrie	24 Dec 1904
Daniel, B.F.	Hyder, Sarah	6 Feb 1875*
Daniel, B.F.	Turbyfield, Cordelia	12 Mar 1885*
Daniel, Elizabeth	Alison, Franklin	9 Sep 1871*
Daniel, Fred S.	Riggs, Clara E.	3 Nov 1915
Daniel, Hannah	Kuhn, John V.	27 Dec 1871
Daniel, Julia E.	Gibson, Edward W.	28 Jun 1916
Daniel, Martha	Allison, John	10 Sep 1871
Daniel, Samuel	Osborn, Anna	31 Jul 1899
Daniel, William N.	Lacy, Mary E.	12 Jul 1880
Daniels, Alice	Winters, Martin M.	2 Jul 1882
Daniels, Clifton	Wilson, Florence	30 Dec 1918
Daniels, Cornelia	Cole, James B.	5 Sep 1896
Daniels, Emma	Crow, Thomas	29 Aug 1878
Daniels, Eva	Colbaugh, Geroge D.	31 Jan 1889
Daniels, Flora	Cole, David	25 Mar 1898*
Daniels, George	Pearson, Lidie	22 Dec 1907
Daniels, Isaac	Brooks, Nora	5 Apr 1896
Daniels, James	Keen, Frankie	21 Nov 1877*
Daniels, James	Mathis, Mary	3 Jan 1901
Daniels, Jane	Wilson, Geroge W.	26 Nov 1882
Daniels, Lucy J.	Scott, W.R.	25 Apr 1907
Daniels, Manda	Hicks, Thomas	3 Jan 1885
Daniels, Margaret	Smalling, Wright	13 Jan 1881
Daniels, Nora	Richardson, G.W.	20 Nov 1894
Daniels, Nora	Dixon, James	18 Jul 1906
Daniels, Roman	Crow, Ellen	19 Jun 1908
Daniels, R.A.	Watson, Dolly	5 Dec 1897
Daniels, Sam	Blevins, Alice	18 Nov 1914
Danner, Carl	Myers, Bertha	25 Dec 1910
Daugerty, Mary L.	Blackwell, Wm. A.	22 Dec 1887
Daugherty, A.J.	Campbell, Martha A.	12 May 1887
Daugherty, Cora	Brown, Tester	6 Aug 1914
Daugherty, Elizabeth	Carter, Joshua	14 Feb 1891
Daugherty, Florence	Shell, Charles	23 Mar 1907
Daugherty, George	Minton, Tillie	19 Jul 1919
Daugherty, John F.	Collins, Katy P.	27 Jan 1912
Daugherty, Minnie	Epperson, Byron	22 Apr 1906
Daugherty, Myrtle	Grindstaff, Isaac	4 Jul 1909

Daugherty, Tempie	Mace, Dalphus	31 Aug 1904
Daulton, Maggie	Fair, William C.	28 Dec 1912
Davenport, Blain	Bunton, Fina	1 Jan 1906
Davenport, Catherine	Campbell, David W.	29 Nov 1920
Davenport, Fanny	Hately, Skyles	24 Dec 1904*
Davenport, M.A.	Dugger, Tempie	9 Dec 1900
Davenport, M.A.	Treadway, Margie	7 Jan 1906
Davenport, Susan	Henry, John	28 Feb 1897
Davidson, Bessie	Ritchie, William	14 Feb 1901
Davidson, C.E.	Peters, Lottie M.	28 Apr 1918
Davidson, Ed	Sorrell, Nettie	11 Oct 1908
Davidson, James	Perry, Bessie	3 Nov 1897
Davidson, John A.	Lyons, Eva J.	4 Oct 1915
Davidson, Sylvia	Bowers, M.C.	2 May 1915
Davis, Alexander	Vest, Lizzie	1 Mar 1896
Davis, Alice	Clemons, Isaac	28 Oct 1905
Davis, Arthur	Childress, May	19 Jul 1910
Davis, Bettie	Holly, Hugh T.	10 Aug 1893
Davis, Bettie	Jones, Thomas	31 Oct 1897
Davis, Bettie	Fisher, George	23 Jan 1916
Davis, Carrie	Phillips, R.L.	28 Sep 1906
Davis, Charles	Bishop, Mollie	26 Apr 1896
Davis, Cora	Taylor, Frank	20 Apr 1910
Davis, Daniel	Miller, Martha E.	20 Oct 1881
Davis, Delia	Proffit, David	26 Oct 1909
Davis, Delila A.	Murray, Thomas C.	27 Feb 1877
Davis, Dock	Geisler, Rhoda	10 Mar 1902
Davis, D.R.	Carver, Jane	3 May 1891
Davis, Eadie	Winters, Frank	28 Mar 1914
Davis, Edgar	Ellis, Bessie	16 Oct 1904
Davis, Edgar	Morris, Hattie	26 Dec 1909
Davis, Edyline	Campbell, Dan	20 Nov 1914
Davis, Elbert	Neatherly, Mattie	16 Jan 1916
Davis, Elijah	Perdew, Malinda	17 Feb 1886*
Davis, Elijah	Hill, Manda	20 Jul 1912*
Davis, Elizabeth	Frassier, W.O.	25 May 1898
Davis, Elizabeth L.	Loudermilk, Noah	29 Feb 1876
Davis, Ella	Bray, Joe	7 Aug 1897
Davis, Ella	Kelly, James	4 May 1913*
Davis, Florence	Andrews, Millard	23 Sep 1905
Davis, Frank	Sams, May	3 Jul 1920
Davis, F.V.	Holoway, Susan	18 Feb 1899
Davis, George	Tolly, Mary	9 May 1910
Davis, G.O.	Wade, Sallie W.	19 May 1898
Davis, G.W.	Ashley, Vesta	18 Aug 1908
Davis, Harris	Pearce, Lena	20 May 1911
Davis, Hix	Morris, Alice	24 Oct 1909

Davis, Isaac	Estep, Louisa	20 Jul 1881*
Davis, Jacob	Tolly, Mary	29 Apr 1910
Davis, James	Bowling, Anna	20 May 1911
Davis, James	Brummitt, Rebecca	23 Apr 1916
Davis, Jarrus	Smith, Sarah F.	2 Jan 1871*
Davis, Jennie	Morrison, Canada	9 Nov 1902
Davis, John	Vest, John	5 Aug 1894
Davis, Jospeh	Miller, _____	31 Dec 1885
Davis, Julia	Stevens, Charles	25 Dec 1905
Davis, J.M.	Whitton, Jennie B.	9 Sep 1883
Davis, Lank	Nave, Cherry R.	24 Nov 1878
Davis, Laura	Hatcher, Alfred	27 May 1911
Davis, Lee	Gouge, Nora	23 Aug 1902
Davis, Lee	Mottern, Minnie	24 Nov 1901
Davis, Lillie	Jones, Porter	26 Mar 1903
Davis, Lula B.	Garland, Calvin	7 Mar 1890
Davis, Mamie	Forney, William	21 Jul 1920
Davis, Marian E.	Taylor, Oscar	4 Jan 1904*
Davis, Mary	Cole, William	20 Dec 1905
Davis, Mary	Stout, Andrew	19 Sep 1896
Davis, Milton	Tipton, Dusky M.	19 Jan 1910
Davis, Mollie	Anderson, L.N.	24 Aug 1892
Davis, Mollie	Little, D.P.	6 Aug 1905
Davis, M.S.	Ruker, J.R. (Mr.)	20 Apr 1871
Davis, Polly	Julian, George L.	16 Dec 1911*
Davis, Robert M.	Glover, Emmt C.	15 Nov 1919
Davis, Rutha	Chambers, Walter	6 Mar 1904
Davis, R.B.	Taylor, Lillie	22 Dec 1901
Davis, Sallie	Rosenbalm, A.W.	19 Nov 1899
Davis, Sallie	Lowe, David	29 Jan 1901
Davis, Sam	Dunn, Minnie	11 Mar 1917
Davis, Samuel	Brook, Nancy	16 Dec 1874
Davis, Samuel	Jones, Malissy	12 Feb 1903
Davis, Sarah	Head, John	16 Mar 1873
Davis, Sarah	Cook, Andrew	5 Oct 1873
Davis, Sarah	Clark, Luther	23 Feb 1919
Davis, Stewart P.	Murry, Ethel B.	11 Jan 1903
Davis, William	Taylor, Alice	3 Jan 1880*
Davis, William	Taylor, Eliza	24 Feb 1900
Davis, William	Peters, Ollie	3 Oct 1908
Davis, William P.	Lyon, Margaret	14 Jan 1871*
Davis, William P.	Lusk, Maud E.	31 Dec 1912
Davis, W.A.	Greenway, Susan	26 Nov 1885
Day, David	Lewis, M.E.	25 Nov 1894
Day, George	Isaacs, Della	26 Mar 1920
Day, James	Pardue, Jeanette	1 Jan 1878*
Day, Sallie	Hartley, Walter	17 Aug 1915

Day, W.W.	Cable, Mary Jane	13 Jun 1912
Deacon, William	Milum, Izettie	4 Feb 1903
Deal, Charles	Lowe, May	17 Apr 1918
Deal, J.B.	Smith, Lizzie	29 May 1915
Dean, Sadie	Dula, Ralph B.	24 Oct 1916
Delaney, C. (Col)	Bradley, Georgia	4 Nov 1916
Delany, William	Reed, Malissy	8 Nov 1898
Deloach, Belle	Winters, Mauron	3 May 1913
Deloach, Bessie	Morris, Earnest	9 Sep 1911
Deloach, Callie	Chambers, Henry	16 Apr 1915
Deloach, Carrie	Brasdshaw, William	5 Jul 1900
Deloach, David	Collins, Maggie	6 Apr 1902
Deloach, Delia	Giles, Samuel	17 Jan 1896*
Deloach, Edgar	Ledwell, Maggie	17 Dec 1911
Deloach, Eliza	Hardin, George W.	9 Mar 1879
Deloach, Eliza	Hardin, Charles P.	11 Sep 1891*
Deloach, Eliza	Bowers, A.J.	20 Nov 1898
Deloach, Elizabeth	Bowling, Karl	18 Dec 1904
Deloach, Emmert	Williams, Arrilda	8 Sep 1907
Deloach, Hattie	Williams, Isaac	5 May 1906
Deloach, Hattie M.	White, William	16 Mar 1902
Deloach, Henry	Love, Belle Lee	27 May 1892*
Deloach, Henry	White, Cinthie	25 Oct 1901
Deloach, Henry	Russell, Minnie	28 Feb 1911
Deloach, Henry	Blackburn, Neal	8 May 1914
Deloach, James	Bowers, Matilda	14 Apr 1877
Deloach, James	Williams, Margaret	14 Sep 1881*
Deloach, James	Lyons, Eva Jane	19 Aug 1914*
Deloach, Jane	Fair, James	24 Dec 1889
Deloach, Jimmie	Jones, Mollie	30 Jan 1916
Deloach, John	Beck, Elizabeth	5 Jan 1879
Deloach, John	Turner, Ruth	28 Sep 1890
Deloach, John	Stout, Abbie	19 Aug 1917
Deloach, June	Russell, T.P.	9 Mar 1885
Deloach, Lou	Lyons, Dock	10 Aug 1919
Deloach, Maggie R.	Fair, James D.	25 Dec 1893
Deloach, Mary	Williams, T.W.	15 Feb 1895
Deloach, Mattie	Robinson, John T.	16 Apr 1897
Deloach, Minnie	Ball, Alex	1 Oct 1910
Deloach, M.	Bradshaw, W.F.	6 Apr 1902
Deloach, Nancy	McQueen, Edd	23 May 1914
Deloach, Nat	Whaley, Pearl	20 Jul 1916
Deloach, Nettie	Scalf, W.M.	24 Dec 1885
Deloach, Phoebe J.	Grindstaff, Samuel	11 Jun 1892
Deloach, Robert	Williams, Isabell	21 Nov 1899
Deloach, Robert	Williams, Caroline	2 Apr 1905
Deloach, Robert	Shelton, Minnie	9 May 1909*

Deloach, Rosa	Heaton, Rhudy	13 Apr 1913
Deloach, Sallie	Elliott, Dayton	3 May 1920
Deloach, Samuel	Beck, Mary Ann	18 Mar 1882*
Deloach, Tid	Hardin, Chris	30 Dec 1886
Deloach, Wilburn	Barr, Isabell	9 Sep 1906
Deloach, William	Oliver, Francis	7 Jan 1887*
Deloach, William	Williams, Rhoda	4 Dec 1904
Deloach, William	Blackburn, Ida	30 May 1908
Deloach, William	Edmonson, Mary	21 Nov 1909
Delocah, Angeline	Bowers, John	23 Jan 1892
Dempsey, J.C. (Mr.)	Lacy, J.E.	13 Mar 1919
Dempsey, Mollie	Russell, Henry	18 Feb 1900
Dempsey, W.M.	Ursery, Mollie	5 Aug 1894
Dempsy, Cordie May	Scott, Ross Raymond	6 Jan 1917
Dempsy, C.C.	Massingill, Bessie	6 Nov 1898*
Dempsy, Henry	Lacy, Ester	19 Mar 1905
Dempsy, Ida	Little, W.H.	2 Nov 1904
Dempsy, Jack	Sutphen, Mary	5 Nov 1919
Dempsy, James	Shell, Barshia Ann	29 Nov 1881
Dempsy, James	Massengill, Sallie	25 Dec 1901
Dempsy, John C.	Lilley, Mary C.	6 Mar 1884
Dempsy, John Jackson	Scott, Lillian C.	13 May 1916
Dempsy, Jurina Ann	Bowman, G.L.	6 Dec 1887
Dempsy, Lucinda	Lacy, Robert	1 Apr 1906
Dempsy, Mary E.	Foust, Samuel J.	16 Mar 1887
Dempsy, Onie	Scott, Ed	23 Dec 1920
Dempsy, W.B.	Harr, Cora	22 May 1915
Deney, Vena	Street, John	25 Dec 1897
Denney, Frona	Ellis, Robert	24 May 1911
Denney, Myrtle E.	Williams, Samuel J.	7 Aug 1889
Denney, Ray	Julian, Pierce W.	25 Jan 1893
Denney, Robert	Troxwell, Clemmy	17 Mar 1895
Dennis, Frank	Price, Rosanna	7 Aug 1918
Dennison, Bert	Bowers, Emnorah	28 Nov 1917
Denny, Edd	Fair, Rabia	30 Mar 1920
Denny, Florence M.	Pritchard, Anderson	14 Apr 1910
Denny, John Henry	Bradshaw, Lydia B.	12 Feb 1910
Denny, J.A.	Arnett, Eliza A.	4 Jul 1899
Denny, Minnie	Potter, Daniel	1 Nov 1912
Denton, Alex	Glover, Rutha A.	27 Dec 1895
Denton, Cordie	Hawk, J.W.	20 Aug 1899
Denzmore, Orpha	Wilson, Alexander	16 Feb 1889
Denzymore, Sarah C.	Hurley, Robert	30 Jan 1904
Derby, Willis M.	Ingram, Addie	18 Oct 1919
Devault, Margaret	McClelland, William	6 Dec 1876*
Devault, Walter	Trent, Gertrude	20 Sep 1915
Devault, William N.	Butler, Mary R.	22 Dec 1891

Dial, Mary Ann	Smith, Boyd	8 Sep 1880
Dial, P.C.	Clark, Susan	4 Mar 1900
Dial, Rhoda	Nidiffer, Charlie	8 Sep 1918
Dials, Oscar	Morrell, Corda	19 Mar 1916
Dickens, Annah	Taylor, Henry	11 Nov 1899
Dickens, John M.	Gamble, Nannie	8 Apr 1896
Dile, Delia	Buchanan, Dave	17 Jul 1915
Dillinger, Thomas C.	Bowling, Cassie	5 Aug 1900
Dills, Ossie	Lacy, Belle	13 Oct 1901
Dinsmore, S.A.	Wilson, John	27 Jul 1877
Dinzymore, E.	Cole, Annie	12 Feb 1906
Diser, Thomas	Gibson, Anna	4 Nov 1883
Dishman, Mary	Tolly, W.S.	20 Nov 1900
Dison, Ettie	Estep, Eugene	23 Jul 1901
Ditean, William Lee	Campbell, Dora	13 Jun 1920
Dixon, Duke	Smalling, Bessie	19 Dec 1905
Dixon, Harlow S.	Hunter, Sophia	19 Dec 1905
Dixon, James	Daniels, Nora	18 Jul 1906
Doan, Nannie	Whitehead, J.H.	8 Apr 1917
Dobbin, Stewart	Rowe, Pearl	13 Sep 1912
Doby, Adalade	Broyhill, T.E.	9 Dec 1879
Dodsony, Lena	Ervin, George	23 Dec 1907
Dolan, Pearl	Teaster, Barnett	27 Jun 1905
Dolen, Berkley	Hicks, Annie	16 May 1914
Dolen, B.B.	Lacy, Myrtle	26 Aug 1906
Dolen, George	Winters, Alice	2 Jun 1900
Dolen, Ida	Hoss, A.B.	14 Apr 1900
Dolen, Jennie	McKinney, Jason	28 Aug 1910
Dolen, John	Baker, Nannie	24 Jun 1905
Dolen, Mary	Hoss, F.S.	7 Sep 1895
Dolen, Raymond E.	Nelson, Macie	2 Dec 1911
Dolen, Sallie	Buck, Clinton	30 Sep 1901
Dolin, Anna B.	Buntin, James E.	8 Feb 1902
Donnelly, A. Clayton	Trimble, Bessie	15 Sep 1904
Donnelly, Cora	Shell, J.E.	6 Jun 1899
Donnelly, Isaac M.	Norris, L.A.	8 Sep 1883
Donnelly, Minnie	Gourley, Carter F.	24 Jan 1918
Donnelly, Parlee	Wheeler, Isaac	5 Jun 1907
Donnelly, Wheeler	Nave, Minnie	8 Jun 1907
Donnelson, Nettie I.	McQueen, John L.	29 Jul 1910
Douglas, Debby J.	Loveless, William	21 Jan 1894
Douglas, Emma	Oxendine, Webb	10 Aug 1902
Douglas, Harriett E.	Fay, William G.	20 Feb 1890
Douglas, Harriett E.	Bryant, William R.	29 May 1892
Douglas, Henry	Dugger, Minnie	6 Feb 1899
Douglas, John	Britt, Rhoda	18 Apr 1897
Douglas, J.	Hyder, William P.	13 Mar 1873

Douglas, J.A.	Helfer, Amelia J.	19 Mar 1892
Douglas, J.B.	Gourley, Eva	4 Jan 1892
Douglas, Nannie	Hammett, J.C.	11 Nov 1906
Douglas, Nora	Hammitt, Fletcher	31 Jan 1914
Douglas, Phoeba	Ingram, James	27 Dec 1896
Douglas, Sarah	Fritz, George	30 Aug 1879
Douglas, Sarah	Jenkins, C.P.	1 Jan 1908
Douglas, Thomas	Osborn, Sarah Jane	18 Dec 1877
Douglas, Thomas	Justice, Rizzie	23 Dec 1883
Douglas, William	Campbell, Mary	12 Oct 1874
Douglas, William	Russell, Mary	8 Nov 1885
Dowell, T.M. (Mr.)	Calaway, A.B.	4 May 1910
Downing, W.J.	Miller, Minnie	20 Aug 1910
Drake, Jacob	Hutson, Sally	17 Nov 1871
Drake, James Allen	Rice, Kate Oliver	19 Aug 1920
Dreuer, Ralph	Buck, Leina	23 Dec 1910
Drizzly, Cassa	Lowe, Melvin	24 Mar 1899
Drum, Frank	Hinkee, Sallie	6 Apr 1907
Duane, Julie A.	Hunter, Charles	26 Jan 1903
Dubk, D.E.	Bowers, Ida	3 Feb 1909
Dubois, Irwin	Williams, Mary L.	17 May 1877
Duffield, Amanda	Taylor, Rufus	16 Dec 1876
Duffield, Creecy	Cole, A.P.	29 Oct 1910
Duffield, Landon	Blevins, Creasy	23 May 1893
Duffield, Mamie	Howard, William	26 Mar 1900
Duffield, Mary E.	Stover, F.D.	25 Dec 1890
Duffield, Nat	Wilburn, Lillian	4 Jul 1006
Duffy, James	Calahan, Jane	2 Jun 1919
Dugger, Abraham	Stevens, Amanda	13 Sep 1896
Dugger, Ada M.	Edens, Oscar	16 Dec 1917
Dugger, Belle	Simerly, Guss	19 Apr 1906
Dugger, Bertha L.	McKeehan, Luther C.	16 May 1915
Dugger, Caroline	Neatherly, Hiram	14 Mar 1892*
Dugger, Carter	Richardson, Bessie	20 Jul 1917
Dugger, Casper	Potter, Jane	21 Oct 1877
Dugger, Cornelia	Smith, L.E.L.	19 Mar 1882
Dugger, C.C.	Hatley, Celia	10 Oct 1920
Dugger, Delia	Chambers, W.H.	25 Jun 1911
Dugger, Dellie	Lambert, J.S.	19 Aug 1917
Dugger, Dicy	Elliott, M.D.	7 Nov 1892*
Dugger, Dillie	Lambert, Joe	20 Dec 1920
Dugger, D.A.	Fair, Eliza	25 Dec 1876*
Dugger, D.A.	Tolly, Mary Ann	6 Jul 1913
Dugger, D.W.	Britt, Malinda	31 Jul 1900
Dugger, Eliza J.	Hyder, Osker A.	15 Jul 1900
Dugger, Ellen	Arnold, William	4 Aug 1877
Dugger, Ellen	Mosely, Dan	14 Jan 1917

Dugger, E.A.	Murry, Maud	5 Jul 1915	
Dugger, E.C.	Taylor, Jennie	24 Dec 1895	
Dugger, E.D.	Lowe, Easter	8 Aug 1909	
Dugger, E.E.	Nidiffer, Manda H.	25 Dec 1900	
Dugger, George	Nidiffer, Janice	1 Apr 1898	
Dugger, Gracy Bell	Edens, J.N.	19 Jan 1913	
Dugger, Hannah	Taylor, Looney	29 Oct 1887	
Dugger, Hunter	Keller, Barbara	26 Apr 1920	
Dugger, Ida	Cable, J.P.	16 Nov 1902	
Dugger, James	Holden Mary	8 Feb 1902	
Dugger, James	Glover, Ida	13 Feb 1910	
Dugger, James W.	Lunceford, Hannah	13 Nov 1875	
Dugger, Jennie	Nidiffer, Samuel	8 Mar 1906	
Dugger, Jett	Ward, Nellie	21 May 1916	
Dugger, John	Williams, Eliza	1 Oct 1876	
Dugger, John	Pilkerton, D.B.	19 May 1906	
Dugger, John	Hurley, Dora	8 Oct 1919	
Dugger, John H.	Grindstaff, Clara	10 Apr 1884	
Dugger, John H.	Gregg, Hattie	2 Oct 1907	
Dugger, J.H.	Arnett, Delia	24 Dec 1908	
Dugger, J.N. (Mr.)	Laws, L.	13 Jun 1906	
Dugger, Laura	Morefield, Willie	5 Jan 1915	
Dugger, Lilly	Nidiffer, D.S.	9 Jul 1909	
Dugger, Lorrie	Lewis, Fred	6 Mar 1917	
Dugger, Maggie	Taylor, Allen	16 Jun 1917	
Dugger, Margaret	Crow, Levi N.	9 Oct 1873	
Dugger, Martha	Emmert, William J.	22 Nov 1891	
Dugger, Martha P.	Vanoy, Norman H.	5 Sep 1878	
Dugger, Mary E.	Lunceford, S.H.	8 Oct 1875	
Dugger, Matilda	Carrell, Charles L.	14 Jul 1913	
Dugger, Minnie	Douglas, Henry	6 Feb 1899	
Dugger, Minnie	Edens, William	12 Mar 1904	
Dugger, Mollie	Hardin, Chrisley	8 Jan 1882	
Dugger, Nancy	Potter, G.D.	23 Dec 1889	
Dugger, Nancy	Wilson, John	4 Jul 1906	
Dugger, Nancy	Briant, J.B.	17 Oct 1908	
Dugger, Nat	Glover, Lena	11 Jan 1905	
Dugger, Pheba	Howell, G.W.	25 Jan 1904	
Dugger, Pheba	Hyder, Ora	18 Jun 1904	
Dugger, Rosannah Jane	Bowers, Harry	8 Jun 1876	
Dugger, Rose	Canon, Andrew	1 Feb 1906	
Dugger, Rosie	Young, Sam	2 May 1920	
Dugger, R.N.	Sheets, Nancy E.	24 Dec 1905	
Dugger, R.W. (Mr.)	Vines, L.M.	21 Nov 1906	
Dugger, Sarah Ann	Vines, Altie	18 Sep 1910	
Dugger, Susan	Grindstaff, Alex. F.	29 May 1879*	
Dugger, Susie	Morris, Harry	15 Jun 1913	

Dugger, Tempie	Davenport, M.A.	9 Dec 1900
Dugger, Viny	Hodge, Sol	25 Sep 1908
Dugger, William	Goodwin, M.V.	21 May 1895
Dugger, William	Arnold, Maggie	16 Oct 1909*
Dugger, William	Hinkle, Bertie	12 Jun 1910
Dugger, W.D.	White, Nancy	3 Jun 1900
Duglas, Rhoda A	Rusch, Thipholee	5 Nov 1874
Dula, Ralph B.	Dean, Sadie	24 Oct 1916
Dulaney, Charles M.	Range, Lovicy A.	7 Aug 1890
Dulaney, Joseph P.	Range, Lula A.	25 Dec 1894
Dulany, George M.	Snodgrass, Nora A.	8 Feb 1893
Dumont, L.V.	Musgrove, Retta	23 Aug 1893
Dunbar, Callie L.	Price, J.H.	10 Nov 1892
Dunbar, George	Hart, Mary J.	21 Jan 1873
Dunbar, Nora	Young, Robert	10 Nov 1892
Duncan, David	Henegar, Mary	15 Apr 1912
Duncan, Martha J.	Hughes, John	1 Dec 1885
Duncan, Mary	McNuley, Reuben	30 Dec 1875*
Duncan, Maude	Matherly, William	13 Jan 1912
Duncan, M.	Lyon, George	17 Jul 1875
Duncan, W.W.	Lilly, Kate	29 Aug 1909
Dungan, J. Tarney	Kitzmiller, Emma	12 Oct 1892
Dungan, Mary C.	Edwards, A.W.	12 Jul 1881*
Dunlap, J.F.	Overholser, Mary L.	11 Oct 1888
Dunlop, Walter R.	Riggs, Mollie J.	25 Dec 1907
Dunn, A.J.	Carver, Sis	6 Oct 1898
Dunn, Biddie	Roberts, John	9 Feb 1912
Dunn, G.W.	Stevens, Biddie	17 Jun 1900
Dunn, Laura	Crow, C.F.	17 Apr 1918
Dunn, Mary J.	Smith, Bowman	28 Sep 1896
Dunn, Minnie	Davis, Sam	11 Mar 1917
Dunn, Mollie	Hughes, D.F.	10 Apr 1902
Dunn, Samuel	McKinney, Martha	1 Mar 1881
Dunn, Samuel	Stackhouse, Myrtle	15 Aug 1891
Duval, J.D.	Campbell, Dellia	18 Sep 1902
Duvall, T.M.	Johnson, Jena	26 May 1920
Dyer, James P.	Hyder, Katie Blain	17 Aug 1913
Dyer, Will	Honeycutt, Rosie	20 Mar 1920
Dyke, Manda	Brooks, Charles	20 Aug 1911
Dyson, Bettie	McKinney, James	31 Oct 1906
D____, David	Fulkerson, Mary A.	8 Jan 1871
Eades, F.M.	Lewis, Julia	4 Mar 1907*
Eagy, Mary	White, Bob	25 Nov 1919
Eakles, John	Hardin, Rosa	9 Apr 1896
Ealy, Thomas	Woods, Mattie	10 Apr 1906
Easly, Mary T.	Bradley, R.C.	14 Nov 1906*
Easterly, H.B.	Morefield, Lou C.	26 Dec 1901

Eastridge, Catherine	Smith, M.C.	12 Apr 1919
Eastridge, W.H.J.	Ward, Vista May	15 Jun 1908
Eatep, William	Richardson, Lowery	27 Jul 1914*
Eaton, Eliza	Vance, R.B.	25 Nov 1893*
Echols, Carie	Culbert, Henry	29 Jul 1890
Echols, Eliza	Lowe, Vester	4 Apr 1920
Edards, Sarah	Blevins, David	22 Apr 1887
Edds, Thomas M.	Perry, Sarah	18 Jan 1896
Edens, Arthur M.	Viall, Maude J.	23 May 1912
Edens, Barsha	McPhail, Roscoe	31 Oct 1915
Edens, C.W.	Lewis, Annie F.	30 Oct 1894
Edens, David	Miller, Mary	22 Oct 1874
Edens, D.F.	Proffitt, Mary	29 Jul 1913
Edens, Elizabeth	Jones, A.C.	30 Nov 1871
Edens, Ella	Arrance, James	1 Oct 1900
Edens, Ella J.	Farlow, George N.	28 Aug 1892
Edens, E.L.	Shell, Maggie	11 Nov 1894
Edens, Fanny	Howren, Bruce	24 Oct 1902
Edens, Felix R.	Johnson, Bessie C.	24 Apr 1912
Edens, Florence E.	Edens, J.H.	24 Jan 1887
Edens, Harrison	Sims, Annie	16 Aug 1919
Edens, Jean	Mottern, Ruby	15 Sep 1913
Edens, J.H.	Edens, Florence E.	24 Jan 1887
Edens, J.N.	Roberson, Laura	26 Sep 1892
Edens, J.N.	Dugger, Gracy Bell	19 Jan 1913
Edens, J.W.	McCain, Leroma A.	20 Dec 1897
Edens, Letha	Stout, William	24 Dec 1900
Edens, Matilda	Fair, David	13 May 1885
Edens, Millard	Emmert, Mary	16 Sep 1877
Edens, M.T.	Coffee, Mande	23 Sep 1915
Edens, Oscar	Dugger, Ada M.	16 Dec 1917
Edens, Walter	Seabock, Claud	2 Apr 1904
Edens, William	Dugger, Minnie	12 Mar 1904
Edens, Willie	Hampton, Amanda J.	11 Sep 1902
Edmonson, Birtha	White, William	9 Mar 1907
Edmonson, Clay	Hodge, Effie	4 Sep 1920
Edmonson, Frank	Stover, Ella	26 Mar 1900
Edmonson, Hassie	Ledwell, John	8 Apr 1905
Edmonson, Maggie E.	Wright, J.V.	28 Jun 1881
Edmonson, Mary	Deloach, William	21 Nov 1909
Edmonson, Ressie	Shaw, Soloman	10 Nov 1902*
Edmonson, Willard	Bowling, Nannie L.	18 Apr 1903
Edmonson, William	Thompson, Sally	8 Feb 1877
Edney, Ula	Vanover, R.H.	14 Mar 1908
Edny, John	Johnson, Birdie	4 Nov 1900
Edua, Cora	Johnson, Jacob	30 Apr 1898
Edward, Gracie H.	Potter, James C.	15 Jan 1914

Edwards, A.W.	Dungan, Mary C.	12 Jul 1881*
Edwards, D.S.	Hyder, Ida	25 Oct 1911
Edwards, Guss L.	Morgan, Larah H.	2 Jan 1916
Edwards, John W.	Vance, Mary	3 Nov 1915
Edwards, Margie	Hilbert, Frank	12 Apr 1913
Edwards, Richard	Greenlee, Lillian	1 Aug 1920
Edwards, W.C.	Lewis, Minnie	20 Dec 1905
Eggers, Arbedella	Younce, Henry	30 Aug 1903
Eggers, Emma	Black, W.F.	11 Apr 1920
Eggers, H.G. (Mr.)	Lunceford, J.N.	1 Jun 1913*
Eggers, Leah	Smith, Finly	20 May 1911
Eggers, Lem	Linkes, Gertrude	27 Jun 1920
Eggers. Martha C.	Lowe, William	24 Jun 1877
Egli, Samuel	Ritchie, Manda	14 Dec 1902
Ekles, Eliza	Forbes, Daniel R.	26 Feb 1884
Eldridge, Mary E.	Conly, John C.	5 Dec 1889
Elison, Mary	Miller, Nathaniel	11 Jan 1895
Eller, Eugine	Trivett, Julia	2 Dec 1910
Eller, Roda	Anderson, P.C.	12 May 1873
Elliott, Amanda	Blevins, Daniel M.	4 May 1879
Elliott, Bessie	Hart, F.S.	5 Mar 1916
Elliott, Bill	Pierce, Alice	24 Jul 1915
Elliott, Bonnie	Murray, G.H.	11 Oct 1918
Elliott, Charles D.	Smithpeter, Mary E.	26 Sep 1909
Elliott, Cicero	McKinney, Toy	26 May 1909
Elliott, C.V.	Arnold, Easter	9 May 1908
Elliott, Daily	Garland, Greene	24 Jun 1006
Elliott, Daniel	B_____, Evaline	30 Jun 1878
Elliott, Daniel W.	Smith, Myrtle P.	27 Jun 1920
Elliott, Dave	Williams, Alice	17 Jun 1919
Elliott, David	Combs, Emma	11 Sep 1914
Elliott, Dayton	Deloach, Sallie	3 May 1920
Elliott, Deal	Howington, Margaret	16 Jul 1919
Elliott, Dora	Garland, J.R.	25 Nov 1910
Elliott, Dorothy	Tester, W.A.	29 Mar 1908*
Elliott, Dorothy	Burlison, J.S.	6 Apr 1913
Elliott, Dovie	Markland, James	8 Jul 1916
Elliott, Eliza	Williams, Noah	19 Jan 1889
Elliott, Emma	Fitzsimmons, C.H.	18 Nov 1896
Elliott, E.W.	Hart, Ella	6 Sep 1893
Elliott, Florence	Garland, David	12 Jul 1913
Elliott, Frank	Hobson, Reiner	18 Sep 1915
Elliott, Hattie	Taylor, William	17 Mar 1902
Elliott, James	Lewis, Martha	21 Jul 1907
Elliott, James	Olliver, Mahola	9 Apr 1911
Elliott, Jettie	Grindstaff, R.C.	15 Oct 1913
Elliott, John	Nave, Ruthie	5 Jun 1903

Elliott, Joseph	Grady, Elsie	10 Sep 1889
Elliott, Julia	Richardson, Charles	22 Aug 1895
Elliott, J.D.	Ellis, Rebecca	30 Apr 1911
Elliott, J.L.	Mathews, Prudence	18 May 1904
Elliott, Lillie	Kelly, James	3 Apr 1915
Elliott, Lydia	Smith, Lee	20 Mar 1920
Elliott, Mack	Blevins, Nora	10 Jan 1918
Elliott, Maggie	Rasor, W.M.	26 May 1901
Elliott, Maggie	Stover, John	30 Mar 1919
Elliott, Martha	Martin, C.C.	29 May 1910
Elliott, Mary	Taylor, Sherman	10 Jul 1903
Elliott, Mary C.	Lowe, Daniel K.	26 Dec 1878
Elliott, Mattie	Wilson, E.C.	27 Jul 1896
Elliott, Maude	Miller, Wesley	19 Feb 1910
Elliott, Mollie	Blevins, Isaac	17 Jul 1904
Elliott, Mollie	Taylor, J.C.	24 Dec 1901
Elliott, M.D.	Dugger, Dicy	7 Nov 1892*
Elliott, M.D.	Lewis, Fannie	30 Mar 1893*
Elliott, Nat	Potter, Sallie	10 May 1919
Elliott, Nerva	Crosswhite, Joseph	31 Jan 1903
Elliott, Nora	Brewer, D.N.	4 Feb 1914*
Elliott, Nora	Miller, Floyd	15 Apr 1916
Elliott, O.K.	White, Verda	5 Sep 1897
Elliott, Peter	Archer, Seriud	27 Nov 1880
Elliott, P.H.	Shown, Bessie	12 May 1907
Elliott, Rettie	Boyd, I.L.	29 Aug 1914
Elliott, Robert H.	Berry, Mollie	26 May 1915
Elliott, Roby	Winters, Lilly	29 Jan 1906
Elliott, Rosa	Minton, Isaac	25 Dec 1918
Elliott, Roy C.	Buckles, Rosa	9 Mar 1913
Elliott, R.C.	Grindstaff, Maud	29 Jun 1918
Elliott, R.R.	Smith, Zola	24 Dec 1914
Elliott, Sadie	Williams, A.V.	21 Aug 1910
Elliott, Samuel	Garland, Polly Ann	27 Oct 1888*
Elliott, Samuel L.	Taylor, M.C.	3 Mar 1889
Elliott, Tennessee	Fipps, Mary Jane	20 Oct 1899
Elliott, Thomas	Taylor, Maggie	18 Aug 1894*
Elliott, Thomas P.	Pierce, Mary	8 Nov 1888
Elliott, Tulia	Grindstaff, I.H.	26 Dec 1909
Elliott, T.J.	Folsom, Mary F.	16 Oct 1906
Elliott, T.J. (Mr.)	Peters, L.V.	26 Dec 1887
Elliott, Virdie	Garland, John	23 Apr 1910*
Elliott, Will	Potter, Lou	16 Aug 1919
Elliott, William	Hopson, Mary J.	10 Sep 1892
Elliott, William H.	Rains, Nancy E.	24 Jun 1881
Elliott, W.D.	McCorkle, Mary Ruth	7 Jun 1908
Elliott, W.D.	Campbell, Bell	24 Jan 1909

Ellis, Abbie	Sims, Fina	29 Jan 1920
Ellis, Annie	Chambers, Eugene	9 Feb 1913
Ellis, A.M.	Crow, Lizzie	24 May 1908
Ellis, Barbara	Bowers, Volentine	23 Mar 1871
Ellis, Belle	Treadway, Joe L.	29 Apr 1915
Ellis, Bessie	Davis, Edgar	16 Oct 1904
Ellis, Bettie	Fuget, Milferd	24 Jun 1908
Ellis, Carrie	Taylor, Daniel	9 Aug 1910
Ellis, Carrie	Smith, Charles	19 Mar 1915
Ellis, Carrie S.	Morrell, John T.	3 Mar 1880
Ellis, Claud	Blevins, Neat	11 Oct 1919
Ellis, Clifton A.	Campbell, Nancy	22 Jul 1883
Ellis, C.C.	Holly, Lottie	7 Apr 1912
Ellis, C.D.	Hyder, Josie	29 Jun 1915
Ellis, Dan M.	Hicks, Carrie B.	28 Mar 1906
Ellis, Daniel	Collins, Eliza C.	3 Sep 1876
Ellis, David	Perkins, Delia	18 May 1919
Ellis, Dayton	Perkins, Lora	30 Mar 1919
Ellis, D.G.	Arnold, Phoeba	14 Jan 1888
Ellis, Earl	Massengill, Mary	18 Jul 1920
Ellis, Eliza	Seabock, Raiman	30 Oct 1901
Ellis, Eliza	Estep, Crit	10 Jun 1902
Ellis, Emma	Clemmons, William	9 Jul 1884
Ellis, Emma	Garrison, K.S.	30 Oct 1915
Ellis, Emma J.	Lyon, Nathaniel	16 Dec 1880*
Ellis, Ethel M.	Allen, Frank H.	30 Sep 1918
Ellis, Eugene	Bayloos, Blanch	25 Dec 1914
Ellis, Fred	Carroll, Hattie	9 Sep 1911
Ellis, F.L.	Johnson, Rena	25 Sep 1916
Ellis, George	Oaks, Louisa	16 Oct 1892
Ellis, George	Carr, Mollie	9 Sep 1911
Ellis, Guy H.	Mottern, Matilda Ann	23 Mar 1876
Ellis, Henry	Cole, Harriett	2 Apr 1885
Ellis, Henry	Lewis, Lola	20 Mar 1916
Ellis, Henry	Bowman, Rebecca	12 Feb 1918
Ellis, Ida	Carter, Ralph C.	10 May 1918
Ellis, Ina	Jobe, Edwin Eugene	26 Aug 1920
Ellis, James	Manning, Alice	9 Sep 1887
Ellis, James	Stevens, Celia	4 Jul 1897
Ellis, James	Perry, Caroline	9 Nov 1902
Ellis, Jennie	Ledford, Finley	22 Apr 1917
Ellis, Joseph P.	Hurt, Sarah	7 Jan 1888
Ellis, Josie	Holdin, W.H.	15 Dec 1901
Ellis, J.H.	Simerly, Emma	5 Jul 1885
Ellis, J.W.	Minton, Hattie	27 Dec 1919
Ellis, Landon C.	Blevins, Sallie	1 Mar 1888
Ellis, Landon C.	Slagle, Carrie	14 Dec 1890

Ellis, Landon C.	Perry, Bettie L.	6 Oct 1902
Ellis, Lillian	Carter, C.C.	10 Sep 1916
Ellis, Lizzie B.	Rasor, Lawson H.	11 Mar 1888
Ellis, Lola	Peeks, Thomas	7 Oct 1906
Ellis, Lorena B.	Brumit, Charles H.	27 May 1894
Ellis, Lorrie	Milam, Thomas L.	19 Jun 1884
Ellis, Louie B.	Love, John R.	12 Feb 1902
Ellis, Lucy	Bowers, A.D.	7 Oct 1900
Ellis, Margaret A.	Frasier, Thomas J.	14 Jan 1909
Ellis, Martha	Emmert, George W.	21 Aug 1887
Ellis, Martha	Chambers, D.M.	16 Feb 1907
Ellis, Mary	Heaton, J.C.	25 Oct 1909
Ellis, Mary Ann	Grindstaff, John	10 May 1908
Ellis, Maud	Bullock, Granville	1 Sep 1917
Ellis, May	Heaton, J.C.	5 Jul 1907*
Ellis, Mildre	Emmert, George W.	31 Dec 1906
Ellis, Millie	Ellis, Wily	22 Sep 1892
Ellis, Minnie	McQueen, Fain	19 Sep 1913
Ellis, Mollie	Hart, J.L.	25 Dec 1895
Ellis, Ollie	Loveless, Herman	13 Jun 1912
Ellis, Ora B.	Simerly, R.T.	5 Jan 1902
Ellis, Rad	Kuhn, Laura	25 Jul 1896
Ellis, Radford	Hathaway, Permelia	30 Nov 1879
Ellis, Rebecca	Taylor, Allen	24 Jan 1904
Ellis, Rebecca	Elliott, J.D.	30 Apr 1911
Ellis, Rhoda	Parker, G.M.N.	11 May 1882*
Ellis, Rhoda	Range, J.M.	7 Jun 1902
Ellis, Robert	Denney, Frona	24 May 1911
Ellis, Robert T.	Shell, Kate	20 Dec 1915
Ellis, R.J.	Woods, Venis	15 Apr 1919
Ellis, Sallie	Taylor, L.D.	28 Mar 1903
Ellis, Thomas A.	Bowers, Beatrice	1 Jan 1906
Ellis, T.A.	Messimer, Carry	10 Nov 1917
Ellis, U.G.	Manning, Emma	11 Oct 1896
Ellis, U.S.G.	Holly, Mary J.	21 Sep 1890
Ellis, Victore	Bowers, J.C.	24 Dec 1911
Ellis, Wily	Ellis, Millie	22 Sep 1892
Ellis, Wily	Heatherly, Bettie	12 May 1906
Ellis, W.R.	Treadway, Mollie	4 Oct 1885
Ellison, Alfred	Miller, Julia	23 Oct 1904
Ellison, Henry	McKinney, Celia	29 Apr 1910
Ellison, Lizzie	Moore, W.H.	19 Jan 1905*
Ellison, Lizzie	McKinney, S.M.	13 Sep 1908
Ellison, Samuel	Odom, Biddie	28 Aug 1910
Ellison, William	Ingram, Bell	24 Jul 1916
Emmert, Bate	Jones, Julia	8 Jan 1910
Emmert, Caroline	Williams, R.T.	15 Nov 1906

Emmert, Catherine	Vest, William	27 Mar 1871*	
Emmert, C.M.	Tipton, Hester A.	27 May 1873	
Emmert, Francis	Miller, J.B.	1 Nov 1894	
Emmert, George	Brooks, Catherine	29 Apr 1874	
Emmert, George G.	Kidwell, Elizabeth E.	4 Oct 1888	
Emmert, George W.	Ellis, Martha	21 Aug 1887	
Emmert, George W.	Ellis, Mildre	31 Dec 1906	
Emmert, Jerry	Campbell, E.C.	10 Jan 1886	
Emmert, John G.	Kidwell, Nannie W.	28 Sep 1893	
Emmert, J.M.	Scalp, Add	11 Sep 1883	
Emmert, Mary	Edens, Millard	16 Sep 1877	
Emmert, Mary E.	Pearce, C.P.	30 Apr 1891	
Emmert, Mary E.	Range, Robert A.	4 Dec 1901	
Emmert, Sallie	Scalf, Soloman	8 Sep 1880	
Emmert, Sarah	Bryant, N.J.	17 Dec 1877*	
Emmert, Sarah	Adams, William	7 Jan 1878	
Emmert, William J.	Dugger, Martha	22 Nov 1891	
Emory, James	Carden, Annie	8 Sep 1901	
English, Aileene	Thompson, Jessie J.	13 Jun 1908	
English, Wade	Buchanan, Mannie	24 Mar 1914	
Enochs, Donnie	Woods, Pearl	11 Jan 1904	
Enson, G.W.	Hampton, Amanda	19 Oct 1919	
Ensor, Andy	Taylor, Margaret	4 Dec 1873	
Ensor, Bell	Leonard, Joseph	12 Jun 1898	
Ensor, George	Jenkins, Sallie	29 May 1898	
Ensor, George	Heatherly, Amelia	18 Jul 1903	
Ensor, George	Cole, Zellia	30 Jan 1907	
Ensor, John	Cress, Mary	22 Feb 1920	
Ensor, Julia A.	Williams, Elijah	4 May 1890	
Ensor, Matilda	Pierce, Robert	25 Apr 1903	
Ensor, Robert	White, Jessie	14 Jan 1897	
Epperson, Byron	Daugherty, Minnie	22 Apr 1906	
Epperson, W.C.	Green, Sudie	21 Aug 1915	
Epps, Ida	Lattimore, Julius	11 Dec 1894	
Ervin, Birdie	Holtsclaw, David	30 Jan 1920	
Ervin, Cena	Johnson, Arthur	16 Feb 1906	
Ervin, Charles	McGee, Bettie	3 Oct 1913	
Ervin, Clint	Watson, Mollie	3 Apr 1904	
Ervin, George	Dodsony, Lena	23 Dec 1907	
Ervin, Glen	Johnson, Cozy	31 Aug 1919	
Ervin, Harriett	Camron, George	31 Dec 1901	
Ervin, James	Stover, Ollie	12 Jan 1913	
Ervin, Jennie	Taylor, Alfred	18 Jan 1900	
Ervin, Lucy	Bowers, Charles	11 Jan 1900	
Ervin, L.C.	Chambers, Mary	25 Dec 1900	
Ervin, Maggie	Greenlee, Perry	15 Jul 1899	
Ervin, Mamie	Gudger, John	19 Sep 1899	

Ervin, Mary	McAdams, Thomas	30 Aug 1914
Ervin, Wilbon	Brown, Ida	26 Oct 1893
Erwin, Cassie Louisa	Boyd, Jackson	10 Apr 1897*
Erwin, Delia	Bradley, Charles	27 Jul 1893
Erwin, Hattie	Moreland, Coon	30 Sep 1883
Erwin, Mary	McElruth, Henry	8 Dec 1895
Erwin, Mollie	Taylor, John	3 Jul 1898
Erwin, Nat	Gardner, Hattie	10 Aug 1908
Erwin, Thomas	Taylor, Rhoda	7 Jul 1896*
Erwin, William	Pugh, Martha	28 Aug 1912
Escott, Nellie	Carver, James J.	13 Jun 1873*
Estep, Adda	Taylor, David	14 Oct 1895
Estep, Andrew	Campbell, Eliza	8 May 1892
Estep, Andy	Hurley, Tissha	22 Dec 1912
Estep, Angeline	Richardson, Butler	29 May 1897
Estep, Annie	Grindstaff, Jessee	14 Feb 1911
Estep, Annie	Leonard, Roy	3 May 1917
Estep, A.J.	Carden, Maggie	24 Jun 1894
Estep, A.S.	Heatherly, Anelia	25 Jun 1905
Estep, Becca	Angel, Gains	7 Aug 1909
Estep, Belle	Bowers, Teter B.	22 Sep 1889
Estep, Bertha E.	Hurley, Hawkins M.	27 Jun 1881
Estep, Bessie	Nidiffer, David	24 Dec 1904
Estep, Bessie	Overbey, William	22 May 1910
Estep, Bessie	Rains, G.H.	10 Dec 1910
Estep, Bessie	Estep, Joseph	28 Aug 1916
Estep, Birdie	Campbell, Charles	10 Jul 1901
Estep, Bruce	Carden, Eliza	29 Dec 1909
Estep, Butler	Carter, Emma	24 Apr 1897
Estep, B.M.	Lowe, J.M. (Mr.)	13 Feb 1920
Estep, Catherine	Stout, David	24 Nov 1897
Estep, Charles	Campbell, Emma	2 Jul 1893
Estep, Clyde	Shaver, Bessie	30 Dec 1916
Estep, Cordelia	Lyons, Nathaniel	3 Dec 1885
Estep, Crit	Chambers, E.A.	3 Oct 1991
Estep, Crit	Ellis, Eliza	10 Jun 1902
Estep, Daniel	Crumley, Ina	4 Dec 1910
Estep, Docia	Lewis, Murry	8 Apr 1901
Estep, Dora	Holder, Nick	2 Nov 1911
Estep, D.S. (Mr.)	Grindstaff, S.E.	16 Aug 1899
Estep, Edi	Richardson, H.P.	1 Nov 1893
Estep, Edie	Cress, J.M.	22 Dec 1895
Estep, Elbert	Stevens, Ethel	15 Mar 1914
Estep, Eliza	Nidiffer, James	12 May 1906
Estep, Ellen	Blackburn, Roderick	20 Nov 1893
Estep, Eugene	Dison, Ettie	23 Jul 1901
Estep, George	Taylor, Jennie	4 Nov 1892

Estep,	George	Robinson, Julia	14 Mar 1901
Estep,	George	Garland, Lena	15 Mar 1915
Estep,	Godfrey	Richardson, Lora	5 Jul 1919
Estep,	Harry	Carden, Martha	21 Oct 1875
Estep,	Henry	Scalf, Birty	10 Sep 1911
Estep,	Ida	Hurley, Furd	26 Feb 1917
Estep,	Isaac	Robertson, Docia	1 Apr 1873
Estep,	Isaac	Taylor, Eva	29 May 1910
Estep,	Isaac	Arnold, Zella	27 Mar 1920
Estep,	Isaac J.	Archer, Rebecca	30 Mar 1890
Estep,	James	Smith, Anilicia	18 Aug 1880
Estep,	James	Shaw, Celia	30 Aug 1903
Estep,	James	Kelly, Nanny	10 Apr 1907
Estep,	James C.	Hardin, Mollie	22 Jul 1890
Estep,	James R.	Hughes, C.R.	9 May 1901
Estep,	Jas.	Taylor, Mollie	24 Dec 1900
Estep,	Jennie Bell	Carter, Frank	1 Apr 1906
Estep,	John	Taylor, Martha	7 Jul 1877*
Estep,	John	Pearce, Julia	18 Sep 1886
Estep,	John	Taylor, Mary	1 Jan 1911
Estep,	John	Smith, Lillie	3 Jul 1915
Estep,	John W.	Taylor, Fannie	25 Sep 1891
Estep,	Joseph	Richards, Alice	24 Dec 1900
Estep,	Joseph	Estep, Bessie	28 Aug 1916
Estep,	Joul	Crow, Mattie	27 Oct 1910
Estep,	J.C.	Holden, Celia	31 Jan 1904
Estep,	Katie	Navo, Campbell	12 Mar 1898
Estep,	Landon	Nidiffer, Nellie	25 Oct 1912
Estep,	Landon	Carrol, Mary	6 Mar 1920
Estep,	Laura	Myers, A.B.	30 Apr 1911
Estep,	Lawson	Garland, Sarah	24 Mar 1889
Estep,	Lila	Campbell, John C.	30 May 1881
Estep,	Lillie	Lowe, W.J.	14 Aug 1909
Estep,	Lillie	Richardson, Houston	1 Apr 1917
Estep,	Louisa	Davis, Isaac	20 Jul 1881*
Estep,	Lucy	Carter, Frank	26 Sep 1912
Estep,	Lula	Pless, Lilliard	4 Sep 1911
Estep,	Lula	Grindstaff, David R.	11 Apr 1915
Estep,	Lum	Crow, Eller	25 Dec 1893
Estep,	Maggie	Fortner, Lum	19 Feb 1901
Estep,	Maggie	Owens, Thomas	10 Jul 1909
Estep,	Margaret	Nidiffer, Levi	6 May 1877
Estep,	Martha	Holder, Lem	11 Nov 1900
Estep,	Martha	White, Wilber	21 Nov 1903
Estep,	Mary	Nidiffer, Harrison	21 Aug 1887
Estep,	Mary	Swinney, J.C.	4 Nov 1897
Estep,	Mary	Richardson, W.W.	17 Jun 1899

Estep, Mary	Bartee, Joseph	15 Jul	1899
Estep, Mary	Scalf, Brownlow	8 Jul	1920
Estep, Mary E.	Richardson, John	18 May	1889
Estep, Masourie	Verninsturnett, Ed	8 Apr	1911
Estep, Matilda	Arnold, William	6 Jan	1893
Estep, Minnie	Slagle, William	11 Apr	1893
Estep, Minnie	Simerly, T.B.	5 Aug	1911
Estep, Mollie	Campbell, G.W.	26 Jul	1892*
Estep, Mollie	Heatherly, George W.	25 Dec	1900
Estep, Moses	Grindstaff, Mary	11 Apr	1874*
Estep, Moses	Richardson, Callie	12 Feb	1904
Estep, Murry	Garland, Nancy	19 Jul	1902
Estep, Nancy	Campbell, Isaac	15 Jun	1897
Estep, Nancy	Olliver, James	8 Dec	1910
Estep, Nancy E.	Grindstaff, David M.	21 Dec	1892
Estep, Nellie	Carrier, Alvin	24 Dec	1906
Estep, Nola	Odell, John A.	15 Nov	1908
Estep, Peurl	Jones, J.H.	18 Mar	1905
Estep, Rader	Garland, John M.	5 Nov	1872*
Estep, Rebecca	Blevins, Daniel M.	25 Aug	1907
Estep, Rhoda Jane	Garland, Nathan	21 Mar	1878
Estep, Rily	Cole, Alice	4 Feb	1900
Estep, Robert	Laws, Cora	22 Feb	1908
Estep, Robert	Campbell, Pearl	19 Sep	1908
Estep, Robert J.	Morley, Martha L.	19 Jul	1913
Estep, Samuel	Hays, Eliza	23 Nov	1879
Estep, Samuel	Cress, Mary M.	28 Dec	1879
Estep, Samuel	Richardson, Eliza	23 Dec	1904
Estep, Samuel	Teague, Lillie	14 Mar	1912
Estep, Sarah	Holder, Steve	7 Jan	1897
Estep, Sarah	Hurley, Hamilton	30 Sep	1899
Estep, Sarah	Grindstaff, Wilburn	17 Oct	1903
Estep, Sarah	Garland, Rose	16 Aug	1915
Estep, Sarah	Ritchie, C.R.	21 Jun	1892
Estep, Sarah J.	Blevins, Daniel M.	31 May	1899
Estep, Sherman	Asher, Pearl	7 Nov	1916
Estep, S.R.	Garland, Tenie	2 Jan	1920
Estep, S.R.C.	Blevins, Mary	22 Sep	1889
Estep, Teshie	Taylor, James	18 May	1918
Estep, Tessie	Garland, Will	18 Aug	1915*
Estep, Wesly	White, Flosy	3 Nov	1907
Estep, Wiley	Arnold, Clara	7 Feb	1909
Estep, Will	Parker, Fannie	17 Nov	1920
Estep, William	Allison, Nancy F.	19 Mar	1882
Estep, William	Turner, Alice	8 Jul	1892
Estep, William	Milum, Belvy	14 Jan	1883
Estep, William	Turner, Carrie	16 Jan	1898

Estep, William	Olliver, Dorthia	21 Jun 1908
Estep, William K.	Nidiffer, Malissa	30 May 1881
Estep, W.A.	Garland, Lillie	1 Oct 1908
Estep, W.C.	Potter, Nellie	9 Jul 1911
Estep, W.C.	Myers, Fracie	10 Aug 1912
Estepp, John	Nidiffer, Eliza	31 Oct 1914
Estepp, Willie	Taylor, Nelia	28 Mar 1915
Estes, Clyde	Cole, Addie	11 Oct 1919
Estes, C.E.	Clay, Grace	13 Jun 1910
Estes, Pearl	Richardson, Noah	10 Oct 1920
Evans, E.R. (Mr.)	Norris, J.N.	6 Aug 1915
Evans, Jacob	Greer, Jane	15 Mar 1911
Evans, Jossie	Morgan, William L.	1 Jul 1915
Evans, Martha	Tolly, James L.	29 Jan 1878
Evans, Parra	Cordell, A.D.	6 Jan 1917
Evans, Rody	Green, Jennie	11 Mar 1919
Evers, Roderick C.	Holly, Mollie M.	20 Aug 1913
E____, Sarah	Hughes, Frank	7 Jan 1885
Fagan, G.C.	Payne, Rosa Lee	24 Feb 1904
Fagins, John	Parker, Jennie	24 Dec 1912
Fair, Alice	Bradly, Dock	8 Dec 1901
Fair, Amanda	Morton, Charles	13 Jun 1891
Fair, Ambess	Tipton, Fina	22 Apr 1879
Fair, Anna	Carter, W.A.	25 Feb 1903
Fair, A.B.	Jones, Lula	11 Sep 1897
Fair, Bell	Glover, G.W.	15 Mar 1890
Fair, Bessie	Nave, Robert	1 Apr 1906
Fair, Charles	Crow, Dora	30 Jun 1901
Fair, Charles S.	McCloud, Catherine	14 Sep 1902
Fair, C.W.	Humphrey, Lucy	20 Jun 1897
Fair, David	Edens, Matilda	13 May 1885
Fair, David	Hampton, Anna	9 Jan 1910
Fair, David	Roiston, Bessie	24 Dec 1919
Fair, David L.	Merritt, Maggie	3 Feb 1894
Fair, Delia	Troxwell, Samuel	10 Apr 1881
Fair, Effa	Berry, E.R.	7 Feb 1908
Fair, Eliza	Dugger, D.A.	25 Dec 1876*
Fair, Ellen	Headrick, J.W.	16 Nov 1910
Fair, Eva	Lewis, Houston	30 Oct 1899
Fair, Eva	Bradshaw, Robert	9 Aug 1902
Fair, Fannie	Lewis, J.R.	10 Jun 1911
Fair, Fanny	Hughes, David M.	1 Nov 1900
Fair, Fletcher	Vance, Inez	19 Nov 1919
Fair, F.J.	Bradley, Annie	8 May 1915
Fair, Henry	Fair, Maggie	21 May 1889
Fair, James	Deloach, Jane	24 Dec 1889
Fair, James D.	Deloach, Maggie R.	25 Dec 1893

Fair, James N., Jr.	Miller, Sallie A.	31 Dec 1882
Fair, Jennie	Hurley, William	10 Oct 1898
Fair, Jerry	Nave, Victory	14 Jan 1906
Fair, Jerry B.	Nave, Victoria	6 Aug 1910
Fair, John	Walker, Annie	11 Oct 1908
Fair, John	Blackburn, Unabell	23 Jul 1915
Fair, John B.	Crow, Jennie	29 Apr 1888
Fair, John F.	Lechcoe, Lena	21 Apr 1892
Fair, John H.	Bradley, Bell	19 Mar 1905
Fair, Julia	Gourley, D.N.	10 Aug 1902
Fair, J.D.	Rice, Della	18 Sep 1902
Fair, J.G. (Mr.)	Moody, A.M.	3 Oct 1880
Fair, J.N.	Hillin, Alice	23 May 1877*
Fair, Lafayette	Gibson, Mandy	27 Jun 1899
Fair, Lillie	Garrison, Mouron	6 Jul 1912
Fair, Lizzie	Forbes, M.S.	13 Aug 1895
Fair, Louisa	Troxwell, David	27 Aug 1893
Fair, Lucinda	Williams, H.H.	10 May 1902
Fair, Maggie	Fair, Henry	21 May 1889
Fair, Maggie	Shull, J.N.	7 Jul 1895
Fair, Maggie	Jones, Dallas	8 Jul 1904
Fair, Maggie H.	Bowman, E.M.	16 Dec 1886
Fair, Martha C.	Frasier, Jacob	17 Mar 1876
Fair, Matilda	White, William	22 May 1898
Fair, Millard F.	Hyder, J.L.	24 Jan 1874*
Fair, Minnie	Burrow, Brown	1 May 1910
Fair, Mittie	Honeycutt, William	10 Dec 1898
Fair, Mollie E.	Manning, W.S.	24 NOv 1896
Fair, M.F.	Key, Maggie	2 Jun 1900
Fair, M.F. (Mr.)	McKeehan, E.L.	6 Aug 1882
Fair, Nellie	Range, G.W.	28 Feb 1895
Fair, Nellie	Nidiffer, Claude	15 Mar 1913
Fair, Nice	Merritt, John	4 Sep 1898
Fair, Noul	Rowe, Ettie	29 May 1904
Fair, Ollie	Bowling, G.C.	21 Oct 1905
Fair, Rabia	Denny, Edd	30 Mar 1920
Fair, Robert	Bowers, Lizzie	17 Feb 1895
Fair, Robert	Heneger, Dora	25 Oct 1902*
Fair, Robert T.	Ritchie, Rebecca C.	26 Mar 1895
Fair, Roy	Williams, Rhoda	28 Aug 1904
Fair, Rulie	Combs, Herb	8 Aug 1917
Fair, Samuel	Humphrey, Lillie	6 Apr 1912
Fair, Samuel D.	Hyder, Julia C.	5 Nov 1883
Fair, Sarah A.	Smith, James	19 Feb 1893
Fair, Sarah E.	Rowe, John W.	28 Aug 1878*
Fair, Sheriff	Bradshaw, Mattie	13 Oct 1901
Fair, Susan	Stepp, James S.	2 Oct 1877

Fair, Susan E.	Hyder, Samuel W.	4 Jul 1872
Fair, S.D.	Hyder, Julia	21 Jul 1887
Fair, Thomas	Bradshaw, Mary	25 Dec 1904
Fair, William C.	Daulton, Maggie	28 Dec 1912
Fair, William F.	Campbell, Lizzie	24 Sep 1893
Fair, W.C.	Troxwell, Rhoda	1 Oct 1899
Fair, W.F.	Clark, Lina	23 Apr 1905
Fair, W.F. (Mr.)	Blevins, I.A.	21 Mar 1910
Fannon, James	Wishon, Susan	21 Nov 1890
Farlow, George N.	Edens, Ella J.	28 Aug 1892
Farr, Addy J.	Livingston, Murray	19 Aug 1880
Farrance, Anthony	Coldwell, Martha E.	17 Mar 1895
Farrance, Arthur	Bowman, Rebecca	4 May 1911
Farrel, Oscar	Flarity, Sallie	26 Feb 1894
Farris, Alex	Boyce, Fannie	26 Dec 1898
Faw, James	Green, Sallie	12 Dec 1886
Fay, William G.	Douglas, Harriett E.	20 Feb 1890
Feathers, Amanda	Shell, James C.	11 Jul 1907
Feathers, A.J. (Mr.)	Little, C.A.	3 Oct 1874*
Feathers, Cordie	Oliver, John	17 Jan 1904
Feathers, Hannah	Humphreys, David F.	1 Feb 1891
Feathers, John	O'Brien, Sadie	30 Jul 1905
Feathers, Leola Pearl	Carrier, Cleveland T.	15 Oct 1918
Feathers, Lillie B.	Blevins, Henry A.	7 Oct 1898
Feathers, Lucy E.	Shell, Isaac T.	5 Aug 1883
Feathers, Mattie	Olliver, Walter	6 Jul 1905
Feathers, Minnie E.	Houston, R.S.	16 Nov 1899
Feathers, Myrtle E.	Blevins, James A.	16 May 1897
Feathers, Pearl	Curd, Alvin	15 Jun 1918
Feathers, Sudie E.	Alison, J. Porter	7 Apr 1904
Feathers, William A.	Pharr, Hannah	2 Mar 1877*
Feathers, W.J.	Vest, Bettie	8 Sep 1895
February, Elizabeth	Gourman, Louis	16 Feb 1911
February, Isaac C.	Church, Nancy	25 Apr 1885
February, Mod	Tolly, Sarah	15 Aug 1901
February, W.M.	Range, Mary J.	4 Jun 1916
Feinster, John L.	Brown, Hattie	21 Nov 1881*
Fellers, Robert	White, Lillie Mae	25, Jun 1920
Ferchess, Lucy	White, George	12 Jul 1911
Ferguson, A.A.	Shelborne, Minnie S.	22 May 1883
Ferguson, Emma	Peters, W.C.	6 Jul 1896
Ferguson, James	Wilcox, Minnie	30 Jun 1912
Ferguson, Jennie	Wilson, Francis M.	14 Aug 1888*
Ferguson, Mary A.	Holloway, John	7 Jan 1871*
Ferguson, Mary A.	Rowe, J.C.	30 Apr 1878
Ferguson, R.J.	Lowe, Eliza Jane	16 Apr 1903
Ferguson, R.T.	Resor, Mary	6 Oct 1895

Ferguson, Sadie	Allen, Hamilton C.	11 Jun 1920
Ferrell, Nancy Annie	Glen, James S.	30 Sep 1894
Fesil, Henry	McKessen, Anna	28 Aug 1881
Fields, Annie	Cooper, John	20 Jun 1903
Fields, Bess	Kelly, Frank H.	17 May 1910
Fields, Frank	Phillips, Vienna	23 Jun 1917*
Fields, James	Hicks, Mary	29 Sep 1880
Fields, James A.	Winters, Laura J.	28 Apr 1909
Fields, John	Hicks, Lutheria	19 Dec 1909
Fields, Lyaid	Sheppard, Philmore	16 Feb 1913
Fields, Matilda	Johnson, Alfred	5 Sep 1903
Fields, Robert H.	Hart, Lillie	8 Mar 1893
Fields, Sarah	Brewer, Boly	3 Feb 1883
Fields, Walter	Hendrix, Bessie	13 Dec 1899
Fincher, Thelma H.	Waller, Robert J.	12 May 1919
Fine, Barly	Hurley, John	8 Nov 1896
Fine, Maud	Williams, Bailey E.	3 Mar 1918
Finley, Augusta	Bowers, Charlie (Col)	29 Sep 1919
Finly, Garfield	Baily, Ida	15 Jul 1907
Finly, George	Timur, Augusta	6 Jul 1897
Finner, Maggie	Avery, Joseph	6 Dec 1906
Finney, Andrew	Hatley, Flora	29 Dec 1919
Finney, Elizabeth	Andrews, Wheeler	24 May 1919
Finney, Eva	Shull, J.F.	27 Aug 1916
Fipps, Margaret	Taylor, F.W.	18 Jan 1900
Fipps, Mary Jane	Elliott, Tennessee	20 Oct 1899
Fish, W.E.	Lewis, Lena	5 Aug 1903
Fisher, George	Davis, Bettie	23 Jan 1916
Fisher, John	Bradshaw, Clara	14 Dec 1918
Fisher, Julia	Lyons, Walter	5 Jun 1920
Fitzpatrick, John	Whitehead, Julia	16 Feb 1882
Fitzsimmons, Charles	Crouch, Dora Bell	12 Feb 1893
Fitzsimmons, C.H.	Elliott, Emma	18 Nov 1896
Fitzsimmons, Mary C.	Carriger, M.L.	12 Sep 1915
Fitzsimmons, Sarah	Strothers, Daniel	4 Oct 1890
Fitzsimmons, William	Phillips, Dicy	16 May 1897
Flarity, Caddy	Orren, Jacob	7 Aug 1892
Flarity, Sallie	Farrel, Oscar	26 Feb 1894
Flarrity, John	Saylor, Maggie	1 Jun 1901
Fletcher, Ada May	Holland, Samuel E.	29 Sep 1907
Fletcher, Amanda	Lewis, Stephen	15 Jun 1876
Fletcher, Amanda	Hardin, Powell	7 May 1882
Fletcher, A.J.	Nave, Mollie	5 Mar 1899
Fletcher, Catherine	Robinson, James	7 May 1905
Fletcher, Catherine	Hinkle, George	2 Feb 1907
Fletcher, Drena	Williams, J.C.	3 Oct 1908
Fletcher, Elizabeth	Manning, James M.	20 Apr 1876

Fletcher, Ellen	Lowe, Grant	16 Oct 1910
Fletcher, Emma L.	Shupe, P.E.	23 Aug 1896
Fletcher, Ida C.	Ray, W.H.	21 Dec 1887
Fletcher, James D.	Campbell, Nancy	16 Nov 1871
Fletcher, James L.	Allen, Mary T.	6 Nov 1892
Fletcher, Jennie	Harden, Robert	28 Dec 1912
Fletcher, John L.	Nave, Nancy	16 Nov 1875
Fletcher, Josie	Curry, Ray	12 Dec 1912
Fletcher, Josie M.	Bowers, Joseph R.	10 Nov 1897
Fletcher, Karl	Grindstaff, Bessie	17 Mar 1903
Fletcher, Lela M.	Bowrs, J.P.	24 Dec 1893
Fletcher, Lillie	Nave, A.J.	23 Dec 1906
Fletcher, Lizzie	Hicks, Dave	1 Oct 1915
Fletcher, Loua	O'Neal, David	20 Aug 1908
Fletcher, Lucy	Gilmore, James	8 Jul 1910*
Fletcher, Maggie	Nave, James	13 Mar 1898
Fletcher, Maggie	Cole, J.C.	24 Aug 1902
Fletcher, Margaret	Forbes, Robert	28 Dec 1872*
Fletcher, Mark	Manning, Callie	29 Jul 1913
Fletcher, Noah	Byers, Minnie Lee	26 May 1919
Fletcher, N.B.	Lewis, D.R. (Mr.)	25 Nov 1909
Fletcher, Rettie	Campbell, Bruce	28 Dec 1907
Fletchr, Kettie	Hodge, Isaac	23 Jun 1907
Floyd, Harry	Blevins, Laura	20 Aug 1918
Floyd, James	Gray, Julia	4 Mar 1887
Floyd, Matilda	Guess, Charles	25 Jan 1904
Foister, Elizabeth	Nelson, John	22 Nov 1894
Foister, Lula	Jones, Carrick A.	29 Apr 1904
Folsom, Ida	Boren, George E.	8 Jan 1895
Folsom, John M.	Stover, Amelia	12 Mar 1884
Folsom, Mary F.	Elliott, T.J.	16 Oct 1906
Folsom, Mollie C.	Simerly, G.T.	24 Aug 1876
Folsom, M.N.	Crumley, Lizzie	18 Nov 1896
Folsom, M.N.	Henry, Lilly	9 Sep 1911
Folsom, Nancy E.	Angel, Robert B.	21 Nov 1886
Folsom, Teenie	Crow, Soloman	12 Feb 1878*
Folsom Minnie	Thomas, William H.	17 Nov 1891
Fondren, A.B.	Arnold, Martha A.	7 Mar 1878
Fondren, Crosha	Collins, A.G.	4 Oct 1883
Fondren, John B.	Simerly, Sarah	21 Jul 1883
Fondren, J.H.	Johnson, Pearlie	20 Oct 1910
Fondren, Kate	Potter, Murphy	2 Jan 1909
Fondren, Maggie	Perry, Wilborn	22 Feb 1902
Fondren, Maggie	Teaster, W.B.	18 Jun 1911
Fondren, Mamie	Crow, Frank	18 Apr 1913
Fondren, Margaret	Sheffey, John D.	28 Jun 1871
Fondren, Nannie	Miller, Thomas	24 Jul 1902

Fondren, Nannie	Shell, Eddie	18 Aug 1906
Fondren, Sallie	Miller, W.M.	4 Jan 1915
Fondren, Samuel A.	Cook, Jennie L.	26 Feb 1902
Fondren, S.W.	Laws, Biddie	20 Jul 1905
Fondren, W.H.	Wagner, Amanda A.	9 Apr 1905
Forbes, Bettie	Street, Bill	10 Aug 1919
Forbes, Daniel R.	Ekles, Eliza	26 Feb 1884
Forbes, Elijah	Hardin, Minnie	21 Oct 1899
Forbes, Eliza	White, Thomas	14 Sep 1893
Forbes, Eliza	Jenkins, Ross	7 Oct 1917
Forbes, Frank	Tolly, Delia	1 Nov 1909
Forbes, Frank	Roberts, Jane	26 Mar 1911
Forbes, George	Campbell, Hattie	4 Jan 1920
Forbes, Ida	Gourley, James C,	25 Jan 1907
Forbes, Jennie	Ritchie, W.L.	24 Dec 1896
Forbes, John	Moffett, Evaline	1 Feb 1904
Forbes, Kate	Sims, Dan	12 Jan 1913
Forbes, Lida	Moffit, Arthur	28 Apr 1909
Forbes, Liddie	Hinkle , Dillard	28 Jun 1891
Forbes, Mamie	Cook, G.W.	27 Jan 1915**
Forbes, Marion	Harden, Mable	29 Aug 1911
Forbes, Martha	Harden, William	18 Oct 1909
Forbes, Martha	Glass, Charles	13 Nov 1909
Forbes, Martha	Harden, W.M.	20 Jun 1914
Forbes, Matney	Butler, Hester	4 Jul 1910
Forbes, Matney	Buchanan, Della	9 Jun 1914
Forbes, Mayme	Whitehead, Samuel	18 Apr 1917
Forbes, Mulburn	Moffet, Mary	4 Jul 1918
Forbes, M.S.	Fair, Lizzie	13 Aug 1895
Forbes, Nancy	Colbaugh, William	21 Feb 1889
Forbes, Rachel	Lowe, Andrew	24 Dec 1887
Forbes, Rachel	Nave, J. Madison	30 Aug 1919
Forbes, Robert	Fletcher, Margaret	28 Dec 1872*
Forbes, Robert	Garland, Minnie	13 Aug 1919
Forbes, Rosa	Tipton, Ed	28 Jan 1912
Forbes, R.C.	Upchurch, Martha J.	15 Jul 1905
Forbes, Sallie	Gardner, Dock	26 Aug 1908
Forbes, Sarah	Young, Melvin	28 Sep 1899
Forbes, Selia	Heniger, Cornelius	28 Sep 1873
Forbes, Simon	Crowder, Analiza	28 Nov 1898
Forbes, Simon	Moffett, Evaline	25 May 1903*
Forbes, William	Teague, Ida	1 Jun 1912*
Forbes, Willie	Boon, Etta	13 Sep 1899
Forbes, Willie	Payne, Frank	25 Jun 1906
Forbes, W.M.	McKinney, Cinda	26 Jul 1913
Forbush, Vena	Anderson, Robert	17 Jul 1892
Ford, Chester	Cooper, Mattie	19 Jun 1909*

Ford, Chester F.	Slimp, Cora D.	10 Jan 1915
Ford, Ellen	Wise, Otis	2 Apr 1920
Ford, J.W.	Peters, Minnie	15 May 1913
Ford, Millie	Smith, John H.	8 Nov 1882
Ford, Pearl	Meredith, Dave	19 Jan 1917
Forest, Samuel J.	Polland, Lousy J.	6 Apr 1882
Forney, James	Ramsey, Naura	4 Dec 1895
Forney, Lena	Gardner, Johnson	15 Sep 1909
Forney, William	Davis, Mamie	21 Jul 1920
Forrester, Eleanor	Morrell, Roy	16 Dec 1915
Forrester, J.H.	Grindstaff, Louisa	9 Dec 1871
Forster, Ann	Martin, Joseph	13 Sep 1877
Forster, Lula	Whitehead, George	30 May 1916
Fortner, Evaline	Blevins, Robert	14 Jan 1882*
Fortner, Lum	Estep, Maggie	19 Feb 1901
Fortner, Mattie	Read, William	26 Dec 1900
Fortner, Virdie	Coffee, Edd	22 Apr 1910
Foster, Eliza	Foster, Marshall	6 Apr 1882
Foster, Harriett	McVay, Joseph	9 Mar 1880*
Foster, James H.	Taylor, Francis	16 Apr 1871
Foster, Marshall	Foster, Eliza	6 Apr 1882
Foster, Minnie	Osborn, John	15 Feb 1897
Foster, Nannie E.	Smalling, Alfred B.	1 Mar 1893
Foster, Tennie	Kite, Samuel W.	22 Dec 1887
Foust, Alice	Miller, Thomas	1 Nov 1886
Foust, Burson	Humphreys, Bertha	10 Mar 1916
Foust, Jack	Jackson, Elizabeth	1 Oct 1893
Foust, James	Britt, Julia	10 Mar 1884
Foust, Mollie	Humphreys, Andrew	28 Feb 1895
Foust, Samuel	Glover, Fina	4 Jan 1890
Foust, Samuel J.	Dempsy, Mary E.	16 Mar 1887
Foust, Susan E.	Cole, William J.	15 Sep 1887
Fowler, Dora	Casy, James	21 May 1902
Fowler, E.V.	Woody, Margaret	10 Jan 1897
Fowler, Ida	Robinson, James	24 Dec 1896
Fowler, James	Williams, Maggie A.	4 Apr 1893
Fowler, Nannie	Westall, Thaddius	30 Apr 1893
Fowler, Silas	Goodman, Lou E.	26 Oct 1898
Fowler, T.W.	Richard, Laura	30 May 1895
Fox, Amanda	Lowe, John	19 Aug 1872*
Fox, A.D.	Humphrey, Rhoda	25 Dec 1891
Fox, A.D.	Markland, Susan	28 Sep 1898*
Fox, A.D.	Carr, Maggie	15 May 1920
Fox, Elizabeth	Odom, Aaron J.	21 Oct 1882
Fox, Henry	(not recorded)	24 Apr 1874
Fox, Jennie	Owens, John	16 Jul 1908
Fox, Milton	Humphrey, Lizzie	13 Dec 1887

Fox, Vera	Richardson, James	29 Aug 1914*
Fox, W.M.	Humphreys, Delcenia	13 May 1884
France, Harriett	Hart, J.T.	12 Mar 1893
France, Lewis	Moffett, Ettie	18 Oct 1920
Francis, John	Moffet, Bethena	13 Feb 1906
Francis, Mary E.	Orr, Philip Sheridan	26 Oct 1901
Francis, M.R.	Scott, M.B.	31 Oct 1890
Francis, Sarah	Potter, E.B.	9 Oct 1906
Francum, Stella	Miller, Jessie	18 Oct 1913
Franklin, Andrew J.	Potter, Mary J.	18 Sep 1888
Franklin, Aubra	Oaks, Ham	27 Jul 1911
Franklin, Cora	Johnson, Wesly	21 Mar 1914
Franklin, Delia	Lail, G.W.	13 Apr 1887
Franklin, Delia L.	Roberts, J.D.	10 May 1888
Franklin, Dora	Simerly, David	25 Apr 1897
Franklin, Ella	Blevins, Charles	5 Nov 1904
Franklin, Flossie	Briggs, Dave	9 Jun 1919
Franklin, Generde	Berry, Julia	30 Mar 1907
Franklin, G.A.	Cable, Lorena	12 Sep 1918
Franklin, Joe	McKinney, Zona	13 Oct 1917
Franklin, Julia	Jestis, Robert	20 Jul 1908
Franklin, Lue	Stout, T.M.	2 Aug 1886
Franklin, Malinda	Benfield, Jess	5 Feb 1914
Franklin, Minnie	Hamby, Will	14 Feb 1919
Franklin, M.J.	Turbyfield, J.P. (Mr)	18 Nov 1910
Franklin, R.E.	Pierce, Iva	10 Jan 1918
Franklin, Sarah	Hicks, M.W.	10 Jan 1892
Frasier, A.L.	Campbell, Emily	16 Feb 1899
Frasier, Bessie	Chambers, Osker	14 Sep 1903
Frasier, B.B.	Ritchie, Kate	13 May 1891
Frasier, Flora	Cannon, George	7 Oct 1916
Frasier, Jacob	Fair, Martha C.	17 Mar 1876
Frasier, James H.	Buck, Clemma J.	17 Jan 1899*
Frasier, Jennie	Williams, David C.	6 Aug 1891
Frasier, Julia C.	Shell, Jamer B.	13 Dec 1888
Frasier, Lola	Nidiffer, Mark	6 Sep 1910
Frasier, Lyda	Williams, W.C.	8 Apr 1899
Frasier, L.B.	Bishop, J.S. (Mr.)	16 Nov 1906
Frasier, L.W.	Combs, Fanny	2 Aug 1885
Frasier, Margaret	Morrell, J.D.	15 Jan 1888
Frasier, Martha	Peters, Teter	25 May 1884
Frasier, Nellie	Perry, Isaac	9 Jun 1907
Frasier, Nellie	Nave, V.	21 Jul 1913
Frasier, Orpha	Garland, Isaac	4 Jan 1882
Frasier, Pearl	Taylor, D.S.	5 Jul 1906
Frasier, Rachel A.	Williams, A.B.	5 Jul 1891
Frasier, Rebecca J.	Radford, John	15 Mar 1894

Frasier, Thomas J.	Ellis, Margaret A.	14 Jan 1909
Frasier, W.A.	Williams, Mattie	12 Mar 1899
Frasier, W.M.	Lewis, Mary A.	22 Jun 1879
Frasier, W.O.	Taylor, Flora	1 Oct 1899
Frassier, Hettie	Harden, John	9 Jan 1900
Frassier, W.O.	Davis, Elizabeth	25 May 1898
Frazier, Ernest	Gibbs, Ethel	2 Aug 1917
Frazier, Laura	Nave, C.L.	1 Nov 1916
Frazier, R.F.	Sutherland, Brady	19 Feb 1920
Frear, Harry S.	Hathaway, Mary K.	26 Apr 1917
Freeman, Alfred C.	Morris, Hattie	24 Jul 1918
Freeman, Alice	Lyle, David K.	5 Nov 1888
Freeman, Birtha	Myers, Hiram	19 Dec 1911
Freeman, Bud	Guinn, Ellen	7 Jan 1916
Freeman, Cordelia	Cothran, J.D.	31 May 1919
Freeman, Elick	McKinney, Missouri	28 Nov 1915
Freeman, Esther E.	Powell, Joseph H.	17 Mar 1894
Freeman, E.A.	Arwood, Martha L.	20 Aug 1913
Freeman, Floyd	Hinkle, Alice	5 Dec 1912
Freeman, Francis	Johnson, Ida	31 Aug 1899
Freeman, Fred	Woods, Delia	12 Jun 1915
Freeman, Hamy	Street, Stephen	12 Dec 1905
Freeman, Henry	Jones, Bessie	13 May 1905
Freeman, Henry	Hughes, Bettie	15 Jan 1910*
Freeman, Henry	Hughes, Bessie	11 Jun 1910*
Freeman, Henry	Arnett, Dolly	17 Oct 1910
Freeman, James	Richardson, Mattie	14 Aug 1909
Freeman, Jamoo C.	Osborne, Oma	11 Feb 1893
Freeman, Johnson	Osborne, Hattie	14 Aug 1887
Freeman, Marion	Campbell, Texie	20 Jan 1917
Freeman, Mary	Birchfield, Wilson	13 Apr 1888
Freeman, Mollie	Stockton, Washington	12 Sep 1903*
Freeman, Oma	Shepard, Rosco	18 Mar 1905
Freeman, Rebecca	Miller, William	20 Dec 1892
Freeman, Samuel	Wright, Mary Ann	8 Jun 1899
Freeman, Samuel	Williams, Martha	29 Nov 1903
Freeman, Stokes	Caldwell, Nora	3 Feb 1906
Freeman, Wesly	Coldwell, Katie	2 May 1903
Freeman, Wilson	Coldwell, Elizabeth	12 Mar 1905
Freeman, W.H.	Ward, Mary Jane	2 Apr 1893
French, Bryant	Tucker, Caroline	17 Dec 1891
French, B.L. (Mr.)	Gilliand, R.L.	18 Dec 1901
French, James R.	Leonard, Ettie	18 May 1901
Fritts, Brady	Snider, Cora	2 Jun 1917
Fritts, Brownlow	McKeehan, Bertha	23 Sep 1907
Fritts, James David	Oxendine, Julia	18 Feb 1895
Fritts, Minnie F.	Stout, William F.	12 Sep 1919

Fritz, George	Douglas, Sarah	30 Aug 1879
Frost, Horace L.	Toncray, Rachel S.	8 Nov 1893
Fry, Ettie	Title, A.A.	2 Feb 1902
Fry, Fannie	Berry, Lusk	27 Jul 1904
Fry, M.L.	Spurling, W.C. (Mr.)	31 Jul 1918
Fuches, E.T.	Austin, William	5 Jan 1884*
Fugait, Calvin	Moore, Mary	12 Mar 1905
Fugate, Calvin	Vines, Josie	26 Aug 1916
Fuget, Milferd	Ellis, Bettie	24 Jun 1908
Fulkerson, Adie	Glover, J.A.	28 Oct 1897
Fulkerson, Fathia L.	Sheffey, Henry L.	3 Nov 1881
Fulkerson, Mary A.	D____, David	8 Jan 1871
Fullenswiter, W.J.	Nance, Mary	1 Jul 1882
Furgerson, R.T.	Resor, Mary	6 Oct 1895
Furguson, John	Thompson, Mattie	31 Jul 1901
Gaddy, John	Bowman, Sarah A.	8 Dec 1908
Gambill, Cora	Gullion, Joseph	29 Dec 1897
Gambill, Martha	Campbell, B.F.	5 Jul 1885
Gamble, Nannie	Dickens, John M.	8 Apr 1896
Gardner, Carrie	Long, William	13 Jun 1914
Gardner, Celia	Clark, Thomas	16 Jan 1909
Gardner, Dock	Forbes, Sallie	26 Aug 1908
Gardner, Doll	Winters, John	9 Mar 1906
Gardner, Ella	Baker, Benjamin B.	25 Dec 1893
Gardner, Gastin E.	Williams, Mary C.	1 Mar 1882
Gardner, George	Susong, Mary	27 Sep 1903
Gardner, Hattie	Stover, Nathaniel	27 Jul 1903
Gardner, Hattie	Erwin, Nat	10 Aug 1908
Gardner, James	Brooks, Sallie	6 Mar 1916
Gardner, Jessee	Hughes, N.	5 Sep 1908
Gardner, John	Williams, Elmeda	25 Dec 1893
Gardner, Johnson	Forney, Lena	15 Sep 1909
Gardner, Martha	Sapps, David	20 Feb 1908
Gardner, Martha J.	Truner, G.W.	25 Sep 1907
Gardner, Mary	Trusly, Joseph	31 Dec 1889
Gardner, Sarah Ann	Stover, Alex	7 Sep 1902
Garland, Abraham	Bowers, Verna	12 Jan 1910
Garland, Almeda	Myers, James A.	12 Jul 1903
Garland, Angie	Campbell, M.	10 Aug 1912
Garland, Bertha	Blevins, James	26 Jul 1919
Garland, Bettie	Crow, W.H.	16 Jun 1910
Garland, Calvin	Davis, Lula B.	7 Mar 1890
Garland, Camell	Hodge, Lyda	16 Nov 1878
Garland, Campbell	Garland, Mary	24 Dec 1902
Garland, Campbell	Goodson, Lucy	13 Jun 1909
Garland, Campbell B.	Hardin, Lorena	30 Sep 1888
Garland, Catherine	Lewis, L.D.	14 Oct 1895

Garland, Charles	Humphrey, Anna	9 Jun 1909
Garland, Cinda	Barrier, A.C.	31 Dec 1906
Garland, Columbus	Phippips, Myrtle	31 Dec 1915
Garland, Cora	Blevins, Robert	8 Nov 1914
Garland, Cordelia	Birchfield, David	27 Apr 1905
Garland, C.B.	Wilson, Sally	9 Jun 1911
Garland, Dan	Pierce, Effie	15 Feb 1916
Garland, Daniel	Garland, Heily C.	2 Nov 1898
Garland, David	Markland, Catherine	20 Jan 1907
Garland, David	Hurley, Nancy	5 Mar 1907
Garland, David	Leonard, Bettie	28 Feb 1911
Garland, David	Elliott, Florence	12 Jul 1913
Garland, David C.	Cole, Sarah E.	26 Feb 1900
Garland, David C.	Campbell, Nelia	29 Dec 1902
Garland, David P.	Richardson, Lida	19 Aug 1900
Garland, Dora	Markland, Chester	20 Sep 1907
Garland, Dora	Campbell, Rose (Mr.)	5 Jan 1903
Garland, D.H.	Slagle, Joannah	5 Dec 1913
Garland, D.P.	Garland, Elizabeth	21 Dec 1912
Garland, Ehtel	Milam, George	26 Oct 1911
Garland, Elisha	Barnett, Vesta	10 May 1903
Garland, Eliza	Burks, John	12 Dec 1872
Garland, Eliza	Campbell, M.C.	24 Dec 1906
Garland, Eliza J.	Wilson, William S.	9 Jul 1881
Garland, Elizabeth	Arnold, David M.	8 Feb 1890
Garland, Elizabeth	Garland, D.P.	21 Dec 1912
Garland, Ellen	Hurley, Harden	24 Nov 1887
Garland, Ellen	Campbell, Robert	22 May 1904
Garland, Ellie	Williams, Susan	2 Jun 1918
Garland, Emma	Byrd, C.W.	15 Aug 1919
Garland, Estel	Hughes, David	12 Sep 1907
Garland, Ethel	Knapp, J.J.	31 May 1919
Garland, Fanny	Vaught, Benjamin	6 Nov 1871
Garland, Gerd	Wilson, Hattie	29 Jan 1916
Garland, Greene	Elliott, Daily	24 Jun 1906
Garland, Heily C.	Garland, Daniel	2 Nov 1898
Garland, H.C.	Loudermilk, G.W. (Mr)	1 Oct 1904
Garland, Ingerton	Heatherly, Martha	17 Nov 1888
Garland, Isaac	Frasier, Orpha	4 Jan 1882
Garland, Isaac	Blevins, Golan	15 Nov 1916
Garland, Isabell	Honeycutt, David	8 Nov 1905
Garland, Ives	Morley, Creatie	15 Mar 1920
Garland, James	Arnold, Martha	6 Dec 1906
Garland, James	Goodson, Tena	28 Nov 1915
Garland, James	Harden, Ellen	12 Jun 1920
Garland, Jane	Wilson, Daniel	5 Nov 1896
Garland, John	Robinson, Elzina	23 Jun 1875

Garland, John	Hunter, Belle	14 May 1898
Garland, John	Hardin, Cora	29 Oct 1899
Garland, John	Elliott, Virdie	23 Apr 1910*
Garland, John	Slater, Anna	9 Sep 1912
Garland, John M.	Estep, Rader	5 Nov 1872*
Garland, John M.	Wilson, Mary	1 May 1875*
Garland, John R.	Campbell, Martha	15 Aug 1896
Garland, Joseph	Taylor, Hester	16 Dec 1896
Garland, Judy	Street, William	28 Jul 1899
Garland, Julia	Gouge, Elijah	10 Aug 1890
Garland, J.R.	Elliott, Dora	25 Nov 1910
Garland, J.R.	Holder, Hassie	11 Apr 1920
Garland, K.	Wilson, Elizabeth	8 Nov 1871
Garland, Leanna	Blevins, William A.	15 Oct 1892
Garland, Leannia	Hurley, Hardin	13 Jan 1889
Garland, Lena	Estep, George	15 Mar 1915
Garland, Lillie	Stover, John	1 Sep 1901
Garland, Lillie	Estep, W.A.	1 Oct 1908
Garland, Lizzie	Nidiffer, Robert	4 Nov 1879
Garland, Lizzie	Bowlin, D.M.	5 Jun 1897
Garland, Loony	Heatherly, Eliza	28 Dec 1888
Garland, Lucinda	Wilson, Hiram	28 Apr 1917
Garland, Lucritia	Campbell, Jessie	10 May 1902
Garland, Lucy	Blevins, Herbert	16 Dec 1915
Garland, Lula	Hurley, Jessie	30 Jun 1917
Garland, Manda	Loudy, Noah	8 Mar 1902
Garland, Manerva	Campbell, Major	25 Apr 1903
Garland, Margie	Stout, Stacy	30 Aug 1916
Garland, Martha	Stout, P.W.	14 Sep 1894
Garland, Mary	Burchfield, Robert	28 Dec 1871
Garland, Mary	Burleson, Samuel	4 Mar 1902
Garland, Mary	Garland, Campbell	24 Dec 1902
Garland, Mary	Blevins, David	27 Jun 1908
Garland, Mary A.	Loudermilk, George	28 Oct 1892*
Garland, Mary A.	Loudermilk, W.M.	14 Nov 1901
Garland, Melie	Poe, Charlie	14 Aug 1915
Garland, Minerva	Grindstaff, O.R.	3 Feb 1907
Garland, Minnie	Forbes, Robert	13 Aug 1919
Garland, Mod	Grindstaff, Vady	3 Oct 1915
Garland, Mordica	Campbell, Sarah E.	11 Dec 1899
Garland, Myrtle	Street, David	25 Feb 1911
Garland, Nancy	Lewis, William M.	16 Apr 1871
Garland, Nancy	Estep, Murry	19 Jul 1902
Garland, Nancy	Taylor, J.J.	26 Sep 1907
Garland, Nancy A.	Asher, W.E.	22 Dec 1892
Garland, Nancy C.	Williams, Rufus	24 Jul 1902
Garland, Nathan	Estep, Rhoda Jane	21 Mar 1878

Garland, Nathan	Julian, Carry	29 Jun 1908
Garland, Nicholas	Peters, Martha	24 Jun 1905
Garland, N.R.	Peters, Martha	14 Mar 1917
Garland, Pacific	Odem, Anderson	9 Nov 1899
Garland, Pearl	Buchanan, Clarence	6 Mar 1915
Garland, Polly Ann	Elliott, Samuel	27 Oct 1888*
Garland, Rebecca	Carter, Landon C.	30 Jul 1877
Garland, Rebecca	Cole, Grant	23 Nov 1890
Garland, Richard	Hart, Carrie	26 Jan 1902
Garland, Robert	Odom, Vista	2 Oct 1911
Garland, Rosa	Richardson, I.L.	19 Jun 1911
Garland, Rosa	Campbell, J.E.	29 Jun 1912
Garland, Rose	Estep, Sarah	16 Aug 1915
Garland, R.L.	Taylor, Catherine	24 Dec 1911
Garland, Samuel	Wilson, Martha Jane	29 Jan 1888
Garland, Sarah	Campbell, James	20 Mar 1876
Garland, Sarah	Lunceford, William	24 Jan 1877*
Garland, Sarah	Estep, Lawson	24 Mar 1889
Garland, Sarah	Richardson, Noah	28 Oct 1899
Garland, Sarah E.	Richardson, Lauson	19 Nov 1900
Garland, Selia A.	Campbell, Henry A.	13 Jul 1876*
Garland, Smith	Hurley, Martha	19 Oct 1907
Garland, Stella	Wright, Isaac	10 Jun 1900
Garland, Stephen	Wiseman, Texie	6 Mar 1920
Garland, Suiller	Blevins, Cresia	18 Jan 1907
Garland, Susan	Cole, Alfred	31 Jul 1892
Garland, Tenie	Estep, S.R.	2 Jan 1920
Garland, Thomas G.	Greer, Jane	18 Nov 1895
Garland, Valentine	Anderson, Dicey	22 Oct 1871
Garland, Vertie	Hodge, Hence	4 Mar 1919
Garland, Wheeler	Wilson, Tilda	26 Dec 1901
Garland, Will	Estep, Tessie	18 Aug 1915*
Garland, William	Anderson, Viney	21 May 1873*
Garland, William	Smith, Luster	25 Feb 1914
Garland, William	Julian, Ida	9 Aug 1914
Garland, W.I.	Heatherly, Lizzie	12 Aug 1897
Garland, W.O.	Colbaugh, Aider	18 Sep 1910
Garland, W.W.	Whisenhunt, Mary E.	5 Apr 1900
Garland, Zillia	Armed, James	9 Aug 1911
Garman, John	Boyd, Mariah	7 Feb 1892
Garner, Thomas J.	Heatherly, Maggie E.	26 Jan 1879
Garrison, Clingman	Headrick, Bessie	1 Jan 1905
Garrison, Eliza	Grindstaff, David	26 Oct 1876
Garrison, Eliza	Vanhuss, Brown	25 Jan 1919
Garrison, Hattie	Treadway, C.E.	5 Sep 1915
Garrison, James R.	Ritchie, Lautia	4 Jul 1891*
Garrison, Jane	Collins, James P.	1 Apr 1887

Garrison, John	Hilton, Mary A.	23 Dec 1879
Garrison, K.S.	Ellis, Emma	30 Oct 1915
Garrison, Lucy	Perry, Dan	10 Sep 1912
Garrison, L.M.	Williams, S.S. (Mr.)	15 Aug 1908
Garrison, Mae	Burrow, Frank	16 Jan 1915
Garrison, Mary	Hatcher, William G.	2 Jan 1879
Garrison, Minnie	Meredith, W.R.	7 Sep 1899
Garrison, Mouron	Fair, Lillie	6 Jul 1912
Garrison, Ross	Nave, Bonnie	4 Oct 1919
Garrison, Samuel C.	Swift, Elizabeth	3 Aug 1884
Garvey, W.W.	Campbell, Lillie B.	12 May 1920
Garvin, John	Williams, Dellie	3 Jul 1905
Gasteiger, Harry	Loveless, Lilly	4 Nov 1911
Gather, Walter	Brooks, Victoria	23 Dec 1901
Geer, George	Ledford, Alletha	3 Dec 1916
Geisler, Anna	Loudermilk, Thomas	13 Aug 1905
Geisler, David	Sams, Eliza A.	8 Jul 1900
Geisler, George	Britt, Ellen	7 Jan 1905
Geisler, J.H.	Laws, Minnie	7 Aug 1909
Geisler, Katy	Brewer, Hodge	22 Jan 1910*
Geisler, Margaret L.	Nave, R.D.	9 Mar 1916
Geisler, Noah H.	Stabock, Sthel L.	25 Dec 1907
Geisler, Rhoda	Davis, Dock	10 Mar 1902
Geisler, Sallie	Overman, Jessee L.	16 Oct 1909
Geisler, William	Miller, Elizabeth	26 Aug 1875
Geisler, W.D.	Simerly, Susan	30 Dec 1894
Gentry, A.R.	Holden, J.C. (Mr.)	18 Dec 1906
Gentry, Ethel	Truman, J.W.	30 Dec 1912
Gentry, Ferdinand	Pearce, Carrie	5 Aug 1877*
Gentry, John	Roarck, Lyaid	27 Jun 1909
Gentry, Joseph	Lewis, Lola	12 Oct 1909
Gentry, Lewis	Horton, Elen	11 May 1881
Gentry, Mary	Hazlewood, Richard	7 Feb 1891
Gentry, Oka	Smith, R.H.	15 Apr 1920
Gentry, Oka	Smith, R.H.	15 Apr 1920*
Gentry, Stella A.	McKinney, Herbert	3 May 1920
Gentry, William	Campbell, Rebecca A.	22 Nov 1894*
Gibb, Fain (Col)	Smith, Tempie	9 Sep 1916
Gibbs, Cilia	Gibbs, William E.	29 Jul 1917
Gibbs, Dacil	Brown, Darwin	30 Jan 1902
Gibbs, Ethel	Frazier, Ernest	2 Aug 1917
Gibbs, Fain	Wilson, Dora	22 Nov 1911
Gibbs, Frank	Hughes, Nancy	24 Jan 1887
Gibbs, Frank	Taylor, Fanny	15 Nov 1900
Gibbs, James	Brown, Rosa	18 Dec 1901
Gibbs, Julia	Joplin, Abraham	23 Dec 1900
Gibbs, Sallie	Hughes, William	12 Jun 1907

Gibbs, William	McKinney, Minnie	5 Mar 1899
Gibbs, William E.	Gibbs, Cilia	29 Jul 1917
Gibson, Albert	Vest, Nellie	2 Aug 1919
Gibson, Anna	Diser, Thomas	4 Nov 1883
Gibson, Bonnie	Reynolds, F.A.	9 Dec 1915
Gibson, Clemma	Blevins, Isaac	8 Aug 1909
Gibson, Edward W.	Daniel, Julia E.	28 Jun 1916
Gibson, Elena	Hinkle, Allen	31 Mar 1914
Gibson, Ida Bell	Long, Thomas	21 Sep 1890
Gibson, James S.	Lilley, Melvina	21 May 1892
Gibson, John	Hammet, Lucy	15 Oct 1899
Gibson, Mandy	Fair, Lafayette	27 Jun 1899
Gibson, Nias	Stover, Ann	16 May 1894*
Gibson, Noah S.	McFall, Navadean	22 Mar 1889
Gibson, William	Butterworth, Louisa	20 May 1877*
Giesler, Mollie	Peters, C.N.	11 Nov 1896
Giesler, Wily L.	McCorkle, Alice L.	18 Dec 1901
Gilbert, Edmon	Smith, Malissa	20 May 1877
Gilbert, Harriet A.	Ward, Thomas T.	3 May 1883
Gilbert, Leonard	Cable, Francis	9 Jun 1918
Gilbert, Roddie	Birchett, Nenie	11 Jul 1909
Gildersleve, Sarah	Montgomery, W.	6 May 1911
Giles, James A.	Hyatt, Elizabeth	6 Nov 1887
Giles, James A.	Lee, Louisa	19 Dec 1882
Giles, Martha C.	Peters, B.S.	11 Nov 1885*
Giles, O.A.	Hendrix, Samuel E.	17 Feb 1887*
Giles, Samuel	Deloach, Delia	17 Jan 1896*
Giles, Susan	Potter, Joseph	14 Feb 1901*
Giles, Virginia A.	Sulton, Samuel G.	13 Sep 1888
Gilin, Mattie	Miller, William H.	19 Sep 1914*
Gillam, M.J.	Groteman, J.T. (Mr.)	15 Aug 1904*
Gilland, C.A.	Jenkins, Borice Lee	25 Sep 1907
Gilland, Jane	Leonard, Obediah	29 Jun 1886*
Gilland, Selis	Gouge, Anderson	6 Mar 1887
Gilland, W.M. (Mr.)	Winters, R.J.	12 Mar 1885*
Gillem, Walter	Stover, Lilley	16 May 1894*
Gillespie, Reece B.	Shelborn, Ella V.	13 Apr 1882
Gilliand, Mattie	Gouge, William M.	23 Dec 1887
Gilliand, R.L.	French, B.L. (Mr.)	18 Dec 1901
Gilliland, Brownlow	Crow, Alice	18 Dec 1891
Gilliland, H.T. (Mr.)	Stout, S.J.	19 Oct 1913
Gillion, Sanada	Woodby, Dempsy	15 Apr 1910
Gillum, Emma	Blevins, John	21 Jul 1895
Gilly, Elizabeth	Sheets, Leu	25 Oct 1905
Gilly, Tilmon	Wright, Hattie	9 Feb 1913
Gilman, Joe	Jones, Hannah	21 Dec 1903
Gilmore, James	Fletcher, Lucy	8 Jul 1910*

Gilson, David D.	Blevins, Rebecca	23 Oct 1919
Ginus, Malinda	Landon, William	22 Aug 1896
Gipson, Henry	Blevins, Sarah	25 Feb 1876*
Gipson, Mollie	Glover, William	9 Nov 1893*
Givens, Robert	Slagle, Bess	11 Apr 1917
Givens, W.T. (Mr.)	Williams, O.E.	17 Oct 1894
Glass, Charles	Forbes, Martha	13 Nov 1909
Glen, James S.	Ferrell, Nancy Annie	30 Sep 1894
Glover, Ada	Baker, David E.	16 Jan 1904
Glover, Alice	Kite, Frank D.	3 Mar 1905
Glover, Amanda	McKinney, Joel A.	14 Oct 1887*
Glover, Anna	Williams, Dock	24 Apr 1904
Glover, Annie	Campbell, Michael T.	21 Jul 1892
Glover, Annie	Stout, Earl	14 Mar 1918
Glover, Arthor	Russell, Rhoda	22 Jan 1899
Glover, Baite	Perry, Ella	29 Nov 1912
Glover, Bertha J.	Murray, M.S.	7 Feb 1897
Glover, Bettie E.	Perry, George	14 May 1892
Glover, Birtha	Townsend, Taylor	12 Aug 1911
Glover, Celia	Jones, Henry	1 Dec 1917
Glover, Charles	Miller, Susan	14 Apr 1899*
Glover, Charlie	Bowers, Mollie	9 Dec 1916
Glover, Daisy	Branch, Dock	25 Oct 1902
Glover, Daniel	B____, Sarah	10 Oct 1871
Glover, Dasie	Grindstaff, D.L.	28 Jul 1901
Glover, Delia	Campbell, William H.	29 Dec 1878
Glover, Delia	Campbell, Michael H.	22 Jan 1887
Glover, Dora	Sims, Chrisly	21 Dec 1894
Glover, Elbert	Taylor, Mary	15 Sep 1872*
Glover, Elbert	Collins, Emmy C.	27 Sep 1876
Glover, Elizabeth	Campbell, Thomas	22 Jul 1877
Glover, Emmt C.	Davis, Robert M.	15 Nov 1919
Glover, Eva	Hammett, George	8 Oct 1916
Glover, E.	Guy, Harriett	5 Aug 1871
Glover, Fina	Foust, Samuel	4 Jan 1890
Glover, Frank	Kelly, Harriett	27 Jan 1881
Glover, Granville	Hutsin, Harriett	5 Mar 1878
Glover, G.W.	Taylor, Minnie	4 Dec 1898
Glover, G.W.	Fair, Bell	15 Mar 1890
Glover, G.W.	Justice, Madge	5 Jan 1915
Glover, Hamp	Jenkins, Lucy	14 Nov 1904
Glover, Ida	Dugger, James	13 Feb 1910
Glover, James	Campbell, Mary	25 May 1876
Glover, James A.	Pearce, Martha	30 Jan 1873
Glover, Jane	Lyons, John	8 Sep 1900
Glover, John	Shiply, Sarah C.	26 Sep 1886
Glover, John	Gourley, Mary	14 Aug 1887

Glover, John	Smith, Annie	5 May 1898
Glover, John	Gourley, Nannie	18 Sep 1899
Glover, John	Blevins, Ella	24 Aug 1911
Glover, John	Taylor, Rosa	24 Jul 1915
Glover, John M.	Morgan, Addie	28 Dec 1917**
Glover, Josie	Merrit, Wheeler	22 Feb 1908
Glover, J.A.	Fulkerson, Adie	28 Oct 1897
Glover, J.A.	Campbell, Annie J.	28 May 1905
Glover, Lena	Dugger, Nat	11 Jan 1905
Glover, Lena	Hambrick George	25 Jul 1909
Glover, Lou	Campbell, M.D.	2 Jul 1906
Glover, Lou E.	Carden, S.J.	1 Jan 1902
Glover, Lucy	Morris, V.A.	11 Sep 1897*
Glover, Lucy	Williams, Donnelly	14 Feb 1918
Glover, Milton	McKeehan, May	31 Jul 1915
Glover, Minnie	Sthepens, John	29 Jun 1907
Glover, Mollie	Justice, E.L.	8 Nov 1896
Glover, Nora	Miller, J.H.	5 Jun 1897
Glover, Olive	Morris, Will	6 May 1916
Glover, Patcy	Morris, James	13 Jan 1895
Glover, Rhoda	Seabock, Raymond	13 Dec 1913
Glover, Richard	Spensr, Alice	22 Dec 1883*
Glover, Richard	Morris, Martha	25 Oct 1891
Glover, Robert	Jones, Bertie	29 Oct 1897
Glover, Robert L.	Sulfin, Nannie	3 Nov 1904
Glover, Robert W.	Livingston, Martha A.	30 Jan 1879
Glover, Roy	Vaughn, Eugenia	26 Mar 1919
Glover, Rutha A.	Denton, Alex	27 Dec 1895
Glover, R.L. (Mr.)	Heaton, R.E.	20 Mar 1915
Glover, Samuel	Williams, Jennie	28 Jun 1903
Glover, Selma	Bird, Johnie	20 Dec 1916
Glover, Susie	Stout, Millard	24 Aug 1893
Glover, S.J.	Minton, Jennie B.	17 Feb 1895
Glover, Thomas	Smith, Glen	19 Apr 1914
Glover, William	Campbell, Ellen	17 Jun 1877
Glover, William	Gipson, Mollie	9 Nov 1893*
Glover, William A.	Chambers, Mary	13 Aug 1915
Glover, W.A.	Matherly, Lucy	14 Dec 1891
Glover, W.E.	Peters, Cardia May	25 Dec 1912
Gobble, E.B.	Hughes, Mollie	16 Feb 1896
Gobble, Nannie	Hughes, John S.	25 Jan 1897
Gobble, Roy	Martin, Cora	24 Nov 1916
Goble, Annie	Scalf, John	17 Aug 1901
Goforth, Lorena	Smith, Willard E.	16 May 1912
Goins, C.M.	Campbell, Mary	10 Nov 1891
Goins, John	Brown, Lila	8 Jun 1912
Goins, Rahcall E.	Stover, Landon	6 Oct 1892

Good, Eliza	Jordan, William	7 Jan 1872
Good, George	Pilkerton, Hannah	10 Aug 1903
Good, Mary A.	Murray, Charles	23 Jul 1881*
Good, S.T.	Bewlott, Lackie	23 Mar 1908
Good, Thomas	Pilkerton, Polly	19 Feb 1901
Good, Walter C.	Williams, Annie	2 May 1889
Goode, Hannah	Ward, H.T.	4 Jan 1916
Goodman, Bettie	Perry, David	20 Dec 1910
Goodman, George	Webb, Laura	28 Jul 1881*
Goodman, Lou E.	Fowler, Silas	26 Oct 1898
Goodman, Minnie	Stone, B.F.	16 NOv 1896*
Goodman, Myrtle	Cook, James L.	11 May 1902
Goodman, Nealy	Owens, Ester	13 Aug 1904*
Goodman, Nellie	Perry, William Sr.	1 Sep 1892
Goodman, Thomas A.	Bowlin, Evaline	23 Jul 1884
Goodson, Georgia	Caldwell, Walter	11 Jun 1916
Goodson, Lucy	Garland, Campbell	13 Jun 1909
Goodson, Matilda	Cox, William Riley	17 Jul 1919*
Goodson, Mollie	Roark, E.L.	5 Nov 1897
Goodson, Tena	Garland, James	28 Nov 1915
Goodson, W.H.	Calhoun, Ida	15 Dec 1895
Goodsun, J. (Mr.)	Johnson, I.M.	23 Feb 1874*
Goodsun, _____ (Mr.)	Johnson, J.N.	23 Feb 1874*
Goodwin, Ada	Manelly, George W.	4 May 1919
Goodwin, Alfred	Caornett, Martitia	29 Sep 1881*
Goodwin, Alfred S.	Lunceford, Celia A.	30 Dec 1900
Goodwin, Alice C.	Smith, W.G.B.	30 Oct 1879
Goodwin, B.C.	Williams, Cordie	19 Nov 1912
Goodwin, B.M.	White, Bounice	6 Jan 1907
Goodwin, Charley	Lunceford, N.C.	26 Mar 1905
Goodwin, Cordia	Goodwin, G.C.	24 may 1915
Goodwin, D.	Smith, B. Beatrice	10 Oct 1916*
Goodwin, Eddie	Shown, J.L.	30 Jun 1907
Goodwin, Elcy	Campbell, Lawson	31 Jul 1912
Goodwin, Emma	Carden, Wesley	22 Sep 1907
Goodwin, G.C.	Goodwin, Cordia	24 may 1915
Goodwin, Hannah E.	Cook, Thomas	25 Dec 1890
Goodwin, John A.	Sorrell, Madona O.	14 May 1893
Goodwin, Julia A.	Nave, R.W.	18 Feb 1911
Goodwin, J.M.	Cable, W.L. (Mr.)	10 Aug 1895
Goodwin, L.L.	Simerly, Mae L.	12 Oct 1904
Goodwin, Mandie	Hazlewood, E.E.	11 Feb 1894
Goodwin, Martha	Powell, William B.	22 Dec 1889
Goodwin, Mary E.	Lunceford, Marion	9 Jun 1872
Goodwin, Mollie	Morris, William	8 Jun 1894*
Goodwin, M.A.	Montgomery, D.C. (Mr)	19 Mar 1905
Goodwin, M.V.	Dugger, William	21 May 1895

Goodwin, Nancy	Campbell, G.W.	14 Sep 1874
Goodwin, Nell	Netherton, Darius	7 Jul 1907
Goodwin, Rhoda	Justice, Charles	7 Nov 1897
Goodwin, Thomas A.	Perry, Florence	24 Sep 1871
Goodwin, T.C.	Clark, G.W. (Mr.)	21 Dec 1894*
Goodwin, W.L.	Wilson, Mollie	23 Jan 1902
Gorden, Ethel	Wiseman, Edward	16 Feb 1908
Gorman, Lyde	Stover, Emma Lee	17 Feb 1917
Gorman, Nancy	Tate, Andy	27 Oct 1878
Gorman, Richard	Tipton, Harriett	28 Jan 1884
Gouge, Alice	Burlison, Mack	27 Sep 1902
Gouge, Allen	Waycaster, Mary Jane	1 Jun 1889
Gouge, Anderson	gilland, Selis	6 Mar 1887
Gouge, Avery	Kelly, Etta	3 Jul 1910
Gouge, Bettie	Stephens, G.W.	25 Jun 1897
Gouge, Bettie	Stout, Clarence E.	8 Sep 1920
Gouge, Bettie J.	Collins, Emmert	23 May 1890
Gouge, David	Simerly, Mary	23 Jan 1873*
Gouge, Delia	Street, Milton	1 Jul 1906
Gouge, Dorser	Winters, Minnie	20 Jun 1905
Gouge, Elige	McKinney, Corda	23 May 1916
Gouge, Elijah	Garland, Julia	10 Aug 1890
Gouge, Fletcher	Honeycutt, Ethel	17 Apr 1920
Gouge, Frank	Whitehead, Bell	24 Dec 1914
Gouge, Frank L.	Rainbolt, Lena	13 Jul 1913
Gouge, Hattie	Miller, S.E.	15 Mar 1900
Gouge, Hattie	Greer, James	13 Jan 1912
Gouge, Hattie	Herrell, Spencer	11 Apr 1918
Gouge, Henry	Banks, Sarah	7 May 1904
Gouge, Jacob	Arrowoow, Rosa	17 Jun 1894
Gouge, Jane	Simerly, Daniel	7 Apr 1881
Gouge, John	Whitehead, Maxie	6 Apr 1917
Gouge, John W.	Tucker, Lottie	17 Mar 1898
Gouge, Josie	Willis, Robert	3 Jun 1911
Gouge, Juanita	Odom, John	28 Mar 1912
Gouge, Julia	Barnett, Wats	22 Apr 1909
Gouge, J.H.	Carver, Elizabeth	24 Mar 1900
Gouge, Katie	Street, Clingman	2 Jan 1898
Gouge, Landon	Honeycutt, Dolly	9 Nov 1899
Gouge, Lena	Willis, George	24 Apr 1911
Gouge, Lillie	Barnett, Steven	29 Apr 1911
Gouge, Lillie	Williams, Clarence	2 Aug 1916
Gouge, Lizzie	Calhoun, Hale	28 Nov 1914
Gouge, Lockie	Byrum, W.L.	24 Jun 1903
Gouge, Lynda	Chesnutt, R.W.	19 Apr 1904
Gouge, Lyra	Benfield, Marion	18 Nov 1905
Gouge, Maggie	Hughes, G.W.	1 Jan 1897

Gouge, Manerva	Street, Robert	18 Sep 1898
Gouge, Marion	Street, Nettie	25 Dec 1913
Gouge, Mary	Benfield, J.M.	9 Jan 1900
Gouge, Mary Evaline	Phillips, William	10 Jun 1902
Gouge, Mary J.	Hathaway, O.C.	3 Dec 1894
Gouge, Mary S.	Morton, M.M.	25 Nov 1894
Gouge, Maude B.	Gragg, William R.	3 Jul 1907
Gouge, May	Nave, H.E.	6 Dec 1917
Gouge, Mira	Shell, W.D.	17 Apr 1897
Gouge, Missouri	Morton, E.E.	25 Nov 1894
Gouge, Myrtle	Stephens, Arthur	20 Apr 1918
Gouge, Nettie	Anderson, J.C.	11 Mar 1913
Gouge, Nora	Davis, Lee	23 Aug 1902
Gouge, Robert	Moffit, Eva	6 Jun 1913
Gouge, Rose	Twiggs, John	16 Jul 1915
Gouge, Ruby	Birchfield, Addie	19 Feb 1911
Gouge, Sarah A.	Carver, Henry	19 Nov 1898
Gouge, Sherman	Stephens, Tamar	1 May 1919
Gouge, Susan	Townesell, Samuel	14 Jun 1902
Gouge, Thomas	Smith, Mollie	28 Jan 1886
Gouge, Ulyses	Kelly, Mary	20 Mar 1916
Gouge, William M.	Gilliand, Mattie	23 Dec 1887
Gouge, Winfield	Cochran, Claria	15 May 1885
Gourley, Alfred T.	Smith, Margaret	2 May 1894*
Gourley, Annie	McKeehan, John F.	21 Apr 1889
Gourley, A.F.	Payne, Cora	23 Mar 1890
Gourley, Bell	Loudermilk, Robert	10 Aug 1902
Gourley, Carrie	Dancy, William	24 Dec 1904
Gourley, Carter	Wagner, Mae E.	19 Nov 1911
Gourley, Carter F.	Donnelly, Minnie	24 Jan 1918
Gourley, Dan	Ha___, Lora	29 Dec 1913
Gourley, D.J.	Strickland, Orla	6 Dec 1917
Gourley, D.N.	Fair, Julia	10 Aug 1902
Gourley, Eliza	Pearce, William	12 Jul 1908
Gourley, Eva	Douglas, J.B.	4 Jan 1892
Gourley, Fanny J.	Humphrey, William J.	15 Apr 1875*
Gourley, F.J.	Humphrey, W.J. (Mr.)	13 Apr 1875*
Gourley, George F.	Loveless, Mary	26 Sep 1876
Gourley, G.W.	Shoemaker, Caroline	18 May 1872
Gourley, James	Cooper, Martha	24 Feb 1876*
Gourley, James C.	Forbes, Ida	25 Jan 1907
Gourley, Jennie	Casy, George W.	30 Nov 1911
Gourley, John H.	Shell, Sarah	18 Apr 1883
Gourley, Josie	Collins, John	19 Feb 1917
Gourley, Lizzie	Johnson, Enoch	23 Dec 1883
Gourley, Lizzie A.	Owen, Thomas F.	30 Aug 1883*
Gourley, Lucy	Murray, T.S.	4 Aug 1895

Gourley, Maggie	Calaway, Harmon	22 Oct 1913
Gourley, Margaret	White, Lawson	28 Sep 1890
Gourley, Martha A.	Lawson, William S.	12 Dec 1880
Gourley, Mary	Crow, Daniel	6 Sep 1877*
Gourley, Mary	Glover, John	14 Aug 1887
Gourley, Mary S.	Hyder, Henry	30 Sep 1877
Gourley, Mollie	McKinney, Samuel	25 Jan 1901
Gourley, Nannie	Glover, John	18 Sep 1899
Gourley, Nathaniel	Taylor, Mary	18 Jan 1883
Gourley, Ona	Manning, H.H.	14 Jun 1885
Gourley, Robert H.	Orrens, Lottie A.	24 Dec 1891
Gourley, R.N.	Greene, Annie	24 Dec 1913
Gourley, Sallie S.	Hall, J.M.	12 Oct 1902
Gourley, Samuel	Lawson, Annie	22 Mar 1906
Gourley, Samuel	Hicks, Jennie	30 Jun 1907
Gourley, Samuel L.	Perry, Evaline	8 Dec 1882*
Gourley, Susan	Jenkins, James H.	12 Feb 1901
Gourley, Susan	Sims, Taylor	4 Nov 1909
Gourley, Thomas	Matherly, Sarah	23 Jan 1879
Gourley, T.S.	Roark, Pearlie	24 Jul 1913
Gourley, William	Smalling, Jane	28 Jul 1878
Gourley, Willie	Taylor, Ella	17 Mar 1912
Gourley, W.M.	Merritt, Viny	5 Jun 1877
Gourman, Louis	February, Elizabeth	16 Feb 1911
Grabl, Joseph A.	Wilcox, Sallie Folsom	9 Sep 1914
Grace, E.J.	Covington, Margaret	28 Mar 1880
Grace, Sally	Williams, Pleasant	22 Jan 1876*
Grady, Elsie	Elliott, Joseph	10 Sep 1889
Gragg, Ben	Perkins, Bertha	11 Jul 1906*
Gragg, Benjamin H.	Vance, Hannah	18 Aug 1907
Gragg, C.H.	Moody, Delia	20 Dec 1910
Gragg, Edith	Lyons, Alfred	10 Sep 1911
Gragg, Ethel	Tims, Bub	2 Nov 1919
Gragg, Henderson	Coffey, Etta	19 Mar 1907
Gragg, Ida M.	Shell, Robert	12 Feb 1903
Gragg, James	Scalf, Mamie	15 Aug 1909
Gragg, Jane	Shell, Edd	8 Sep 1900
Gragg, J.C.	Greenwell, Mary F.	23 Dec 1877
Gragg, Leby	Shell, Andy	30 Dec 1899
Gragg, Morrie	Rodgers, William	22 Jan 1910
Gragg, Myrtle	Williams, Alfred	29 Mar 1913
Gragg, O.M.	Truman, J.W. (Mr.)	21 Jan 1907
Gragg, Rosie	Jones, Robert J.	22 Sep 1907
Gragg, Sally	Miller, William	24 Jun 1899
Gragg, Sarah M.	Miller, Jacob	15 Apr 1877
Gragg, Thelma	Shown, Hugh C.	6 Feb 1909
Gragg, Vergil	Coffee, Dollie	24 Jul 1920

Gragg, William R.	Gouge, Maude B.	3 Jul 1907
Grant, P.S.	Johnson, Mary	21 Dec 1887
Gray, Dellie	Oaks, John	14 Apr 1894
Gray, Fronia	Prichard, Thomas	23 May 1908
Gray, Jane	Moody, John	4 Jan 1888
Gray, Julia	Floyd, James	4 Mar 1887
Gray, Louisa	Write, Robert W.	23 Apr 1879
Gray, Louissa	Wright, Robert W.	23 Apr 1879
Gray, Thomas M.	Archer, Bertha M.	4 Dec 1915
Gray, William	Clark, Elzora	19 May 1897
Graybeal, A.M.	Buck, D.E.	8 Jun 1907
Graybeal, Bertha	Wright, William	5 Nov 1907
Graybeal, C.R.	Calhoun, Florence	22 Jun 1906
Graybeal, Flossie	McKinney, Gurney A.	22 Jun 1918
Graybeal, John	Calhoun, Etta	24 Dec 1908
Graybeal, Quince A.	Hughes, Eliza	5 Jan 1908
Graybeal, Spencer	Benfield, Esther	1 Jan 1911
Grayham, Ida	Teague, Charles	30 May 1911
Green, Artie Bell	Carr, Frank A.	29 Nov 1917
Green, Clyde	Shomaker, Annie	9 Jun 1917
Green, Isabell	Potter, Daniel	31 Aug 1901
Green, James	Cook, Nola	22 Mar 1919
Green, Jennie	Evans, Rody	11 Mar 1919
Green, Jermil	Hayes, Addie	20 Feb 1916
Green, John	Green, Massie	26 Feb 1915
Green, John L.	Bumgarner, Mary	3 Dec 1882
Green, Joseph	Ledford, Rose	11 Jan 1914
Green, Josephine	Rishen, Elbert	25 Jan 1872
Green, J.W.	Price, Flora	12 Dec 1906
Green, J.W.	Vines, Vickey	21 Apr 1916
Green, Leva	Odom, Samuel	17 Jul 1920
Green, Maggie	Hawkins, Charles	5 Apr 1913
Green, Massie	Green, John	26 Feb 1915
Green, Millie	Pierce, D.B.	18 Apr 1920
Green, Minnie	Winters, Corbot	28 Jan 1916
Green, Nettie	Hughes, Samuel	20 Mar 1910
Green, Nora	Street, David	(? 1893)
Green, R.A.	Peoples, Elizabeth	13 Oct 1887
Green, Sallie	Faw, James	12 Dec 1886
Green, Sudie	Epperson, W.C.	21 Aug 1915
Green, Vena	Heaton, James	29 Jun 1913
Green, Vicy	Presnell, Gilbert	29 May 1907
Green, W.C.	Isaacs, Isabell	30 Mar 1896
Greene, Annie	Gourley, R.N.	24 Dec 1913
Greene, Avery	Patterson, Etta	8 Aug 1908
Greene, Charles	Barlow, Carrie	16 Apr 1910
Greene, Dosie	Ollis, Waits	21 Jul 1910

Greene, Elsie B.	Johnson, Chester A.	24 Sep 1911
Greene, Hulda	Tipton, E.M.	14 Jun 1910
Greene, J.H.	Justice, Julia	22 Dec 1908
Greene, Lizzie	Hileman, Charles	5 Nov 1908
Greene, Lula	Henson, Joseph	23 Mar 1907*
Greene, Nora	Potter, G.L.	5 Oct 1895
Greene, Oda	Harmon, Galtria	7 May 1916
Greenlea, Sim	Smith, America	31 Jul 1884
Greenlee, Cordia	Grindstaff, W.R.	30 May 1915
Greenlee, Dora	Hendrix, T.C.	10 Mar 1901
Greenlee, James	Bridges, Mollie	4 Apr 1915
Greenlee, James	Brooks, Sallie	1 Feb 1911
Greenlee, Julia F.	Hendrix, James A.	24 Jun 1915
Greenlee, Lillian	Edwards, Richard	1 Aug 1920
Greenlee, Lillie	Smith, John	17 Nov 1901
Greenlee, Martha	Peoples, Robert	18 Jan 1903
Greenlee, Percella	Harper, Kelly	31 Jan 1891
Greenlee, Perry	Ervin, Maggie	15 Jul 1899
Greenlee, Rufus	Howard, Mary	10 Jul 1892*
Greenlee, Sarah A.	Ketchren, G.F.	11 Jun 1902
Greenway, Carrie	Woods, W.G.	30 Sep 1914
Greenway, J.W.	Slagle, Nellie M.	30 Dec 1913
Greenway, Lillie	Massengill, Samuel	10 Oct 1909
Greenway, Sarah E.	Humphreys, Martin	27 Aug 1893
Greenway, Susan	Davis, W.A.	26 Nov 1885
Greenway, William	Richardson, Laura	29 Sep 1907
Greenway, W.A.	Speers, Maggie	24 May 1896
Greenwell, G.A.	Wolf, C.S.	11 Sep 1904
Greenwell, Mary F.	Gragg, J.C.	23 Dec 1877
Greenwell, Thomas	Black, Manda	18 Oct 1908
Greenwell, Wiley	Isaacs, Nora	26 Jun 1910
Greenwell N.E.	Buntin, J.M. (Mr.)	7 Jan 1900
Greer, Aaron	Morgan, Sarah	1 Apr 1873
Greer, Annie	Hurley, J.A.	26 Feb 1918*
Greer, A.J.	Richardson, Lytha	13 Dec 1903
Greer, Catherine	Oaks, James	18 Sep 1895
Greer, Cora Alice	Williams, Charles	19 Feb 1900
Greer, Elizabeth	Winters, Jeb	9 Jun 1897
Greer, Ethel	Oaks, Near	26 Dec 1914
Greer, Etta	Johnson, Clarence	28 Aug 1917
Greer, Fannie	Stewart, Jefferson	21 Jun 1913
Greer, Finly	O'Brien, Laura M.	11 Jul 1893
Greer, Floid	Street, Sarah	7 Mar 1908
Greer, F.L.	Robinette, Delia	22 Apr 1920
Greer, Ida J.	Heaton, W.H.	22 Jun 1918
Greer, Jack	Oaks, Mary	17 Jul 1920
Greer, James	Gouge, Hattie	13 Jan 1912

Greer, James W.	McKinney, Polly	4 Feb 1902
Greer, Jane	Garland, Thomas G.	18 Nov 1895
Greer, Jane	Evans, Jacob	15 Mar 1911
Greer, John	Richardson, Sarah	17 Oct 1896
Greer, John	Troutman, Lossie	20 Nov 1915
Greer, J.M.	Bryant, Millie	4 Jan 1900
Greer, Lillie	Price, Lee	25 Dec 1919
Greer, Lucy	Heaton, John K.	8 Dec 1888*
Greer, Martha A.	Vance, Cart	24 Mar 1894
Greer, Minnie	Cook, C.E.	6 Mar 1899
Greer, Myrtle	Oliver, James P.	11 Mar 1917
Greer, Nancy	Wagner, William A.	30 Dec 1900
Greer, Rebecca	Smith, Thomas	15 Jan 1908
Greer, Rebecca	Miller, Wesly	30 Mar 1911
Greer, Roby	Woody, Alice	6 Apr 1908
Greer, Ruben	Barnett, Leona	24 Feb 1918
Greer, Thomas M.	Lunceford, Sarah F.	15 Feb 1894
Greer, T.J.	Adams, Margurete May	23 Jul 1918
Greer, Walter	Irick, Golda	26 May 1918
Greer, William S.	Shuffield, Maritha	22 Aug 1871*
Gregg, Arvil	Shepard, Sandusky	27 Feb 1916
Gregg, Dora J.	Woodruff, J.J.	13 Jul 1915
Gregg, Hattie	Dugger, John H.	2 Oct 1907
Gregg, James	Singleton, Mirah	8 Aug 1893
Gregg, J.M.	Cochran, Hannah	6 Oct 1917
Gregg, Mahlda	Scalf, Robert	30 Jun 1901
Gregg, Mandy	Ward, E.G.	6 Mar 1904
Gregg, Manerva L.	Woodruff, J.M.	6 Jul 1899
Gregg, Mary	Perkins, Joseph	2 Feb 1896
Gregg, Shelby F.	Laws, Nancy V.	21 May 1893
Gregg, Walter S.	Grossman, Helen G.	23 Mar 1918
Grey, Rahcel	Chambers, Guss	22 Dec 1919
Gribble, Hettie	Tolly, George	21 Jul 1910
Gribble, Lidia	Stamy, William	22 Apr 1908
Grider, Virgie I.	Shuffield, William	22 Feb 1918
Griffey, Loura Bell	Culbert, Mike	6 Jun 1915
Griffey, Sinie	Grindstaff, Elbert	27 Jan 1917
Griffin, Ellen	Tolly, Charlie	1 Feb 1920
Griffin, Frank	Tolly, Ellen	23 Mar 1914
Griffin, J.C.	Showman, Callie	10 Apr 1895
Griffin, J.E.	Brumit, Carrie	27 Jan 1918
Griffin, Susan	Stover, Nias	25 Dec 1887
Griffith, Alex	Matherly, Julia	13 Aug 1908
Griffith, Celia	Craig, George	20 May 1900
Griffith, Frank M.	Olliver, Susan	13 Sep 1903
Griffith, Mary	Moore, William	26 Aug 1900
Griffith, Mary C.	Calloway, H.	3 Sep 1892

Griffith, M.A.	Holden, N.R. (Mr.)	20 Oct 1895*
Griffith, Pleasant	Campbell, Nancy J.	8 Nov 1903
Griffith, Thomas D.	Neely, Mary E.	4 Mar 1874
Griffith, William	Oliver, Eliza	12 Oct 1890
Griffith, W.R.	Crosswhite, Ettie	19 Feb 1912
Griffith, W.S.	Hazlewood, Martha L.	19 May 1895
Griffon, James	Hardie, Martha	20 Jan 1884
Griggs, M.L.	Tipton, Josephine	24 Dec 1884
Grimes, Luida	Taylor, John H.	19 Sep 1902
Grindstaff, Aaron	Hyder, Ellen	15 Aug 1872
Grindstaff, Alex	Carriger, Margaret	8 Apr 1884
Grindstaff, Alex. F.	Dugger, Susan	29 May 1879*
Grindstaff, Alfred	Britt, Eliza	15 Aug 1874*
Grindstaff, Alice	Shuffield, Oscar	5 Mar 1906
Grindstaff, Alice	Snyder, Minyard	24 Jul 1909*
Grindstaff, Amanda	Hampton, James	23 Dec 1902
Grindstaff, Andy	Helva, May	30 Jul 1912
Grindstaff, Annas	Hinkle, Smith	20 Jul 1918
Grindstaff, Arthur	Lacy, Delia	4 Mar 1906
Grindstaff, Arthur	Miller, Katie	17 Feb 1916*
Grindstaff, Arthur	Miller, Katie	27 Nov 1916
Grindstaff, A.E.	Blevins, Margaret	7 Aug 1910
Grindstaff, A.J.	Grindstaff, Celia H.	27 Jan 1895
Grindstaff, Bessie	Fletcher, Karl	17 Mar 1903
Grindstaff, Bessie	Lyons, Thomas	20 Jan 1912
Grindstaff, Bessie	Campbell, D.C.	7 Feb 1917
Grindstaff, Bessie	Hyder, Frank	1 May 1920
Grindstaff, Blanch	Hyder, Claud	31 Aug 1919
Grindstaff, Callie	Smith, James L.	22 Dec 1898
Grindstaff, Celia	Manning, James M.	6 Feb 1906
Grindstaff, Celia H.	Grindstaff, A.J.	27 Jan 1895
Grindstaff, Charles	Hall, Hattie	11 Jun 1920
Grindstaff, Clara	Dugger, John H.	10 Apr 1884
Grindstaff, Claude	Williams, Daisy	12 Jun 1915
Grindstaff, Clayton	Stout, Dora	8 Jun 1919
Grindstaff, Connie	Anderson, Coy	28 May 1919
Grindstaff, C.J.	Harkleroad, J.I.(Mr.)	19 Oct 1890
Grindstaff, C.L.	Brookshire, Myrtha	29 Dec 1911
Grindstaff, Daniel	Raser, Jennie	13 Feb 1909
Grindstaff, David	Garrison, Eliza	26 Oct 1876
Grindstaff, David K.	Shuffield, C.J.	5 Dec 1872
Grindstaff, David M.	Estep, Nancy E.	21 Dec 1892
Grindstaff, David R.	Estep, Lula	11 Apr 1915
Grindstaff, Della	Peters, D.S.	22 May 1904
Grindstaff, Dicy	Perdieu, J.M.	26 Feb 1899
Grindstaff, D.B.	Treadway, Sarah	7 Aug 1904
Grindstaff, D.H.	Campbell, Estella	3 Jan 1909

Grindstaff, D.L.	Glover, Dasie	28 Jul 1901
Grindstaff, D.L.	Taylor, Della	21 Jun 1903
Grindstaff, D.L.	Stout, Emma M.	28 Oct 1919
Grindstaff, D.S.	Harden, Alice	21 Jul 1907
Grindstaff, Edna B.	Shipley, E.C.	23 May 1920
Grindstaff, Elbert	Griffey, Sinie	27 Jan 1917
Grindstaff, Elijah	Overhulser, Evelyn	16 Sep 1871*
Grindstaff, Eliza	Markland, Allen	19 Apr 1898
Grindstaff, Eliza J.	Ritchie, A.S.	29 Jul 1920
Grindstaff, Eliza K.	Sutfin, John C.	31 Mar 1909
Grindstaff, Elizabeth	Humphrey, William	14 Feb 1877
Grindstaff, Elizabeth	Taylor, Robert	10 Sep 1905
Grindstaff, Ellen	Johnson, Andrew G.	1 Oct 1876
Grindstaff, Ellen	Bowers, Elbert	7 Dec 1912
Grindstaff, Ellen	Taylor, Andrew	1 Jan 1914
Grindstaff, Ellie	Johnson, David	13 May 1916
Grindstaff, Elva	Payne, James	17 Oct 1881*
Grindstaff, Eva	Surgent, J.H.	28 Feb 1916
Grindstaff, Everet	Peters, Lydia	15 Nov 1913
Grindstaff, Frank	Hardin, Jennie	4 Sep 1920
Grindstaff, Geo. W.	McCatherine, Nancy A.	18 Apr 1886
Grindstaff, Guthrna	Taylor, Robert	29 Apr 1911
Grindstaff, G.W.	Holtsclaw, Nancy	17 Mar 1897
Grindstaff, Ham	Wilson, Ellen	28 Dec 1916
Grindstaff, Hannah	Grindstaff, Nicholas	23 Jul 1887
Grindstaff, Harriett	Hodge, Henderson	22 Nov 1887
Grindstaff, Hattie	Lynn, W.C.	5 Aug 1916
Grindstaff, Henry	Price, Mary Jane	31 Dec 1902
Grindstaff, Henry	Bowman, Maggie	17 Oct 1915
Grindstaff, Ida	Carriger, D.K.	2 May 1920
Grindstaff, Ira	Lewis, Lola	13 Dec 1919
Grindstaff, Isaac	Daugherty, Myrtle	4 Jul 1909
Grindstaff, I.H.	Elliott, Tulia	26 Dec 1909
Grindstaff, Jacob H.	Taylor, Catherine A.	29 Jan 1897
Grindstaff, James	Morton, Sallie	21 Feb 1909
Grindstaff, James B.	Markland, Lizzie	15 Jan 1882
Grindstaff, James D.	Minton, Josie Ethel	24 Mar 1919
Grindstaff, Jane	Shull, Leonard	15 Oct 1871
Grindstaff, Jessee	Estep, Annie	14 Feb 1911
Grindstaff, John	Merritt, Sally	25 Jan 1879
Grindstaff, John	Ellis, Mary Ann	10 May 1908
Grindstaff, John	Moore, Harriett	3 Apr 1910
Grindstaff, John	Robinson, S.A.	29 Oct 1910
Grindstaff, John H.	Robinson, Lorettie E.	21 Dec 1882
Grindstaff, Joseph	Taylor, Mattie	8 Nov 1911
Grindstaff, J.F.	Williams, Mary Lou	13 Mar 1881
Grindstaff, J.W.	Nave, Valara	25 Dec 1909

Grindstaff,	J.W.	White, Maggie	24 Dec 1910
Grindstaff,	Louiasy	Casy, William	6 Jul 1879
Grindstaff,	Louisa	Forrester, J.H.	9 Dec 1871
Grindstaff,	Mahaley	Markland, Daniel	24 Mar 1889
Grindstaff,	Margaret	Williams, T.H.	24 Jul 1902
Grindstaff,	Martha	Wilson, William	14 Oct 1890
Grindstaff,	Martha	Taylor, Charlie	3 Dec 1914
Grindstaff,	Martha	Richardson, Sam	11 Mar 1916
Grindstaff,	Mary	Livingston, Samuel	44 Aug 1873
Grindstaff,	Mary	Estep, Moses	11 Apr 1874*
Grindstaff,	Mary	Oliver, J.H.	7 Jan 1881
Grindstaff,	Mary C.	Kite, Charles E.	24 Oct 1895
Grindstaff,	Mary E.	Myers, E.D.	13 Dec 1876
Grindstaff,	Mary E.	Williams, John B.	30 Jun 1898
Grindstaff,	Mary E.	Stephens, G.W.	24 Apr 1904
Grindstaff,	Maud	Elliott, R.C.	29 Jun 1918
Grindstaff,	Minnie	Meritt, John	26 Dec 1920
Grindstaff,	Monroe	Williams, Lena	3 Jun 1918
Grindstaff,	Nancy	Cox, Soloman	8 Apr 1896*
Grindstaff,	Nancy	Taylor, J.A.	25 Dec 1909
Grindstaff,	Nancy	Moreland, Filmore	5 Feb 1916
Grindstaff,	Nicholas	Grindstaff, Hannah	23 Jul 1887
Grindstaff,	Nora	Angel, Folsom	4 Feb 1906
Grindstaff,	N.J.	Shull, Andrew J.	25 Nov 1879
Grindstaff,	N.L.	Rasor, Bessie	29 Sep 1909
Grindstaff,	O.R.	Garland, Minerva	3 Feb 1907
Grindstaff,	Phoeba J.	Campbell, Rogan	21 Oct 1888
Grindstaff,	Raymond	Cress, Ida	6 Jul 1918
Grindstaff,	Rebecca	Brummitt, G.W.	27 Apr 1890*
Grindstaff,	Rebecca	Grindstaff, Samuel	19 Mar 1905
Grindstaff,	Rebecca	Bradly, e.S.	9 Nov 1909
Grindstaff,	Retty	Hinkle, T.J.	27 Sep 1919
Grindstaff,	Rosa	Pearce, George	15 Jul 1906
Grindstaff,	Rosa	Treadway, G.H.	25 Dec 1908
Grindstaff,	Roy	Peters, Anna	2 Oct 1910
Grindstaff,	Roy	Williams, Sallie	9 Dec 1918
Grindstaff,	R.C.	Elliott, Jettie	15 Oct 1913
Grindstaff,	Sallie	Nave, W.E.	30 Sep 1900
Grindstaff,	Samuel	Deloach, Phoebe J.	11 Jun 1892
Grindstaff,	Samuel	Collins, Maggie	20 Sep 1901
Grindstaff,	Samuel	Grindstaff, Rebecca	19 Mar 1905
Grindstaff,	Sarah	Ritchie, Sanford	9 Jan 1907
Grindstaff,	Sarah A.	Lyon, Robert	3 Feb 1916
Grindstaff,	Sarah J.	Grindstaff, Wm. H.	20 Jan 1901
Grindstaff,	Susan	Minton, Zachariah	2 Feb 1875*
Grindstaff,	Susan A.	Bess, Andrew J.	27 Jan 1918
Grindstaff,	S.E.	Estep, D.S. (Mr.)	16 Aug 1899

Grindstaff, S.V.	White, Lena	4 Jul 1919
Grindstaff, Thomas	Archer, Ella	1 Mar 1891
Grindstaff, Vady	Garland, Mod	3 Oct 1915
Grindstaff, Veary	Clark, T.C.	30 Mar 1896
Grindstaff, Wilborne	Richardson, Alice	15 Feb 1913
Grindstaff, Wilburn	Estep, Sarah	17 Oct 1903
Grindstaff, Wm. H.	Grindstaff, Sarah J.	20 Jan 1901
Grindstaff, W.E.	Pearce, Katy	9 Aug 1911*
Grindstaff, W.H.	Hurly, Nancy	20 Sep 1913
Grindstaff, W.R.	Greenlee, Cordia	30 May 1915
Griphia, William	Russell, Nancy M.	2 Feb 1882*
Grode, Friston L.	Slater, L___ May	18 Sep 1912
Grogan, D.H.	Roberts, Mary	15 Aug 1896
Grogan, Julia	Odom, O.E.	17 Feb 1915
Grogan, Mary	Odom, Pinkney	4 Apr 1887*
Grossman, Helen G.	Gregg, Walter S.	23 Mar 1918
Groteman, J.T. (Mr.)	Gillam, M.J.	15 Aug 1904*
Grumley, Mattie	Riggs, Samuel	27 Apr 1904
Grussen, Roxie	Laws, Robert	3 Jul 1909*
Gru___, Ellen	Clein, Henry	24 Dec 1913
Gudger, John	Ervin, Mamie	19 Sep 1899
Guess, Charles	Floyd, Matilda	25 Jan 1904
Guess, Hattie	Scalf, McKinley	27 Jan 1918
Guess, Henry	Olliver, Alice	31 Jan 1904
Guess, Mary	Reed, Cain	2 Jul 1910
Guess, Mattie	Harden, John	15 Feb 1904
Guin, Rebecca	Maxwell, J.M.	12 Jan 1909
Guin, Sam	Turbyfield, Minnie	18 Jul 1897
Guinn, Addie	Guinn, Robert	30 Oct 1910
Guinn, Amos	Roberts, Caroline	9 Sep 1873*
Guinn, Andy	Tipton, Lizzie	23 Nov 1881*
Guinn, Andy J.	Hartley, Emily L.	6 Sep 1878*
Guinn, David	Pritchard, Dida	30 Jan 1894
Guinn, Dora	Perkins, Joseph C.	19 Feb 1914
Guinn, Elizabeth	Pearce, Therman	14 Sep 1871
Guinn, Elizabeth	Jenkins, William	8 Aug 1889
Guinn, Ellen	Freeman, Bud	7 Jan 1916
Guinn, Ellen	Angel, Thomas	15 Feb 1880
Guinn, Ellen	Wagner, Wilson	18 Apr 1917
Guinn, Ester	Guinn, Henry	1 Feb 1914
Guinn, E.C.	Henson, Young	24 Jun 1910
Guinn, Hanner	McClain, Henry J.	15 Jan 1909
Guinn, Hattie	Sims, Andy	11 Jan 1914
Guinn, Henry	Whitehead, Nancy	1 Apr 1909
Guinn, Henry	Guinn, Ester	1 Feb 1914
Guinn, Herbie	Wilson, May	4 Sep 1919
Guinn, H.D.	(illegible)	5 Nov 1874

Guinn, Jacob	Ingram, Mary	23 Jul 1899
Guinn, James M.	Guinn, Merica	29 Dec 1881
Guinn, Jane	Turbyfield, Curtis	23 Mar 1880
Guinn, John	Arnett, Blanch	8 Sep 1919
Guinn, J.M.	Whitehead, Sallie	18 Aug 1912
Guinn, Kate	Oaks, William C.	5 Mar 1904
Guinn, Larkin	Stout, Anna R.	10 Nov 1900
Guinn, Luther	Whitehead, Nancy	25 Jan 1912
Guinn, Maud	Pobinson, Clarence	2 Feb 1920
Guinn, Merica	Guinn, James M.	29 Dec 1881
Guinn, M.A.	Bowman, W.B. (Mr.)	4 Nov 1900
Guinn, Naoma	Perkins, Thomas	13 Nov 1909
Guinn, N.T.	Winters, Birtha	21 Mar 1914
Guinn, Oma	Richardson, Edd	11 Jul 1913
Guinn, Ora	Lyons, Elick	19 Nov 1919
Guinn, Robert	Guinn, Addie	30 Oct 1910
Guinn, Rosie	Correll, Harrison	1 Aug 1918
Guinn, Warnie	Williams, Zella	18 Oct 1919
Guinn, William	Sizemore, Lena	26 Jun 1901
Guinn, William	Moore, Rhoda	21 Feb 1902
Guinn, Zara	Spiva, A.P.	22 Dec 1920
Guisler, Clena	Wilcox, R.B.	24 Sep 1904
Gullion, Joseph	Gambill, Cora	29 Dec 1897
Guy, A.J.	Vines, Bessie Jane	22 Jun 1919
Guy, Charlie	Morgan, Alice	21 Sep 1919
Guy, Harriett	Glover, E.	5 Aug 1871
Guy, O.C.	Peters, Dottic	1 Nov 1917
Guy, Sallie	Smith, Daniel J.	30 Dec 1880
Guy, S.E.	Holden, Thomas	7 Feb 1908
Guy, Uretha	May, Dave	23 Apr 1916
Gwaltney, Elva	Wilson, W. Clay	18 Nov 1916
Gwin, David	Richardson, Dora	18 Apr 1899
Hacker, Clauncy	Renfro, Maria A.	23 May 1910
Hacker, Nancy	S____, Joseph K.	2 Jan 1873
Hackett, Josie	Wilson, John	7 Sep 1882
Hackey, J.E.	Baily, Alice A.	17 Mar 1896
Hackney, Annie	Wilson, C.W.	20 Feb 1908*
Hackney, Clara	Williams, T.A.	14 Dec 1909
Haggerty, Pat	Richardson, Mamie M.	1 Jan 1916
Hagie, George	Kite, Flora	24 Dec 1912
Hale, Andrew F.	Stout, Rosa	10 Nov 1919
Hale, Anna	Banner, Albert	6 Dec 1906
Hale, A.A.	Lacy, Sarah E.	21 Nov 1906
Hale, Bessie	Waycaster, Willard	28 Jun 1916
Hale, Cinda	Sneed, Andrew A.	19 Nov 1911
Hale, Eva	Wilson, John	13 May 1910
Hale, George	Boyd, Mary	28 Oct 1886

Hale, J.E.C.	Jones, Bessie	2 Jul 1903
Hall, Chester	Campbell, Bell	22 Dec 1906
Hall, Elijah S.	Presnell, Rutha A.	7 Jul 1894*
Hall, Emma	Smith, Burl	27 Sep 1914
Hall, Hattie	Grindstaff, Charles	11 Jun 1920
Hall, J.M.	Gourley, Sallie S.	12 Oct 1902
Hall, Leona	Croy, J.P.	29 Jul 1914
Hall, Lyda	Micheal, Callie	31 Dec 1916
Hall, Mary	Taylor, Murry	5 Jul 1914
Hall, Mattie	Ryan, G.W.	3 Jan 1909
Hall, Samuel	Williams, Vancy	24 May 1893
Hall, S.P.	Mcloud, Sarah L.	30 Aug 1896
Hall, William	Hart, Lillie	22 Apr 1915
Halvin, Daniel	Lunsford, Mary	30 Mar 1886
Hambrick, William	Nave, Susannah	11 Dec 1879
Hambrick George	Glover, Lena	25 Jul 1909
Hambrick Susanna	Jones, William	9 Jun 1905
Hambrick William	Roberts, India	1 Sep 1918
Hamby, Alice	Jones, John H.	25 Aug 1908
Hamby, Allen	Rader, Eliza	9 Feb 1871
Hamby, Allen	Sims, Mary	24 Nov 1877
Hamby, Allen	Wilson, Caroline	9 Dec 1888
Hamby, Andrea	Phelps, P.P.	10 Nov 1873
Hamby, Caroline	Campbell, Jeremiah	20 Sep 1874
Hamby, Dewey	Brown, Flora	23 Apr 1917
Hamby, Eliza	Kennick, H.H.	21 Jan 1883
Hamby, Laurence	Colbaugh, Rebecca	3 Sep 1900
Hamby, Leaner	Nave, Gerogi	2 Apr 1876
Hamby, L.C.	Cannon, Mattie	2 Feb 1914
Hamby, Minnie	Jones, David L. Jr.	27 May 1911
Hamby, Rader	Jones, John B.	25 Dec 1887
Hamby, R.D.	Turbefield, Nolia	5 Oct 1914
Hamby, V.A.	Smith, A.H. (Mr.)	22 Feb 1881
Hamby, Will	Franklin, Minnie	14 Feb 1919
Hamby, William	Matherson, Essie	25 Dec 1912
Hamby, William	Matherson, Maud	16 Apr 1917
Hamby, Zillie	Waycaster, Charles	3 Feb 1906
Hamby, Zora	Markland, Arthur	29 Aug 1915
Hamilton, Dora Bell	Ryan, W.C.	2 Jan 1900
Hamilton, Kittie	Little, H.P.	5 Jun 1895
Hamilton, Sarah L.	Morrell, Joseph E.	22 Jun 1884
Hamit, Lizzie	Story, Francis M.	4 Sep 1907
Hamitt, Nola	Treadway, George	7 Dec 1913
Hammer, Charles	Buck, Lizzie	7 Apr 1907
Hammer, Laura A.	Owens, James	17 Aug 1881*
Hammer, L.F.	Shell, A.J. (Mr.)	26 May 1878
Hammet, Lucy	Gibson, John	15 Oct 1899

Hammet, William	White, Amanda	26 Oct 1909
Hammett, Andy	Hammett, Elizabeth	9 Sep 1902
Hammett, Bill	Cole, Lola	21 Aug 1904
Hammett, Elizabeth	Hammett, Andy	9 Sep 1902
Hammett, George	Glover, Eva	8 Oct 1916
Hammett, Hannah	Milam, William	29 Aug 1905
Hammett, J.C.	Douglas, Nannie	11 Nov 1906
Hammett, Lizzie	Meredith, Willie	9 Jul 1911
Hammett, Mary	Morris, W.A.	17 Feb 1903
Hammett, Ollie	Hill, David	2 Jun 1907
Hammit, Emma	Headrick, W.F.	9 Apr 1899
Hammitt, Fletcher	Douglas, Nora	31 Jan 1914
Hammitt, Julia	Head, J.H.	15 May 1893*
Hampton, Alfred	Perry, Eva	6 Feb 1883*
Hampton, Amanda	Enson, G.W.	19 Oct 1919
Hampton, Amanda J.	Edens, Willie	11 Sep 1902
Hampton, Anna	Fair, David	9 Jan 1910
Hampton, Bertha	Honeycutt, Samuel	21 Oct 1907
Hampton, Bessie	Renfro, W.H.	11 Oct 1903
Hampton, Charles	Williams, Lola	4 Mar 1906
Hampton, D.C.	Merritt, Margaret	24 Feb 1887
Hampton, Ed W.	Miller, Annie E.	7 May 1879
Hampton, Edamna	McInturff, Alice	8 Jan 1878*
Hampton, Ernest	Laws, Mary	16 Dec 1914
Hampton, E.C.	Keen, Julia A.	3 Jun 1883
Hampton, E.T. (Mr.)	Heaton, S.E.	11 Jun 1880
Hampton, F.E.	Tipton, William	7 Nov 1881*
Hampton, George	Laws, Callie	29 Sep 1893
Hampton, Henry J.	Hicks, Eliza	9 Sep 1880
Hampton, Herman L.	Wood, Lockie Jane	8 Oct 1910
Hampton, James	Grindstaff, Amanda	23 Dec 1902
Hampton, James M.	Stepp, Laura Alice	1 Apr 1880*
Hampton, James T.	Brown, Mary A.	19 Jan 1907
Hampton, Joseph	Sims, Fina	8 Aug 1896
Hampton, J.F.	Hughes, Eliza	30 Sep 1905
Hampton, Lawson	Scalf, Nancy J.	21 Jul 1881*
Hampton, Leonard	Nave, Mary Etta	25 Jul 1914
Hampton, Lilie C.	Ramsey, James A.	26 Mar 1888*
Hampton, Lizzie	Perry, George	5 Jun 1897
Hampton, Lou	Jones, Alvin	21 Jun 1888
Hampton, Lucy	Wagner, William Lee	10 Apr 1909
Hampton, Luther	Mottern, Ethel	15 Jun 1909
Hampton, Maggie	Curtis, C.G.	20 Sep 1905
Hampton, Martha	Roberson, David	19 Aug 1888
Hampton, Martha	Cunningham, Lee	18 Jan 1911
Hampton, Matilda	Shell, James	1 Sep 1874
Hampton, May	Crumley, Guss	9 Dec 1911

Hampton, Nancy	Hayes, William	27 Nov 1898
Hampton, Nancy Jane	Peaks, Eli	6 Mar 1889*
Hampton, R.E.	Henderson, A.C. (Mr.)	14 Nov 1885
Hampton, Sallie	Johnson, John B.	3 Jan 1897
Hampton, Samuel E.	Raser, Martha C.	26 Dec 1878
Hampton, Sarah	Alison, S.C.	7 Sep 1876
Hampton, Sarah	Winters, Martin W.	8 Jun 1895
Hampton, Thomas	Williams, Sarah	31 Dec 1876
Hampton, Will	Hughes, Analize	21 Sep 1906
Hampton, William B.	Ryan, Mollie	12 Sep 1884
Hampton, W.L.	Bradshaw, Vina O.	29 Dec 1911
Hanaker, Arther A.	Simerly, Lula A.	3 Sep 1879
Hand, Peter W.	Birchfield, Emma J.	2 May 1894*
Hanes, George	Chancelor, Clarisa	25 Apr 1895
Harden, Alice	Grindstaff, D.S.	21 Jul 1907
Harden, Bell	Shown, Jake	4 Apr 1907
Harden, Bertha	Peters, William	28 Jun 1915
Harden, Callie	Butner, Louis	30 Sep 1906
Harden, Calvin	Kirby, Fannie	25 Sep 1906*
Harden, Catherine	Hurly, John	13 Jan 1915
Harden, Charles	Bowers, Eliza C.	10 Jul 1893
Harden, Charles P.	Williams, Maggie	11 Dec 1899
Harden, Cleveland	Loveless, Celia	25 Jun 1911
Harden, Cora	Johnson, Arvil	7 Aug 1919
Harden, Daniel	Harden, Rosa	31 Jan 1906
Harden, Daniel	Alford, Nancy	27 Dec 1914
Harden, Elija	Carver, Hassie	19 Mar 1916
Harden, Elija	Keith, Grace	20 Apr 1918
Harden, Eliza	Honeycutt, Grolly	4 May 1905
Harden, Eliza	Loveless, Rosco	14 Aug 1910
Harden, Ellen	Garland, James	12 Jun 1920
Harden, Grant	Bowling, Lucy	29 Apr 1906
Harden, G.W.	Cass, Datie	19 Jun 1904
Harden, Ham	Harden, S.J.	20 Oct 1907
Harden, Harrison	Holloway, Eliza	3 Jul 1904
Harden, James	Potter, Ellen	19 Jul 1903
Harden, James	Perry, Jennie	4 Jul 1919
Harden, Jennie	White, F.M.	17 Jun 1906
Harden, John	Nave, Annie	4 Aug 1907
Harden, John	Frassier, Hettie	9 Jan 1900
Harden, John	Guess, Mattie	15 Feb 1904
Harden, John	Campbell, Dosia	8 Dec 1907
Harden, John	Taylor, Amanda	23 Jul 1911
Harden, John	Hinkle, Sallie	19 Dec 1914
Harden, J.A.	Bowen, Rhoda A.	25 Dec 1899
Harden, J.S.	Lipford, Mary	4 Oct 1905
Harden, Lilly	Shoun, Jacob	10 Jan 1903

Harden, Lottie	Hardin, Frank	1 Feb	1905
Harden, Mable	Forbes, Marion	29 Aug	1911
Harden, Mandy	Oliver, Austin	29 Mar	1920
Harden, Mary	Markland, Wilborn	3 Aug	1895
Harden, Mollie	Nave, Isaac N.	13 Jun	1911
Harden, Mollie	Hicks, John	9 Oct	1915
Harden, Mollie	Loveless, Tenn	14 Nov	1917
Harden, Nancy	Lewis, W.E.	24 Dec	1916
Harden, Robert	Fletcher, Jennie	28 Dec	1912
Harden, Rosa	Harden, Daniel	31 Jan	1906
Harden, Sarah E.	Beck, James	18 Sep	1898
Harden, S.J.	Harden, Ham	20 Oct	1907
Harden, Urse	White, Ben	2 Nov	1911
Harden, William	Treadway, Angia	9 Aug	1903
Harden, William	Colbaugh, Ellen	16 Mar	1904
Harden, William	Forbes, Martha	18 Oct	1909
Harden, W.M.	Forbes, Martha	20 Jun	1914
Hardie, John	Shade, Minnie	10 Jan	1907
Hardie, J.S.	Ramsous, Rebecca	12 Jul	1888*
Hardie, J.S.	Redrick, Vicie	23 Nov	1901
Hardie, Martha	Griffon, James	20 Jan	1884
Hardin, Alvin	Bowers, Bessie	7 Dec	1902
Hardin, Alvin P.	Richardson, Sarah	10 Nov	1888
Hardin, Bessie	Blevins, John	19 May	1917
Hardin, Carson	Hicks, Malinda	9 Jul	1888*
Hardin, Catherine	Loveless, H.H.	27 Oct	1877*
Hardin, Charles P.	Deloach, Eliza	11 Sep	1891*
Hardin, Chris	Deloach, Tid	30 Dec	1886
Hardin, Chrisley	Dugger, Mollie	8 Jan	1882
Hardin, Cora	Garland, John	29 Oct	1899
Hardin, D.	Potter, Sallie	28 Jun	1902
Hardin, Eli	Akles, Eliza	21 Jan	1887
Hardin, Eliza	Russell, Walter	11 Dec	1892
Hardin, Eliza	Oliver, W.M.	21 Jun	1902
Hardin, Ellen	White, Will	22 Mar	1910
Hardin, Emma	Peters, Christley	16 Nov	1888
Hardin, Etty	Brown, Lewis	11 Mar	1885
Hardin, Frank	Harden, Lottie	1 Feb	1905
Hardin, George W.	Cameron, Nola F.	2 Feb	1888
Hardin, George W.	Deloach, Eliza	9 Mar	1879
Hardin, G.B.	Nave, Sallie	31 Oct	1897
Hardin, James	Whitacr, Martha	24 Feb	1874*
Hardin, James	Heaton, Lizzie	6 Oct	1895
Hardin, James	Oliver, Ellen	26 Sep	1900
Hardin, James H.	Lewis, Lorettie	5 Apr	1896
Hardin, James N.	_____, Martha	24 Feb	1874*
Hardin, Jennie	Grindstaff, Frank	4 Sep	1920

Hardin, John M.	Hinkle, Sally	30 Nov 1878	
Hardin, John N.	Pierce, Martha O.	17 Mar 1912	
Hardin, J.H.	Beck, Dovie	17 Feb 1898	
Hardin, Levicy	Nave, A.J.	10 May 1885	
Hardin, Lorena	Garland, Campbell B.	30 Sep 1888	
Hardin, Loretta	Miller, John	1 Jun 1896	
Hardin, Maggie	Wilson, Daniel	25 Aug 1890	
Hardin, Margaret	Shoun, Frederick	2 Mar 1872*	
Hardin, Mariah	Lincey, George	8 Aug 1876*	
Hardin, Martha	Shoun, T.N.	31 Jul 1897	
Hardin, Mary F.	Pearce, A.T.	13 Feb 1896	
Hardin, Minnie	Forbes, Elijah	21 Oct 1899	
Hardin, Mollie	Estep, James C.	22 Jul 1890	
Hardin, Mollie	Vanhoy, W.L.	11 Jun 1896	
Hardin, M.R.	Bartie, Lucy	4 Dec 1893	
Hardin, Pollie	Long, James	19 Jul 1883	
Hardin, Powell	Fletcher, Amanda	7 May 1882	
Hardin, Robert	Colbaugh, Cellia	17 Feb 1889	
Hardin, Robert	Richardson, Rosa	3 Oct 1920	
Hardin, Roby	Tolly, Nancy	22 Dec 1920	
Hardin, Rosa	Eakles, John	9 Apr 1896	
Hardin, Thomas	Potter, Eller	15 May 1893	
Hardin, W.D.	Vandeventer, Catie	5 Apr 1896	
Hare, Robert	Cheek, Lola V.	12 Aug 1917	
Harkleroad, J.I.(Mr.)	Grindstaff, C.J.	19 Oct 1890	
Harmon, Artie	Potter, Billie	29 Aug 1920	
Harmon, Bessie	Palmer, Charles	29 Dec 1906	
Harmon, Dianah	Refield, Logan	10 Jan 1881	
Harmon, Galtria	Greene, Oda	7 May 1916	
Harmon, L.H.	Berry, Bertha	16 Oct 1901	
Harmon, Minnie	Church, William R.	7 Feb 1920	
Harmon, Myrtle	Owens, Thomas	15 Aug 1910	
Harmon, M. Viola	Montgomery, J.T.	22 Apr 1917	
Harmon, William	Lewis, Winnie	6 Oct 1919	
Harnett, George D.	Owens, Julia A.	12 Sep 1876*	
Harper, Kelly	Greenlee, Percella	31 Jan 1891	
Harper, M.A.	McNeel, Adie	14 Jan 1887	
Harper, M.A.	Welch, Annie	19 Jul 1894*	
Harr, Bell	Orren, John	21 Sep 1910	
Harr, Cora	Dempsy, W.B.	22 May 1915	
Harr, George	Hart, Sadie	10 Feb 1907	
Harr, Laura	Slagle, Robert L.	20 Dec 1892	
Harr, Maggie	Ray, C.W.	28 Dec 1911	
Harrell, Hannah	Shupe, W.B.	28 Feb 1872*	
Harris, Carrie	Nappes, William	11 Oct 1893	
Harris, Dollie	Cole, William	3 Sep 1904	
Harris, Eva	Baker, John	18 Oct 1907	

Harris, John	Hodge, Lucy	7 Feb 1899
Harris, Nora	Peters, B.S.	20 Nov 1904
Harris, N.E.	Jobe, Harriett G.	6 Jul 1899
Harris, Rosa	Susong, George	5 Nov 1892
Harris, Soudie	Scalf, John	29 Oct 1904
Harris, Victory	Hicks, Arthur	22 Dec 1912
Harris, William	Taylor, Lylie	30 Dec 1875*
Harris, W.O. (Mr.)	Sims, B.B.	13 Oct 1912
Harrison, Anderson	Townsend, Sallie	25 Nov 1911
Harrison, Bessie	Arwood, John	28 Aug 1915
Harrison, Bessie	Ward, Thomas	20 Apr 1919
Harrison, Carl	Miller, Evelyn	11 Apr 1917
Harrison, Charles C.	Taylor, Martha A.	19 Nov 1883
Harrison, Cormie G.	Ward, Margie	23 May 1920
Harrison, C.C.	Tapp, Mary A.	3 Mar 1887
Harrison, Dirah	Presnell, Abraham	13 Nov 1903
Harrison, Dora	Shores, Joseph	2 Dec 1906
Harrison, F.M.	Harrison, Jeff	7 Jul 1884*
Harrison, James	Lee, Caroline	24 Jul 1881
Harrison, James	Jones, James	17 Mar 1886
Harrison, Jeff	Harrison, F.M.	7 Jul 1884*
Harrison, Jeremiah	Hopson, Sarah	5 Sep 1881*
Harrison, J.F.	Potter, Rosa	19 May 1904
Harrison, Louisa	Potter, Samuel	24 Dec 1906
Harrison, Mary	Waycaster, William N.	25 Sep 1894
Harrison, Rachel	Sheppard, Briscon	16 Jul 1907
Harrison, Raney	Hobson, Charles	2 Mar 1907
Harrison, Soloman	Waycaster, Rettia	19 Oct 1890
Harrison, William	Wilson, Mary	30 May 1914
Harrison, W.V.	Perry, Millie C.	26 Dec 1882
Hart, Alice	Skinner, H.C.	6 Nov 1892
Hart, Andrew W.	Thompson, Laura	26 Sep 1902
Hart, Annie	Chapman, Sam	26 Dec 1914
Hart, A.F.	Persinger, Pearl	2 Sep 1908
Hart, Bessie G.	Moore, Clarence P.	27 Dec 1899
Hart, Caleb	Trusler, Mattie	4 Sep 1913
Hart, Cana	Mottern, Worley	1 Jul 1897
Hart, Carrie	Garland, Richard	26 Jan 1902
Hart, Charles P.	Vest, Ida	5 May 1901
Hart, C.E.	Slagel, Bell	29 Jun 1919
Hart, C.W.	Hart, Maggie J.	11 Jul 1897
Hart, C.W.	Croy, Annie	27 Feb 1890
Hart, David A.	Hyder, Dora	20 Nov 1887
Hart, Dora	Meredith, James	11 Jul 1897
Hart, Edgar	Mottern, Ida	24 Mar 1912
Hart, Eliza	Slagle, A.P.	31 Aug 1895
Hart, Elizabeth	Lusk, Robert J.	25 Jul 1872

Hart, Ella	Elliott, E.W.	6 Sep 1893
Hart, Ethel	Hughes, James	21 Jun 1905
Hart, E.K.	Treadway, W.R. (Mr.)	20 Jun 1896
Hart, Frank	Jones, Ida	23 Aug 1914
Hart, F.S.	Elliott, Bessie	5 Mar 1916
Hart, George	Taylor, Margaret	2 Sep 1875*
Hart, George	Minton, Eliza F.	4 Mar 1906
Hart, Isaac E.	Taylor, Ella E.	16 Dec 1891
Hart, James	Bishop, Elizabeth A.	23 Mar 1885
Hart, James L.	Williams, Nancy J.	31 Oct 1875
Hart, James N.	Treadway, Julia	2 Jun 1880*
Hart, James T.	Bishop, Frona H.	9 Apr 1879
Hart, Jobe	Potter, Ida M.	20 Aug 1905
Hart, J.L.	Ellis, Mollie	25 Dec 1895
Hart, J.T.	France, Harriett	12 Mar 1893
Hart, Leonard	Carter, Rebecca	31 Jan 1899
Hart, Lillie	Fields, Robert H.	8 Mar 1893
Hart, Lillie	Hall, William	22 Apr 1915
Hart, Lizzie	Stout, Marshall	26 Mar 1919
Hart, Lola	Williams, S.A.	14 Jun 1910
Hart, Lottie	Sivin, V.M.	5 Dec 1908
Hart, L.A.	Bowman, William M.	21 Mar 1894
Hart, Maggie J.	Hart, C.W.	11 Jul 1897
Hart, Mary	Holly, Winfield S.	25 Dec 1880
Hart, Mary	Kite, W.H.H.	31 Aug 1898
Hart, Mary Catherine	Smith, R.S.	4 Jul 1882
Hart, Mary J.	Dunbar, George	21 Jan 1873
Hart, Mary J.	Croy, James D.	28 Jul 1889
Hart, Myrtle	Range, Hubert	7 May 1916
Hart, M. Eugene	Holly, Mary	23 Jan 1918
Hart, M.B.	Riggs, J.E. (Mr.)	11 Sep 1898
Hart, M.M.	Murray, J.E. (Mr.)	3 Mar 1898
Hart, Nancy	Kite, A.N.D.	29 May 1890
Hart, Nannie	Range, J.H.	3 Jul 1898
Hart, Phoeba	Holly, Walter	18 Mar 1912
Hart, Rachel E.	Little, Andrew J.	4 Oct 1879
Hart, Rhoda	Weaver, James D.	24 Dec 1893
Hart, Sadie	Harr, George	10 Feb 1907
Hart, Sallie P.	Olinger, Cleve	6 Nov 1910
Hart, Tenn	Story, Mary	26 Nov 1908
Hart, Thomas R.	Roberts, Ella	5 Oct 1887
Hart, Walter	Morrell, Bessie	22 Jul 1911
Hart, William	Shell, Ruthie E.	24 Apr 1881
Hart, William	Humphrey, Ida	7 Jan 1900
Hart, William R.	Jones, Dora	22 Oct 1893
Hart, Winona	Bergandine, Colbert	12 May 1910
Hart, Y.J.	McEllynch, Ossie	7 Mar 1911

Hartley, Amanda	Cable, M.M.	14 Oct 1917
Hartley, Docia	McKinney, Landon	5 Jul 1918
Hartley, Emily L.	Guinn, Andy J.	6 Sep 1878*
Hartley, John Albert	Smith, Ruth Ellen	25 Jul 1920
Hartley, J.T.	Perry, Bettie	8 Feb 1919
Hartley, M.	Wilcox, George W.	3 Apr 1882*
Hartley, Pearl	Lyons, Fred	2 Oct 1920
Hartley, Rosia	Hicks, Emanuel	22 Dec 1918
Hartley, Walter	Day, Sallie	17 Aug 1915
Hartly, Cory	Mann, R.C.	24 Dec 1913
Hartly, Dora	Simerly, N.T.	21 Jul 1911
Hartly, Elvina	Bryant, Thomas	13 Sep 1909*
Hartly, E.A.	Ramsey, Isaac	24 Jan 1900
Hartly, James T.	Milam, Josie	16 Oct 1898
Hartly, J.C.	McCloud, Rebecca	22 Feb 1905
Hartly, Rosa B.	Oaks, Nathaniel T.	24 Dec 1903
Hartly, William	Cable, Cora	23 Jul 1911
Hartwell, Viola	Horton, Cecil	23 Dec 1907
Harvel, Hassie	Moore, Henry	4 Jun 1905
Harvey, Flosie	Shell, J.A.	8 Sep 1912
Harvey, George D.	Phipps, Mary Ethel	27 Jul 1919
Harvey, Ira	Norman, Mary	27 Dec 1918
Harvey, Margaret	Houston, Mack	11 Dec 1886*
Harvy, Josie	Shell, Nathaniel	22 Dec 1889
Hash, Mary J.	Boyd, Andrew J.	20 Aug 1905
Hashburger, S.N.	Hyder, Lena	15 Nov 1907
Hatcher, Alfred	Davis, Laura	27 May 1911
Hatcher, Ann	Barry, Isaac	15 Sep 1872*
Hatcher, Eva	Nave, Lee	11 Jan 1902
Hatcher, James	B____, Martha	25 Dec 1874*
Hatcher, James A.	Shuler, Sarah E.	12 Aug 1899
Hatcher, Madgie	Little, A.R.	2 Dec 1902
Hatcher, Mollie	Nave, W.J.	26 Dec 1908
Hatcher, Venice	Stout, Thomas	24 Nov 1910
Hatcher, William	Nave, Emma	11 Dec 1901
Hatcher, William A.	Blevins, Mollie	4 Jul 1893
Hatcher, William G.	Garrison, Mary	2 Jan 1879
Hately, Alvin	Cernoid, Minnie	18 Sep 1910
Hately, Berrie	Bunton, J.W.	1 Jul 1909
Hately, Elzie	Pilkerton, Ida	28 Apr 1920
Hately, John F.	McNeely, Martha	28 Jul 1884
Hately, Julia	McKeehan, Samuel	13 Apr 1887*
Hately, Skyles	Davenport, Fanny	24 Dec 1904*
Hathaway, Adaline	Livingston, William	30 Dec 1898
Hathaway, Charles	Smith, Ida	5 Feb 1899
Hathaway, Charles	McKinney, Jennie	19 Mar 1909
Hathaway, C.L.	Smith, Rosa A.	28 Jun 1893

Hathaway, Dora	Oaks, Maney	21 Dec 1906
Hathaway, Edgar E.	Pearce, Celia B.	22 Oct 1893
Hathaway, Harry C.	Lacy, Alice	26 Sep 1914
Hathaway, Ida	Campbell, C.C.	24 Dec 1911
Hathaway, John	Meredith, Julia	22 May 1879
Hathaway, John W.	Smith, Mary E.	28 Jun 1872
Hathaway, Martha A.	Jenkins, Henry	26 Oct 1890
Hathaway, Mary K.	Frear, Harry S.	26 Apr 1917
Hathaway, Myrtle	Bowers, Roy B.	29 Oct 1907
Hathaway, Nanny	Smith, George H.M.	25 Jan 1877
Hathaway, O.C.	Gouge, Mary J.	3 Dec 1894
Hathaway, Permelia	Ellis, Radford	30 Nov 1879
Hathaway, Permilia	Taylor, John	13 Mar 1872*
Hathaway, Robert E.	Benfield, Nola	24 Dec 1919
Hathaway, Ruby Irene	Messimer, Harry E.	19 Nov 1911
Hathaway, R.B.	Chambers, Menerva	1 Sep 1893*
Hathaway, Samuel P.	Smith, Maggie	23 Sep 1883
Hathaway, Sarah	Suess, John	31 Dec 1889
Hathaway, Vira	Arnold, Garret	10 Sep 1902
Hathaway, Walter C.	Campbell, Bessie	11 Apr 1906
Hatley, Celia	Dugger, C.C.	10 Oct 1920
Hatley, Flora	Finney, Andrew	29 Dec 1919
Hatley, J.M.	Pierce, Roxie	23 Oct 1920
Hatley, Sherman	McKeehan, Maggie	24 Dec 1891
Haun, Julia	McQueen, Jessie	15 May 1904
Haun, Wiley Edmon	Smith, Rebecca Ann	23 Oct 1881
Hawk, J.W.	Denton, Cordie	20 Aug 1899
Hawkins, Charles	Green, Maggie	5 Apr 1913
Hawkins, Charles	Leadwell, Eliza	16 Mar 1918
Hawkins, Claudy	Porch, Charles	16 Oct 1911
Hawkins, Effie	Mulky, W.G.	5 Nov 1905
Hawkins, James	Jones, Jane	31 Mar 1896
Hawkins, Louise	Ayers, Ira	23 Sep 1914
Hawkins, Rhoda	Hughes, J.W.	20 Sep 1896
Hawkins, Samuel	Little, Cora	3 Oct 1920
Hawkins, S.H.	Carroll, Julia A.	24 Dec 1901
Hawkins, Thomas N.	Shell, Minnie C.	10 Feb 1904
Hayes, Addie	Green, Jermil	20 Feb 1916
Hayes, Artie E.	Peoples, A.G.	22 Sep 1895
Hayes, Bessie	Street, Fancer	19 Feb 1903
Hayes, Bessie	Street, Fouser	12 Jul 1906
Hayes, Bessie	Taylor, Judson	5 Mar 1907
Hayes, Bettie	Crow, Leonard	3 Dec 1898*
Hayes, D.E.	Birchfield, C.A. (Mr)	22 Dec 1906
Hayes, George C.	Shoun, Lydia	17 Nov 1901
Hayes, George D.	Heaton, Margaret L.	12 Feb 1891
Hayes, G.M. (Mr.)	Lunceford, S.Z.	22 Dec 1906

Hayes, Hester	Burrow, James R.	21 Sep 1881
Hayes, Idorma	Heaton, Garfield	23 Sep 1904
Hayes, John	Heaton, P.C.	24 Feb 1907
Hayes, J.E. (Mr.)	Miller, M.E.	25 Dec 1905
Hayes, J.F. (Mr.)	Irick, S.M.	24 Dec 1903
Hayes, J.L.	Clamon, Martha C.	30 Jun 1896
Hayes, J.S.	Taylor, Mollie E.	19 Dec 1886
Hayes, Malissy	May, F.M.	5 Mar 1903
Hayes, Mary E.	Bennett, J.D.	26 Jan 1880
Hayes, Mary E.	Stout, Robert C.	29 Nov 1894
Hayes, Maryiel	Burrow, Henry F.	18 Oct 1908
Hayes, Monroe	Campbell, Alice	21 Apr 1883
Hayes, M.D.	Miller, G.C. (Mr.)	21 Jul 1917
Hayes, M.E.	Montgomery, S.A. (Mr)	2 Apr 1916
Hayes, Okie	Pippin, Frank	8 Jan 1899
Hayes, Sallie	Winters, James M.	8 Sep 1919
Hayes, William	Hampton, Nancy	27 Nov 1898
Hayes, William Parks	Heatin, Josie C.	30 Jan 1900
Hayes, W.E.	Crow, Delia	14 Mar 1914
Hayes, W.H.	Montgomery, Martha E.	18 Aug 1895
Haymanes, Mary	Sheppard, Briscoe	28 Oct 1914
Hayna, Martha	Markland, Garfield	4 Dec 1909
Hayna, Thomas	Taylor, Eliza	29 Oct 1904
Haynes, H.	Crow, Rebecca	16 Nov 1893
Haynes, Sina	McKeehan, Walter	9 Oct 1915
Haynes, Walter	Malone, Virlie	24 Oct 1920
Hays, Carrie	Peaks, Jerry	27 Mar 1895
Hays, Eliza	Estep, Samuel	23 Nov 1879
Hays, Elkana	Peck, Ann	27 Apr 1874
Hays, John	Tester, Hannah	19 Nov 1913
Hays, Leuis A.	Holtsclaw, Essie L.	20 Jun 1910
Hays, Sarafine	Blevins, G.M.	17 Dec 1893
Hays, Sarah	Campbell, J.R.	21 May 1871
Hazlewood, Arnold M.	Radford, Docia	24 Dec 1919
Hazlewood, Cardie J.	Price, Thomas C.	1 Mar 1891
Hazlewood, Carrie	Jones, John F.	11 Aug 1901
Hazlewood, Elizabeth	Stout, David C.	7 Feb 1891
Hazlewood, E.E.	Goodwin, Mandie	11 Feb 1894
Hazlewood, George	Johnson, Celia	25 May 1902
Hazlewood, Gertia	Miller, John	5 JUl 1914
Hazlewood, Loriu	Morton, Arthur	24 Dec 1902
Hazlewood, Lydia	McIntosh, Thomas	22 Apr 1899
Hazlewood, Martha L.	Griffith, W.S.	19 May 1895
Hazlewood, Mary	Hyder, Joseph H.	31 Mar 1890
Hazlewood, Richard	Sams, Elizabeth	5 Aug 1888*
Hazlewood, Richard	Gentry, Mary	7 Feb 1891
Hazlewood, R.A.	Wagner, Bertie	23 Mar 1902

Hazlewood, R.F.	Pearce, Caroline	22 Jul 1871*
Hazlewood, Sallie	Britt, Worley	12 Oct 1905
Hazlewood, Tobias	West, Nancy	9 Aug 1879
Ha___, Lora	Gourley, Dan	29 Dec 1913
Head, Andrew	Marthis, Mary	22 Feb 1872
Head, Clem R.	Teague, Manerva	29 Nov 1900
Head, John	Davis, Sarah	16 Mar 1873
Head, John	Cochran, Amanda	22 Aug 1891
Head, Jonathan	Wallace, Martha	29 Aug 1873
Head, J.H.	Hammitt, Julia	15 May 1893*
Head, Mary	Hill, Ezekiel	6 Feb 1891
Head, Nathaniel	Smith, Jane	30 May 1909
Head, Sarah	Berry, David	3 Mar 1875
Head, Sarah	Hill, Ezekiel	13 Feb 1886
Headen, Ethel V.	Sulton, J.R.	9 Feb 1910
Headrick, Bessie	Garrison, Clingman	1 Jan 1905
Headrick, Birtie	Treadway, J.T.	4 Oct 1896
Headrick, Elizabeth	McCathern, James	8 Sep 1878
Headrick, Eveline	Sambs, Owen	6 Nov 1880
Headrick, Geroge W.	Perry, Nannie E.	21 May 1891
Headrick, J.W.	Fair, Ellen	16 Nov 1910
Headrick, Katie	Livingston, George	14 Jun 1903
Headrick, Maggie	Woodly, Henderson	14 Oct 1911
Headrick, Mary J.	Simerly, David W.	22 Nov 1891
Headrick, Robert M.	Hillen, Matilda	11 Jan 1872
Headrick, Sarah	Bowers, R.T.	14 Sep 1902
Headrick, Sarah A.	Simerly, John F.	14 Feb 1897
Headrick, W.F.	Hammit, Emma	9 Apr 1899
Headrick Josie	Williams, N.T.	8 Oct 1899
Headrick William L.	Meredith, Lydie B.	16 Oct 1898
Heagin, Flora B.	Lacy, D.P.	28 Mar 1899
Heagins, Georgia	Ryan, George W.	26 Aug 1896
Heagins, Georgia	Bradley, Nathaniel	9 Dec 1902
Heagins, Maggie	Hughes, William	22 Jan 1887
Heath, Jennie Mae	Hicks, Arnold M.	2 Mar 1920
Heatherly, Amelia	Cole, James M.	9 Jul 1899
Heatherly, Amelia	Ensor, George	18 Jul 1903
Heatherly, Anelia	Estep, A.S.	25 Jun 1905
Heatherly, Artha	Shaw, William	25 Dec 1902
Heatherly, Bettie	Ellis, Wily	12 May 1906
Heatherly, B. May	Jack, C. Walter	20 Jun 1909
Heatherly, Eliza	Wilson, David	24 Dec 1878
Heatherly, Eliza	Garland, Loony	28 Dec 1888
Heatherly, Eliza	Wilson, Dempsey	5 Dec 1892
Heatherly, Elizabeth	Pierce, William	16 Mar 1879
Heatherly, Elizabeth	Hodge, W.H.	18 Jan 1903
Heatherly, George	Hodge, Louisa	13 Oct 1889

Heatherly, George W.	Estep, Mollie	25 Dec 1900
Heatherly, G.H.	Campbell, Catherine	11 May 1890
Heatherly, J.C.	Bishop, Lillie B.	1 Nov 1903
Heatherly, J.E.	Livingston, Matilda	24 Aug 1900
Heatherly, Lizzie	Garland, W.I.	12 Aug 1897
Heatherly, Maggie E.	Garner, Thomas J.	26 Jan 1879
Heatherly, Margaret	Hinkle, David	26 Jan 1876
Heatherly, Margaret	Cole, J.C.	18 Mar 1888
Heatherly, Martha	Garland, Ingerton	17 Nov 1888
Heatherly, Mary	Brookshire, Samuel	4 Jan 1892
Heatherly, Rebecca	Shuffield, Lanain	9 Mar 1878
Heatherly, R.C.	Campbell, Sarah	5 Apr 1875
Heatherly, Sarah A.	Stout, J.R.	9 Nov 1876
Heatherly, _____	Lewis, James M.	28 Feb 1876
Heatherly. Alice	Stout, Robert	24 Dec 1904
Heatin, Josie C.	Hayes, William Parks	30 Jan 1900
Heaton, Amas	Orr, James H.	30 Aug 1913
Heaton, A.W. (Mr.)	Norris, M.L.	27 Jul 1912
Heaton, Bertha	Johnson, Stuart	24 Jun 1916
Heaton, Cain	Buchanan, Birdie	15 Jul 1917
Heaton, Callie	Street, Louis	1 Aug 1914
Heaton, Carrie	Montgomery, A.H.	28 Feb 1909
Heaton, Daniel (Mr.)	Hughes, Mary J.	20 Jul 1882*
Heaton, Delia	Troutman, Hezakiah	10 Jul 1915
Heaton, Edward J.	B____, Molly	26 May 1874
Heaton, Emily	Presnell, A.L.	1 Aug 1917
Heaton, Estalein	Campbell, R.L.	11 May 1008
Heaton, E.T.	Pritchard, Sardle	25 May 1913
Heaton, E.W.	Calhoun, Mollie D.	22 Apr 1891
Heaton, Fannie	Bowers, John	1 May 1920
Heaton, Fuson	Lipford, Ettie	25 Nov 1914
Heaton, Garfield	Hayes, Idorma	23 Sep 1904
Heaton, Gaston	Cable, Ida	7 Feb 1914
Heaton, G.S. (Mr.)	Triplett, E.L.	7 Feb 1889
Heaton, Isaac	Hix, Sarah Ellen	22 Jan 1880
Heaton, Isaac	Twigs, Nellie	11 Nov 1889*
Heaton, Isaac M.	Treadway, Catherine	31 Jul 1875*
Heaton, Isaac M.	Treadway, Catherine	29 Mar 1877
Heaton, I.M.	Lipford, Alice L.A.	3 Sep 1899
Heaton, James	Michols, Abbigail	7 Oct 1903
Heaton, James	Green, Vena	29 Jun 1913
Heaton, Jane	Herrell, Toy	10 Aug 1912
Heaton, John	Calhoun, Octava	28 Nov 1897
Heaton, John	Potter, Emma	23 Dec 1900
Heaton, John K.	Greer, Lucy	8 Dec 1888*
Heaton, J.C.	Ellis, May	5 Jul 1907*
Heaton, J.C.	Ellis, Mary	25 Oct 1909

Heaton, J.E.	Hicks, Amanda	7 Mar 1914
Heaton, J.H.	Lacy, Amanda J.	17 Jan 1889
Heaton, Laura	Miller, Milton	11 May 1901
Heaton, Laurana	Markland, John	14 May 1898
Heaton, Lizzie	Hardin, James	6 Oct 1895
Heaton, Lucy	White, Benjamin	13 Sep 1902
Heaton, Maggie	Calhoun, D.S.	19 Apr 1902
Heaton, Margaret L.	Hayes, George D.	12 Feb 1891
Heaton, Martha C.	Maples, L.L.	1 Aug 1907
Heaton, May	Testament, Cain	13 Feb 1906
Heaton, Minnie	Young, J.W.	28 Sep 1920
Heaton, Minnie C.	Perkins, Clifford B.	10 Sep 1905
Heaton, Ora	Scalf, W.O.	6 Oct 1895
Heaton, Orda	Brewer, J.H.	28 Mar 1907
Heaton, P.C.	Hayes, John	24 Feb 1907
Heaton, Rachael	Lunceford, William C.	13 Mar 1895
Heaton, Rebecca	Loveless, A.F.	23 Apr 1904
Heaton, Rhoda C.	Collins, Jackson C.	1 Jan 1879
Heaton, Rhudy	Deloach, Rosa	13 Apr 1913
Heaton, R.E.	Glover, R.L. (Mr.)	20 Mar 1915
Heaton, R.F.	Ray, Lucile	13 Sep 1902
Heaton, Samuel	Triplett, Maggie	4 Sep 1912
Heaton, Sudie	Tucker, A.F.	3 Jan 1914
Heaton, S.B.	Crumley, Nellie	12 Jun 1914
Heaton, S.E.	Hampton, E.T. (Mr.)	11 Jun 1880
Heaton, William	Cable, Annie	8 Jun 1894*
Heaton, William	Radford, Dolly	5 Jul 1912
Heaton, W.H.	Greer, Ida J.	22 Jun 1918
Heaton, W.L.	Norris, Ida	30 Jun 1907
Heck, Essie	Byers, Calvin	11 Jan 1901
Heck, Jacob	Carriger, Emely J.	15 Dec 1874*
Heck, Willis	R___, Hannah A.	3 Oct 1872
Heitt, A.B.	Murphey, Charles	29 Sep 1895
Helfer, Amelia J.	Douglas, J.A.	19 Mar 1892
Helfer, John	Honeycutt, Nellie	24 Dec 1907
Helfer, Mirna	Britt, Thomas	10 Mar 1894
Helva, May	Grindstaff, Andy	30 Jul 1912
Hemphill, Mary	McKeehan, Calvin	22 Oct 1880
Hencely, Ida	Wilson, J.L.	24 Jun 1890
Henderickson, Eliz.	Pierce, L.L.	14 Jan 1891
Henderson, A.C. (Mr.)	Hampton, R.E.	14 Nov 1885
Henderson, E.D.	Smith, Nannie H.	3 Sep 1904
Hendirckson, Mary	Stout, S.L.	24 Feb 1894
Hendrickson, Bernice	Miller, Clarence H.	20 Sep 1920
Hendrix, Bessie	Fields, Walter	13 Dec 1899
Hendrix, Bessie P.	Jenkins, Wily C.	8 Dec 1900
Hendrix, Calvin T.	Brumit, Sophia L.	10 Oct 1908

Hendrix, Charles M.	Campbell, Nannie	24 Dec 1889
Hendrix, Ditha	Allen, W.R.	26 Feb 1903
Hendrix, Emery B.	Mottern, William G.	2 Sep 1875
Hendrix, Emily	Shell, Scott	6 Oct 1896
Hendrix, G.G.	Seabuck, Essie	8 Sep 1901
Hendrix, James A.	Greenlee, Julia F.	24 Jun 1915
Hendrix, James B.	Morris, Ida F.	24 Apr 1887
Hendrix, John S.	Smalling, Burnice B.	26 Dec 1904
Hendrix, Julie E.	Shell, Samuel J.	16 Sep 1888
Hendrix, J.C.	Cooper, Laura M.	24 Feb 1918
Hendrix, Lena May	Williams, Chester J.	5 Sep 1908
Hendrix, Mary D.	Mottern, W.S.	16 Nov 1884
Hendrix, Plumer	Blevins, Cora	23 Nov 1907
Hendrix, Sallie	Millard, Samuel	9 Jul 1899
Hendrix, Samuel E.	Giles, O.A.	17 Feb 1887*
Hendrix, T.C.	Greenlee, Dora	10 Mar 1901
Hendrix, William B.	Robinson, Maggie	21 Dec 1882*
Hendrixson, E.D.	Mottern, Eva Kate	15 Dec 1909
Hendrixson, E.D. (Mr)	Crumley, M.	10 Jan 1914
Henegar, J.B.	Copenhaver, Mary C.	14 Jan 1910*
Henegar, J.B.	Pierce, Eliza	16 Jun 1917
Henegar, Maggie	Hodge, Robert	30 Nov 1909
Henegar, Mary	Duncan, David	15 Apr 1912
Heneger, Dora	Fair, Robert	25 Oct 1902*
Henigar, Ula	Hodge, Milliard	8 Aug 1914
Heniger, Cornelius	Forbes, Selia	28 Sep 1873
Heniger, George	Williams, Dizanna	4 Nov 1906
Henry, James	Taylor, Bessie	8 Jan 1910
Henry, John	Davenport, Susan	28 Feb 1897
Henry, John	Treadway, Sallie	1 Jan 1911
Henry, John L.	Sims, Julia	4 Feb 1877*
Henry, J.H.	Treadway, Lillie	17 Jan 1897
Henry, Lilly	Folsom, M.N.	9 Sep 1911
Henry, Maggie	Casy, Earnest	9 Sep 1906
Henry, Mary	Merritt, William	24 Mar 1881
Henry, Robert	Nave, Stella	24 Jul 1909
Henry, Stella	Hicks, John H.	5 May 1912
Henry, William	Jenkins, Julia	1 Feb 1908
Hensley, Arthur	Campbell, Julia	17 Jan 1911
Hensley, Bertie	Colbaugh, George	1 Aug 1914
Hensley, D.F.	Holsman, Jennie	7 Sep 1883
Hensley, James	McInturff, Sophrona	25 Aug 1889
Hensley, Lorena	Linville, Worley	25 Jun 1900
Hensley, Monroe	Pierce, Irene	13 Oct 1918
Hensley, Thomas C.	Jenkins, Elizabeth	10 Jun 1877
Henson, Annie	Newman, Arthur	14 Mar 1912
Henson, Dave	Barnett, Lillie	11 May 1919

Henson, Joseph	Greene, Lula	23 Mar 1907*
Henson, Mary	Blevins, J.G.	17 Jan 1903
Henson, Young	Guinn, E.C.	24 Jun 1910
Herman, Isadore	Long, Sallie Varina	19 Sep 1910
Herrell, Caroline	Younge, Robert	15 Aug 1919
Herrell, Clayton	Street, Matilda	17 Feb 1901
Herrell, D.C.	Birchfield, Eliza	24 Mar 1912
Herrell, Elisha	Moore, Texanna	26 Jul 1907
Herrell, Pollie	Troutman, David	4 Sep 1919
Herrell, Rettie	Leadford, John	20 Jun 1908*
Herrell, Rexter	Crowder, Bessie	8 Jul 1911
Herrell, Sallie	Buckles, James	4 Jul 1919
Herrell, Spencer	Gouge, Hattie	11 Apr 1918
Herrell, Toy	Heaton, Jane	10 Aug 1912
Herrell, Vernie	Hughes, John	16 Aug 1919
Herrell, Washington	Mosley, Manda	4 Sep 1899
Herter, E.E.	Jobe, Mary Jane	19 Sep 1871
Hester, Charles	Jackson, Odie	2 Oct 1910
Hester, Lula	Taylor, George	1 Jan 1906
Hester, Mary E.	McCloud, Joseph	24 May 1890
Hester, Odie	Blevins, Oscar D.	26 Sep 1919
Hester, Sallie	Campbell, William	13 May 1888
Heuly, William	Wilson, Ellen	25 Feb 1880
Heurman, Conley	Buckles, Callie	4 Jun 1916
Heusely, Vena	Street, S.O.	5 Apr 1901
Heyett, Alvin M.	Highsinger, Mary	4 May 1882
Hickey, Sarafina	Scott, Samuel J.	19 Feb 1871
Hickman, Susan	Holder, James	15 Feb 1897
Hicks, Aaron	Winters, Bertha	20 Oct 1907
Hicks, Adam	Story, Maggie	3 Jul 1909
Hicks, Amanda	Heaton, J.E.	7 Mar 1914
Hicks, Annie	Dolen, Berkley	16 May 1914
Hicks, Arnold M.	Heath, Jennie Mae	2 Mar 1920
Hicks, Arthur	Harris, Victory	22 Dec 1912
Hicks, Bell	Hicks, Charles	15 Oct 1918
Hicks, Bertha	Morefield, J.E.	27 Apr 1915
Hicks, Carrie B.	Ellis, Dan M.	28 Mar 1906
Hicks, Carry	Lunceford, Andrew	18 Dec 1905
Hicks, Charles	Hicks, Bell	15 Oct 1918
Hicks, Charles F.	Hicks, Matilda	26 Sep 1896
Hicks, Conley	White, Sadie	24 Aug 1916
Hicks, Cora	Holden, Calvin	19 Apr 1908
Hicks, Dave	Fletcher, Lizzie	1 Oct 1915
Hicks, Easter C.	Bumgardner, B.J.	4 Oct 1907
Hicks, Eliza	Hampton, Henry J.	9 Sep 1880
Hicks, Elizabeth	Wishon, John	2 Mar 1879
Hicks, Elizabeth	Taylor, A.E.	20 Dec 1892

Hicks, Ellen	Smith, Squire	13 Jul 1896
Hicks, Elliott	McNabb, Sallie	11 Feb 1911
Hicks, Emanuel	Hartley, Rosia	22 Dec 1918
Hicks, Geneva	Vines, Arthur	24 Oct 1919
Hicks, Henry	Baird, Julia	15 Sep 1912
Hicks, Jannie J.	Coldwell, David F.	15 Nov 1905
Hicks, Jennie	Gourley, Samuel	30 Jun 1907
Hicks, John	Harden, Mollie	9 Oct 1915
Hicks, John	Burchett, Lillie	10 Jan 1920
Hicks, John H.	Henry, Stella	5 May 1912
Hicks, Jossie	Roberts, C.C.	9 Jan 1909
Hicks, Laura	Karl, J.W. (Mr.)	2 May 1905
Hicks, Lorina	Tipton, McKinley	13 Sep 1917
Hicks, Luther	Buck, Norma	21 Aug 1917
Hicks, Lutheria	Fields, John	19 Dec 1909
Hicks, Maggie	Hughes, James	4 Feb 1911
Hicks, Malinda	Hardin, Carson	9 Jul 1888*
Hicks, Martha	Julian, John M.	9 Aug 1881*
Hicks, Mary	Fields, James	29 Sep 1880
Hicks, Mary	Whitehead, Carter	1 Apr 1899
Hicks, Matilda	Hicks, Charles F.	26 Sep 1896
Hicks, Mayme	Oliver, Taylor	10 Mar 1920
Hicks, M.W.	Franklin, Sarah	10 Jan 1892
Hicks, Nancy	Whitehead, Rudy	11 Apr 1908
Hicks, Nellie	Cook, Robert	6 Jan 1907
Hicks, Pearl	Cole, John	26 May 1912
Hicks, Robert L.	Lyons, Martha	18 Oct 1894
Hicks, Samuel	Crow, Belle	4 Aug 1913
Hicks, Sarah	Miller, Melvin	17 Jan 1892
Hicks, Sarah L.	Burrow, Samuel	3 Jan 1882
Hicks, Sherman	Young, Vista	28 Mar 1907*
Hicks, Stanfird, J.	Bowers, Dora B.	12 Oct 1907
Hicks, S.J.	Berry, Abigail	8 Feb 1915*
Hicks, Thomas	Daniels, Manda	3 Jan 1885
Hicks, Veller	Leonard, J.R.	29 Oct 1906
Hicks, William	Clemons, Martha	6 May 1887
Hicks, W.J.	Williams, Alice	20 Dec 1916
Higgins, Freeman	Wilson, Sadie	5 Nov 1911
Higgins, Robert J.	Hyder, Martha	9 Apr 1880*
Highsinger, Mary	Heyett, Alvin M.	4 May 1882
Hilbert, Frank	Edwards, Margie	12 Apr 1913
Hileman, Charles	Greene, Lizzie	5 Nov 1908
Hileman, Nerva	Blevins, James	13 May 1893
Hileman, Sallie	Benfield, Samuel	22 Jan 1910
Hileman, T.H.	Roberts, Rhoda	30 Dec 1900
Hill, Abner	Whitehead, Hita	1 Feb 1896
Hill, Albert	Ingram, Ida	2 Jan 1901

Hill, Amandy	Ledford, Matison	25 Dec 1891
Hill, Celia	Birchfield, Marion	24 Apr 1904
Hill, Charles	Roark, Ida	5 Sep 1898*
Hill, Charles	Tipton, Lottie	3 Aug 1907
Hill, Charley	Simerly, Tilden	15 Oct 1914
Hill, David	Hammett, Ollie	2 Jun 1907
Hill, Elijah	Cornett, Vina	2 Jan 1904
Hill, Elizabeth	Simerly, R.L.	30 Mar 1907
Hill, Emma	Townsel, John	9 Jan 1887
Hill, Ezekiel	Head, Sarah	13 Feb 1886
Hill, Ezekiel	Head, Mary	6 Feb 1891
Hill, Garfield	Whitehead, Nettie	23 Dec 1908
Hill, Golda	Townsend, John	22 Jun 1919
Hill, Harrison	Bennett, Pheby	14 Jun 1914
Hill, Hattie	Whitehead, Earl	5 May 1920
Hill, Ida	Ingram, Robert	16 Feb 1907
Hill, James	Price, Mary	25 Jun 1881
Hill, James	Stevens, Trixie	14 Sep 1902
Hill, James	Whitehead, Suda	9 Sep 1916*
Hill, James	Whitehead, Sudie	9 May 1917
Hill, Jane	Johnson, Henry	21 Feb 1903
Hill, John	Johnson, Bettie	21 Feb 1897
Hill, John	McKinney, Delia	26 Aug 1906
Hill, Manda	Davis, Elijah	20 Jul 1912*
Hill, Manda	Street, Arthur	24 Dec 1918
Hill, Manda	Honeycutt, Manuel	15 Oct 1919
Hill, Mandy	Hughes, Jacob	19 Oct 1901
Hill, Margaret E.	Hubbard, David G.	23 Dec 1883
Hill, Marsha	Honeycutt, David	26 Jul 1914
Hill, Mary	Coldwell, Jackson	10 Mar 1881
Hill, Mary	Simerly, Robert	23 Apr 1886
Hill, Mary	McNabb, W.P.	18 Aug 1907
Hill, Mary	Johnson, Samuel	4 Dec 1909
Hill, Mary Ann	Townsend, Jerd	28 Mar 1909
Hill, Matilda	Carver, Joseph	4 Apr 1891
Hill, Nannie	Odom, S.H.	15 Jul 1903
Hill, Nat	Carver, Sallie	28 Mar 1896
Hill, Nick	Carver, Susan	2 Jan 1892
Hill, Porter	Childers, May	12 May 1910
Hill, Robert	Townsend, Hester	21 Dec 1902
Hill, Sarah	Hoss, M.S.	16 Mar 1892
Hill, Sarah	Cates, Norman	8 Sep 1920
Hill, William	Whitehead, Celia	27 Feb 1898
Hill, W.M.	Odem, Sallie L.	24 Jan 1903
Hillen, Matilda	Headrick, Robert M.	11 Jan 1872
Hilliard, John	Mortin, Louisa	16 May 1877*
Hilliard, S.P.	Bowers, Julia	4 Jul 1911

Hillin, Alice	Fair, J.N.	23 May 1877*
Hilman, Julia	Tolly, Dave	7 Jul 1917
Hilton, Arthur	Pritchard, Julia	14 Mar 1908*
Hilton, Betty	Perry, George M.	31 Dec 1883
Hilton, Clarence	Nave, Larna	29 Mar 1919
Hilton, Ethel	Mase, James	9 Jan 1907
Hilton, Fred	Albertson, Lela	3 Jan 1909
Hilton, Fred W.	Humphrey, Hannah	24 Jan 1917
Hilton, F.L. (Mr.)	Smith, M.L.	23 Oct 1884
Hilton, John	Warrick, Catherine	7 Mar 1880
Hilton, Lonzo	Bradley, Annie	25 Dec 1919
Hilton, Mary A.	Garrison, John	23 Dec 1879
Hilton, Robert	Noel, Annie	19 Jun 1915
Hilton, Virtie A.	Simerly, George M.	21 Oct 1911
Hilton, William	Williams, Sarah	9 Jan 1875
Hinds, Dewey W.	Taylor, Maude J.	20 Aug 1920
Hinkee, Sallie	Drum, Frank	6 Apr 1907
Hinkle, Alice	Freeman, Floyd	5 Dec 1912
Hinkle, Allen	Crow, Lilly	6 Jun 1908
Hinkle, Allen	Gibson, Elena	31 Mar 1914
Hinkle, A.E.	Cole, Lottie	23 Jun 1906
Hinkle, Bertie	Dugger, William	12 Jun 1910
Hinkle, Bessie	Nidiffer, William	10 Sep 1910*
Hinkle, Bessie	Murry, Frank	16 Sep 1911
Hinkle, Bruce	Miller, Hannah	28 Nov 1909
Hinkle, Cecil	Carriger, Maggie	21 Apr 1919
Hinkle, Celia	Archer, Nuson	4 Dec 1895
Hinkle, Charles C.	Campbell, Orlie	21 Jan 1900
Hinkle, Charlie	Loudy, Jane	27 Jun 1919
Hinkle, David	Heatherly, Margaret	26 Jan 1876
Hinkle, Dayton	Lowe, Rosa	15 Mar 1905
Hinkle, Delia	Canter, Jessie	17 Sep 1919
Hinkle, Dillard	Forbes, Liddie	28 Jun 1891
Hinkle, Elbert	Hurley, Sarafina	1 Apr 1882
Hinkle, Elbert	Julian, Amanda	29 Jan 1903
Hinkle, Eliza A.	Oliver, George	30 Jun 1879
Hinkle, Elizabeth	Cannon, Elbert	17 Apr 1883
Hinkle, Ethel	Smith, C.F.	12 Feb 1911
Hinkle, E.C.	Collins, Emma	29 Mar 1910
Hinkle, Frank	Blevins, Mary Jane	9 Nov 1877
Hinkle, George	_____, Amanda L.	19 Mar 1876
Hinkle, George	Taylor, Lillie	28 Oct 1897
Hinkle, George	Fletcher, Catherine	2 Feb 1907
Hinkle, James	Shell, Margaret	20 Aug 1871
Hinkle, James	Chambers, Sarah Jane	19 Sep 1880
Hinkle, Jose	Williams, W.G.	18 Apr 1895
Hinkle, Julia	Taylor, Jeff	19 Jun 1897

Hinkle, Lafayette	Beck, Maggie	6 Jul 1898
Hinkle, Laura	Canon, Isaac S.	5 Aug 1891
Hinkle, Lottie	Peters, Charles	7 Sep 1912
Hinkle, Lousa	Pierce, Fred	30 Jun 1912
Hinkle, Lula	Buckles, William	16 Jan 1904
Hinkle, Mae	Lewis, S.J.	25 Apr 1918
Hinkle, Maggie	Cox, Clate	4 May 1919
Hinkle, Manda	Buckles, Campbell	31 Dec 1910
Hinkle, Minnie	Teague, J.L.	11 Oct 1915
Hinkle, Nannie	Welch, William	22 Sep 1890
Hinkle, Sadie	Morton, Bruce	25 Jan 1919
Hinkle, Sallie	Jones, Raymond	19 Oct 1913
Hinkle, Sallie	Harden, John	19 Dec 1914
Hinkle, Sally	Hardin, John M.	30 Nov 1878
Hinkle, Sanna G.	Williams, Thomas	26 Aug 1912
Hinkle, Smith	Grindstaff, Annas	20 Jul 1918
Hinkle, T.J.	Grindstaff, Retty	27 Sep 1919
Hinkle, Virgil	Blackburn, Corset	5 Mar 1911
Hinkle, William	Robertson, Dilley C.	9 Apr 1874
Hinkle, William	Myers, Eveline	28 Jul 1889
Hinkle, William	Hurley, Elizabeth	14 Aug 1893
Hipps, Mack	Nave, Una	30 May 1909
Hitcher, Lowman	Johnson, Flossie	19 Jul 1908
Hix, James	Branch, Eva	8 Dec 1882
Hix, Mary Jane	Taylor, Robert	18 Feb 1889
Hix, Morris, D.	Winters, Lucinda	15 Feb 1910
Hix, N.C.	Sloan, Joseph	4 Nov 1882
Hix, Sarah Ellen	Heaton, Isaac	22 Jan 1880
Hix, Susan	Clark, Jackson	17 Sep 1882
Hobock, Garnie	Scott, Emma May	14 Sep 1919
Hobson, A.A.	Oaks, Mary	25 Dec 1912
Hobson, Caroline	Key, James R.	28 Aug 1882*
Hobson, Charles	Harrison, Raney	2 Mar 1907
Hobson, Harrison	Morgan, Emma	17 Nov 1882
Hobson, Henry	Vance, Pearl	18 Dec 1910
Hobson, Reiner	Elliott, Frank	18 Sep 1915
Hobson, Sallie	Wilson, John	31 Oct 1891
Hobson, Will	Vance, Flora	1 Nov 1908
Hodge, Alaska	Asher, Roy	15 May 1915
Hodge, A.J.	Cole, Hester	26 Mar 1903
Hodge, Bell	Pool, R.L.	21 Sep 1902
Hodge, Charlotte	Williams, T.C.	23 Dec 1874*
Hodge, Cordelia C.	Hodge, J.E.	27 Feb 1904
Hodge, Daniel L.	Little, Sallie	23 Nov 1889*
Hodge, David	Clark, Josie	7 May 1911
Hodge, Delia E.	Myers, Henry	8 Jan 1888
Hodge, Deskey	Bradley, James L.	10 Aug 1881

Hodge, Dora	Cole, A.D.	24 Mar 1903
Hodge, Dora Bell	McCracken, Wm. J.	28 Feb 1906
Hodge, D.	Wilson, Eliza J.	2 May 1875*
Hodge, Effie	Edmonson, Clay	4 Sep 1920
Hodge, Eliza	Hurley, Murphey	11 Jan 1889
Hodge, Emma E.	Butler, Johnson	5 Dec 1881
Hodge, Emma Jane	Miller, David	21 May 1890
Hodge, Finley	White, Hattie	21 Feb 1916
Hodge, France	Smith, Virgie	19 Jul 1909
Hodge, Francis	Phillip, Nancy	17 Aug 1875
Hodge, F.M.	Mosley, Josie	1 Jan 1896
Hodge, George	Hurley, Sarah Jane	26 Jul 1915
Hodge, George	Cortner, Sarah	1 Mar 1916
Hodge, Grant	Cole, Pacific	25 Sep 1887
Hodge, Hence	Garland, Vertie	4 Mar 1919
Hodge, Henderson	Grindstaff, Harriett	22 Nov 1887
Hodge, Heuse	Williams, Minnie	7 Aug 1910
Hodge, Isaac	Campbell, Dorcia	31 Jan 1893
Hodge, Isaac	Fletchr, Kettie	23 Jun 1907
Hodge, Isaac	Cortner, Etally	18 Apr 1909
Hodge, Isiah	H____, Catherine L.	2 Mar 1871
Hodge, John M.	Roberts, Nancy A.	5 Aug 1877
Hodge, J.E.	Hodge, Cordelia C.	27 Feb 1904
Hodge, J.S.	Lewis, Anna	23 Mar 1908
Hodge, Levi	Blevins, Sarah	14 Oct 1890*
Hodge, Levi	Owens, Malinda	13 Mar 1894
Hodge, Lizzie	Blevins, Dill	4 Jun 1904
Hodge, Lizzie	Robers, Harry	17 Aug 1918
Hodge, Louisa	Heatherly, George	13 Oct 1889
Hodge, Louisa	Cole, M.D.	5 Apr 1902
Hodge, Lucy	Harris, John	7 Feb 1899
Hodge, Lucy	Cooper, Jessie	20 Nov 1907
Hodge, Lyda	Garland, Camell	16 Nov 1878
Hodge, Martha	Randolph, Thomas	19 Dec 1908
Hodge, Milliard	Henigar, Ula	8 Aug 1914
Hodge, Minnie	Hopkins, Evans	8 Sep 1912
Hodge, Mollie L.	Mosley, Alfred	2 Apr 1896
Hodge, Murphey	Wilson, Martha	12 May 1884
Hodge, Myrtle	Perry, Earl	29 May 1920
Hodge, Myrtle	Mathison, Dewey	25 Dec 1919
Hodge, Nancy	Boren, David	24 Dec 1874
Hodge, Nancy	Stout, George	12 Jan 1900
Hodge, Nettie	Pritchet, Jerry	1 Sep 1918
Hodge, Pearl	Mottern, Robert	10 Aug 1919
Hodge, Robert	Henegar, Maggie	30 Nov 1909
Hodge, Rosa	Campbell, William	24 Mar 1914
Hodge, R.H. (Mr.)	Richardson, L.E.	22 Dec 1909

Hodge, Sandy	Jenkins, Liddie	2 Feb 1892
Hodge, Sarah E.	Taylor, Peter L.	30 Sep 1889
Hodge, Sol	Dugger, Viny	25 Sep 1908
Hodge, Steve	Walker, Minnie	22 Feb 1905
Hodge, Tennison	Pearce, Florence	15 Sep 1887
Hodge, Thomas	Hopson, Rhoda	27 Dec 1902
Hodge, Viola	Vines, John	3 Jul 1915
Hodge, Violet	Stout, A.G.	7 Jun 1919
Hodge, William	Kite, Martha	30 Apr 1896
Hodge, William H.	Miller, Rachel	30 Aug 1880
Hodge, W. (Mr.)	Taylor, M.C.	9 Dec 1894
Hodge, W.H.	Heatherly, Elizabeth	18 Jan 1903
Hodges, Julia	Persinger, G.H.	23 Jun 1917
Hodges, Mary	Honeycutt, Garrett	24 Feb 1913
Hodges, Murl	Clark, Willis	17 Aug 1916
Hodges, Silas	Houly, Matilda	-- --- 1883
Hodgins, Luther	Burleson, Ruby W.	5 May 1920
Holden, Alfred	Perkins, Lella	23 Dec 1909*
Holden, Calvin	Hicks, Cora	19 Apr 1908
Holden, Celia	Estep, J.C.	31 Jan 1904
Holden, Edny	Peters, Pettibone	21 Aug 1905
Holden, Elcy	Campbell, Richard	19 Mar 1908
Holden, Ethel	Noxwell, Andy	21 JUn 1910*
Holden, E.C.	Holoway, G.H. (Mr.)	11 Jun 1911
Holden, Houston	Richardson, Stella	20 Apr 1918
Holden, James	Cole, Manerva	8 Mar 1900
Holden, Jasper	Cook, Hannah	15 Apr 1900
Holden, J.C. (Mr.)	McNeely, R.M.	25 Dec 1903
Holden, J.C. (Mr.)	Gentry, A.R.	18 Dec 1906
Holden, Lillie	Little, Edd	1 Nov 1914
Holden, Manerva	Lowe, William	7 Jul 1895
Holden, Martha	Jones, Charlie	1 Nov 1915
Holden, N.R. (Mr.)	Griffith, M.A.	20 Oct 1895*
Holden, Thomas	Guy, S.E.	7 Feb 1908
Holden Mary	Dugger, James	8 Feb 1902
Holden. W.H.	Shell, Minnie	11 Apr 1896
Holder, Curtis	Wilson, Alice	27 Jun 1903
Holder, David	Winters, Ethel	14 Mar 1920
Holder, Eliza	Birchfield, Samuel H.	1 Feb 1899
Holder, Eva	Lewis, Willie	20 Dec 1911
Holder, George	Holder, Polly	21 Oct 1917
Holder, Ham	Wilson, Sarah	15 Dec 1904
Holder, Hassie	Garland, J.R.	11 Apr 1920
Holder, Isaac	Hurley, Matilda	4 Nov 1897
Holder, James	Hickman, Susan	15 Feb 1897
Holder, Joseph	Campbell, Josie	31 Jul 1908
Holder, Lem	Estep, Martha	11 Nov 1900

Holder, Lemiul	Richardson, Martha	19 Feb 1899
Holder, Lula	Perry, T.S.	29 Aug 1901
Holder, Nick	Estep, Dora	2 Nov 1911
Holder, Nora	Shell, Steward	15 Sep 1907
Holder, Polly	Holder, George	21 Oct 1917
Holder, Sarah E.	Boyd, Samuel T.	20 Feb 1899
Holder, Steve	Estep, Sarah	7 Jan 1897
Holdern, L.L.	Minton, Lou	21 May 1899
Holdin, W.H.	Ellis, Josie	15 Dec 1901
Holland, Samuel E.	Fletcher, Ada May	29 Sep 1907
Hollifield, A.S.	Caraway, Sarah	27 Jul 1873
Holloway, Eliza	Harden, Harrison	3 Jul 1904
Holloway, John	Ferguson, Mary A.	7 Jan 1871*
Holloway, Lula	Black, Henry	20 Jul 1919
Holloway, Mary Ann	Jenkins, Samuel	15 Oct 1912
Holloway, Roy J.	Cooper, Beulah	10 Dec 1916
Holloway, Sallie	Bowers, S.P.	16 Apr 1911
Holly, Anna	Lyle, Daniel R.	10 Mar 1881
Holly, Anna	Whitehead, Cleve	10 Mar 1912
Holly, Charley	Smith, Eva	12 Aug 1906
Holly, Cora	Larimer, R.P.	2 Jun 1918
Holly, David A.	Hughes, Margaret A.	27 Aug 1882
Holly, David A.	Curtis, Lula B.	2 May 1891
Holly, D.H.	Simerly, Jane	1 Jun 1886
Holly, D.H.	Meredith, Lillie	8 Jul 1900
Holly, Frank	Barber, Mariah	5 Jul 1877*
Holly, Frank	Spirgin, Manerva	1 Jul 1883
Holly, Fred	Croy, Bessie	2 Oct 1912
Holly, George J.	King, Ida	14 Dec 1914
Holly, Geroge	Pearce, Katy	29 Nov 1911
Holly, Gertrude	White, George	12 Mar 1916
Holly, Hugh T.	Davis, Bettie	10 Aug 1893
Holly, Jack	Vest, Lottie	4 Jan 1904
Holly, James	Markland, Minnie	22 May 1898
Holly, James R.	Coffman, Fanmnie C.	27 Apr 1882
Holly, John	Kemp. Rosa	31 Oct 1911
Holly, Julia	Croy, Frank	2 Jun 1912
Holly, Julia A.	Mottern, George W.	18 Dec 1881
Holly, Julia E.	Bradley, Walter	26 Mar 1893
Holly, J.J.	Lacy, Rhoda A.	18 Mar 1889
Holly, Lottie	Ellis, C.C.	7 Apr 1912
Holly, Lottie Lee	Troxwell, J.W.	19 Aug 1902
Holly, Louie	Brumit, P.I.	5 Mar 1899
Holly, Margaret	Mottern, John S.	23 Nov 1877
Holly, Mary	McCorkle, John J.	18 Mar 1891
Holly, Mary	Hart, M. Eugene	23 Jan 1918
Holly, Mary A.	Little, James	11 Feb 1883

Holly, Mary J.	Ellis, U.S.G.	21 Sep 1890
Holly, Mena	Lane, Clarence	25 Aug 1905
Holly, Mollie M.	Evers, Roderick C.	20 Aug 1913
Holly, Myrtle	Smith, Wilson	22 Dec 1901
Holly, M.A.	Simerly, S.S.	20 Feb 1900
Holly, M.L. (Mr.)	Potter, M.L.	26 Sep 1875
Holly, M.L. (Mr.)	Crumley, Mattie E.	14 Aug 1887
Holly, Olevia	Meredith, John	2 Apr 1920
Holly, P.M.	Black, H.B. (Mr.)	11 Oct 1911
Holly, Robert	Hyder, Hannah C.	22 Feb 1871
Holly, Samuel H.	Canter, Lorena	29 May 1899
Holly, Sarah	Cooper, Thomas	7 Nov 1877*
Holly, Walter	Hart, Phoeba	18 Mar 1912
Holly, William	Odom, Mary	24 Dec 1898
Holly, Willie	Croy, Clyde	4 Jul 1919
Holly, Winfield S.	Hart, Mary	25 Dec 1880
Hollyfield, Elija	Potter, Nancy Jane	11 Dec 1886
Hollyfield, Elizabeth	Clauson, Fate	24 Oct 1909
Hollyfield, Leroy	Potter, Sarah Ann	25 May 1918
Holman, Janie	Matherly, Joseph	27 Dec 1905
Holman, Lockie	Tolly, Charlie	28 May 1917
Holmes, W.M. (Mr.)	Crow, M.E.	10 Mar 1895
Holoway, Blanchie	Reed, Joe	29 Mar 1919
Holoway, G.H. (Mr.)	Holden, E.C.	11 Jun 1911
Holoway, Lolie	Cheek, David	10 Jun 1911
Holoway, Nancy	Russell, William T.	28 Jan 1901
Holoway, Susan	Davis, F.V.	18 Feb 1899
Holsman, Jennie	Hensley, D.F.	7 Sep 1883
Holt, Robert	Street, Rosie	2 Nov 1904
Holtsclaw, Bessie	Street, Grover	7 Jun 1905
Holtsclaw, Bouie	Campbell, Cleve	19 Jan 1910
Holtsclaw, David	Ervin, Birdie	30 Jan 1920
Holtsclaw, Eliz E.	Nelson, J.H.	9 Mar 1902
Holtsclaw, Essie L.	Hays, Leuis A.	20 Jun 1910
Holtsclaw, France	Taylor, Lou Ella	6 Feb 1893
Holtsclaw, Ida	Bice, Russell	28 Sep 1896
Holtsclaw, Ida	McClaine, Monroe	9 Aug 1902
Holtsclaw, John W.	Tester, Hettie E.	20 Jun 1915
Holtsclaw, J.C.	Whitehead, Celia	16 Sep 1905
Holtsclaw, J.W.	Johnson, Ethel	9 Feb 1903
Holtsclaw, Lilly	Turbyfield, Wm. P.	22 Oct 1902
Holtsclaw, Lydia	Tolly, Pender	5 Feb 1911
Holtsclaw, Mack	Ashley, Sarah Ann	30 Jul 1902
Holtsclaw, Mamie	Hughes, James J.	12 Sep 1911
Holtsclaw, Minnie	Julian, Brownlow	30 Jan 1903
Holtsclaw, Nancy	Grindstaff, G.W.	17 Mar 1897
Holtsclaw, Oscar	Barnett, Lulia	8 Apr 1916

Holtsclaw, Rosa	Morgan, Brownlow	19 Jul 1910
Holtsclaw, R.F.	Miller, Emma	18 Feb 1903*
Holtsclaw, Sarah	Usary, David	4 Mar 1906
Holtsclaw, William	Johnson, Minnie	19 Dec 1904
Holyfield, Mary	Waycaster, William	4 Apr 1884
Honeycutt, Bessie	Barnett, Herby	29 Sep 1905
Honeycutt, Bettie	Young, Wesley	26 May 1916
Honeycutt, Blanch	Lyons, Bill	16 Jan 1918
Honeycutt, David	Garland, Isabell	8 Nov 1905
Honeycutt, David	Hill, Marsha	26 Jul 1914
Honeycutt, Dolly	Gouge, Landon	9 Nov 1899
Honeycutt, D.L.	Wilcox, Mary	3 Sep 1910
Honeycutt, D.L.	Hubbard, Sarah Jane	16 May 1914
Honeycutt, Essie	Hughes, Ed	18 May 1913
Honeycutt, Ethel	Gouge, Fletcher	17 Apr 1920
Honeycutt, Ettie	Street, Charles	17 Jul 1904
Honeycutt, Garrett	Hodges, Mary	24 Feb 1913
Honeycutt, Grady	Benfield, Stacy	12 May 1916
Honeycutt, Grolly	Harden, Eliza	4 May 1905
Honeycutt, Hattie	McKinney, Charley	5 Jul 1903
Honeycutt, Hattie	Largent, John H.	25 JUl 1914*
Honeycutt, Hick	McKinney, Suida	21 Oct 1905
Honeycutt, Ina	Russell, Dee	26 Jun 1920
Honeycutt, Jason	Hughes, Polly	17 Mar 1904
Honeycutt, Jeb	Teague, Beckey	13 Dec 1890
Honeycutt, Jebby	Blevins, Visky	19 Aug 1900
Honeycutt, Lackey	Birchfield, John H.	15 May 1899
Honeycutt, Lottie	Street, Gilbert	14 Dec 1887
Honeycutt, Lou	Whitson, J.S.	30 May 1918
Honeycutt, Lucinda	Phillips, Melvin	14 Jan 1898*
Honeycutt, Manassy	Barnett, Fanny	30 Sep 1907
Honeycutt, Manuel	Hill, Manda	15 Oct 1919
Honeycutt, Mary	Simerly, David	29 Jul 1907
Honeycutt, Mary Jane	Hughes, Thomas	17 Feb 1912
Honeycutt, Mittie	Honeycutt, Nat	7 May 1903*
Honeycutt, Nat	Honeycutt, Mittie	7 May 1903*
Honeycutt, Nathan	Bowman, Mary	23 Mar 1873*
Honeycutt, Nellie	Helfer, John	24 Dec 1907
Honeycutt, Nettie	Slagle, Ellsworth	8 Jun 1919
Honeycutt, O.H.	Wallace, Clara	16 Apr 1915
Honeycutt, Reuben	Melton, Biddie	19 May 1898
Honeycutt, Reuben	Winters, Ida	29 Mar 1907
Honeycutt, Robert	Miller, Mary	26 Nov 1872*
Honeycutt, Rosie	Dyer, Will	20 Mar 1920
Honeycutt, Samuel	Hampton, Bertha	21 Oct 1907
Honeycutt, T.A.	Whitson, Isaac	9 Apr 1903
Honeycutt, Vena	Lyons, James D.	23 Sep 1907

Honeycutt, Vista	Julian, James N.	15 Sep 1911
Honeycutt, William	Fair, Mittie	10 Dec 1898
Honeycutt, Zeb	Simerly, Hattie	15 May 1904
Hooper, Lavancy	Williams, George T.	10 Mar 1880
Hoover, J.S.	Culbert, Venie	21 Feb 1904
Hoover, Lydia E.	Crumley, George C.	16 Nov 1884
Hope, Martha	McLain, James	5 Jul 1873*
Hopkins, Daniel P.	Williams, Martha A.	4 Sep 1902
Hopkins, Evans	Hodge, Minnie	8 Sep 1912
Hopkins, John P.	Sorrell, Rosa	13 Sep 1888
Hopkins, Manda	Stover, S.M.	29 Oct 1878
Hopkins, Rosa D.	McQueen, Andrew A.	25 May 1910
Hopkins, Stanford	Loveless, Willie	21 Aug 1920
Hopper, Lizzie Bell	Ringling, George K.	12 Mar 1912
Hopson, Bessie	Oxendine, Charles	23 Dec 1909
Hopson, Bessie	Hughes, Lewis	2 Jun 1915*
Hopson, Cany	Scrogins, Lealie	19 Jul 1904
Hopson, Charles	Arrowood, Rebecca	19 Dec 1902
Hopson, Charles	Arnett, Ellen	8 Feb 1908
Hopson, George	Sheppard, Rosa	1 Jul 1913
Hopson, Isaac	Whitehead, Susannah	26 Feb 1871
Hopson, Isaac P.	Blevins, Mary L.	27 Nov 1883
Hopson, I.P.	Miller, Martha L.	13 Jul 1896
Hopson, James	Arnett, Nannie	29 Jun 1902
Hopson, John H.	Blackwell, Ettie	25 Mar 1916
Hopson, Julia	Wright, Dan	4 Jun 1916
Hopson, Linda	Vance, Carter	6 Aug 1896
Hopson, Liria	Cordell, Ross	5 Nov 1916
Hopson, Lizzie	Bowers, Herbert	23 Dec 1920
Hopson, Lucy	Lyons, J.B.	11 Jun 1915
Hopson, Maggie	Moore, Harrison	17 Sep 1916
Hopson, Margaret	Simerly, William	8 Jul 1876
Hopson, Martha	Blankenship, W.W.	23 Oct 1872
Hopson, Martha	Arnett, Tim	11 Mar 1903
Hopson, Mary	Hughes, Henry	8 Mar 1908
Hopson, Mary J.	Elliott, William	10 Sep 1892
Hopson, Milda	McKinney, Ed	6 Mar 1915
Hopson, Nettie	Range, Edgar	23 Dec 1912
Hopson, Rhoda	Hodge, Thomas	27 Dec 1902
Hopson, Rosevelt	Wise, Elizabeth	3 Dec 1918
Hopson, Sallie	Williams, E.J.	20 Dec 1914
Hopson, Sarah	Harrison, Jeremiah	5 Sep 1881*
Hopson, Sarah Jane	Whitehead, William	29 Oct 1887
Hopson, Susan	Willis, E.R.	1 Mar 1885
Hopson, William W.	Blevins, Vista	24 Sep 1905
Horselu, William	Range, Anna	17 Aug 1884
Horton, Andy	Moore, Annie	25 Dec 1895

Horton, Berne	Blevins, Mollie	27 Feb	1918
Horton, Bradus	Morton, Mary Ellen	1 Mar	1908
Horton, Catherine	Williams, I.W.	29 Sep	1902
Horton, Cecil	Hartwell, Viola	23 Dec	1907
Horton, Charles	McElwrath, Mary	22 Feb	1913
Horton, Edny	Mooer, Edd	12 Jun	1914
Horton, Elen	Gentry, Lewis	11 May	1881
Horton, Francis B.	Pettigrew, Richard W.	18 May	1917
Horton, John	Brewer, Harriett	19 Mar	1905
Horton, Lillie	Susong, James (Col)	9 Jun	1917
Horton, Taylor	Birchfield, Polly	22 Feb	1914
Horton, Toy	Adams, Mary Jane	17 Sep	1919
Horton, W.D.	Taylor, Mary	8 Aug	1909
Hoss, A.B.	Dolen, Ida	14 Apr	1900
Hoss, Clifton	Lewis, Matilda E.	10 Apr	1908
Hoss, Eddy F.	Biggs, J.T.	24 Sep	1901
Hoss, Eulia E.	Noe, J.C.	21 Apr	1907
Hoss, F.S.	Dolen, Mary	7 Sep	1895
Hoss, Garfield	Biggs, Maggie C.	31 Oct	1901
Hoss, Grace L.	McKeller, George	27 Dec	1918
Hoss, J.C.	Crumley, Mytrle	25 Nov	1906
Hoss, J.R.	Wagner, Alice	27 Feb	1889
Hoss, Mary F.	McFarland, John F.	24 Dec	1887
Hoss, M.S.	Hill, Sarah	16 Mar	1892
Hoss, Nannie	Coldwell, John	14 Sep	1901
Hoss, Ray	buck, William	26 May	1912
Hoss, Robert F.	Little, Ettie	31 Aug	1902
Hoss, Thomas	Sims, Hettie	10 Oct	1915
Hoss, W.H.	Buck, Berlie	12 Sep	1917
Hostrander, Jacob E.	Ochrtondign, Delia	9 Nov	1894*
Houge, William	Campbell, Orfa	6 Aug	1905
Houly, Matilda	Hodges, Silas	-- ---	1883
Houstin, Deby	Arrowood, John	2 Mar	1879
Houston, Dianh	Treadway, W.E.	22 Nov	1919
Houston, Eva	Blevins, Paul	22 Nov	1913
Houston, Grady	Adkins, Samuel	23 Dec	1911
Houston, Grover C.	Osborne, Mollie M.	29 Dec	1905*
Houston, Grover C.	Osborne, Mamie	13 Apr	1908
Houston, John	Buckner, Callie	26 Sep	1914
Houston, Mack	Harvey, Margaret	11 Dec	1886*
Houston, R.S.	Feathers, Minnie E.	16 Nov	1899
Houston, Sallie	Cox, S.M.	9 Nov	1919
Houston, Samuel	Robinson, Amanda J.	11 Apr	1882*
Houston, Samuel	Smalling, Mary	29 Oct	1892
Howard, Bettie	Phillips, G.W. (Col)	29 May	1916
Howard, B.R.	Crumley, Laura	4 Jul	1918
Howard, Mary	Greenlee, Rufus	10 Jul	1892*

Howard, William	Duffield, Mamie	26 Mar 1900
Howell, Annie	Potter, Bill S.	13 Dec 1911
Howell, Daisy	Shell, W.H.	5 Jan 1901
Howell, Dudley	Cuddebock, Bell	28 Feb 1918
Howell, G.W.	Dugger, Pheba	25 Jan 1904
Howell, Holly	Campbell, Frank	18 May 1913
Howell, John M.	Potter, Elizabeth	25 Aug 1896
Howell, J.G.	Campbell, Julia	12 Nov 1906
Howell, Lena	Shell, Monta	17 Sep 1911
Howell, Malinda	Swift, Gilbert	23 JUl 1914
Howell, Nancy	Stout, George	22 Aug 1913
Howell, Rosa B.	Sheets, William	20 Feb 1915
Howington, Josie	Merritt, Arthur E.	15 Feb 1911
Howington, Margaret	Elliott, Deal	16 Jul 1919
Howington, N.W. (Mr)	Lunceford, S.J.	18 Feb 1912
Howren, Bruce	Edens, Fanny	24 Oct 1902
Hubbard, David	Peeks. Rhoda	15 Nov 1911
Hubbard, David G.	Hill, Margaret E.	23 Dec 1883
Hubbard, Ezekiel	Lyons, Sudie	16 Nov 1914
Hubbard, Josie	Sheppard, G.D.	16 Jul 1917
Hubbard, Sarah Jane	Honeycutt, D.L.	16 May 1914
Huff, Walter P.	Taylor, Lucinda N.	4 Sep 1889
Huff, Wilson	Smithpeters, Dora	7 Mar 1884
Hughes, Albert	McGee, Pearlie	23 Mar 1909
Hughes, Alice	Wallax, James	25 Feb 1882
Hughes, Analize	Hampton, Will	21 Sep 1906
Hughes, Anita	Williams, Blaine C.	16 Dec 1914*
Hughes, Berry	Hughes, Bettie	4 Mar 1911
Hughes, Bessie	Freeman, Henry	11 Jun 1910*
Hughes, Bettie	Freeman, Henry	15 Jan 1910*
Hughes, Bettie	Hughes, Berry	4 Mar 1911
Hughes, Carter	Prichard, Mary	23 Nov 1896
Hughes, Cintha Jane	Julian, G.L.	6 Aug 1894
Hughes, Clara	Burleson, Hobart	18 Jun 1918
Hughes, C.D.	Campbell, Mollie M.	21 Dec 1883*
Hughes, C.R.	Estep, James R.	9 May 1901
Hughes, David	Garland, Estel	12 Sep 1907
Hughes, David M.	Fair, Fanny	1 Nov 1900
Hughes, Dock	Carver, Josie	3 May 1908
Hughes, D.F.	Dunn, Mollie	10 Apr 1902
Hughes, D.N.	Watson, Martha	13 Apr 1906
Hughes, Ed	Honeycutt, Essie	18 May 1913
Hughes, Edd	Benfield, Nellie	7 Apr 1917
Hughes, Elbert	Moody, Lorena	9 Jun 1877*
Hughes, Eliza	Hampton, J.F.	30 Sep 1905
Hughes, Eliza	Graybeal, Quince A.	5 Jan 1908
Hughes, Eliza	Oxendine, Jessee	29 Dec 1909

Hughes,	Emmanial	Hughes, Fairy	5 Aug 1903*
Hughes,	Ethel	Milhorn, John	29 Nov 1908
Hughes,	Ethel	Minton, P.T.	21 May 1916
Hughes,	Fairy	Hughes, Emmanial	5 Aug 1903*
Hughes,	Frank	E____, Sarah	7 Jan 1885
Hughes,	Frankie	Carrier, Orr	20 Mar 1898
Hughes,	George W.	Julian, Mary A.	20 Oct 1882
Hughes,	G.W.	Gouge, Maggie	1 Jan 1897
Hughes,	Hamilton	Odom, Lizzie	23 Jun 1888
Hughes,	Hassie	Barnett, Arvil	16 Sep 1906
Hughes,	Henry	Hopson, Mary	8 Mar 1908
Hughes,	Iva May	Blevins, Ben H.	26 Feb 1915
Hughes,	Jacob	Hill, Mandy	19 Oct 1901
Hughes,	Jake	Barnett, Julia	8 Apr 1912
Hughes,	James	Hart, Ethel	21 Jun 1905
Hughes,	James	Hicks, Maggie	4 Feb 1911
Hughes,	James J.	Holtsclaw, Mamie	12 Sep 1911
Hughes,	James L.	Hughes, Julia E.	25 Dec 1890
Hughes,	Jennie	Welch, William	26 Sep 1896
Hughes,	John	Duncan, Martha J.	1 Dec 1885
Hughes,	John	Miller, Polly	23 Sep 1893
Hughes,	John	Mayberry, Lillie	4 Jul 1906
Hughes,	John	Herrell, Vernie	16 Aug 1919
Hughes,	John C.	Lilley, Virginia	31 Jul 1879
Hughes,	John P.	Young, Mary	29 Jun 1882
Hughes,	John S.	Gobble, Nannie	25 Jan 1897
Hughes,	Josie	Morrell, William	25 Oct 1902
Hughes,	Julia	Stockton, Johnnie	18 Sep 1910
Hughes,	Julia E.	Hughes, James L.	25 Dec 1890
Hughes,	J.W.	Hawkins, Rhoda	20 Sep 1896
Hughes,	J.W.	Reynolds, Anna Belle	11 Sep 1920
Hughes,	Lackey D.	Osborn, Jessie	13 Sep 1901
Hughes,	Lewis	Hopson, Bessie	2 Jun 1915*
Hughes,	Lidia	Hughes, Spence	18 Nov 1916
Hughes,	Lum	Boone, Bertha	25 Apr 1916
Hughes,	L.C.C.	Rice, J.M. (Mr.)	27 Oct 1896
Hughes,	L.C.C.	Rice, Oscar A.	1 Nov 1905
Hughes,	Maggie	Miller, William	12 Jan 1910
Hughes,	Margaret A.	Holly, David A.	27 Aug 1882
Hughes,	Mary J.	Heaton, Daniel	20 Jul 1882*
Hughes,	Minnie	McKinney, Grover	6 Aug 1904
Hughes,	Mollie	Taylor, Landon B.	2 May 1887*
Hughes,	Mollie	Gobble, E.B.	16 Feb 1896
Hughes,	M.M.	Williams, L.L. (Mr.)	10 Oct 1897
Hughes,	Nancy	Gibbs, Frank	24 Jan 1887
Hughes,	Nathan	Simerly, Rebecca J.	6 Oct 1889
Hughes,	Nellie	Street, W.M.H.	3 Sep 1902

Hughes, Nellie	Julina, Pleasant	19 Jun 1911
Hughes, Newburn	Keesler, Maud	6 Sep 1917
Hughes, Nora	Odom, Custer	22 Sep 1917
Hughes, Nora L.	Shell, William H.	17 Sep 1899
Hughes, N.	Gardner, Jessee	5 Sep 1908
Hughes, Pat	Woody, Bessie	6 Feb 1912
Hughes, Polly	Vance, A.B.	6 Apr 1882*
Hughes, Polly	Honeycutt, Jason	17 Mar 1904
Hughes, Polly	Birchfield, Sam	1 Sep 1920
Hughes, Rebecca	Burnett, Dorser	2 Dec 1904
Hughes, Robert	Campbell, Cornelia	23 Feb 1881
Hughes, Rosco	Smith, Rachel	1 Aug 1909
Hughes, R. Lance	Vest, Maggie	9 Aug 1896
Hughes, Samuel	Green, Nettie	20 Mar 1910
Hughes, Spence	Hughes, Lidia	18 Nov 1916
Hughes, Stacy	Carver, Jospeh	13 Apr 1891
Hughes, Thomas	Honeycutt, Mary Jane	17 Feb 1912
Hughes, Thurman	White, May	3 Jul 1909
Hughes, Walter	Butler, Jane	8 Feb 1908
Hughes, Walter	Croy, Florence E.	20 Mar 1910
Hughes, Walter	Thomas, Reesie	18 Apr 1914
Hughes, William	Heagins, Maggie	22 Jan 1887
Hughes, William	Gibbs, Sallie	12 Jun 1907
Hughes, William C.	Barnett, Caroline	20 Aug 1881*
Hughes, William J.	Hughes, Zeda	8 Apr 1919
Hughes, Zeda	Hughes, William J.	8 Apr 1919
Hughs, David	Snodgrass, Margaret	19 Dec 1877*
Humphres, D.H.	Russell, Neoma	8 Oct 1893
Humphress, Henry J.	McFaw, Mollie	28 Mar 1880
Humphrey, Allen B.	Barr, Mollie	20 Nov 1889*
Humphrey, Andrew	Shell, Martha	6 May 1877
Humphrey, Andrew J.	Hyder, Bell	3 Apr 1892
Humphrey, Anna	Garland, Charles	9 Jun 1909
Humphrey, Bell	Widener, Edd	21 May 1903
Humphrey, Bessie	Keen, Enoch	29 Jun 1898
Humphrey, David	Scalf, Mollie	30 Jun 1905
Humphrey, Delia	Lewis, Alfred	5 Apr 1877
Humphrey, Emma	Vest, George	28 Jul 1901
Humphrey, Francis M.	Campbell, Rhoda J.	26 Nov 1874
Humphrey, George	Taylor, Deleny	4 Aug 1878
Humphrey, George D.	McKinney, Vancy	11 Oct 1904
Humphrey, Gordon	Lilley, Alice	5 May 1888*
Humphrey, Granville	Rominger, Mary A.	25 Jun 1899
Humphrey, G.F.	Simmons, Jeanette	30 Aug 1917
Humphrey, Hannah	Hilton, Fred W.	24 Jan 1917
Humphrey, Hannah	Carden, James L.	14 Aug 1920
Humphrey, Hart	Johnson, Cassie	24 Dec 1910*

Humphrey, Hurst	Johnson, Casie	24 Dec 1911
Humphrey, Hurst	Jenkins, L___	30 May 1920
Humphrey, Ida	Hart, William	7 Jan 1900
Humphrey, John	Keller, Cora	28 Feb 1914
Humphrey, Laura	Range, Grant	12 May 1907
Humphrey, Lillie	Carr, William	19 Oct 1911
Humphrey, Lillie	Fair, Samuel	6 Apr 1912
Humphrey, Lizzie	Fox, Milton	13 Dec 1887
Humphrey, Lizzie	Livingston, John	23 Feb 1896
Humphrey, Lola	Curd, Wesley	5 Feb 1916
Humphrey, Lou	Star, J.A.	11 Jun 1902
Humphrey, Lucy	Fair, C.W.	20 Jun 1897
Humphrey, Lura	Vest, Samuel	29 Jun 1907
Humphrey, Malissa	Carlton, John R.	26 May 1888
Humphrey, Mary Ann	Malone, George	9 Jan 1879
Humphrey, Mary E.	Troxwell, William	27 Jan 1881
Humphrey, Mary L.	Calaway, T.C.	19 Dec 1878
Humphrey, M.E.	Hurley, M.C. (Mr.)	21 May 1873*
Humphrey, Nellie	Shell, Ollie	25 Feb 1917
Humphrey, Pinkney J.	Collins, Jennie	7 Apr 1881
Humphrey, P.J.	Williams, Sallie J.	24 Dec 1901
Humphrey, Rhoda	Fox, A.D.	25 Dec 1891
Humphrey, Sallie	McQueen, William L.	24 Feb 1916
Humphrey, Samuel	McKinney, Bessie	4 Jul 1911
Humphrey, Vicy	Little, John	14 Sep 1882
Humphrey, Walter	Whitaker, Lou	26 Nov 1004
Humphrey, Warren	Boyhton, Josie	18 Sep 1907
Humphrey, William	Grindstaff, Elizabeth	14 Feb 1877
Humphrey, William	Smith, Lillie	1 Jun 1905
Humphrey, William J.	Gourley, Fanny J.	15 Apr 1875*
Humphrey, W.J.	Gourley, F.J.	13 Apr 1875*
Humphreys, Andrew	Foust, Mollie	28 Feb 1895
Humphreys, Bertha	Foust, Burson	10 Mar 1916
Humphreys, David F.	Feathers, Hannah	1 Feb 1891
Humphreys, Delcenia	Fox, W.M.	13 May 1884
Humphreys, Martin	Greenway, Sarah E.	27 Aug 1893
Humphreys, Stella M.	Miller, Oscar	4 Oct 1919
Humphus, Lousey Jane	Poland, William F.	1 May 1879
Hunt, Elizabeth C.	Swingle, George W.	12 Sep 1876
Hunt, Emma	Crumley, John	29 Jan 1894
Hunt, R.C.	Boy, Laura A.	5 Jan 1888
Hunter, Amanda	Carriway, William G.	25 Jul 1877*
Hunter, Belle	Garland, John	14 May 1898
Hunter, Charles	Duane, Julie A.	26 Jan 1903
Hunter, Dayton	Toncray, C.	31 Dec 1901
Hunter, Earle E.	Carter, Lula	5 Aug 1901
Hunter, Georgia	Williams, N.M.	3 Apr 1892

Hunter, Mary E.	Peters, David	29 Sep 1880
Hunter, McDaniel	Russell, Sallie	22 Feb 1906
Hunter, Mollie M.	Seiler, Justin F.	9 Apr 1913
Hunter, Sophia	Dixon, Harlow S.	19 Dec 1905
Hunter, Walter E.	Smith, Lena	16 Jan 1894
Hunter, W.D.	Carter, Carrie E.	1 Jun 1892
Huntley, Leona	Roberson, G.E.	25 May 1919
Huntly, Pedro	Smith, Susan	3 Jul 1901
Hurdt, John L.	Sutton, Nancy G.	12 Mar 1882
Hurley, Atkin	Wilson, Sarah	15 Oct 1892
Hurley, Bessie	Pritchett, John	12 Jan 1908
Hurley, Dora	Dugger, John	8 Oct 1919
Hurley, Elizabeth	Hinkle, William	14 Aug 1893
Hurley, Erwin	Oliver, Carrie	15 Sep 1881*
Hurley, Furd	Estep, Ida	26 Feb 1917
Hurley, Hamilton	Smith, Selia	Aug 1877*
Hurley, Hamilton	Estep, Sarah	30 Sep 1899
Hurley, Harden	Garland, Ellen	24 Nov 1887
Hurley, Hardin	Garland, Leannia	13 Jan 1889
Hurley, Harriett	blevins, Charles	16 Dec 1910
Hurley, Hawkins M.	Estep, Bertha E.	27 Jun 1881
Hurley, Hohn	Fine, Barly	8 Nov 1896
Hurley, Jessie	Garland, Lula	30 Jun 1917
Hurley, J.A.	Greer, Annie	26 Feb 1918*
Hurley, Lillie	Johnson, Frank	25 Sep 1900
Hurley, Martha	Garland, Smith	19 Oct 1907
Hurley, Matilda	Holder, Isaac	4 Nov 1897
Hurley, Mise	Wright, Mary A.	13 Dec 1882
Hurley, Mod	Richardson, Mollie	12 Jan 1895
Hurley, Murphey	Hodge, Eliza	11 Jan 1889
Hurley, M.C.	Humphrey, M.E.	21 May 1873*
Hurley, Nancy	Garland, David	5 Mar 1907
Hurley, Nellie	Wilson, George	22 May 1896
Hurley, Robert	Denzymore, Sarah C.	30 Jan 1904
Hurley, Sarafina	Hinkle, Elbert	1 Apr 1882
Hurley, Sarafina	Moreland, James W.	22 Jul 1881**
Hurley, Sarah Jane	Hodge, George	26 Jul 1915
Hurley, Susannah A.	Peck, John A.	11 Dec 1879
Hurley, Tissha	Estep, Andy	22 Dec 1912
Hurley, William	Fair, Jennie	10 Oct 1898
Hurley, Wright	Robinson, Sarah	23 Oct 1876
Hurly, Ham	Wilson, Mary	2 May 1914
Hurly, Isaac	Vaughn, Alverda	7 aug 1889
Hurly, John	Harden, Catherine	13 Jan 1915
Hurly, Martha	Blevins, David	5 Jul 1902
Hurly, Nancy	Grindstaff, W.H.	20 Sep 1913
Hurly, Tenie	Wilson, Sarah	5 Jul 1902

Hurt, Dayton	Smith, Bessie	16 May 1910
Hurt, Dulie	Street, Henry	26 Oct 1913
Hurt, Emma	Roggers, James	26 Nov 1903
Hurt, Martin	McKinney, Finey	4 Aug 1915
Hurt, Pearl	Oaks, Edd	17 Oct 1919
Hurt, Sarah	Ellis, Joseph P.	7 Jan 1888
Huse, Doby	Oaks, Charles	11 Jul 1905
Hutsin, Harriett	Glover, Granville	5 Mar 1878
Hutson, Eugene	Scalf, Josie	1 Jul 1917
Hutson, Sally	Drake, Jacob	17 Nov 1871
Hyatt, Elizabeth	Giles, James A.	6 Nov 1887
Hyatt, James	Smalling, Bettie	3 Nov 1888
Hyatt, Jerry	Sims, Mollie	30 Jul 1906
Hyatt, John H.	Hyatt, Margaret F.R.	15 Sep 1906
Hyatt, Margaret F.R.	Hyatt, John H.	15 Sep 1906
Hyder, Annie L.	Hyder, Nathaniel K.	2 Aug 1888
Hyder, Aurinda	Hyder, N.E.	20 Apr 1871
Hyder, A.J.F.	Hyder, Magie A.	19 Jun 1872
Hyder, Bell	Humphrey, Andrew J.	3 Apr 1892
Hyder, Benjamin	McKinney, Martha	12 Aug 1900
Hyder, Bessie	Cole, Ira	24 Mar 1917
Hyder, Bryan	McKeehan, Mary Rosa	29 May 1881
Hyder, Burt B.	Hyder, Golda	6 Feb 1916
Hyder, B.B.	Blevins, J.W. (Mr.)	28 Mar 1901
Hyder, Cecil	Nidiffer, Manda	29 Aug 1911
Hyder, Celia	Roarick, S.N.	12 Dec 1901
Hyder, Charles	McKeehan, Seffie	23 Dec 1910
Hyder, Charles H.	Nave, Ettie	28 Jun 1891
Hyder, Charlie	Berry, Mamie	1 Sep 1919
Hyder, Chester B.	Range, Martha A.	13 Feb 1887
Hyder, Clarence	Hyder, Ina	25 Aug 1920
Hyder, Claud	Grindstaff, Blanch	31 Aug 1919
Hyder, Claude	Perry, Nettie	25 Feb 1906
Hyder, Cordelia	Banner, J.G.	8 Aug 1878
Hyder, Corintha	Marsh, W.B.	2 Jun 1915
Hyder, Daniel C.	Hyder, Marsha	25 Feb 1877
Hyder, David A.	Johnson, Stacy A.	6 Jul 1902
Hyder, David H.	Williams, Mary	22 Jan 1872
Hyder, David R.	Persinger, Julia A.	5 Jan 1893
Hyder, Dora	Hart, David A.	20 Nov 1887
Hyder, D.F.	Campbell, Cornelia	25 Jan 1890
Hyder, D.M.	Sanders, Sue	22 May 1892
Hyder, D.R.	Morrell, Carrie	1 Jul 1915
Hyder, Ellen	Grindstaff, Aaron	15 Aug 1872
Hyder, Emma	Nelson, Capt H.H.	1 Sep 1880
Hyder, Emma	Seaty, W.F.	25 Sep 1907
Hyder, E.A.	Phillips, W.M. (Mr.)	23 Dec 1877

Hyder, Francis T.	Buck, Arthur E.	19 Sep 1913
Hyder, Frank	McKinney, Julia A.	10 Mar 1912
Hyder, Frank	Grindstaff, Bessie	1 May 1920
Hyder, Frank M.	Young, Corie S.F.	1 Oct 1891
Hyder, Fred B.	Taylor, Ethel	2 Jun 1917
Hyder, Geneva	Meredith, Claud	2 May 1917
Hyder, George W.	McKinney, Lula	13 May 1900
Hyder, Gladys	Braswell, James	1 Jul 1917
Hyder, Goff	Street, Caroline	27 Apr 1884
Hyder, Golda	Hyder, Burt B.	6 Feb 1916
Hyder, Hannah C.	Holly, Robert	22 Feb 1871
Hyder, Harriett	Sapps, Calvin	21 Oct 1891*
Hyder, Harrison	Woodby, Myrtle	3 Sep 1911
Hyder, Hattie	Woodby, James	15 Apr 1900
Hyder, Hattie	Sigler, John W.	16 Dec 1914
Hyder, Hattie	Sams, J.W.	21 Aug 1918
Hyder, Henry	Gourley, Mary S.	30 Sep 1877
Hyder, Ida	Simerly, John	10 Mar 1907
Hyder, Ida	Edwards, D.S.	25 Oct 1911
Hyder, Ina	Hyder, Clarence	25 Aug 1920
Hyder, Ina Effie	Roten, Herman Carl	6 Aug 1919
Hyder, Jacob	M____, Rebecca	26 Oct 1871
Hyder, James	Bowers, Maggie	23 Dec 1896
Hyder, James	Sims, Rhoda	29 Sep 1908
Hyder, James B.	Tucker, Addie	30 Oct 1887
Hyder, James C.	Roberts, Mary	24 Dec 1880
Hyder, James C.	Bowers, Maggie	17 Apr 1900
Hyder, Jane	Street, William	13 Sep 1913
Hyder, John	Street, Nola	24 Jun 1900
Hyder, John	Moore, Jane	1 Jul 1900
Hyder, Joseph	Hyder, Sally L.	8 Mar 1878
Hyder, Joseph H.	Hazlewood, Mary	31 Mar 1890
Hyder, Josie	Ellis, C.D.	29 Jun 1915
Hyder, Josie E.	Johnson, Robert G.	6 Sep 1882
Hyder, Josie M.	Hyder, William	26 May 1889
Hyder, Judy C.	Cable, Levi	17 Nov 1888
Hyder, Julia	Fair, S.D.	21 Jul 1887
Hyder, Julia C.	Fair, Samuel D.	5 Nov 1883
Hyder, July	Hyder, Samuel P.	26 Jan 1891
Hyder, J.H.	Little, Bell	10 Jan 1897
Hyder, J.L.	Fair, Millard F.	24 Jan 1874*
Hyder, J.L.	Bowers, Emma	24 Dec 1896
Hyder, J.N.	Birchfield, Jane	29 Nov 1917
Hyder, Katie Blain	Dyer, James P.	17 Aug 1913
Hyder, Laura	Badgett, James	22 Apr 1917
Hyder, Lawson F.	Brooks, Margaret P.	29 Mar 1871
Hyder, Lena	Hashburger, S.N.	15 Nov 1907

Hyder, Lena	White, D.S.	23 Jun 1918	
Hyder, Lon	Treadway, Nannie	29 Nov 1917	
Hyder, Lora	McKinney, James	12 Sep 1920	
Hyder, Lou	Miller, Sam	22 May 1917	
Hyder, Louiza J.	Moreland, M.L.	24 Oct 1871*	
Hyder, Lowia	Birchfield, J.G.	9 Jun 1907	
Hyder, Lucy	Williams, W.W.	9 Feb 1890	
Hyder, Lula	Starnes, Walter	4 Jul 1896	
Hyder, Lula	Tolly, John	6 Mar 1890	
Hyder, Lula	Johnson, F.J.	7 Mar 1901	
Hyder, Lula	Powell, George	28 Oct 1916	
Hyder, Lula	Rasor, Snyder	19 Jun 1920	
Hyder, Luther	Williams, Elina	8 Feb 1911	
Hyder, Luther	Treadway, Ena	3 May 1919	
Hyder, L.F.	Price, Sarah E.	28 Jan 1886	
Hyder, L.T.	Clark W.M. Jr.	10 Sep 1905	
Hyder, Magie A.	Hyder, A.J.F.	19 Jun 1872	
Hyder, Mamie	Nave, Coy	27 Feb 1916	
Hyder, Marsha	Hyder, Daniel C.	25 Feb 1877	
Hyder, Martha	Higgins, Robert J.	9 Apr 1880*	
Hyder, Martha	McCloud, William	6 Jul 1898	
Hyder, Mary	Cloyd, C.E.	10 Feb 1897	
Hyder, Mary Ann	Carver, George	20 Apr 1907	
Hyder, Mary A.	Lewis, Samuel N.	5 Jan 1902	
Hyder, Mattie	Cates, James	12 Jan 1911	
Hyder, Mattie A.C.	Simerly, W.G.B.	24 Oct 1880	
Hyder, Mike B.	Owens, Lissie M.	20 Jul 1902	
Hyder, Minnie C.	Allen, W.H.	4 Nov 1895	
Hyder, Minta	Hyder, Thomas R.	24 Dec 1890*	
Hyder, Myrtle	Stalling, E.S.	4 Oct 1908	
Hyder, M.E.	Williams, Julia	22 Nov 1877	
Hyder, Nannie	Williams, Chrisly	24 Nov 1889	
Hyder, Nat H.	Woodby, Ethel	2 Dec 1906	
Hyder, Nathaniel	Treadway, E.J.	20 Jun 1880	
Hyder, Nathaniel K.	Hyder, Annie L.	2 Aug 1888	
Hyder, Nola	Britt, George	5 Mar 1893	
Hyder, Nola	Street, Isaac	10 May 1916	
Hyder, N.E.	Hyder, Aurinda	20 Apr 1871	
Hyder, N.G.	Johnson, Rebecca	13 Feb 1900	
Hyder, N.L.	Richey, Eliza	22 Feb 1891	
Hyder, N.T.	Taylor, Bell	7 Feb 1886	
Hyder, N.T.	Livingston, May	31 Dec 1909	
Hyder, Ollie J.	Stevens, William M.	18 Jan 1891	
Hyder, Ora	Dugger, Pheba	18 Jun 1904	
Hyder, Osker A.	Dugger, Eliza J.	15 Jul 1900	
Hyder, Pearl	Treadway, Frank	24 Jan 1917	
Hyder, Rebecca	Miller, James M.	2 Feb 1875	

Hyder, Rebecca	Lee, Tandy	4 Feb 1875*
Hyder, Rettie	Collins, R.C.	1 Jun 1902
Hyder, Rettie	Lowe, James	13 Aug 1920
Hyder, Robert D.	Brumit, Mattie L.	22 Jun 1909
Hyder, Robert L.	Treadway, Florence	15 Jul 1901
Hyder, Roy	Hyder, Stella P.	16 Aug 1914
Hyder, R.J.	Clark, G.W. Jr.	25 Aug 1906
Hyder, Sabina J.	Nave, Henry C.	23 Mar 1876
Hyder, Sallie	Pierce, Anderson	25 Sep 1884
Hyder, Sallie	Sams, Jackson	1 Oct 1899
Hyder, Sally L.	Hyder, Joseph	8 Mar 1878
Hyder, Samuel	McKinney, Hester A.	6 Jun 1883
Hyder, Samuel	Barnett, Lottie	25 May 1902
Hyder, Samuel	McKinney, Bertha	10 Mar 1906
Hyder, Samuel J.	Thomas, Mary	17 May 1915
Hyder, Samuel P.	Hyder, July	26 Jan 1891
Hyder, Samuel W.	Fair, Susan E.	4 Jul 1872
Hyder, Sarah	Daniel, B.F.	6 Feb 1875*
Hyder, Sinda	McKinney, Merit	5 Jan 1919
Hyder, Stacy Jane	Britt, Jerry	10 Sep 1899
Hyder, Stella P.	Hyder, Roy	16 Aug 1914
Hyder, S.C.	McCloud, Dilliah L.	18 Sep 1892
Hyder, Thomas J.	Pery, Matoka	15 Mar 1919
Hyder, Thomas R.	Hyder, Minta	24 Dec 1890*
Hyder, Vicy	Kite, Munpson	28 Dec 1908
Hyder, Walter R.	Minnick, Bertha E.	9 Apr 1919
Hyder, William	Hyder, Josie M.	26 May 1889
Hyder, William A.	Britt, Lula	11 Dec 1899
Hyder, William P.	Douglas, J.	13 Mar 1873
Hyder, Willie	Mosely, Josie	7 May 1906
Hyder, Worley	Minton, Myrtle	20 May 1910
Hyder, W.M. (Mr.)	Range, M.E.	14 Jan 1900
Hyder, Zillah	Rowe, J.E.	22 Oct 1905
Hyder, _____	McIntuff, Wilbon	24 Apr 1877
Hyder. Willis	Smith, Lockie	15 Jul 1911
Hyett, Arthur	Shipley, Rena	21 Apr 1906
Hyleman, Avery	Carpenter, Lorrie	15 Jun 1907
Hyleman, Hila	Mayberry, James	28 Jun 1907
Hyrt, Charles	Luttrell, Sallie	1 Aug 1896
Icenhour, George	Micles, Fanny	1 Nov 1902
Icenhour, S.A.	Caraway, Nora	1 Jan 1916
Imboden, Jennie C.	Snyder, W.H.	29 Mar 1884
Ingleton, May	Simerly, R.	5 Apr 1907*
Ingram, Addie	Derby, Willis M.	18 Oct 1919
Ingram, Alice	Langstaff, J.T.	17 Jun 1910
Ingram, Bell	Ellison, William	24 Jul 1916
Ingram, Bell	Waycaster, William	26 Oct 1918

Ingram, Bessie	Bagwell, J.C.	25 Jan 1911*
Ingram, Bessie	McCauley, Valdie	26 Sep 1911
Ingram, Bettie	Teague, William	8 Apr 1900
Ingram, Charles	Miller, Emma	31 Dec 1893
Ingram, Crockett	Williams, Julia	9 Mar 1912
Ingram, Dau	McKinney, Katie	7 Nov 1904
Ingram, David	Cates, Martha J.	3 Dec 1872*
Ingram, David	Cornett, Elizzie	2 May 1897
Ingram, Dayton	Largent, May	21 Jun 1914
Ingram, Docia	Winters, Samuel	19 Oct 1898
Ingram, Eliza Jane	Treadway, John Henry	19 Sep 1889
Ingram, Emaline	Cooper, Jordin	29 Apr 1881
Ingram, Hattie	Roberts, Davie	21 Jan 1899
Ingram, Hattie	Leonard, Robert	30 Sep 1901
Ingram, Ida	Hill, Albert	2 Jan 1901
Ingram, James	Douglas, Phoeba	27 Dec 1896
Ingram, Lena	Julian, Cane	8 Aug 1909
Ingram, Lucy	Persinger, J.L.	16 Mar 1902
Ingram, Martha	Simerly, Will	22 Jul 1920
Ingram, Mary	Miller, Sanford	25 Dec 1891
Ingram, Mary	Guinn, Jacob	23 Jul 1899
Ingram, Mary	Cordell, Russell	23 Jun 1907
Ingram, Merritt	Peoples, Julia A.	2 Jan 1887
Ingram, Minie	Whitehead, David	23 May 1915
Ingram, Minnie	Cates, W.F.	7 May 1891
Ingram, Mollie	Leonard, James R.	6 Mar 1894
Ingram, Mollie	Parham, E.L.	20 Dec 1916
Ingram, Nancy A.	Kite, W.H.H.	28 Nov 1897
Ingram, Nathaniel	Parker, Eliza	14 Oct 1875*
Ingram, Pearl	Arnett, Harrison	14 Apr 1912
Ingram, Pearl	Miller, Sam	25 Dec 1919
Ingram, Rhoda	Cates, Frank	26 Apr 1898
Ingram, Robert	Woodby, Polly	17 Mar 1906
Ingram, Robert	Hill, Ida	16 Feb 1907
Ingram, Walter	Taylor, Bessie	25 Dec 1910
Irick, Bertha	Birchfield, Grant	25 Dec 1911
Irick, B. (Mr.)	Birchfield, E.J.	22 Dec 1907
Irick, George W.	Stout, Mary A.	29 Jun 1880
Irick, Golda	Greer, Walter	26 May 1918
Irick, S.M.	Hayes, J.F. (Mr.)	24 Dec 1903
Irick, Thomas T.	Wagner, Mary A.	21 Sep 1919
Irick Jamco A.	Miller, D.C.	26 Mar 1905
Isaacs, Amanda	Oliver, Isaac	29 Jan 1875
Isaacs, Bert	Johnson, Zona	14 Sep 1917
Isaacs, Buck	Jenkins, Millie	31 Dec 1912
Isaacs, Coy	Turbyfield, Eva	14 Mar 1920
Isaacs, Cozy	Bivs, Will	20 Dec 1918

Isaacs, Della	Day, George	26 Mar 1920
Isaacs, Isabell	Green, W.C.	30 Mar 1896
Isaacs, Mary Lou	Miller, James S.	5 Jul 1920
Isaacs, Nora	Greenwell, Wiley	26 Jun 1910
Isaacs, Roy	Buck, Bessie	5 Nov 1917
Ivins, Sarah	Campbell, Lee	3 Mar 1892
Iwing, Julia	Roebuck, Aaron	9 Oct 1914
Jack, C. Walter	Heatherly, B. May	20 Jun 1909
Jackson, Aaron	Shade, Judie	5 Mar 1907
Jackson, Alfred	Stout, Rosa	14 Dec 1905
Jackson, Alice	Cardin, N.T.	29 Mar 1891
Jackson, Alouza	Ward, Birdy	10 Oct 1909
Jackson, Annie	Webb, Marshall E.	24 Dec 1888*
Jackson, C.A.	Shull, Sallie	20 Feb 1904
Jackson, Elizabeth	Foust, Jack	1 Oct 1893
Jackson, Emma	Broyles, S.D.	13 Mar 1894
Jackson, Florence	Starr, N.S.	28 Aug 1912
Jackson, Hattie Jane	Jackson, J.J.	11 Sep 1915*
Jackson, Hattie May	Shade, Dariel	6 Aug 1910*
Jackson, Johnson	Mathes, Sarah	28 Nov 1908
Jackson, J.J.	Jackson, Hattie Jane	11 Sep 1915*
Jackson, Laura	Avery, C.L.	24 Dec 1909
Jackson, Lilley	Ray, Ed	14 Oct 1892
Jackson, Mary E.	Perry, Nat T.	9 Oct 1901*
Jackson, Nathaniel	Robinson, Ellen	17 Sep 1904
Jackson, Odie	Hester, Charles	2 Oct 1910
Jackson, Robert	Kinslow, Winnie	24 Jul 1881
Jackson, S.J.	Arnold, Virgie	9 Jul 1902
Jackson, William A.	Smalling, Mattie J.	29 Sep 1893
James, Cora	Stout, Henry	22 Jun 1906
James, W.D.	Story, Nettie	9 Nov 1913
James (?), Peter	Crumley, C.M.	20 Oct 1913
Jane, Robert	Nave, Anne E	24 Aug 1871
Janes, Centhia E.	Bently, Adam B.	8 Dec 1889
Janes (?), Peter	Crumley, C.M.	20 Oct 1913
Jarrett, McKinley	Brown, Rosie	5 Dec 1920
Jarrett, R.	Miller Lithia	17 Jun 1897
Jarrett, William	Street, Myra	24 Dec 1897
Jenkins, Abaraham	Nave, Rebecca	15 Dec 1874
Jenkins, A.	Merritt, James	13 Feb 1881
Jenkins, Bertha	Vaughn, Charles E.	12 Jul 1907
Jenkins, Borice Lee	Gilland, C.A.	25 Sep 1907
Jenkins, Callie	Myers, William	7 Apr 1901
Jenkins, Carry	Cross, Clive	12 Jun 1913
Jenkins, Clarina	Browning, John B.	22 Jul 1877
Jenkins, C.P.	Douglas, Sarah	1 Jan 1908
Jenkins, David	Pearce, Mary	25 Feb 1902

Jenkins, David J.	Myers, Sarale	31 Oct 1880
Jenkins, Dick	Oliver, Carrie	5 Oct 1893
Jenkins, Ed	Simerly, Maud	9 Mar 1918
Jenkins, Eliza	Collins, Thomas	12 Oct 1886
Jenkins, Eliza Jane	Briggs, David	8 Oct 1902
Jenkins, Elizabeth	Hensley, Thomas C.	10 Jun 1877
Jenkins, Ellen	McKinney, John	4 Jul 1903
Jenkins, Emma	Olliver, Austin	24 Dec 1910
Jenkins, Eva L.	Smalling, George P.	16 Apr 1892
Jenkins, Fannie	Justice, Sam	5 Mar 1919
Jenkins, Fanny	Williams, Charley	22 Jul 1900
Jenkins, Fred C.	Sims, Dora Bell	21 Feb 1919
Jenkins, Godfrey	Oliver, Eddie	29 Dec 1890
Jenkins, Harve	Simerly, Ethel	20 Apr 1918
Jenkins, Henry	Hathaway, Martha A.	26 Oct 1890
Jenkins, James H.	Gourley, Susan	12 Feb 1901
Jenkins, Jennie	Loveless, Allen	8 Feb 1880
Jenkins, Joe	Williams, Alfred	30 May 1887
Jenkins, Julia	Henry, William	1 Feb 1908
Jenkins, J.M.	Campbell, Martha	13 May 1893
Jenkins, Katy	Jones, Nathaniel	24 Dec 1909*
Jenkins, Lena	Rainbolt, Bird	27 Dec 1913
Jenkins, Lena	Collins, A.B.	17 Dec 1919
Jenkins, Lena	Campbell, J.	29 Jan 1917
Jenkins, Levi	Jenkins, Martha	6 Jan 1885
Jenkins, Liddie	Hodge, Sandy	2 Feb 1892
Jenkins, Lillie	McInturff, Taylor	31 Dec 1911
Jenkins, Lizzie	Bowers, Robert	23 Mar 1902
Jenkins, Lucy	Glover, Hamp	14 Nov 1904
Jenkins, L___	Humphrey, Hurst	30 May 1920
Jenkins, Maggie	Williams, D.N.	21 Jun 1893
Jenkins, Martha	Jenkins, Levi	6 Jan 1885
Jenkins, Martha	McKinney, Samuel	31 Dec 1888*
Jenkins, Martha	Stevens, J.	30 Oct 1895
Jenkins, Mary A.	Lewis, J.F.M.	7 Aug 1878
Jenkins, May	Williams, L.T.	16 Sep 1916
Jenkins, Millie	Isaacs, Buck	31 Dec 1912
Jenkins, Minnie	Briggs, James	3 Nov 1902
Jenkins, M.G.	Tilson, J.T. (Mr.)	5 Aug 1888
Jenkins, Nettie	Simerly, J.C.	29 Mar 1904
Jenkins, Noah	Ritchie, Jane	29 Nov 1883*
Jenkins, Ottie	Combs, Caleb	14 Jul 1900
Jenkins, Pearl	Simerly, Walter	9 Mar 1910
Jenkins, Phoebe	Oliver, James R.	7 Oct 1892
Jenkins, Phoeby	McKeehan, Thomas	7 Jan 1895
Jenkins, Pleas	Bowers, Gistie	30 Sep 1907
Jenkins, Rebecca	Blevins, James	4 Feb 1889

Jenkins, Rhoda	McKinney, James	31 Aug 1893
Jenkins, Rhudy	Wilson, Rosa	16 Sep 1909
Jenkins, Robert	Carriger, Mary	19 Jul 1877*
Jenkins, Ross	Forbes, Eliza	7 Oct 1917
Jenkins, Roy	Cole, Ollie	2 Dec 1920*
Jenkins, R.R.	Sims, Mollie	25 Dec 1912
Jenkins, Sallie	Ensor, George	29 May 1898
Jenkins, Sallie	McKinney, J.C.	30 Jan 1899
Jenkins, Sallie	McKinney, H.S.	24 Sep 1909
Jenkins, Sallie	Taylor, Calvin	6 Aug 1910
Jenkins, Sallie	Richardson, Willie	14 Feb 1912
Jenkins, Samuel	Campbell, Elizabeth	20 Feb 1873*
Jenkins, Samuel	Williams, Eliza	28 Oct 1875
Jenkins, Samuel	McCawn. R.A.	19 Apr 1896
Jenkins, Samuel	Wilson, Delcina	3 Jul 1900
Jenkins, Samuel	Johnson, Jose	24 May 1909
Jenkins, Samuel	Holloway, Mary Ann	15 Oct 1912
Jenkins, Samuel	Walker, Ethel	22 Nov 1913
Jenkins, Selva	Wilson, James	22 Jan 1912*
Jenkins, Una	Buchanan, Dewey	3 Jun 1917
Jenkins, Vance	Canon, Annie	18 Sep 1918
Jenkins, Vena	McKinney, Charles	21 Jul 1912*
Jenkins, Venia	Merrit, Charlie	6 Aug 1917
Jenkins, Vieny	Mosler, Mack	16 Nov 1914
Jenkins, William	Guinn, Elizabeth	8 Aug 1889
Jenkins, William	Williams, Bell	29 Aug 1912
Jenkins, William J.	Smith, Minnie K.	24 Dec 1893
Jenkins, Wily C.	Hendrix, Bessie P.	8 Dec 1900
Jenkins, W.H.	Arrowood, Josephine	25 Feb 1879
Jenkins, W.H.	McKinney, Daily	21 Jul 1915
Jenning, S.E.	Carrson, S.A. (Mr.)	2 Jun 1900
Jennings, Bessie	Voncanon, F.W.	30 Oct 1907*
Jennings, Hattie	Cook, R.L.	30 Oct 1907*
Jennings, H.P.	Piper, Fanney	26 May 1910
Jennings, J.H.	Roberts, Agnes	15 Feb 1897
Jennings, Mattie	Burrow, R.B.	11 Dec 1906
Jentry, Annie	Pierce, W.R.	20 Nov 1901
Jentry, Joseph	Lewis, Lola	12 Oct 1909
Jentry, Louisa	Richardson, Delany	21 Oct 1903
Jerry, A.K.P.	Beach, Ethel	9 Jan 1902
Jessie, A.B.P.	Baker, Nancy Ann	28 Nov 1890
Jestis, Robert	Franklin, Julia	20 Jul 1908
Jett, Hiram C.	Banner, Grace May	25 Jun 1901
Jett, Shelby S.	Kuhn, Etta Maud	19 Mar 1916
Jobe, Edwin Eugene	Ellis, Ina	26 Aug 1920
Jobe, Emma	Kelley, James H.	14 Mar 1878
Jobe, E.D.	Taylor, Mary E.	8 Feb 1877

Jobe, Harriett G.	Taylor, Nathaniel W.	13 Sep 1875*
Jobe, Harriett G.	Harris, N.E.	6 Jul 1899
Jobe, Josephine Ruth	Lambert, William W.	19 Apr 1904
Jobe, Mary Jane	Herter, E.E.	19 Sep 1871
Jobe, R.L.	Carrier, Rhoda Ann	5 May 1891
Johes, R.T. (Mr.)	Banner, L.A.E.	10 Oct 1886
Johnson, Alexander	Roberts, M.	22 Dec 1875
Johnson, Alfred	Fields, Matilda	5 Sep 1903
Johnson, Alie	Smalling, Henry	5 May 1887
Johnson, Andrew	Smith, Susanna	23 Feb 1873
Johnson, Andrew G.	Grindstaff, Ellen	1 Oct 1876
Johnson, Andrew J.	P____, Matilda	7 Dec 1876*
Johnson, Anna	Whitehead, John	15 Dec 1907
Johnson, Arthur	Ervin, Cena	16 Feb 1906
Johnson, Arvil	Harden, Cora	7 Aug 1919
Johnson, A.J.	Crumley, Minerva L.	6 Jan 1880
Johnson, A.L.	King, E.R. (Mr.)	29 Jun 1906
Johnson, Bell	Baker, George	26 Feb 1914
Johnson, Bernice	Potter, John	14 Aug 1910
Johnson, Bessie	Yost, W.K.	1 Sep 1899
Johnson, Bessie	Vance, John	8 Feb 1903
Johnson, Bessie C.	Edens, Felix R.	24 Apr 1912
Johnson, Bettie	Hill, John	21 Feb 1897
Johnson, Beula B.	Smith, Claude A.	19 Nov 1907
Johnson, Birdie	Edny, John	4 Nov 1900
Johnson, Buston	Beck, Julia	19 Mar 1914
Johnson, Carrick	Wilson, Laura	10 Sep 1917
Johnson, Casie	Humphrey, Hurst	24 Dec 1911
Johnson, Cassie	Humphrey, Hart	24 Dec 1910*
Johnson, Celia	Hazlewood, George	25 May 1902
Johnson, Chester A.	Greene, Elsie B.	24 Sep 1911
Johnson, Clarence	Greer, Etta	28 Aug 1917
Johnson, Conner (Mr)	Wheeler, Ennis	6 Dec 1902
Johnson, Cozy	Ervin, Glen	31 Aug 1919
Johnson, David	Grindstaff, Ellie	13 May 1916
Johnson, Destie	Blackburn, Henry	17 Apr 1915
Johnson, Elizabeth	Teague, David	2 Dec 1900
Johnson, Emma	Murray, A.J.	8 Sep 1897
Johnson, Emsley	Thomas, Lucinda	27 Oct 1888
Johnson, Enoch	Gourley, Lizzie	23 Dec 1883
Johnson, Ethel	Holtsclaw, J.W.	9 Feb 1903
Johnson, Etta	Street, Harrison	7 Sep 1920
Johnson, Evil	Starnes, Walter	18 Jun 1901
Johnson, E.F.	Wilcox, Addie	24 Feb 1892
Johnson, Florence	Simerly, Chester	29 Apr 1908
Johnson, Flossie	Hitcher, Lowman	19 Jul 1908
Johnson, Frank	Mace, Fanny	28 Jun 1908

Johnson, Frank	Hurley, Lillie	25 Sep 1900	
Johnson, Fred W.	Shell, Laura	23 Apr 1919	
Johnson, F.J.	Hyder, Lula	7 Mar 1901	
Johnson, Garfield	Little, Ethel	25 Dec 1907	
Johnson, Garfield	Pritchard, Bell	14 Jul 1912	
Johnson, Garfield	Orr, Etta	7 Jan 1919	
Johnson, General	Roarick, Bessie	28 Dec 1912	
Johnson, George	Moore, Lizzie	21 Mar 1910	
Johnson, Harriet	Long, Jacob	17 Apr 1881	
Johnson, Hattie	Vines, Hobart	29 Jun 1919	
Johnson, Hattie	Smith, Lee	16 May 1918	
Johnson, Henry	Hill, Jane	21 Feb 1903	
Johnson, Herb	Brewer, Mainaitha	9 Oct 1917	
Johnson, Ida	Freeman, Francis	31 Aug 1899	
Johnson, Ina M,	Smith, Clinton E.	3 Sep 1901	
Johnson, I.M.	Goodsun, J.	23 Feb 1874*	
Johnson, Jacob	Edua, Cora	30 Apr 1898	
Johnson, James	Sapp, Jane	27 Aug 1872	
Johnson, James	Smith, Susan	27 Feb 1903	
Johnson, James	Campbell, Weddy	10 Nov 1912	
Johnson, James P.	Little, Ruth	27 Dec 1905	
Johnson, Jena	Duvall, T.M.	26 May 1920	
Johnson, John	Campbell, Caroline	16 May 1894	
Johnson, John	Birchfield, Daisy	15 Jul 1916	
Johnson, John B.	Whitehead, Emma	12 Jan 1895	
Johnson, John B.	Hampton, Sallie	3 Jan 1897	
Johnson, John H.	Morris, Lorinna	25 Oct 1876	
Johnson, Jose	Jenkins, Samuel	24 May 1909	
Johnson, Josephine	Raper, Horace	14 Jul 1917**	
Johnson, Judy	Sluder, Andy	8 Aug 1904	
Johnson, J.N.	Goodwin, _____ (Mr.)	23 Feb 1874*	
Johnson, Katie	Starnes, William	14 Oct 1905	
Johnson, Leila	Nave, Porter	21 Oct 1906	
Johnson, Lena May	Vines, F.B.	4 Sep 1917	
Johnson, Lillie	Perkins, Wilbur	27 Sep 1914	
Johnson, L.A.	Bowman, Hiram	28 Mar 1871	
Johnson, Mable, V.	Crawford, S. Lynn	20 Aug 1901	
Johnson, Madge	Smith, John	26 Aug 1920	
Johnson, Maggie	Boom, J.S.	9 May 1910*	
Johnson, Maggie N.	Minton, G.L.	12 Aug 1919	
Johnson, Mally	Lyons, Rhoda	2 Nov 1907	
Johnson, Martha Jane	Blevins, John	13 Dec 1902	
Johnson, Mary	Grant, P.S.	21 Dec 1887	
Johnson, Mary	Brown, Lee	26 Dec 1894	
Johnson, Mary	Morgan, James	17 Mar 1917	
Johnson, Matilda	Smith, John	9 Feb 1875*	
Johnson, Maude	Lewis, Garrett	22 Feb 1913	

Johnson, Minnie	Morris, John	20 Apr 1902
Johnson, Minnie	Holtsclaw, William	19 Dec 1904
Johnson, Mitta A.	Tony, William J.	27 Dec 1886
Johnson, Mollie	Pugh, William C.	24 Jul 1887*
Johnson, Mollie	Morton, Lawson	10 Aug 1897
Johnson, M.A.	Waltin, A.N. (Mr.)	6 Nov 1881
Johnson, Nancy	Pugh, David	2 Apr 1871
Johnson, Nola	Shote, M.J.	26 Jun 1912
Johnson, N.C.	Shell, Delia	11 Sep 1892
Johnson, Olive	Buck, Ernest	30 Sep 1917
Johnson, Pearl	Watson, David	31 Oct 1920
Johnson, Pearlie	Fondren, J.H.	20 Oct 1910
Johnson, Pheby	Miller, N.D.	16 Sep 1900
Johnson, Rebecca	Hyder, N.G.	13 Feb 1900
Johnson, Rena	Ellis, F.L.	25 Sep 1916
Johnson, Robert	Wilson, Elizabeth	2 Oct 1881
Johnson, Robert	Bennett, Mary	23 Nov 1902
Johnson, Robert G.	Hyder, Josie E.	6 Sep 1882
Johnson, Rosey	Lacy, Charles	12 Nov 1905
Johnson, Roy	Rash, Artie	29 Nov 1914
Johnson, Rufus	Ashley, Zelphia	8 Dec 1893*
Johnson, R.E.	Shell, Ella	22 Jun 1891
Johnson, Sadie	Carpenter, Goldman	7 Aug 1916
Johnson, Sallie	Kelly, N.T.	3 Jul 1904
Johnson, Samuel	Hill, Mary	4 Dec 1909
Johnson, Samuel A.	Street, Lula	14 Sep 1919
Johnson, Sarah	Smith, J.P.	0 Jan 1895
Johnson, Sarah C.	Morris, W.F.	10 Jul 1902
Johnson, Sarah J.	Lyons, Henry	24 Sep 1907
Johnson, Selma	Lafrance, Piate	30 Aug 1911
Johnson, Stacy A.	Hyder, David A.	6 Jul 1902
Johnson, Steve	Potter, Genetta	8 Sep 1902
Johnson, Stuart	Heaton, Bertha	24 Jun 1916
Johnson, Sudie	Raorick, Edward	27 Feb 1904
Johnson, Sudie	Long, George	20 Aug 1916
Johnson, Thomas	Oaks, Endora	25 Dec 1880
Johnson, T.E.	Bowers, E.V. (Mr.)	22 May 1897
Johnson, Wesly	Franklin, Cora	21 Mar 1914
Johnson, Will	Winters, Minnie	5 Nov 1919
Johnson, William	Cox, Eliza	8 Jun 1913
Johnson, William T.	Cameron, Harriett J.	2 Oct 1901
Johnson, Wirlly	McNabb, Elizabeth	13 Jul 1873
Johnson, W.F.	Witherspoon, Rosa	30 Sep 1900
Johnson, W.M.	Norman, Minnie	1 Jun 1910
Johnson, W.R.	Williams, Hettie	17 Mar 1917
Johnson, Zona	Isaacs, Bert	14 Sep 1917
Joins, Raymond	Rowe, Lula	10 Aug 1918

Joins, Sarah	Roberts, John	12 Dec 1886
Joins, Vadie	Cornett, George	21 Oct 1916*
Jones, Alex	Scalf, Dean	23 Jun 1895
Jones, Alvin	Hampton, Lou	21 Jun 1888
Jones, Asbell	Perkins, George W.	20 Dec 1879*
Jones, A.C.	Edens, Elizabeth	30 Nov 1871
Jones, Bertie	Glover, Robert	29 Oct 1897
Jones, Bessie	Hale, J.E. C.	2 Jul 1903
Jones, Bessie	Freeman, Henry	13 May 1905
Jones, Bessie	Arrowood, John	3 Dec 1909
Jones, Bessie	Muller, Fred	21 Jan 1919
Jones, Carrick A.	Foister, Lula	29 Apr 1904
Jones, Carrie	Lee, A.F.	4 Apr 1896
Jones, Charlie	Holden, Martha	1 Nov 1915
Jones, Connie A.	Kite, Henry A.	7 Jul 1892
Jones, C.H.	Clark, Clara J.	28 Nov 1907
Jones, C.H. (Mr.)	Lineback, M.R.	26 Dec 1910
Jones, Dallas	Fair, Maggie	8 Jul 1904
Jones, David L.	Buck, Dillie	1 Jun 1897
Jones, David L. Jr.	Hamby, Minnie	27 May 1911
Jones, Dora	Hart, William R.	22 Oct 1893
Jones, D.H. (Mr.)	Ward, M.A.	1 Jun 1902
Jones, Eliza	Vest, Earl	19 Jan 1913
Jones, Elizabeth	Perry, Roy	6 Jul 1919
Jones, Ella	Taylor, Henry	21 May 1905
Jones, Ella	Chatman, Arch	12 Sep 1909
Jones, Ellen E.	Potter, Samuel	14 Nov 1886
Jones, Etta	Miller, Hop	21 Dec 1882
Jones, Fletcher	Berry, Fannie	6 Aug 1905
Jones, Garland P.	King, Florence	10 Feb 1920
Jones, Hannah	Gilman, Joe	21 Dec 1903
Jones, Henry	Glover, Celia	1 Dec 1917
Jones, Hobart	Staten, Bettie	30 Oct 1920
Jones, Homer	King, Lessie	1 May 1920
Jones, Ida	Blevins, J.L.	14 Jul 1907
Jones, Ida	Hart, Frank	23 Aug 1914
Jones, James	Harrison, James	17 Mar 1886
Jones, James	Taylor, Lourie	12 Mar 1905
Jones, Jane	Hawkins, James	31 Mar 1896
Jones, Jeff	Morgan, Alice	15 May 1904
Jones, Jennie	Perry, Elbert	12 Sep 1914
Jones, John	Potter, Hannah	19 Nov 1877
Jones, John	Campbell, Lizzie	22 Apr 1913
Jones, John B.	Hamby, Rader	25 Dec 1887
Jones, John E.	Thomsa, Addie	25 Dec 1893
Jones, John F.	Hazlewood, Carrie	11 Aug 1901
Jones, John H.	Hamby, Alice	25 Aug 1908

Jones, Josie	Chester, John	5 Jan 1912	
Jones, Josie	Brummitt, C.D.	17 Jan 1913	
Jones, Julia	Emmert, Bate	8 Jan 1910	
Jones, Julia A.	Newton, John	16 Oct 1886*	
Jones, J.H.	Estep, Peurl	18 Mar 1905	
Jones, Kane	Slagle, Cinda	26 Jun 1915	
Jones, Lena	McGee, Sherman	30 Nov 1916	
Jones, Littleton	Campbell, D.	26 Nov 1904	
Jones, Lizzie	Williams, Charles	18 Jan 1893	
Jones, Lizzie	Roberson, John J.	22 Dec 1889	
Jones, Lousa B.	Potter, Jackson G.	24 Dec 1904	
Jones, Lucy	Potter, W.P.	9 Jun 1907	
Jones, Lula	Fair, A.B.	11 Sep 1897	
Jones, L.A.	Cordell, D.D. (Mr.)	10 Feb 1917	
Jones, Maggie	Taylor, Nat	28 Nov 1895	
Jones, Malissy	Davis, Samuel	12 Feb 1903	
Jones, Marshall	Wagner, Martha	22 Dec 1907	
Jones, Martha	Lyons, Jerry	24 Sep 1881*	
Jones, Martha A.	Buck, Robert L.	23 Dec 1890	
Jones, Mollie	Deloach, Jimmie	30 Jan 1916	
Jones, Molly	Smith, Frank	3 Mar 1913	
Jones, Nancy	Street, S.P.	1 Aug 1902	
Jones, Nancy	Potter, Jacob	9 Mar 1907	
Jones, Nathaniel	Jenkins, Katy	24 Dec 1909*	
Jones, Pertie	Whitaker, J.C.	2 May 1911	
Jones, Peter	Meredith, Lorena	7 Nov 1874	
Jones, Porter	Davis, Lillie	26 Mar 1903	
Jones, Raymond	Stret, Lillie	21 May 1908	
Jones, Raymond	Hinkle, Sallie	19 Oct 1913	
Jones, Robert	Caraway, Irena	17 Jul 1920	
Jones, Robert J.	Gragg, Rosie	22 Sep 1907	
Jones, R.N.	Oaks, Ida	28 Oct 1910	
Jones, Sallie	Presnell, B.H.	7 Jul 1910	
Jones, Samuel	Briggs, Jannie	29 Dec 1909*	
Jones, Samuel	Blevins, Minnie Bell	28 Apr 1913	
Jones, Samuel J.	Carr, Nancy	20 Nov 1887	
Jones, Sarah E.	Morris, G.S.	16 Nov 1895	
Jones, Thomas	Davis, Bettie	31 Oct 1897	
Jones, Waits	Nave, Mina	2 Jan 1916	
Jones, Walter	Butler, Julia	14 Mar 1908	
Jones, Walter L.	Oaks, Mamie E.	2 Jun 1917	
Jones, William	Williams, Rosa	30 May 1889	
Jones, William	Hambrick Susanna	9 Jun 1905	
Jones, W.A.	Osborn, Rosa	19 Dec 1903	
Jones, W.H.	Stout, Lorina	14 Sep 1878*	
Jones, W.H.	Morgan, Ida	18 Aug 1895	
Jones, W.H.	Shell, Jane	10 Nov 1907	

Jones, W.H.	Triplet, Zora	3 Aug 1911
Jones, W.H.	Winters, Alice	6 Dec 1916
Jones (?), Peter	Crumley, C.M.	20 Oct 1913
Joplin, Abraham	Gibbs, Julia	23 Dec 1900
Jordan, Bertha	Markland, Charles	17 Jun 1906
Jordan, John	Blackburn, Nelly	17 Sep 1909
Jordan, John	Pierce, Ada	24 Oct 1914
Jordan, J.Y.	Smith, Mona	17 Oct 1894
Jordan, Leona	Carpenter, Carlton	10 Jul 1920
Jordan, Lula	Cornett, Daniel	29 Jul 1916
Jordan, Nannie	Burrow, Oscar	12 Jul 1908
Jordan, William	Good, Eliza	7 Jan 1872
Jorden, Will	Perry, Flora	4 Jul 1918
Jove, Roda Ann	Smith, James H.	28 Dec 1910
Judy, Lawson W.	Cordell, Lillie A.	1 Jan 1889
Julian, Amanda	Hinkle, Elbert	29 Jan 1903
Julian, A.A.	Julian, Bettie	13 Sep 1901
Julian, Bettie	Julian, A.A.	13 Sep 1901
Julian, Brownlow	Holtsclaw, Minnie	30 Jan 1903
Julian, Cain	Polley, Lilly	19 May 1902
Julian, Cain W.	McKinney, Delia	4 Dec 1916
Julian, Cane	Ingram, Lena	8 Aug 1909
Julian, Carry	Garland, Nathan	29 Jun 1908
Julian, Clary	Tipton, Marion	24 Jan 1888
Julian, Cora	Blevins, Tennessee	27 Apr 1914
Julian, Ethel	Ray, James Jr.	11 Jun 1906**
Julian, Eugina	Boone, Heck	17 Mar 1903
Julian, George L.	Davis, Polly	16 Dec 1911*
Julian, George L.	Lewis, Molly	27 Feb 1915
Julian, G.L.	Hughes, Cintha Jane	6 Aug 1894
Julian, Ida	Birchfield, John	19 Apr 1914
Julian, Ida	Garland, William	9 Aug 1914
Julian, James J.	Campbell, Effie	25 Dec 1918
Julian, James N.	Honeycutt, Vista	15 Sep 1911
Julian, Jane	Moore, George	14 Mar 1913
Julian, John M.	Hicks, Martha	9 Aug 1881*
Julian, J.C.	Cable, Minnie	17 Aug 1913
Julian, J.F.	Knight, Lydia	19 Nov 1911
Julian, Mable K.	Campbell, Fred W.	18 Dec 1910
Julian, Mary A.	Hughes, George W.	20 Oct 1882
Julian, Minnie L.	Woodruff, E.M.	9 May 1899
Julian, Mouron	Whitehead, Hattie	15 Nov 1913
Julian, Netie	Shell, Ed	30 Mar 1901
Julian, Pierce W.	Denney, Ray	25 Jan 1893
Julian, Roby	Wright, Delia	17 Sep 1916
Julian, Stanton	Miller, Carrie	25 Feb 1903
Julian, Walter	Chambers, Deeia	25 May 1913

Julian, Walter	Potter, Minnie	1 Sep 1920
Julian, William	Townsend, Mollie	22 Oct 1916
Julina, George L.	Pritchard, Lucinda	5 Sep 1882*
Julina, Pleasant	Hughes, Nellie	19 Jun 1911
Justice, Addie	Perry, John	29 Jan 1902
Justice, Celia	Oaks, John S.	14 Jan 1894
Justice, Charles	Goodwin, Rhoda	7 Nov 1897
Justice, Cora	Tolly, D.C.	29 Aug 1902
Justice, E.L.	Glover, Mollie	8 Nov 1896
Justice, James A.	Campbell, Cassie	23 Oct 1892
Justice, Josie	Wilson, J.E.	21 Apr 1912
Justice, Julia	Greene, J.H.	22 Dec 1908
Justice, K.C.	Smith, Lillie	17 Mar 1899
Justice, Madge	Glover, G.W.	5 Jan 1915
Justice, Mollie	Cress, George W.	22 Sep 1915
Justice, Myrtle	Perry, Arthur	24 Feb 1906
Justice, Rhoda J.	Marton, W.C.	24 Dec 1904
Justice, Rizzie	Douglas, Thomas	23 Dec 1883
Justice, Roscoe	Colvert, Ethel	2 Jul 1920
Justice, Roxie	Campbell, Andy	24 Dec 1917
Justice, Sam	Jenkins, Fannie	5 Mar 1919
Justice, Samuel J.	Pierce, Rhoda	19 May 1901
Justice, Sarafina	Beaver, W.H.	16 Apr 1905
Justice, William	Oliver, Evoline	10 Jun 1892
Justice, William	Bowers, Belle	13 Jan 1914
Kane, H.C.	Clark, Hattie M.	8 Sep 1906
Karl, J.W. (Mr.)	Hicks, Laura	2 May 1905
Kaupp, John J.	Reese, Minnie L.	14 Nov 1893
Keaton, James	Mathis, Sophie	3 Aug 1882
Kee, Mary D.	Oaks, Daniel W.	18 Jan 1879
Keehan, John M.	Collins, Callie	26 Sep 1908
Keen, Charles	Bradshaw, Fanny	24 Jul 1909
Keen, Enoch	Humphrey, Bessie	29 Jun 1898
Keen, Frankie	Daniels, James	21 Nov 1877*
Keen, James M.	Aldridge, Alice	23 Nov 1882
Keen, Julia	Price, C.L.	5 Nov 1901
Keen, Julia A.	Hampton, E.C.	3 Jun 1883
Keen, Laura A.	Leonard, Harry K.	18 Nov 1900
Keen, Mollie	Crow, D.B.	10 Jan 1915
Keen, Mollie E.	Swarthout, E.W.	16 Oct 1881
Keen, Nancy E.	Constable, Nathaniel	3 Jun 1888
Keene, Martha	Masten, Frank	25 Dec 1904
Keener, Sam	Pucket, Ruth	13 Jul 1919
Keener, Sarah A.	Carvenor, Joseph	6 Feb 1881
Keesler, Maud	Hughes, Newburn	6 Sep 1917
Keever, Drew	McGlothlin, Jennie	19 Nov 1909
Keith, Grace	Harden, Elija	20 Apr 1918

Kellair, Robert	Ball, Ellen	28 Aug 1909
Keller, Barbara	Dugger, Hunter	26 Apr 1920
Keller, Caroline	White, Witson	11 Feb 1889
Keller, Cora	Humphrey, John	28 Feb 1914
Keller, Ida	Turbeyfield, Joseph	26 Dec 1897
Keller, Loftin	Laws, Minnie	7 Aug 1909
Keller, Maggie	Laws, Henry	26 Mar 1910
Kelley, James	Bradley, Eliza	16 Apr 1888*
Kelley, James H.	Jobe, Emma	14 Mar 1878
Kellian, Robert	Lyons, Katy	15 Oct 1910
Kelly, Amelia	Morris, Lee	30 Sep 1900
Kelly, Catherine	Chambers, William M.	11 Dec 1887
Kelly, Etta	Gouge, Avery	3 Jul 1910
Kelly, Frank H.	Fields, Bess	17 May 1910
Kelly, Harriett	Glover, Frank	27 Jan 1881
Kelly, James	Davis, Ella	4 May 1913*
Kelly, James	Elliott, Lillie	3 Apr 1915
Kelly, Mary	Gouge, Ulyses	20 Mar 1916
Kelly, Nancy L.	Kite, Henry H.	4 Oct 1902
Kelly, Nanny	Estep, James	10 Apr 1907
Kelly, N.T.	Johnson, Sallie	3 Jul 1904
Kelly, Rhoda	Carrier, William	20 Aug 1873
Kemmis, Virtie	Thompson, Isham	17 May 1908
Kemp. Rosa	Holly, John	31 Oct 1911
Kener, David	Baker, Catherine	23 Dec 1875
Kennia, Nellie	Thompson, David	2 Aug 1914
Kennick, H.H.	Hamby, Eliza	21 Jan 1883
Kennis, Mary	McElurath, Charles	27 Sep 1896
Kennis, Sallie	Bradley, Ed	6 Nov 1910
Kennon, John	Nowell, Sallie	25 Nov 1907
Kennon, J.T.	Crow, Liddie E.	13 May 1893
Kent, Edd	Lacy, Eva	28 Nov 1904
Kent, Sarafina	McKinney, Samuel	2 Nov 1876
Kerby, Florence	Teague, David	13 Mar 1919
Kern, Francis	Larkins, Sarah	5 May 1872
Ketchren, G.F.	Greenlee, Sarah A.	11 Jun 1902
Ketes, Martha	Livingston, M.	26 Jan 1874*
Key, James	Campbell, Mary A.	2 Sep 1895
Key, James R.	Hobson, Caroline	28 Aug 1882*
Key, Maggie	Fair, M.F.	2 Jun 1900
Kidwell, Birdie A.	Thompson, William H.	1 Dec 1898
Kidwell, Elizabeth E.	Emmert, George G.	4 Oct 1888
Kidwell, Hellen	Curtis, W.T.	1 Apr 1900
Kidwell, Molly J.	_____, Harry A.	10 Dec 1874
Kidwell, Nannie W.	Emmert, John G.	28 Sep 1893
Kidwell, Ruby E.	Barnes, Robert S.	9 Sep 1900
Kidwell, V.E.	Carriger, J.W.	25 May 1898

Killingworth, S.A.	Shipman, Hattie	15 Nov 1903
Kimmes, Tenie	Bradley, Claud	22 Jun 1918
King, Celia	Whitehead, D.T.	13 Mar 1908
King, E.R. (Mr.)	Johnson, A.L.	29 Jun 1906
King, Florence	Jones, Garland P.	10 Feb 1920
King, Frank	Perry, Elizabeth	24 Sep 1900
King, Ida	Holly, George J.	14 Dec 1914
King, J.P.	Carrier, Sallie E.	27 Dec 1914
King, Lessie	Jones, Homer	1 May 1920
Kinght, Frank H.	Shellborne, Minerva	23 May 1911
Kinnick, Jacob C.	Culbert, Lourette	8 Apr 1877
Kinnis, John	Booher, Vick	29 Dec 1903
Kinslow, Winnie	Jackson, Robert	24 Jul 1881
Kirby, Fannie	Harden, Calvin	25 Sep 1906*
Kistler, B.L.	Carpenter, Easter	27 Aug 1897
Kite, Alvin	Smith, Nettie	2 Apr 1909
Kite, Amanda F.	McKeehan, Henry	24 Feb 1904
Kite, Andrew	Campbell, Nancy J.	25 Apr 1880*
Kite, A.C.	Broyhill, Adiline	23 Sep 1883
Kite, A.N.D.	Kite, Catherine	8 Nov 1889
Kite, A.N.D.	Hart, Nancy	29 May 1890
Kite, Beulah	Pierce, D.D.	30 Sep 1917
Kite, Birdie	Shell, Aaron	23 Jul 1899
Kite, Catherine	Kite, A.N.D.	8 Nov 1889
Kite, Charles E.	Grindstaff, Mary C.	24 Oct 1895
Kite, Dora E.	McKeehan, David F.	16 Apr 1891
Kite, Earl	Whitington, Vertie	10 Feb 1917
Kite, Flora	Hagle, George	24 Dec 1912
Kite, Frank D.	Glover, Alice	3 Mar 1905
Kite, F.D. (Mr.)	Clark, L.C.	21 Jun 1899
Kite, Grace	Shown, Arthur	27 Aug 1908
Kite, G.W.	White, Bertie	23 Jun 1907
Kite, Hanry D.	Lewis, Annie	22 Jan 1891
Kite, Henry A.	Jones, Connie A.	7 Jul 1892
Kite, Henry H.	Kelly, Nancy L.	4 Oct 1902
Kite, Howard	McKeehan, Myrtle	5 Feb 1905
Kite, James	McKeehan, Bettie M.	20 Jan 1889
Kite, James R.	Campbell, Maggie	19 Mar 1891
Kite, Julia	Teagur, J.R.	7 Jan 1913
Kite, J.S.	Cochran, Hattie	15 Mar 1910
Kite, Lissie	Oaks, J.	30 Aug 1885
Kite, L.E.	McClain, Edward	20 Sep 1914
Kite, Martha	Hodge, William	30 Apr 1896
Kite, Mary S.	Bass, A.F.	7 Oct 1893
Kite, Munpson	Hyder, Vicy	28 Dec 1908
Kite, Sallie J.	Pates, William M.	21 Feb 1884
Kite, Samuel W.	Foster, Tennie	22 Dec 1887

Kite, Wallace	Stepp, Willie	13 Dec 1916
Kite, Walter E.	Tittle, Nettie Lee	30 Oct 1915
Kite, W.H.	Oxendine, Francis	14 Oct 1900
Kite, W.H.H.	Ingram, Nancy A.	28 Nov 1897
Kite, W.H.H.	Hart, Mary	31 Aug 1898
Kite, W.H.H.	Treadway, Lena	1 Mar 1903
Kite, Zelie	McIntosh, John	16 Oct 1899
Kitsmiller, M.S.	Miller, S.H. (Mr.)	17 Nov 1873*
Kitzmiller, Emma	Dungan, J. Tarney	12 Oct 1892
Kitzmiller, Julia A.	Barnwell, Allen Y.	2 May 1882
Klingensmith, Thadus	Booher, Lillian E.	20 Feb 1900
Knapp, J.J.	Garland, Ethel	31 May 1919
Knight, Frank	Wood, Victorie	9 Mar 1914
Knight, Lydia	Julian, J.F.	19 Nov 1911
Knight, Marian	Burleson, Lula	30 Aug 1913
Knight, Rosie	Street, William	8 Apr 1920
Kuhn, Andy J.	Price, Nannie	7 Jan 1880
Kuhn, Anna	Chambers, Landon	22 Dec 1907
Kuhn, Birdie A.	Treadway, James M.	4 Oct 1903
Kuhn, Etta Maud	Jett, Shelby S.	19 Mar 1916
Kuhn, John V.	Daniel, Hannah	27 Dec 1871
Kuhn, Joseph L.	Vaughn, Lettie L.	12 Nov 1892*
Kuhn, Laura	Ellis, Rad	25 Jul 1896
Kuhn, Millie	Bullock, Samuel	28 Nov 1897
Kuhn, Myrtle	Lowrie, J.C.	7 Feb 1905
Kuhn, Samuel	Riggs, Bertha	8 Dec 1915
Kulp, Francis S.	Reidy, Briget	29 Sep 1905
Kun, James M.	Slagle, Mary	25 Jan 1875
Kurd, William A.	P____, Matilda	21 Dec 1874
Knight, Rosie	Street, William	8 Apr 1920
Lacy, Albert	Seller, Mary A.	16 Apr 1873
Lacy, Alice	Scott, George W.	22 Aug 1882
Lacy, Alice	Moreland, Edgar	18 Mar 1905
Lacy, Alice	Hathaway, Harry C.	26 Sep 1914
Lacy, Amanda J.	Combs, Robert E.	5 Dec 1888*
Lacy, Amanda J.	Heaton, J.H.	17 Jan 1889
Lacy, Belle	Dills, Ossie	13 Oct 1901
Lacy, Beulah J.	Mottern, Clarence	3 Sep 1920
Lacy, Callie	Bowling, Jacob	7 Mar 1898
Lacy, Carrie E.	Williams, Robert T.	18 Aug 1897
Lacy, Charles	Johnson, Rosey	12 Nov 1905
Lacy, Charles	Ramey, Maxie	22 Jul 1917
Lacy, Cordia	Arnett, Walter	31 Mar 1920
Lacy, Delia	Grindstaff, Arthur	4 Mar 1906
Lacy, D.P.	Heagin, Flora B.	28 Mar 1899
Lacy, D.W.	Smith, Dovie	16 Dec 1900
Lacy, Eliza	Minton, John	1 Feb 1890

Lacy, Ellis	Wagner, Lillie	21 Jul 1917
Lacy, Emma J.	Lyon, Sherman	20 Nov 1898
Lacy, Ester	Dempsy, Henry	19 Mar 1905
Lacy, Ester P.	Morrell, Thomas H.	5 Feb 1872
Lacy, Esther	Butler, W.M.	1 Feb 1902
Lacy, Eva	Kent, Edd	28 Nov 1904
Lacy, F.W.	Blevins, Callie	2 Jul 1917
Lacy, George	Moore, Ada A.	1 Aug 1906
Lacy, Hattie	Miller, John	11 Apr 1909
Lacy, Ida	Waters, W.P.	24 Dec 1887
Lacy, John M.	Mottern, Mary	28 Nov 1878
Lacy, John W.	Anderson, Addie M.	8 Jun 1916
Lacy, Joseph	McAlister, Elizabeth	23 Mar 1875
Lacy, J.E.	Dempsey, J.C. (Mr.)	13 Mar 1919
Lacy, J.E.A.	Young, Destie	11 Sep 1913
Lacy, J.L. (Mr.)	Crow, S.B.H.	24 Nov 1877*
Lacy, J.W.	Tipton, Maude	8 Apr 1902
Lacy, J.W.T.	Sutfin, Pearl	9 Jun 1901
Lacy, J.W.T. (Mr.)	Smith, H.J.	21 Jan 1909
Lacy, Lizzie	Range, Alfred	4 Oct 1914
Lacy, L.C.	Morrell, Hattie	19 Sep 1897
Lacy, Maggie	Moffit, Robert	14 Apr 1920
Lacy, Martha	Sorrell, S.P.	11 Feb 1894
Lacy, Mary Adelia	Pearce, W.A.D.	18 Jun 1893
Lacy, Mary E.	Daniel, William N.	12 Jul 1880
Lacy, Mattie	Smith, W.B.C.	17 Jun 1886
Lacy, Mollie C.	Radford, W.C.	24 Dec 1897
Laoy, Myrtle	Dolen, B.B.	26 Aug 1906
Lacy, Rhoda A.	Holly, J.J.	18 Mar 1889
Lacy, Robert	Dempsy, Lucinda	1 Apr 1906
Lacy, R.A.	Bowling, Maggie	7 Jun 1908
Lacy, R.S.	Morrell, Nannie	26 Jul 1903
Lacy, Sarah E.	Hale, A.A.	21 Nov 1906
Lacy, Sarina	Woodby, Henry	12 Aug 1910
Lacy, Thadory	Crow, James C.	24 Feb 1878
Lacy, Thomas R.	Vanhoy, N.J.	22 Jan 1899
Lacy, William J.	Barnes, Mollie E.	24 Dec 1883
Lacy, W.B.	Collins, Lucy	30 Sep 1902
Lady, Albert	Crow, Maude	12 Feb 1912
Lady, D.M.	Stout, Fay	22 Dec 1915
Lady, Josephine	Manning, Emmett	30 Aug 1919
Lady, Nannie Ethel	Clark, George E.	30 Apr 1919
Lady, Nellie	Smith, Creed	29 Nov 1909
Lady, Sarah Alice	Robinson, James W.	7 Jul 1907
Lafrance, Piate	Johnson, Selma	30 Aug 1911
Lail, G.W.	Franklin, Delia	13 Apr 1887
Lambert, C.H.	Vines, Ettie R.	24 Aug 1919

Lambert, Joe	Dugger, Dillie	20 Dec 1920
Lambert, J.S.	Dugger, Dellie	19 Aug 1917
Lambert, Lee	Potter, Sallie	15 Jun 1917
Lambert, Myrtle	Sorrell, M.E.	25 May 1908
Lambert, William W.	Jobe, Josephine Ruth	19 Apr 1904
Lampkins, Mary	Lowe, E.L.	28 Jul 1919
Landngham, Julias	Marter, M.	19 Aug 1873
Landon, Robert G.	Myers, Margaret E.	30 Aug 1913
Landon, William	Ginus, Malinda	22 Aug 1896
Landreth, Henry K.	Mosley, Margaret J.	27 Feb 1881
Lane, Carrie	McAninch, J.H.	30 Jun 1919
Lane, Clarence	Holly, Mena	25 Aug 1905
Lane, Henry	Welch, Lucy	31 Jan 1891
Lane, Jack	Wagner, Ida	28 Jan 1906
Lane, Samuel E.	Lilly, Lena M.	9 Aug 1903
Lane, Will H.	Willet, Sarah E.	2 Dec 1905
Lane, Willie May	Lilly, G.C.	19 Mar 1916
Langbery, Rosa	White, Robert Jr.	29 Oct 1912
Langstaff, J.T.	Ingram, Alice	17 Jun 1910
Large, Agnes	Smith, W.M.	4 Aug 1907
Large, Cora	Bowers, C.F.	21 Jun 1896
Large, George	Smith, Ida	16 Aug 1899
Large, Isaac	Williams, Pearl	12 May 1915
Large, James	Riggs, Julia	24 Dec 1910
Large, James B.	Smith, Ada	20 Sep 1899
Large, Jessie	Morrell, Lena	29 Jul 1906
Large, Lillie	Smith, Grover	30 Mar 1907
Large, Lucinda	Smith, David J.	25 Dec 1890
Large, Nannie	Sharp, Tolly	30 Dec 1894
Large, Rose	Trusler, Louis	5 Feb 1916
Largent, Frank	Smith, Rhoda	28 Apr 1912
Largent, Hettie	Whitehead, Earn	2 Jan 1920
Largent, John H.	Honeycutt, Hattie	25 JUl 1914*
Largent, J.H.	Roberts, Lydia	9 Mar 1912
Largent, May	Ingram, Dayton	21 Jun 1914
Largent, Nannie	Whitehead, L.L.	14 Dec 1907
Largent, Thomas	Whitehead, Eliza	8 Nov 1881*
Larimer, Albert A.	Odell, Martha	24 Dec 1919
Larimer, Cordie	Riggs, William	10 Nov 1901
Larimer, Daunie	Vest, J.J.	18 Jun 1911
Larimer, E.W.	Shell, Mary E.	28 May 1882
Larimer, R.P.	Holly, Cora	2 Jun 1918
Larkin, Ada	Crumley, Joseph	17 Jun 1906
Larkins, Sarah	Kern, Francis	5 May 1872
Lathollett, W.B.	Lewis, Emma	26 Aug 1908
Lattimore, Julius	Epps, Ida	11 Dec 1894
Laus, George	Oaks, Caldony	1 Mar 1879

Lavinder, W.T. (Mr.)	Lewis, M.B.	23 Dec 1900
Law, J.L.	Teague, Rosie	7 Jun 1907
Laws, Aaron	Oaks, Manerva	14 Apr 1894
Laws, Biddie	Fondren, S.W.	20 Jul 1905
Laws, Callie	Hampton, George	29 Sep 1893
Laws, Charlie	Laws, Marilda	15 Aug 1915
Laws, Cora	Estep, Robert	22 Feb 1908
Laws, Dud	Webb, Myrtle	4 Sep 1909
Laws, Elsa	Bass, Joe	3 May 1908
Laws, Elsie	White, H.L.	2 Sep 1918
Laws, Grant	Loveless, Callie	4 Sep 1909
Laws, Henry	Keller, Maggie	26 Mar 1910
Laws, Ida Bell	Wagner, Hugh M.	21 Jan 1901
Laws, James	Laws, Martilda	12 Feb 1880
Laws, Kennith	Clark, Bessie	3 Jul 1910
Laws, Lincoln	Laws, Vina	8 Apr 1892*
Laws, Lorina	Sanders, Mose	22 Mar 1914
Laws, Lulla	Sanders, Mosas	26 Mar 1910
Laws, L.	Dugger, J.N. (Mr.)	13 Jun 1906
Laws, Marilda	Laws, Charlie	15 Aug 1915
Laws, Martilda	Laws, James	12 Feb 1880
Laws, Mary	Hampton, Ernest	16 Dec 1914
Laws, Mina	Webb, Charles	19 Jun 1912
Laws, Minnie	Geisler, J.H.	7 Aug 1909
Laws, Minnie	Keller, Loftin	7 Aug 1909
Laws, Moses	McDonell, Julia	5 Nov 1893
Laws, Nancy V.	Gregg, Shelby F.	21 May 1893
Laws, Robert	Grussen, Roxie	3 Jul 1909*
Laws, R.C.	Reese, Bessie	15 Sep 1907
Laws, Sarah L.	Marks, Jasper M.	21 Aug 1887
Laws, Vina	Laws, Lincoln	8 Apr 1892*
Lawson, Albert H.	Berry, Bettie	6 Oct 1907
Lawson, Annie	Gourley, Samuel	22 Mar 1906
Lawson, Grant	Manuel, Matilda	25 Nov 1888
Lawson, William S.	Gourley, Martha A.	12 Dec 1880
Leach, John J.	Shell, Loucinda	8 Sep 1889
Leach, W.M.	Simmons, Annie	21 Sep 1891
Leadford, Celia	Stephens, Dave	3 Jul 1907
Leadford, C____	Stockton, Berry	17 Feb 1911
Leadford, David	Waycaster, Vina	8 Apr 1900
Leadford, Emma	Morton, William	29 Jun 1911
Leadford, John	Herrell, Rettie	20 Jun 1908*
Leadford, Maggie	Miller, S.M.	27 Jun 1901
Leadford, Nannie	Canter, William	1 Aug 1904
Leadford, Sarah	Powell, John	11 Jul 1907
Leadford, William	Rayfield, Bettie	26 Mar 1904
Leadford, Wm. Moore	Miller, Mary Jane	9 Jul 1905

Leadford, W.M.	Taylor, Jennie	26 Oct 1902
Leadwell, Eliza	Hawkins, Charles	16 Mar 1918
Leadwell, William	Williams, Eliza	27 May 1905
League, Caroline	Roberts, Robert L.	16 Apr 1882
Lechcoe, Lena	Fair, John F.	21 Apr 1892
Ledford, Alletha	Geer, George	3 Dec 1916
Ledford, Bryan	Pippin, Daisy	8 Mar 1918
Ledford, David L.	Briggs, Mary Ann	21 Apr 1920
Ledford, Elbert	Collins, Emily	26 Jun 1915
Ledford, Finley	Ellis, Jennie	22 Apr 1917
Ledford, Hassie	Bowman, L.R.	20 Jul 1919
Ledford, Matison	Hill, Amandy	25 Dec 1891
Ledford, Rose	Green, Joseph	11 Jan 1914
Ledford, Sallie	Morgan, James	7 Apr 1898
Ledwell, John	Edmonson, Hassie	8 Apr 1905
Ledwell, Maggie	Deloach, Edgar	17 Dec 1911
Lee, Alice	Rumley, Rut	19 Jun 1889
Lee, A.F.	Jones, Carrie	4 Apr 1896
Lee, Bessie	Arney, Isaac	20 Oct 1919
Lee, Caroline	Harrison, James	24 Jul 1881
Lee, John	Crow, Lottie	1 Mar 1909
Lee, Louisa	Giles, James A.	19 Dec 1882
Lee, Tandy	Hyder, Rebecca	4 Feb 1875*
Leftwich, Mollie R.	Allmond, Adam	30 Jun 1892
Leland, Chester W.	Perry, Emma J.	12 Sep 1906
Leonard, Bettie	Garland, David	28 Feb 1911
Leonard, Carrie E.	Rogers, Hugh Glen	26 Jul 1910*
Leonard, Edna	Campbell, Samuel	29 Dec 1892
Leonard, Edna	Millhorn, Nathan	3 Apr 1897
Leonard, Edna	Miller, Mat	1 Aug 1920
Leonard, Ettie	French, James R.	18 May 1901
Leonard, Fred	Cox, Lilly	25 Mar 1906
Leonard, Harry K.	Keen, Laura A.	18 Nov 1900
Leonard, Isaac A.	Morely, Martha A.	23 Jun 1887
Leonard, Jacob	Range, Lydia N.	16 Nov 1871
Leonard, James	Carrier, Rhoda	16 Jul 1910
Leonard, James R.	Ingram, Mollie	6 Mar 1894
Leonard, John C.	McCorkle, Bell B.	17 Mar 1892
Leonard, Joseph	Ensor, Bell	12 Jun 1898
Leonard, J.R.	Hicks, Veller	29 Oct 1906
Leonard, Mary	Walker, Joseph	11 May 1911
Leonard, Mary	Beal, H.R.	10 Jun 1888
Leonard, Obediah	Gilland, Jane	29 Jun 1886*
Leonard, Rebecca	Reed, James	3 Dec 1877
Leonard, Rebecca J.	Wooliverton, Richard	30 Jun 1913
Leonard, Robert	Ingram, Hattie	30 Sep 1901
Leonard, Roy	Estep, Annie	3 May 1917

Leonard, Sarah Ann	Blevins, James	31 Mar 1892
Leonard, Sarah F.	Chapman, William	9 Oct 1887
Leonard, Stella	Watson, Dave	18 Feb 1919
Leonard, W.C.	Lewis, Maggie H.	8 Nov 1893
Leonard, W.H.	Buck, Julia A.	1 Jan 1912
Leonard, W.H.	Treadway, Gutrude	20 Feb 1916
Lesuer, Kitty	Shell, Alfred G.	15 Mar 1887
Lewice, Fine	Whitehead, Selia	22 Apr 1907
Lewis, Alfred	Humphrey, Delia	5 Apr 1877
Lewis, Amanda	Smith, W.K.	7 Apr 1907
Lewis, Amey G.	Morton, M.J.	4 Feb 1891
Lewis, Andrew	Wilson, Armitha	22 Apr 1891
Lewis, Andrew	Roarck, Nancy J.	5 Dec 1909
Lewis, Anna	Hodge, J.S.	23 Mar 1908
Lewis, Anna	Lewis, Pearl	10 Sep 1912
Lewis, Annie	Kite, Henry D.	22 Jan 1891
Lewis, Annie F.	Edens, C.W.	30 Oct 1894
Lewis, Beckey Ann	McNeely, Lemuel	4 May 1890
Lewis, Bessie	Crumley, S.A	14 Oct 1900
Lewis, Cardon	Mottern, Hettie	3 Aug 1909
Lewis, Carl	Morrell, Eddie	10 May 1903
Lewis, Casandra	Cardin, Vincent	16 Apr 1874
Lewis, Celia G.	Campbell, M.D.	26 Oct 1895
Lewis, Cora	Wilson, Butles	3 Dec 1920
Lewis, Cordelia	Taylor, Allen	30 Nov 1878
Lewis, Cornelius	Richardson, Eliza	23 Aug 1903
Lewis, C.C.	Perdue, Pearl	8 Dec 1907
Lewis, C.C.	Berry, Ruthie	23 May 1897
Lewis, Dora	Campbell, Dana	24 Apr 1915
Lewis, Dora	Combs, Roscoe	21 Feb 1919
Lewis, D.R. (Mr.)	Fletcher, N.B.	25 Nov 1909
Lewis, Edward	Little, Ora	21 Jan 1912
Lewis, Eliza	Smith, James	9 Apr 1871
Lewis, Eliza	Crow, William	15 Oct 1880
Lewis, Eliza	Colbock, Pete	8 Apr 1892*
Lewis, Eliza J.	Nave, J.A.	23 Dec 1887
Lewis, Eliza M.	Pierce, John	23 Nov 1880
Lewis, Eliza N.	Pearse, John	23 Nov 1880
Lewis, Elizabeth	Olliver, William	9 Feb 1901
Lewis, Ella	Crow, William R.	31 Jan 1893
Lewis, Emma	Shaw, King	1 Oct 1902
Lewis, Emma	Lathollett, W.B.	26 Aug 1908
Lewis, Eva	Blevins, Morrell	15 Mar 1914
Lewis, Fannie	Elliott, M.D.	30 Mar 1893*
Lewis, Fannie	Stedham, Henry	5 Mar 1920
Lewis, Fred	Dugger, Lorrie	6 Mar 1917
Lewis, Garrett	Johnson, Maude	22 Feb 1913

Lewis, George M.	White, Martha E.	15 Mar 1894
Lewis, Gertrude	Morris, Charles	28 May 1910
Lewis, Henry	Scalf, Elizabeth	1 Dec 1902
Lewis, Hester A.	Shell, A.J.	29 Nov 1885
Lewis, Houston	Fair, Eva	30 Oct 1899
Lewis, Huston	Taylor, Nancy A.	7 Jan 1883
Lewis, H.C.	Berry, Myrtle	16 Jul 1905
Lewis, Ida	Little, Emry H.	14 May 1893
Lewis, Isaac	Byers, _____	22 Dec 1899*
Lewis, Isaac	Wilson, Delcena	31 Mar 1891
Lewis, James	Osborne, Leathia	12 May 1909
Lewis, James	Shuffield, Ida	25 Jun 1910
Lewis, James C.	Peters, R.E.	23 Jan 1878
Lewis, James D.	Berry, Elizabeth	10 Jun 1875
Lewis, James L.	(illegible)	17 Jun 1875*
Lewis, James M.	Heatherly, _____	28 Feb 1876
Lewis, James S.	Combs, Mattie	1 Jan 1899
Lewis, Jane	White, John V.	4 Aug 1872
Lewis, Jennie C.	Shell, James A.	15 Jan 1893
Lewis, Joe Brown	Overby, Dora	21 Nov 1915
Lewis, John	Oliver, Elizabeth	25 Dec 1871
Lewis, John	McKeehan, Lizzie	26 Jun 1887
Lewis, John	Campbell, Rettie	15 Aug 1888
Lewis, John	Richardson, Ockey	8 Sep 1900
Lewis, John	Lewis, Mollie	18 Mar 1905
Lewis, John	Pressley, Nora	1 Dec 1906
Lewis, John	Smith, Hettie	6 Jun 1908
Lewis, John M.	Richardson, Nelia	3 Mar 1912
Lewis, Joseph L.	Thasin, Emphis E.	4 Apr 1878
Lewis, Josie	Ward, Arthur	29 Dec 1913
Lewis, Josie P.	Nidiffer, W.M.	21 Jan 1912
Lewis, Julia	Shell, Charles	2 Apr 1899
Lewis, Julia	McKinney, Sinkler	10 Feb 1901
Lewis, Julia	Eades, F.M.	4 Mar 1907*
Lewis, Julia	Lyons, Elmer	5 Mar 1911
Lewis, J.B.	Arnold, Pet	21 Dec 1911
Lewis, J.F.	Campbell, Ruth	12 May 1912
Lewis, J.F.M.	Jenkins, Mary A.	7 Aug 1878
Lewis, J.H.M.	Nave, Ida	23 Aug 1896
Lewis, J.L.	Mains, Hattie	5 May 1907
Lewis, J.M.	Smith, Francis E.	30 Jun 1892
Lewis, J.R.	Fair, Fannie	10 Jun 1911
Lewis, J.W.	Schenk, Ed	23 May 1909
Lewis, Landon	Smith, Lena	2 Nov 1907
Lewis, Landon	Lewis, Maude	25 Aug 1920
Lewis, Laura	Williams, E.G.	16 Jun 1918
Lewis, Lena	Fish, W.E.	5 Aug 1903

Lewis, Lena	Stout, Nat	30 May 1904
Lewis, Lila	Blevins, Nat	16 Jan 1913
Lewis, Lillie B.	Lowe, Noah S.	5 Sep 1900
Lewis, Lola	Ellis, Henry	20 Mar 1916
Lewis, Lola	Gentry (?), Joseph	12 Oct 1909
Lewis, Lola	Jentry (?), Joseph	12 Oct 1909
Lewis, Lola	Grindstaff, Ira	13 Dec 1919
Lewis, Lora	Miller, James E.	6 Apr 1909
Lewis, Lorettie	Hardin, James H.	5 Apr 1896
Lewis, Lula	Carriger, Willis	26 Nov 1895
Lewis, Lulu	Campbell, Michael R.	6 Aug 1898
Lewis, L.D.	Garland, Catherine	14 Oct 1895
Lewis, L.G.	Blevins, Nannie	18 Dec 1904
Lewis, Mable E.	Brumitt, P.I.	29 Dec 1920
Lewis, Maggie	Wilson, Emmit	22 Feb 1915
Lewis, Maggie	Phipps, Dan	30 Sep 1916
Lewis, Maggie E.	Nave, William	24 Dec 1893
Lewis, Maggie H.	Leonard, W.C.	8 Nov 1893
Lewis, Manerva	Milom, Samuel A.	22 Nov 1888
Lewis, Martha	Lowe, S.J.	14 Jul 1907
Lewis, Martha	Elliott, James	21 Jul 1907
Lewis, Mary	Cole, D.L.	15 May 1915
Lewis, Mary A.	Frasier, W.M.	22 Jun 1879
Lewis, Matilda	Potter, W.L.	14 Mar 1895
Lewis, Matilda E.	Hoss, Clifton	10 Apr 1908
Lewis, Mattie	Bowers, Daniel	16 Oct 1904
Lewis, Mattie L.	Pierce, Arthur O.	11 Oct 1900
Lewis, Maude	Lewis, Landon	25 Aug 1920
Lewis, Minnie	Edwards, W.C.	20 Dec 1905
Lewis, Minnie	Bowers, W.P.	27 Oct 1918
Lewis, Minnie J.	Sellers, J.W.	9 Sep 1889
Lewis, Mollie	Lewis, John	18 Mar 1905
Lewis, Molly	Julian, George L.	27 Feb 1915
Lewis, Murry	Estep, Docia	8 Apr 1901
Lewis, M.B.	Lavinder, W.T. (Mr.)	23 Dec 1900
Lewis, M.E.	Day, David	25 Nov 1894
Lewis, M.G.	Carden, Carrie	30 Apr 1891
Lewis, Nancy	Rains, Austin	14 Aug 1914
Lewis, Nancy A.	Bowers, Franklin M.	20 May 1897
Lewis, Nicholas J.	Smith, Dora M.	16 Jun 1907
Lewis, Noah	Tittle, Rhoda	26 Sep 1899
Lewis, Nola E.	Williams, John E.	3 Jan 1891
Lewis, N.K.	Lewis, T.G. (Mr.)	30 Nov 1907
Lewis, N.R.	Lowe, Tishie	30 May 1908
Lewis, Pearl	Lewis, Anna	10 Sep 1912
Lewis, Ruby	Moody, Fred	18 Aug 1919
Lewis, R.L.	Morton, Mertie	18 Dec 1909

Lewis, Samuel	Overhulser, Ottie	7 Sep 1898
Lewis, Samuel N.	Hyder, Mary A.	5 Jan 1902
Lewis, Stephen	Fletcher, Amanda	15 Jun 1876
Lewis, Stephen	Thomas, Ada	7 Mar 1889
Lewis, Susan E.	Weaver, Russell	18 Apr 1878
Lewis, S.J.	Hinkle, Mae	25 Apr 1918
Lewis, Thad	Richardson, Bessie	5 May 1901
Lewis, T.G. (Mr.)	Lewis, N.K.	30 Nov 1907
Lewis, T.J.	Biggs, Ader	1 Apr 1907
Lewis, Will	Welch, May	30 Apr 1920
Lewis, William	Taylor, Daisy	27 Aug 1900
Lewis, William	Wilkins, Jennie	1 Jun 1908
Lewis, William	Campbell, Ida	1 Feb 1919
Lewis, William M.	Garland, Nancy	16 Apr 1871
Lewis, Willie	Holder, Eva	20 Dec 1911
Lewis, Willis	Campbell, Rettie	4 Aug 1904
Lewis, Winnie	Harmon, William	6 Oct 1919
Lewis, W.A. (Mr.)	White, F.A.	12 Feb 1905
Lewis, W.E.	Harden, Nancy	24 Dec 1916
Lewis, W.H.	White, Mandy	5 Jul 1903
Lilley, Alice	Humphrey, Gordon	5 May 1888*
Lilley, John	Barnes, Lue	16 Jan 1876
Lilley, Mary C.	Dempsy, John C.	6 Mar 1884
Lilley, Melvina	Gibson, James S.	21 May 1892
Lilley, Virginia	Hughes, John C.	31 Jul 1879
Lillie, Mattie A.	Sellars, A.J.	2 Oct 1895
Lilly, A.W.	Slimp, Pearl	18 Jun 1909
Lilly, Bell	Blevins, John	1 Jan 1910
Lilly, G.C.	Lane, Willie May	19 Mar 1916
Lilly, John W.R.	Cooper, Mollie E.	15 Nov 1887
Lilly, Kate	Duncan, W.W.	29 Aug 1909
Lilly, Lena M.	Lane, Samuel E.	9 Aug 1903
Lilly, Luna	Wagner, John	2 Aug 1911
Lilly, Maggie	Curtis, Richard	3 Aug 1906*
Lilly, M.J.	Aliff, Dicie	11 Dec 1905
Lincey, George	Hardin, Mariah	8 Aug 1876*
Lindawood, Maude	Wilis, G.N.	26 Jun 1901
Lindemin, James M.	Carr, Mary M.	25 Jun 1875*
Lindsy, John	Reed, Eliza	19 Jan 1913
Lineback, Catherine	Perry, David L.	19 Oct 1879
Lineback, Dovey	Smith, W.L.	27 Feb 1901
Lineback, Jessie	Brown, Shirl (Mr.)	15 Aug 1919
Lineback, Lockie	Mosby, E.L.	8 Aug 1907
Lineback, M.R.	Jones, C.H. (Mr.)	26 Dec 1910
Lineback, W.H.	Perry, Rachel A.	22 Apr 1881
Linkes, Gertrude	Eggers, Lem	27 Jun 1920
Linkes, Z.H.	Younce, Gertrude	8 Apr 1905

Linsey, John	Trent, Sallie	7 Apr	1894
Linville, Amanda	Snodgrass, Charles	5 Mar	1894
Linville, Lizzie	Teague, Jefferson	15 Aug	1891
Linville, Mollie	Wainwood, Hugh	25 May	1898
Linville, Worley	Hensley, Lorena	25 Jun	1900
Lipford, Alice L.A.	I.M. Heaton	3 Sep	1899
Lipford, Ettie	Heaton, Fuson	25 Nov	1914
Lipford, Mary	Harden, J.S.	4 Oct	1905
Lipps, Birtha	Moreland, J.M.	20 Sep	1913
Lipps, Daniel W.	Arnold, Callie	15 Apr	1888
Lipps, Elizabeth	Taylor, Thomas	22 Sep	1901
Lipps, James	Taylor, Ellen	13 Jul	1914
Lipps, Maggie	Peters, Robert	23 Apr	1910
Lipps, Raymond	Smith, Myra	24 Dec	1910
Lipps, William	Blevins, Kitty	4 Nov	1899
Lips, W.B.P.	Myers, Allie M.	29 Dec	1890
Litterel, Sarah	Alfred, Leander	6 Apr	1880*
Little, Andrew J.	Hart, Rachel E.	4 Oct	1879
Little, A.R.	Hatcher, Madgie	2 Dec	1902
Little, A.U.	Bishop, Jennie	12 Jun	1892
Little, Bascum	Crumley, Nellie	9 Mar	1895
Little, Bell	Hyder, J.H.	10 Jan	1897
Little, Charles	Bishop, Ella	28 Jul	1901
Little, Charlie	Webb, Sallie	9 Sep	1881*
Little, Cora	Hawkins, Samuel	3 Oct	1920
Little, C.A.	Feathers, A.J.	3 Oct	1874*
Little, D.P.	Davis, Mollie	6 Aug	1905
Little, Edd	Holden, Lillie	1 Nov	1914
Little, Elbert	Brewer, Bell	13 Dec	1919
Little, Emry H.	Lewis, Ida	14 May	1893
Little, Ethel	Johnson, Garfield	25 Dec	1907
Little, Ettie	Hoss, Robert F.	31 Aug	1902
Little, Frank J.	Moore, Gena	14 Feb	1911
Little, George	Persinger, Bessie	19 Mar	1909
Little, H.C.	Miller, Mary F.	23 Feb	1919
Little, H.P.	Hamilton, Kittie	5 Jun	1895
Little, James	Claimon, Phoebe E.	13 Oct	1876
Little, James	Holly, Mary A.	11 Feb	1883
Little, James	Simmons, Nellie	24 Dec	1911
Little, John	Humphrey, Vicy	14 Sep	1882
Little, May	Cloyd, J.S.	16 Jun	1899
Little, M.C.	Swanner, Anna L.	20 Apr	1882
Little, Nola Lee	Cates, Williard	3 May	1908
Little, Ora	Lewis, Edward	21 Jan	1912
Little, Rebecca Ann	Cooper, J.W.	6 Jan	1883
Little, Roy	Treadway, Mary	14 Sep	1919
Little, Ruth	Johnson, James P.	27 Dec	1905

Little, Sallie	Hodge, Daniel L.	23 Nov	1889*
Little, Sallie	Young, Sanders	2 Jul	1902
Little, Thomas G.	Bishop, Sallie A.	28 Aug	1887
Little, W.H.	Dempsy, Ida	2 Nov	1904
Little, W.H.	Reynolds, Lucy A.	10 Oct	1916
Littrell, Nora	Taylor, W.T.	16 Nov	1897
Livingston, Addie	Livingston, S.B.	2 May	1910
Livingston, Baxter	Taylor, Feme	13 Sep	1914
Livingston, Ben	McKeehan, Violet	20 Jul	1908
Livingston, Birtha	Snodgrass, Thomas	30 Sep	1906
Livingston, Cad	Loveless, Lizzie	30 Nov	1917
Livingston, Dewey	Campbell, Alice	7 Apr	1917
Livingston, Frankie	Loveless, Frank	14 Mar	1912
Livingston, George	Richardson, Caroline	29 Dec	1872
Livingston, George	Headrick, Katie	14 Jun	1903
Livingston, George	McKeehan, Roena	20 Feb	1894
Livingston, James	Livingston, Rhoda	4 Nov	1906
Livingston, John	Humphrey, Lizzie	23 Feb	1896
Livingston, John	McKeehan, Vestula	25 May	1913
Livingston, Martha A.	Glover, Robert W.	30 Jan	1879
Livingston, Matilda	Heatherly, J.E.	24 Aug	1900
Livingston, May	Williams, Charles	13 Sep	1896
Livingston, May	Hyder, N.T.	31 Dec	1909
Livingston, Murray	Farr, Addy J.	19 Aug	1880
Livingston, M.	Ketes, Martha	26 Jan	1874*
Livingston, Nora A.	Russell, S.A.	1 Feb	1897
Livingston, Pearl	Britt, Frank	15 May	1918
Livingston, Rhoda	Livingston, James	4 Nov	1906
Livingston, Samuel	Grindstaff, Mary	44 Aug	1873
Livingston, Samuel	Bishop, Saraphina	23 May	1886
Livingston, S.B.	Britt, Bell	11 Sep	1904
Livingston, S.B.	Livingston, Addie	2 May	1910
Livingston, William	Hathaway, Adaline	30 Dec	1898
Livsy, George	Shoemaker, Clara	29 Oct	1902*
Lockwood, Robert	Tipton, Bertha L.	25 Jan	1903
Loe, Elizabeth	Colbaugh, William	24 Dec	1874
Long, Charles P.	Bowie, Annie Cassie	18 Jun	1907
Long, Edwin A.	Range, Nora L.	12 Mar	1891
Long, George	Johnson, Sudie	20 Aug	1916
Long, Heland Effie	Sheaf, Irby J.	22 Oct	1907
Long, Jacob	Johnson, Harriet	17 Apr	1881
Long, James	Hardin, Pollie	19 Jul	1883
Long, Mary	Webb, Dobb	12 Apr	1896
Long, R.L.	Absher, Nannie	5 Sep	1917
Long, Sallie Varina	Herman, Isadore	19 Sep	1910
Long, Thomas	Gibson, Ida Bell	21 Sep	1890
Long, William	Gardner, Carrie	13 Jun	1914

Looper, Lucy	Wright, N.G.	28 Jun 1902
Lorance, Ed	Beard, Emma	9 Oct 1918
Loudermilk, Barbara	Smith, William M.	3 Mar 1889
Loudermilk, Cordelia	Shell, James E.	11 Jul 1874*
Loudermilk, Francis	Cooper, James P.	23 Dec 1880
Loudermilk, George	Garland, Mary A.	28 Oct 1892*
Loudermilk, Geroge W.	Roberson, Matilda H.	9 Mar 1890
Loudermilk, G.W. (Mr)	Garland, H.C.	1 Oct 1904
Loudermilk, John	Syles, Maggie	21 Mar 1894
Loudermilk, Noah	Davis, Elizabeth L.	29 Feb 1876
Loudermilk, Rebecca	Ready, John A.	24 Sep 1878
Loudermilk, Robert	Orren, Mary J.W.	11 Mar 1882*
Loudermilk, Robert	Gourley, Bell	10 Aug 1902
Loudermilk, Theopole	Taylor, Mary E.	10 Mar 1872
Loudermilk, Thomas	Geisler, Anna	13 Aug 1905
Loudermilk, W.M.	Garland, Mary A.	14 Nov 1901
Loudy, Bell	Wilson, Hobart	11 Oct 1919
Loudy, Harry E.	Milhorn, Francis K.	12 Mar 1919
Loudy, Hugh T.	Ritchie, Laura	6 Dec 1903
Loudy, Jane	Hinkle, Charlie	27 Jun 1919
Loudy, J.H.	Myers, Catherine D.	7 Oct 1895
Loudy, Noah	Garland, Manda	8 Mar 1902
Loux, John J.	Benna, Addie M.	12 Jul 1899
Love, Belle Lee	Deloach, Henry	27 May 1892*
Love, Eliza	Norwood, James	3 Aug 1881
Love, Eva	Reeder, Charley	29 May 1890
Love, Georgia Anna	Odell, Joe	10 Jul 1893
Love, James M.	Williams, Maggie E.	29 Jan 1887
Love, John M.	Williams, Maggie E.	23 Dec 1886*
Love, John R.	Ellis, Louie B.	12 Feb 1902
Love, Mollie	Myers, Lewis	16 Nov 1882
Lovelace, Bell	Peters, Alfred	17 Mar 1895
Lovelace, M.C.	Bowers, Jennie	9 Jan 1896
Loveless, Allen	Jenkins, Jennie	8 Feb 1880
Loveless, A.F.	Heaton, Rebecca	23 Apr 1904
Loveless, Callie	Laws, Grant	4 Sep 1909
Loveless, Carrie	Bowers, D.B.	2 Jul 1892
Loveless, Catherine	Richardson, John W.	24 Oct 1914
Loveless, Celia	Harden, Cleveland	25 Jun 1911
Loveless, Delia	Creed, G.W.	25 Dec 1910
Loveless, D.K.	Brumit, Emma	7 Mar 1900
Loveless, Elijah D.	Wilson, Mary Ann	19 Nov 1876
Loveless, Frank	Williams, Jennie	11 Aug 1907
Loveless, Frank	Livingston, Frankie	14 Mar 1912
Loveless, Hacker	Bowers, Ada	4 Nov 1916
Loveless, Herman	Ellis, Ollie	13 Jun 1912
Loveless, H.H.	Hardin, Catherine	27 Oct 1877*

Loveless, Julia	Taylor, Thomas	3 Dec 1905
Loveless, Lilly	Gasteiger, Harry	4 Nov 1911
Loveless, Lizzie	Livingston, Cad	30 Nov 1917
Loveless, Maggie	Bowers, R.B.	25 Nov 1890
Loveless, Mary	Gourley, George F.	26 Sep 1876
Loveless, Michael C.	Bowers, Elizabeth	2 Nov 1890
Loveless, Minnie	Crow, Hugh	22 Mar 1908
Loveless, Roda	Clark, A.F.	19 May 1907
Loveless, Rosco	Harden, Eliza	14 Aug 1910
Loveless, Ruth	Whitaker, Walter	24 Jun 1913
Loveless, Tenn	Benfield, Ethel	19 Dec 1914
Loveless, Tenn	Harden, Mollie	14 Nov 1917
Loveless, William	Douglas, Debby J.	21 Jan 1894
Loveless, Willie	Hopkins, Stanford	21 Aug 1920
Loveless, W.M.	Murray, Nora	17 Sep 1897
Lovern, Estel	Crumley, Eston	10 Mar 1918
Lovett, Ethel	Teaster, Floyd	18 Dec 1903
Loving, Fred	Baird, L.M.	4 Dec 1912
Lowe, Anderson	Shell, Daisy	6 may 1916
Lowe, Andrew	Forbes, Rachel	24 Dec 1887
Lowe, Andrew J.	Markland, Eliza Jane	6 May 1890
Lowe, Bertha	Slagle, Austin	10 Sep 1916
Lowe, Bessie	Blevins, Will	22 Dec 1914
Lowe, Daniel K.	Elliott, Mary C.	26 Dec 1878
Lowe, David	Davis, Sallie	29 Jan 1901
Lowe, Easter	Dugger, E.D.	8 Aug 1909
Lowe, Eliza Jane	Ferguson, R.J.	16 Apr 1903
Lowe, Ether	Culbert, W.F.	6 Nov 1906
Lowe, E.L.	Lampkins, Mary	28 Jul 1919
Lowe, George	Blevins, Annie	11 Apr 1908
Lowe, Gracie	Lowe, Nelson	29 Apr 1916
Lowe, Grant	Fletcher, Ellen	16 Oct 1910
Lowe, Henry	Anderson, Mollie E.	15 Sep 1887
Lowe, H.D.	Campbell, Maggie	23 Oct 1887
Lowe, James	Hyder, Rettie	13 Aug 1920
Lowe, John	Fox, Amanda	19 Aug 1872*
Lowe, John	Peters, Mary	24 Dec 1920
Lowe, J.M. (Mr.)	Estep, B.M.	13 Feb 1920
Lowe, Lucinda	Taylor, Thomas	30 Dec 1877
Lowe, Maggie	Shown, George	25 Mar 1909
Lowe, Maggie	Blevins, Isaac	9 Apr 1920
Lowe, Manda	Taylor, W.C.	24 Dec 1900
Lowe, Mary C.	Cole, Robert J.	24 May 1888
Lowe, May	Deal, Charles	17 Apr 1918
Lowe, Melvin	Cole, Catherine	20 Jun 1894
Lowe, Melvin	Drizzly, Cassa	24 Mar 1899
Lowe, Milt	Pierce, Mary	25 May 1918

Lowe, Nancy J.	Pierce, Rogan	2 May 1890
Lowe, Nelson	Lowe, Gracie	29 Apr 1916
Lowe, Noah	Pearce, Lettie	23 Dec 1899
Lowe, Noah S.	Lewis, Lillie B.	5 Sep 1900
Lowe, Ray	Peters, Lottie	28 Jun 1919
Lowe, Rosa	Hinkle, Dayton	15 Mar 1905
Lowe, Sarah	Taylor, Henry	12 Jul 1911
Lowe, Stephen	Colbaugh, Evi M.	15 Jan 1872
Lowe, S.J.	Lewis, Martha	14 Jul 1907
Lowe, S.K.	Myers, Pearl	23 Jun 1907
Lowe, Tishie	Lewis, N.R.	30 May 1908
Lowe, Vester	Echols, Eliza	4 Apr 1920
Lowe, Will	Campbell, Tilda	4 Jul 1917
Lowe, William	Eggers. Martha C.	24 Jun 1877
Lowe, William	Holden, Manerva	7 Jul 1895
Lowe, W.H. (Mr.)	Markland, S.E.	28 Feb 1895
Lowe, W.J.	Estep, Lillie	14 Aug 1909
Lowery, William	Cole, Catherine	22 Jun 1883*
Lowrie, J.C.	Kuhn, Myrtle	7 Feb 1905
Lowrie, Theodisia S.	Canter, Delbert A.	22 Nov 1914
Loyd, A.A.	Snodgrass, Cora	26 Jan 1914
Lucas, Clara L.	McConnell, J.P.	21 May 1891
Lucas, J.G.	Williams, Lucy B.	3 Jun 1908
Lucus, Mary E.	Myers, Herbert Henry	7 Jun 1919
Lunceford, Andrew	Hicks, Carry	18 Dec 1905
Lunceford, Andrew	Campbell, Sarah A.	24 Dec 1909
Lunceford, Caroline	Montgomery, H.S.	4 Dec 1897
Lunceford, Celia A.	Goodwin, Alfred S.	30 Dec 1900
Lunceford, D.N. (Mr.)	Andrews, C.E.	12 May 1917
Lunceford, Hannah	Dugger, James W.	13 Nov 1875
Lunceford, James R.	Montgomery, Eliza C.	30 Nov 1890
Lunceford, J.C.	Morton, Mary	14 Feb 1920
Lunceford, J.N.	Eggers, H.G. (Mr.)	1 Jun 1913*
Lunceford, Lacy	Smith, J.T.	11 Dec 1897
Lunceford, Lona	Penix, Sherman	8 Jun 1911
Lunceford, Major P.	Wilson, Harriett D.	17 Sep 1905
Lunceford, Marion	Goodwin, Mary E.	9 Jun 1872
Lunceford, Nancy	Cordell, J.R.	25 Feb 1913
Lunceford, Nancy	Cable, Stephen	24 Jun 1905
Lunceford, N.C.	Goodwin, Charley	26 Mar 1905
Lunceford, R.C.	Crosswhite, Laura	4 Apr 1904
Lunceford, Samuel	McClure, Mollie	17 Jan 1901
Lunceford, Sarah F.	Greer, Thomas M.	15 Feb 1894
Lunceford, Sarah J.	Montgomery, William	20 Aug 1893
Lunceford, S.H.	Dugger, Mary E.	8 Oct 1875
Lunceford, S.J.	Strickland, Samuel	22 Dec 1906
Lunceford, S.J.	Howington, N.W. (Mr)	18 Feb 1912

Lunceford, S.Z.	Hayes, G.M. (Mr.)	22 Dec 1906
Lunceford, T.M.	Robinson, H.L. (Mr.)	8 Sep 1895
Lunceford, Venie	Moore, Harrison	19 Jul 1913
Lunceford, William	Garland, Sarah	24 Jan 1877*
Lunceford, William C.	Heaton, Rachael	13 Mar 1895
Lunceford, W.B. (Mr)	Watson, B.J.	24 Jan 1912
Lunsford, Julia	Calahan, John	15 May 1905
Lunsford, Mary	Whitehead, Andrew	23 Apr 1871
Lunsford, Mary	Halvin, Daniel	30 Mar 1886
Lusk, Jennie	Scott, W.S.	3 Jul 1900
Lusk, Maud E.	Davis, William P.	31 Dec 1912
Lusk, Robert J.	Hart, Elizabeth	25 Jul 1872
Lusk, Tennessee	Bayless, Emma	15 Feb 1883
Luther, Delly L.	Bunton, J.W.	26 Oct 1879
Luther, William	Bunton, M.W.	29 Dec 1903
Luttrell, Sallie	Hyrt, Charles	1 Aug 1896
Lybrook, D.J.	Piper, C.M.	12 Oct 1904
Lyle, Daniel R.	Holly, Anna	10 Mar 1881
Lyle, David K.	Freeman, Alice	5 Nov 1888
Lyle, John R.	Thomas, Son	6 Sep 1899
Lyle, Summers	Thomas, Bessie	11 Jan 1910
Lyndawood, Cyris	Morris, Sophira	26 Dec 1886
Lynn, W.C.	Grindstaff, Hattie	5 Aug 1916
Lyon, Alvin M.	Slagle, Margaret E.	25 May 1892
Lyon, Bettie	McReynolds, Horace	13 Oct 1918
Lyon, D.L. (Mr.)	Williams, M.H.	14 Jul 1907
Lyon, Ezekiel	Carr, Adaline	24 Dec 1877
Lyon, George	Duncan, M.	17 Jul 1875
Lyon, George W.	Wilson, Catie	4 Aug 1888
Lyon, James	Roberts, Elmeta	13 Jan 1881
Lyon, Jeremiah	Moris, Marsha	28 Sep 1873
Lyon, Jeremiah	Carrier, Elizabeth	6 Aug 1881*
Lyon, Jerry M.S.	Roberson, Mollie	8 Dec 1889
Lyon, J.H.T.	Clemmons, Ida	9 Apr 1890
Lyon, Lauraney E.	Woods, Joseph	14 Jul 1887
Lyon, Margaret	Davis, William P.	14 Jan 1871*
Lyon, Mary	Carrier, Washington	21 Nov 1872
Lyon, Mary	Peoples, Canida	13 Jun 1891
Lyon, Mary Alice	Roberts, John F.	3 Jul 1904
Lyon, Mary Jane	Walker, Joseph	5 Dec 1877
Lyon, Mollie	Watson, Noah	5 Oct 1902
Lyon, Nathaniel	Ellis, Emma J.	16 Dec 1880*
Lyon, O.W.	Barnett, Lettie	3 Oct 1897
Lyon, Ritty	Crow, Alexander	9 Jan 1902
Lyon, Robert	Grindstaff, Sarah A.	3 Feb 1916
Lyon, Samuel	Carrier, Mattie	4 Dec 1892
Lyon, Sherman	Lacy, Emma J.	20 Nov 1898

Lyon, T.L.	Thompson, C.L. (Mr.)	22 Jun 1895
Lyon, W.H.	Carrier, Ellen	15 Feb 1913
Lyons, Addie	Lyons, Bryant	31 Dec 1919
Lyons, Alfred	Gragg, Edith	10 Sep 1911
Lyons, Andrew	Shuffield, Mary	13 Sep 1908
Lyons, Bell	Carr, Lee	10 Dec 1905
Lyons, Bettie	Carter, Landon	25 Mar 1905
Lyons, Bill	Honeycutt, Blanch	16 Jan 1918
Lyons, Bryant	Lyons, Addie	31 Dec 1919
Lyons, Callie	Matherson, John	5 Jun 1910
Lyons, Dock	Deloach, Lou	10 Aug 1919
Lyons, Elbert	Shipley, Mattie	22 Dec 1912
Lyons, Elick	Guinn, Ora	19 Nov 1919
Lyons, Elmer	Lewis, Julia	5 Mar 1911
Lyons, Ethel	Sheets, Brown	24 Dec 1912
Lyons, Eva Jane	Deloach, James	19 Aug 1914*
Lyons, Eva J.	Davidson, John A.	4 Oct 1915
Lyons, Fred	Hartley, Pearl	2 Oct 1920
Lyons, George	Summers, Anna	18 Jun 1904
Lyons, Henry	Johnson, Sarah J.	24 Sep 1907
Lyons, Hester	Woods, Alexander	2 Nov 1888
Lyons, Ida	McReynolds, Lee	18 Aug 1920
Lyons, James	Scalf, Mary	3 Jun 1911
Lyons, James	Morton, Liddie Bell	10 Dec 1916
Lyons, James D.	Honeycutt, Vena	23 Sep 1907
Lyons, James E.	Culbert, Ora	18 May 1907
Lyons, Jerry	Jones, Martha	24 Sep 1881*
Lyons, John	Britt, Elizabeth	30 Jun 1890
Lyons, John	Glover, Jane	8 Sep 1900
Lyons, John N.	____, Mary E.	31 May 1874
Lyons, Jos.	Clark, Mary	16 Oct 1904
Lyons, J.B.	Hopson, Lucy	11 Jun 1915
Lyons, J.J. (Mr.)	Messimer, D___	24 Dec 1911
Lyons, J.N. (Mr.)	Campbell, S.J.	5 Feb 1884*
Lyons, Katy	Kellian, Robert	15 Oct 1910
Lyons, Landon	Carr, Catherine	26 Aug 1872*
Lyons, Landon	Clemons, Cena	23 Dec 1906
Lyons, Lydia E.	Chesser, H.F.	18 Mar 1900
Lyons, Martha	Hicks, Robert L.	18 Oct 1894
Lyons, Mattie	Williams, Willie	8 Sep 1915
Lyons, Myrtle	Matherson, Alexander	24 Dec 1912
Lyons, Nannie	Taylor, G.W.	10 Apr 1913
Lyons, Nannie B.	Smith, Charles	30 Nov 1905
Lyons, Nathaniel	Estep, Cordelia	3 Dec 1885
Lyons, Pearl	Barnett, Tom	4 Jul 1920
Lyons, Rhoda	Johnson, Mally	2 Nov 1907
Lyons, Rutha N.	Whitehead, C.T.	24 Dec 1899

Lyons, R.A.	Smith, G.D. (Mr.)	13 Nov 1892
Lyons, Samuel	Arnett, Ellen	26 Nov 1905
Lyons, Samuel	Stout, Darey	24 Dec 1911
Lyons, Sudie	Hubbard, Ezekiel	16 Nov 1914
Lyons, Suid	Carr, Johnson	18 Jul 1909
Lyons, Susan	Britt, William	28 Jan 1894
Lyons, Thomas	Grindstaff, Bessie	20 Jan 1912
Lyons, Turner	Mathis, Abby	9 May 1908
Lyons, Walter	Fisher, Julia	5 Jun 1920
Maberry, Sarah	Thomasson, Alexander	30 Aug 1894
Mace, Dalphus	Daugherty, Tempie	31 Aug 1904
Mace, Fanny	Johnson, Frank	28 Jun 1908
Mace, Monossie	Whisenhunt, Ernest	13 Jan 1916
Machelrinth, Mary	Watson, William	16 Mar 1895
Mackley, John	Combs, Birtha	22 Oct 1910
Mackley, John	Combs, B.	4 May 1910*
Maher, James F.	Wilder, Rachel	26 Oct 1887
Main, S.E.	Smith, R.F. (Mr.)	29 Jan 1912
Mains, Hattie	Lewis, J.L.	5 May 1907
Mains, J.R.	Ward, Lona	24 Aug 1917
Mains, Nannie	Trivett, Kelly	23 Aug 1903
Mains, W.H.	McVeigh, Sarah	10 Jun 1909
Malone, George	Humphrey, Mary Ann	9 Jan 1879
Malone, Katie	Booher, Frank	12 Jan 1898
Malone, Robert	Massengill, Nora	9 Jan 1898
Malone, Robert	Shipley, Ethel	3 Dec 1918
Malone, Samuel	Massingill, N.	9 Jul 1905
Malone, Susan	Speer, John	30 May 1896
Malone, Virlie	Haynes, Walter	24 Oct 1920
Malonee, G.W.	Wagner, Jennie	29 Dec 1887
Maloney, Thomas	Stover, Eliza M.	14 Oct 1875
Manelly, George W.	Goodwin, Ada	4 May 1919
Mann, Delia	Trivett, Charlie	26 Oct 1920
Mann, Ethel	Watson, Elbert	26 Oct 1920
Mann, Nora	Potter, Harrison	26 Aug 1917
Mann, R.C.	Hartly, Cory	24 Dec 1913
Manning, Addie E.	Chatman, Lee	1 Jul 1914
Manning, Alice	Ellis, James	9 Sep 1887
Manning, Bessie	Brown, Joe	16 Aug 1919
Manning, Bonnie	Myers, Bryon	6 Sep 1918
Manning, Callie	Fletcher, Mark	29 Jul 1913
Manning, Elbert	Sams, Carrie	14 Aug 1920
Manning, Emma	Ellis, U.G.	11 Oct 1896
Manning, Emmett	Lady, Josephine	30 Aug 1919
Manning, G.C.	Webb, Nora	6 Dec 1914
Manning, Hettie	Stout, James	20 Sep 1918
Manning, Hossie	Woods, Roy	21 Mar 1917

Manning, H.H.	Gourley, Ona	14 Jun 1885
Manning, H.H. (Mr.)	McKinney, S.L.	13 Jan 1878
Manning, James M.	Grindstaff, Celia	6 Feb 1906
Manning, James M.	Fletcher, Elizabeth	20 Apr 1876
Manning, Josie	Campbell, Aris	22 May 1903
Manning, J.W.	Seabuck, Pauline	8 Nov 1900
Manning, Laura Bell	Shell, William H.	7 Jan 1907
Manning, Mollie M.	Campbell, W.G.	26 Nov 1894
Manning, M.	Moore, Harry Boone	27 Dec 1900
Manning, Rosa	Ray, James	14 Jun 1909
Manning, Sallie	Bass, Edgar B.	20 Dec 1905
Manning, S.J.	Colbaugh, Nola B.	19 Feb 1911
Manning, Thomas	Orr, Nola	8 Apr 1899
Manning, William	Allen, Anna	18 Sep 1907
Manning, W.S.	Fair, Mollie E.	24 NOv 1896
Manning, W.S.	Campbell, Julia	20 Oct 1906
Manuel, Matilda	Lawson, Grant	25 Nov 1888
Maples, L.L.	Heaton, Martha C.	1 Aug 1907
Maples, Mattie	Russell, William	7 Apr 1920
Mappin, Albert	Campbell, Lousia	25 Dec 1903
Marion, Ida	Vacca, Anthony	23 Sep 1919
Mariott, Hester	Bowers, V.B.	13 Oct 1880
Markins, Lena	Norman, Jacob	10 Sep 1912
Markland, Ada	Cole, Cameron	8 Sep 1901
Markland, Alice	Teague, Thomas M.	22 Jul 1904
Markland, Allen	Grindstaff, Eliza	19 Apr 1898
Markland, Amanda	Taylor, J.P.	5 Oct 1882
Markland, Amanda C.	Taylor, Thomas	16 Nov 1889
Markland, Amelia	Whitmire, W.F.	26 Feb 1911
Markland, Angey	Peters, William	24 Jan 1888
Markland, Arthur	Hamby, Zora	29 Aug 1915
Markland, A.C.	Brown, Alice H.	14 Nov 1906
Markland, Catherine	White, Robert	25 Nov 1897
Markland, Catherine	Garland, David	20 Jan 1907
Markland, Charles	Jordan, Bertha	17 Jun 1906
Markland, Charlie B.	Williams, Reta	13 Oct 1920
Markland, Chester	Garland, Dora	20 Sep 1907
Markland, Chester	Smithpeter, Annie	11 Sep 1910
Markland, Daniel	Campbell, Mine	9 Aug 1879
Markland, Daniel	Grindstaff, Mahaley	24 Mar 1889
Markland, Dora	Stout, Alvin	20 Oct 1907
Markland, Eliza Jane	Lowe, Andrew J.	6 May 1890
Markland, Ellen	Taylor, Levi	4 Oct 1903
Markland, F.C.	McLyea, S.E.	17 Nov 1893
Markland, Garfield	Campbell, Ellen	19 Mar 1904
Markland, Garfield	Hayna, Martha	4 Dec 1909
Markland, Garfield	Blevins, Martha	21 Jan 1912

Markland, Garfield	Overby, Mahala	22 May 1915
Markland, George	Wilcox, Malinda	14 Apr 1901
Markland, Henry	Colbaugh, Julia	11 Oct 1898
Markland, Henry	Markland, Minnie	14 Apr 1917
Markland, Henry J.	Bayes, Bettie	1 Feb 1900
Markland, Homer	Bowers, Maggie	20 Apr 1913
Markland, Isabel	Smith, Samuel	24 Apr 1893
Markland, James	White, Susan	17 Mar 1887
Markland, James	Barrtie, Mollie	29 Mar 1901
Markland, James	Burrow, Hattie	2 Jul 1908
Markland, James	Elliott, Dovie	8 Jul 1916
Markland, John	Heaton, Laurana	14 May 1898
Markland, Kyle	Shepard, Rosie	22 Jul 1906
Markland, Kyle	Campbell, Evaline	31 Jul 1920
Markland, Levicy	Stout, D.W.	12 Apr 1894
Markland, Lizzie	Grindstaff, James B.	15 Jan 1882
Markland, Lola	Chester, William J.	10 Mar 1919
Markland, L.J. (Mr.)	Rainbolt, M.	5 Jan 1908
Markland, Minnie	Holly, James	22 May 1898
Markland, Minnie	Markland, Henry	14 Apr 1917
Markland, Nancy A.	Baker, Sol	22 May 1882
Markland, Ned	Smith, Dean	24 Nov 1920
Markland, Pearl	Baker, J.F.	25 Jul 1897
Markland, Susan	Fox, A.D.	28 Sep 1898*
Markland, S.E.	Lowe, W.H. (Mr.)	28 Feb 1895
Markland, Wilborn	Harden, Mary	3 Aug 1895
Markland, William	White, Lou	29 Sep 1903
Markland, William	Smith, Bessie	3 Sep 1911
Markland, W.C.	Ward, K.H.	25 Dec 1906
Markland, Yancel	Borders, Minnie	6 Sep 1919
Marklin, Frank	Taylor, Susan	31 Oct 1897
Marks, Jasper M.	Laws, Sarah L.	21 Aug 1887
Marlar, William	Stover, Mollie	4 Jun 1893
Marler, David	Braidy, Susan	6 Nov 1892
Marler, John	Wilson, Lona	15 Aug 1920
Marlow, Mayland	Watson, Jane	3 Jul 1920
Marriott, Lizzie	McNabb, Augustus L.	2 Mar 1880
Marrott, Emiline	Sizemore, Nat	28 Jul 1878
Marsh, Ellen	Whitman, A.G.	16 Dec 1900
Marsh, Matison H.	Bradley, Zeuleaha	25 Jan 1918
Marsh, Ocel M.	Patton, D.B.	25 Feb 1901
Marsh, W.B.	Hyder, Corintha	2 Jun 1915
Marshall, Landon	Berders, Alice	2 Mar 1875*
Marter, M.	Landngham, Julias	19 Aug 1873
Marthis, Lou C.	Wilson, W.F.	17 Aug 1895
Marthis, Mary	Head, Andrew	22 Feb 1872
Martin, Cora	Gobble, Roy	24 Nov 1916

Martin, C.C.	Elliott, Martha	29 May 1910
Martin, Emma	Bowling, Charles	28 Nov 1910
Martin, Joseph	Forster, Ann	13 Sep 1877
Martin, Martha	Anderson, Soloman J.	24 Feb 1887
Martin, Mary A.	Miller, J.P.S.	17 Dec 1881*
Martin, Nanny J.	Anderson, Isaac H.	21 Feb 1877*
Martin, Phenetta L.	Miller, James	28 Jun 1886
Martin, Rebecca E.	Morrell, Isaac	3 Feb 1889
Marton, M.M.	Peregory, Sanora	19 Mar 1973
Marton, W.C.	Justice, Rhoda J.	24 Dec 1904
Mase, James	Hilton, Ethel	9 Jan 1907
Masengil, Clyde	Vaughn, Lillie	29 May 1915
Masengill, Fleenor	Watson, Rhoda	8 Jan 1917
Mask ?, Ruthie	Whitehead, Earl	5 Nov 1919
Massengill, Bill	Shipley, Ollie	15 Jun 1918
Massengill, Clara	Vandeventer, John	6 Nov 1904
Massengill, C.D.	Smith, Mollie	24 Feb 1906
Massengill, Jim Ben	Shipley, Nellie	23 Dec 1911
Massengill, John	Slagle, Hattie	8 Jan 1916
Massengill, Mary	Ellis, Earl	18 Jul 1920
Massengill, Nora	Malone, Robert	9 Jan 1898
Massengill, Sallie	Dempsy, James	25 Dec 1901
Massengill, Sallie	Blevins, James	16 Jun 1920
Massengill, Samuel	Greenway, Lillie	10 Oct 1909
Massengill, Sopha	Poland, George W.	6 Jun 1908
Massingill, Bessie	Dempsy, C.C.	6 Nov 1898*
Massingill, H.H.	McClenan, Maggie C.	19 Sep 1880
Massingill, N.	Malone, Samuel	9 Jul 1905
Masten, Frank	Keene, Martha	25 Dec 1904
Masters, J.M.	Smith, Grace D.	7 Jun 1910
Mastin, J.F.	Boyd, Emma B.	25 May 1895
Matherly, Blain	Wagner, Winnie	23 Mar 1908
Matherly, Callie	White, Billie	27 May 1920
Matherly, C.B.	Smith, W.H. (Mr.)	28 Nov 1907
Matherly, Hattie	McQueen, H.H.	18 Mar 1905
Matherly, James	McKinney, Nola	21 Sep 1889*
Matherly, John	Williams, Lucinda	3 Jan 1886
Matherly, Joseph	Holman, Janie	27 Dec 1905
Matherly, Julia	Griffith, Alex	13 Aug 1908
Matherly, Lucy	Glover, W.A.	14 Dec 1891
Matherly, Lula C.	Taylor, Charles A.	27 Aug 1900*
Matherly, Mary E.	Nave, William P.	16 Apr 1874
Matherly, Sarah	Gourley, Thomas	23 Jan 1879
Matherly, Susannah	Williams, John L.	14 Feb 1882
Matherly, Thomas	McKinney, Cordelia	28 Nov 1889
Matherly, William	Duncan, Maude	13 Jan 1912
Matherson, Alexander	Lyons, Myrtle	24 Dec 1912

Matherson, Ellen	Clark, James C.	13 Oct 1881
Matherson, Essie	Hamby, William	25 Dec 1912
Matherson, John	Lyons, Callie	5 Jun 1910
Matherson, Mary	Smith, W.G.B.	16 Sep 1883
Matherson, Maud	Hamby, William	16 Apr 1917
Matherson, M.	Nave, David F.	31 Jul 1873
Mathes, Sarah	Jackson, Johnson	28 Nov 1908
Mathews, Elizabeth	Cox, T.J.	21 May 1891
Mathews, J.C.	Williams, Lorina	18 Nov 1886
Mathews, Prudence	Elliott, J.L.	18 May 1904
Mathis, Abby	Lyons, Turner	9 May 1908
Mathis, Calvin	Williams, Lorena	18 Nov 1886
Mathis, Elija	Branch, Dora	20 Feb 1895
Mathis, Judge	Shade, Minnie	15 Mar 1909
Mathis, Katie	Shade, Daniel	20 May 1913
Mathis, Mary	Daniels, James	3 Jan 1901
Mathis, Sophie	Keaton, James	3 Aug 1882
Mathison, Dewey	Hodge, Myrtle	25 Dec 1919
Mathison, E.M.	McCloud, A.J. (Mr.)	11 May 1896
Mathison, G.W.	McNeely, Lillie B.	15 Dec 1895
Matner, Foy L.	Vance, S.L.	20 Feb 1910
Matthews, Callie	Carver, Walter	19 Dec 1915
Maupin, Allen	Blevins, Bessie	3 Jul 1912
Maupin, G.H.	Nidiffer, Mattie	24 May 1902
Maxwell, J.M.	Guin, Rebecca	12 Jan 1909
Maxwell, Lillie	Wilson, Arthur	31 Oct 1920
Maxwell, Maggie M.	Richardson, R.C.	11 Sep 1888
May, Dave	Guy, Uretha	23 Apr 1916
May, Ed	Smith, Lillie	25 Feb 1906
May, F.M.	Hayes, Malissy	5 Mar 1903
May, Ossie	Milam, R.A.	6 Jun 1915
May, Roby D.	Bowers, Leila L.	16 Aug 1916
Mayberry, Carrie	Richardson, Henry	15 Jun 1898
Mayberry, James	Hyleman, Hila	28 Jun 1907
Mayberry, Lillie	Hughes, John	4 Jul 1906
Mayberry, Martha	Pritchard, Columbus	20 Apr 1905
Mays, James	Crow, Rebecca	5 Aug 1905
Mays, Lydia	Canon, Godfrey	3 Dec 1908
Maze, Fanny	Morris, Chester	12 Jan 1908
Maze, Maggie	Crow, Henry	9 May 1900*
McAdams, Thomas	Ervin, Mary	30 Aug 1914
McAlister, Elizabeth	Lacy, Joseph	23 Mar 1875
McAmis, Frances	Williams, Nora Alice	17 Jan 1920
McAninch, J.H.	Lane, Carrie	30 Jun 1919
McAnnich, Myrtle	Roberson, Samuel	29 Jul 1899
McBee, Ella	Young, Clarence	1 Jun 1914
McCain, Dollie	Clark, C.B.	24 Dec 1901

McCain, Leroma A.	Edens, J.W.	20 Dec 1897
McCaine, Della	Rhudy, A.C.	8 Nov 1899
McCall, Alex	Miller, Sindy	18 Sep 1912
McCall, J.H.	Penix, Bettie	10 Sep 1907
McCann, John	Tilley, Roxann	8 Nov 1895*
McCatherine, James	Crow, Rachael	21 May 1899
McCatherine, Nancy A.	Grindstaff, Geo. W.	18 Apr 1886
McCatherine, Rebecca	Morris, Virgilla	5 Mar 1899
McCatherine, Sallie	Suvillie, W.V.	14 Feb 1898
McCathern, James	Headrick, Elizabeth	8 Sep 1878
McCauley, Valdie	Ingram, Bessie	26 Sep 1911
McCawn. R.A.	Jenkins, Samuel	19 Apr 1896
McClain, Ann	Shell, John A.	12 Jan 1907
McClain, Charles	Bonner, Manilla	23 Nov 1913
McClain, Ed	Smith, Maggie	25 Dec 1905
McClain, Edward	Kite, L.E.	20 Sep 1914
McClain, E.S.	Culler, Elizabeth E.	20 Sep 1916
McClain, George H.	Perkins, Minnie	23 Dec 1911
McClain, Henry J.	Guinn, Hanner	15 Jan 1909
McClain, Jack	Wilson, Maude	27 May 1915
McClain, Jack	Wilson, Annie	3 Dec 1917
McClain, Lillie	Simerly, Charles	16 Dec 1899
McClain, Lucy	Riddle, Lafayett	5 Sep 1906
McClaine, Monroe	Holtsclaw, Ida	9 Aug 1902
McClellan, James	Barnett, Bettie	14 Aug 1904
McClellan, Nancy J.	Whisenhunt, Wily	13 Aug 1913*
McClelland, Charles	Campbell, Lizzie	20 Jan 1891
McClelland, William	Devault, Margaret	6 Dec 1876*
McClenan, Maggie C.	Massingill, H.H.	19 Sep 1880
McCloud, Annie	Sheets, H.C.	31 Dec 1905
McCloud, A.J. (Mr.)	Mathison, E.M.	11 May 1896
McCloud, Bertha G.	McEwen, Clyde H.	21 Jun 1915
McCloud, Catherine	Fair, Charles S.	14 Sep 1902
McCloud, Crystal	Triplett, Jesse	17 Sep 1917
McCloud, Dilliah L.	Hyder, S.C.	18 Sep 1892
McCloud, Eddie	McNeely, Robert	1 Aug 1920
McCloud, Hester	Crow, Samuel	15 Jan 1888
McCloud, John	Morris, Maggie	18 Apr 1908
McCloud, Joseph	Hester, Mary E.	24 May 1890
McCloud, J.R.	Moody, Ollie	7 Feb 1912
McCloud, Louise	Bunton, Clinton	15 Oct 1919
McCloud, L.A.	McEwen, Edna K.	15 Sep 1903
McCloud, M.E.	Blackburn, R.W.	14 Oct 1911
McCloud, Nora	Beard, William	29 Apr 1911
McCloud, Rebecca	Hartly, J.C.	22 Feb 1905
McCloud, William	Rutledge, Elizabeth	19 Nov 1885*
McCloud, William	Hyder, Martha	6 Jul 1898

McClurd, E.B.	Calhoun, Maggie	11 Oct 1913
McClure, Addie	Widner, Joel	25 Oct 1892
McClure, John F.	Williams, Rebecca A.	27 Sep 1907
McClure, Louisa	Smith, George M.	20 Feb 1904
McClure, Mollie	Lunceford, Samuel	17 Jan 1901
McClure, Rosa Bell	Bougus, T.M.	21 Jan 1904
McCollum, R.T.	Robertson, Cordie	23 Sep 1891
McConnell, J.P.	Lucas, Clara L.	21 May 1891
McCorkle, Alice L.	Giesler, Wily L.	18 Dec 1901
McCorkle, Bell B.	Leonard, John C.	17 Mar 1892
McCorkle, Elmer S.	McFarland, Eliza A.	26 Jul 1892*
McCorkle, Fathie	Shell, N.D.	17 Nov 1889
McCorkle, Florence E.	Williams, John P.	27 Sep 1881*
McCorkle, John J.	Holly, Mary	18 Mar 1891
McCorkle, Louisa L.	Minton, W.E.	2 Aug 1885
McCorkle, Mary Ruth	Elliott, W.D.	7 Jun 1908
McCorkle, Porter D.	Range, Faitha E.	23 Dec 1884
McCormack, G.P.	Crow, Nannie	20 Jan 1903
McCormmich, Nannie	Chambers, James	4 Apr 1901
McCracken, Wm. J.	Hodge, Dora Bell	28 Feb 1906
McCurry, Ethel	Clark, George	10 Nov 1920
McCury, Josephine	Taylor, Robert	28 Apr 1894
McDonell, Julia	Laws, Moses	5 Nov 1893
McDullystadin, Eliaz	Cagle, B.B.	5 Oct 1877
McElewrath, Ky	Tate, Margaret	5 Apr 1908
McEllynch, Ossie	Hart, Y.J.	7 Mar 1911
McElrath, Jane	Craig, William	4 Jan 1900
McElrath, Peter	Taylor, Elizabeth	4 Jan 1900
McElruth, Henry	Erwin, Mary	8 Dec 1895
McElurath, Charles	Kennis, Mary	27 Sep 1896
McElwrath, Mary	Horton, Charles	22 Feb 1913
McEwen, Clyde H.	McCloud, Bertha G.	21 Jun 1915
McEwen, Edna K.	McCloud, L.A.	15 Sep 1903
McEwen, E.P.	Clark, C.R.	6 Dec 1891
McFaddin, Wiley	Richardson, Mary	21 Jun 1919
McFall, John	Pugh, Mary Ann	8 Feb 1894
McFall, Navadean	Gibson, Noah S.	22 Mar 1889
McFarland, Caldona M.	Crow, Robert C.	24 Feb 1887
McFarland, Eliza A.	McCorkle, Elmer S.	26 Jul 1892*
McFarland, John F.	Hoss, Mary F.	24 Dec 1887
McFarland, Russell	Barnes, Loura R.	25 Jun 1902
McFaw, Mollie	Humphress, Henry J.	28 Mar 1880
McGee, Bettie	Ervin, Charles	3 Oct 1913
McGee, Edd	Shell, Nellie	3 Nov 1912
McGee, Pearl	Underwood, John	22 Feb 1915
McGee, Pearlie	Hughes, Albert	23 Mar 1909
McGee, Sherman	Jones, Lena	30 Nov 1916

McGinnis, G.W.	Smith, Amanda	29 Dec 1900
McGlothlin, Jennie	Keever, Drew	19 Nov 1909
McInnich, Manday	Carr, Elcana Jr.	24 Oct 1904*
McIntosh, John	Kite, Zelie	16 Oct 1899
McIntosh, Lucy	Carden, David	2 Feb 1915
McIntosh, Mary	Whitehous, R.B.	30 May 1880
McIntosh, Nellie	Nobut, Jeff	14 Aug 1919
McIntosh, Sallie	Campbell, Charles	16 Oct 1892
McIntosh, Sarah A.	Smith, H.C.	9 Mar 1876
McIntosh, Thomas	Hazlewood, Lydia	22 Apr 1899
McIntruff, Martha	Boyd, Samuel F.	19 Apr 1892
McIntuff, A.	Bowman, J.M.	13 Jul 1873
McIntuff, Rebecca	Williams, M.B.	7 May 1871
McIntuff, Wilbon	Hyder, _____	24 Apr 1877
McIntuff, William R.	Williams, Eva	9 Nov 1882
McIntuff, _____	Bowman, Sara Fina	30 Sep 1873
McInturf, Mollie	Clark, William	3 Dec 1882
McInturff, Alice	Hampton, Edamna	8 Jan 1878*
McInturff, Callie	Snodgrass, Cad	4 Oct 1896
McInturff, Edy	Usary, Samuel	14 Jan 1895
McInturff, John	Campbell, Stella	7 Apr 1917
McInturff, John M.	Miller, _____	25 Jan 1872*
McInturff, Mary	Pierce, John	25 Feb 1872
McInturff, May	Whittemore, Robert	10 Mar 1917
McInturff, Sarah A.	Brumit, John W.	14 Jun 1872
McInturff, Sophrona	Hensley, James	25 Aug 1889
McInturff, Taylor	Jenkins, Lillie	31 Dec 1911
McInturff, Taylor	Rader, Etta	18 Feb 1902
McInturff, Wm A.	O'Brien, Sarah J.	13 Apr 1874*
McKee, John	Webb, Dora	19 Sep 1920
McKeehan, Alpha	Williams, E.D.	4 Apr 1871
McKeehan, Augustus	Tucker, Annie	31 Oct 1889
McKeehan, A.M.	Tucker, Cora	12 Sep 1908
McKeehan, Bertha	Fritts, Brownlow	23 Sep 1907
McKeehan, Bettie M.	Kite, James	20 Jan 1889
McKeehan, Calvin	Hemphill, Mary	22 Oct 1880
McKeehan, David F.	Kite, Dora E.	16 Apr 1891
McKeehan, Edward	Tucker, Laura	21 Mar 1889
McKeehan, Emma	Pugh, Jack	19 Nov 1895
McKeehan, E.B.	Williams, Lizzie	2 Oct 1881
McKeehan, E.L.	Fair, M.F.	6 Aug 1882
McKeehan, Frank	Tate, Pearl	4 Jul 1915
McKeehan, Hannah	Roberson, J.J.	5 Feb 1895
McKeehan, Henry	Kite, Amanda F.	24 Feb 1904
McKeehan, H.H.	Bryant, W.R. (Mr.)	19 Jan 1905
McKeehan, John F.	Gourley, Annie	21 Apr 1889
McKeehan, J.M. (Mr.)	Banner, N.E.	25 Nov 1903

McKeehan, Lee	Smith, Mattie	25 Mar 1916
McKeehan, Lizzie	Lewis, John	26 Jun 1887
McKeehan, Luther C.	Dugger, Bertha L.	16 May 1915
McKeehan, Maggie	Hatley, Sherman	24 Dec 1891
McKeehan, Mary Rosa	Hyder, Bryan	29 May 1881
McKeehan, Mattee	Myers, Hiram	10 Feb 1908
McKeehan, Mattie	Miller, A.M.	27 Nov 1903
McKeehan, May	Glover, Milton	31 Jul 1915
McKeehan, Minnie	Robinson, J.J.	17 Apr 1898
McKeehan, Myrtle	Kite, Howard	5 Feb 1905
McKeehan, Myrtle	Brumit, Elmer	8 Jan 1916
McKeehan, Nancy	Wilson, R.T.	21 Dec 1900
McKeehan, Ollie	Adams Luther	22 Sep 1916
McKeehan, Ossie	Clark, R.N.	15 Feb 1914
McKeehan, Rhoda A.	Pearce, Thomas J.	5 Apr 1885
McKeehan, Roena	Livingston, George	20 Feb 1894
McKeehan, Samuel	Hately, Julia	13 Apr 1887*
McKeehan, Seffie	Hyder, Charles	23 Dec 1910
McKeehan, Thomas	Tucker, Mollie	29 Mar 1883*
McKeehan, Thomas	Jenkins, Phoeby	7 Jan 1895
McKeehan, Vernie	Payne, Lydia	24 Dec 1917
McKeehan, Vestula	Livingston, John	25 May 1913
McKeehan, Violet	Livingston, Ben	20 Jul 1908
McKeehan, Walter	Haynes, Sina	9 Oct 1915
McKeehen, George W.	Snodgrass, Nannie	8 Jul 1879
McKeller, George	Hoss, Grace L.	27 Dec 1918
McKerson, Waco	Bradley, Carrie	2 Feb 1913
McKessen, Anna	Fesil, Henry	28 Aug 1881
Mckessen, Julia M.	Vena, Eli	8 Aug 1881
McKinney, Ada B.	Wilson, J.H.	20 Mar 1918
McKinney, Allace	Crumley, _____	28 Feb 1875
McKinney, Amanda	Winegar, Robert	24 Jan 1904
McKinney, Bell	Sluder, Smith	25 Dec 1919
McKinney, Bertha	Hyder, Samuel	10 Mar 1906
McKinney, Bertha	Shell, Will	11 Oct 1920
McKinney, Bessie	Humphrey, Samuel	4 Jul 1911
McKinney, Bessie	Butler, Birt	20 Jul 1912
McKinney, Bessie	Smith, John	14 Feb 1918
McKinney, Betty	Oaks, Loven J.	12 Jul 1905
McKinney, Blanch	Calhoun, Edwin	12 Jun 1917
McKinney, Bruce	Phillips, Polly	22 Jul 1916
McKinney, Callie	Briggs, David	31 Jan 1914
McKinney, Carloine	Morton, Meredith	27 Jul 1871*
McKinney, Caroline	Brown, Joseph	25 Sep 1900*
McKinney, Celia	Roberts, Russell	29 Mar 1902
McKinney, Celia	Ellison, Henry	29 Apr 1910
McKinney, Charles	Biggs, Sarah	16 Sep 1885

McKinney, Charles	Nave, Susan C.	6 Sep 1887
McKinney, Charles	Jenkins, Vena	21 Jul 1912*
McKinney, Charley	Honeycutt, Hattie	5 Jul 1903
McKinney, Cinda	Odom, W.D.	25 Dec 1900
McKinney, Cinda	Forbes, W.M.	26 Jul 1913
McKinney, Corda	Gouge, Elige	23 May 1916
McKinney, Cordelia	Matherly, Thomas	28 Nov 1889
McKinney, Dacia	Sims, Charles	27 Mar 1898
McKinney, Daily	Jenkins, W.H.	21 Jul 1915
McKinney, Delia	Morton, Jacob	18 Nov 1877
McKinney, Delia	Hill, John	26 Aug 1906
McKinney, Delia	Julian, Cain W.	4 Dec 1916
McKinney, Delila	Stephens, John K.	25 Feb 1891
McKinney, D.M.	Street, Cinda	27 Feb 1916
McKinney, Ed	Hopson, Milda	6 Mar 1915
McKinney, Essie	Rollings, E.D.	23 Jun 1912
McKinney, E.B. (Mr.)	Shell, R.M.	19 Jan 1919
McKinney, Finey	Hurt, Martin	4 Aug 1915
McKinney, Frank	McKinney, Gracy	26 Dec 1913
McKinney, General	Osborne, Eva	23 Mar 1908*
McKinney, Gracy	McKinney, Frank	26 Dec 1913
McKinney, Grover	Hughes, Minnie	6 Aug 1904
McKinney, Gurney A.	Graybeal, Flossie	22 Jun 1918
McKinney, G.A.	McKinney, Lucy	27 Oct 1901
McKinney, Harrison	Nedrith, Lecreta	8 Mar 1906
McKinney, Herbert	Gentry, Stella A.	3 May 1920
McKinney, Hester A.	Hydor, Samuel	6 Jun 1883
McKinney, H.S.	Jenkins, Sallie	24 Sep 1909
McKinney, Ibbie	Simerly, Clyde	26 May 1918
McKinney, Isaac	Street, Betty	24 Sep 1914
McKinney, James	Jenkins, Rhoda	31 Aug 1893
McKinney, James	Dyson, Bettie	31 Oct 1906
McKinney, James	McKinney, Josie	19 Sep 1911
McKinney, James	Tucker, Dollie	4 Feb 1920
McKinney, James	Hyder, Lora	12 Sep 1920
McKinney, Jason	Dolen, Jennie	28 Aug 1910
McKinney, Jennie	Hathaway, Charles	19 Mar 1909
McKinney, Jessee	Creaseman, J.A.	28 Mar 1909
McKinney, Joel A.	Glover, Amanda	14 Oct 1887*
McKinney, John	Sims, Mary	16 May 1893
McKinney, John	Jenkins, Ellen	4 Jul 1903
McKinney, John	Roberts, Vernie	21 Feb 1920
McKinney, John S.	Turner, Martha	27 Feb 1892
McKinney, Josie	Potter, Daniel	3 Oct 1909
McKinney, Josie	McKinney, James	19 Sep 1911
McKinney, Julia A.	Hyder, Frank	10 Mar 1912
McKinney, J.B.	Campbell, Lillie	16 Aug 1902

McKinney, J.B.	Sims, Birty	7 Feb 1914
McKinney, J.C.	Jenkins, Sallie	30 Jan 1899
McKinney, J.H.	Calhoun, Della M.	28 Nov 1912
McKinney, Katie	Ingram, Dau	7 Nov 1904
McKinney, Landon	Oaks, Lockie	19 Jan 1911
McKinney, Landon	Hartley, Docia	5 Jul 1918
McKinney, Lucy	McKinney, G.A.	27 Oct 1901
McKinney, Lula	Hyder, George W.	13 May 1900
McKinney, Martha	Dunn, Samuel	1 Mar 1881
McKinney, Martha	Hyder, Benjamin	12 Aug 1900
McKinney, Mary	Blevins, J.W.	9 Jul 1909
McKinney, Merit	Hyder, Sinda	5 Jan 1919
McKinney, Mike	Morrell, Eva	3 Sep 1906
McKinney, Minnie	Gibbs, William	5 Mar 1899
McKinney, Minnie B.	Sims, Andrew J.	24 Jul 1892
McKinney, Missouri	Freeman, Elick	28 Nov 1915
McKinney, Mollie A.	Range, Nathaniel R.	11 Sep 1890
McKinney, Nola	Matherly, James	21 Sep 1889*
McKinney, Pall	Collins, G.O.	10 Jun 1887
McKinney, Patterson	Osborne, Emma	4 Apr 1905
McKinney, Pinkney	Sims, Maud	24 Sep 1916
McKinney, Pollie	Osborn, Samuel	27 May 1904
McKinney, Polly	Greer, James W.	4 Feb 1902
McKinney, Reuben	Vance, Ida	5 Aug 1898*
McKinney, R.M.	Carriger, Maggie D.	12 Oct 1882
McKinney, Sam	Street, Myrtle	17 Jul 1920
McKinney, Samuel	Kent, Sarafina	2 Nov 1876
McKinney, Samuel	Jenkins, Martha	31 Dec 1888*
McKinney, Samuel	Vance, Celia	7 Dec 1899
McKinney, Samuel	Gourley, Mollie	25 Jan 1901
McKinney, Sarah	Shipley, William	2 Nov 1871
McKinney, Sarah Ann	Arnett, J.W.	10 Mar 1912
McKinney, Sarah Jane	Tolly, Dock	12 May 1903
McKinney, Sinkler	Lewis, Julia	10 Feb 1901
McKinney, Suida	Honeycutt, Hick	21 Oct 1905
McKinney, S.L.	Manning, H.H. (Mr.)	13 Jan 1878
McKinney, S.M.	Ellison, Lizzie	13 Sep 1908
McKinney, S.S.	Woodley, Sarah Ann	9 Jun 1912
McKinney, Thomas C.	Stevens, Hester	10 Mar 1881
McKinney, Toy	Elliott, Cicero	26 May 1909
McKinney, T.C.	Meredith, Elizabeth	25 Mar 1895
McKinney, Vancy	Humphrey, George D.	11 Oct 1904
McKinney, Walter	Stevens, Maud	19 Sep 1914*
McKinney, Will	Shell, Stella	22 Jan 1908
McKinney, William	Scott, Sudia	22 Sep 1886
McKinney, William C.	Miller, Annie	2 Jul 1881
McKinney, Wilson	Morton, Eliza	6 Oct 1903

McKinney, Woodard	Childress, Tilda	7 May 1895
McKinney, Zona	Franklin, Joe	13 Oct 1917
McKinnis, J.W.	Potter, Mackie	15 Nov 1896
McLain, James	Hope, Martha	5 Jul 1873*
Mcloud, Sarah L.	Hall, S.P.	30 Aug 1896
McLoughlin, Martha	Barnes, John	26 Jul 1874
McLyea, S.E.	Markland, F.C.	17 Nov 1893
McNabb, Augustus L.	Marriott, Lizzie	2 Mar 1880
McNabb, A.W.	Smith, Emma L.	21 Dec 1882
McNabb, Ben	Albertson, Alberta	28 Mar 1909
McNabb, Elizabeth	Johnson, Wirlly	13 Jul 1873
McNabb, Ellen	Whitehead, Isaac	23 Jul 1888
McNabb, Filmon	Caraway, Ireona	28 Oct 1917
McNabb, Jane	Miller, A.T.	24 Sep 1893
McNabb, Lucy	Burrow, Walter	21 Mar 1906
McNabb, Pearl	Yelton, Asberry	10 Dec 1913
McNabb, Sallie	Hicks, Elliott	11 Feb 1911
McNabb, W.P.	Hill, Mary	18 Aug 1907
McNeal, Maude	Campbell, John J.	11 Oct 1903
McNeel, Adie	Harper, M.A.	14 Jan 1887
McNeely, Annie	Rainbolt, Bird	25 Mar 1917
McNeely, Carrie	Smith, Lauson	19 Dec 1900
McNeely, Dale	Rainbolt, Etolie	18 Jul 1919
McNeely, Ensor M.	Crosswhite, Sara M.	24 Feb 1881
McNeely, Hattie	McQueen, E.C.	13 Jul 1903
McNeely, John	Campbell, Josie	8 Sep 1906
McNeely, Julia	Baily, David	26 Aug 1807
McNeely, J.N.	Whaly, Mertie	28 Nov 1911
McNeely, Lemuel	Lewis, Beckey Ann	4 May 1890
McNeely, Lillie B.	Mathison, G.W.	15 Dec 1895
McNeely, Martha	Hately, John F.	28 Jul 1884
McNeely, Mollie	Bailey, Walter	5 Oct 1913
McNeely, Robert	McCloud, Eddie	1 Aug 1920
McNeely, R.M.	Holden, J.C. (Mr.)	25 Dec 1903
McNeese, Rebecca	Roberts, William C.	16 Feb 1879
McNeese, W.R.	Range, S.A.	11 Jun 1888
McNight, Julia	Pope, Rollins	4 Jun 1917
McNuley, Reuben	Duncan, Mary	30 Dec 1875*
McPhail, Roscoe	Edens, Barsha	31 Oct 1915
McQueen, Alice	Vandeventer, Marion	17 Dec 1891
McQueen, Alice	Pierce, Robert	23 Dec 1906
McQueen, Andrew A.	Hopkins, Rosa D.	25 May 1910
McQueen, Carrie	Owens, John	18 Feb 1905*
McQueen, D.C.	Wilson, D.W. (Mr.)	10 Sep 1910
McQueen, Edd	Deloach, Nancy	23 May 1914
McQueen, E.C.	McNeely, Hattie	13 Jul 1903
McQueen, Fain	Ellis, Minnie	19 Sep 1913

McQueen, G.W.	Smith, Mary	29 Mar 1908
McQueen, H.E.	Carriger, Ida	26 Aug 1919
McQueen, H.H.	Matherly, Hattie	18 Mar 1905
McQueen, Ida	Pierce, W.D.	2 Jan 1907
McQueen, Ida	Vaughn, William M.	17 Dec 1911
McQueen, Ivalee	Crumley, C.C.	8 Apr 1916
McQueen, Jessie	Haun, Julia	15 May 1904
McQueen, John L.	Donnelson, Nettie I.	29 Jul 1910
McQueen, John S.	Adams, R.E.	7 Apr 1896
McQueen, J.W.	Williams, Alice	5 Jul 1908
McQueen, Lillie	Tyree, Guy	18 Apr 1905
McQueen, Lizzie	Timbs, Houstin	17 Apr 1910
McQueen, Lou	Presnell, Hayes	3 Sep 1904
McQueen, Lucy	Queen, Clarence W.	7 Jun 1915
McQueen, L.H.	Smith, Deborah	6 Apr 1915
McQueen, Minnie	Blevens, Will	31 Jul 1917
McQueen, Nannie	Robinson, J.D.	19 May 1908
McQueen, Ranson	Williams, Sadie	31 Dec 1905
McQueen, Rebecca Ann	Blevins, D.M.	29 Jun 1891*
McQueen, Rettie	Timbs, C.M.	22 Dec 1907
McQueen, R___	Vaughn, Birthe	11 Apr 1914
McQueen, Walter	Buckles, Margaret N.	2 Sep 1891
McQueen, William L.	Humphrey, Sallie	24 Feb 1916
McQuin, Sarah	Cagle, Isaac	27 Jul 1873
McReynolds, Horace	Lyon, Bettie	13 Oct 1918
McReynolds, Lee	Lyons, Ida	18 Aug 1920
McSwain, Robert	Taylor, Lucinda	27 Nov 1890
McVay, Joseph	Foster, Harriett	9 Mar 1880*
McVeigh, Sarah	Mains, W.H.	10 Jun 1909
McVey, Elisha	Winters, Myra	1 Apr 1896
Meltelal, Daisy	Williams, N.T.	12 Nov 1911
Melton, Belle	Brewer, E.E.	4 Feb 1913*
Melton, Biddie	Honeycutt, Reuben	19 May 1898
Meredith, Aaba	S___, Samuel	1 Aug 1875
Meredith, Catherine	Colbaugh, William	27 May 1888
Meredith, Catherine	Cole, M.B.	20 Dec 1877
Meredith, Claud	Hyder, Geneva	2 May 1917
Meredith, Dave	Ford, Pearl	19 Jan 1917
Meredith, Elizabeth	McKinney, T.C.	25 Mar 1895
Meredith, James	Range, Barsha	30 Aug 1891
Meredith, James	Hart, Dora	11 Jul 1897
Meredith, Jennie	Stout, J.A.	26 Sep 1909
Meredith, John	Holly, Olevia	2 Apr 1920
Meredith, Joseph	Chambers, Sallie	4 Feb 1891
Meredith, Julia	Hathaway, John	22 May 1879
Meredith, Lillie	Holly, D.H.	8 Jul 1900
Meredith, Lizzie B.	Reed, Frank E.	23 Dec 1920

Meredith, Lorena	Jones, Peter	7 Nov 1874
Meredith, Lydie B.	Headrick William L.	16 Oct 1898
Meredith, Nick	Spears, Mary	28 Jan 1913
Meredith, William	Vance, Hannah	11 Sep 1892
Meredith, William G.	Morgan, Sarah	12 Oct 1874*
Meredith, Willie	Hammett, Lizzie	9 Jul 1911
Meredith, W.R.	Garrison, Minnie	7 Sep 1899
Merit, B.F.	Carden, Amanda	4 Jul 1895
Meritt, John	Grindstaff, Minnie	26 Dec 1920
Merrit, Charlie	Jenkins, Venia	6 Aug 1917
Merrit, Wheeler	Glover, Josie	22 Feb 1908
Merritt, Alice	Merritt, James	12 Sep 1893
Merritt, Arthur E.	Howington, Josie	15 Feb 1911
Merritt, Benjamin	Bowers, Lorettie	29 Nov 1888*
Merritt, Dan	Ward, Dollie	4 Jul 1919
Merritt, Eliza Jane	Sims, Henry	4 Sep 1878
Merritt, Elizabeth	Taylor, George J.	6 Mar 1879
Merritt, James	Jenkins, A.	13 Feb 1881
Merritt, James	Merritt, Alice	12 Sep 1893
Merritt, Janus Alpha	Mottern, Lafayette	4 Mar 1888
Merritt, John	Fair, Nice	4 Sep 1898
Merritt, Lizzie	Simerly, John F.	15 Oct 1893
Merritt, Louis C.	Simerly, Martha	28 Jun 1914
Merritt, Maggie	Fair, David L.	3 Feb 1894
Merritt, Margaret	Hampton, D.C.	24 Feb 1887
Merritt, Mary	Carriger, William L.	11 Apr 1875
Merritt, Mollie	Vaughn, Will	30 Dec 1911
Merritt, Sally	Grindstaff, John	25 Jan 1879
Merritt, Viny	Gourley, W.M.	5 Jun 1877
Merritt, William	Henry, Mary	24 Mar 1881
Messimer, Carry	Ellis, T.A.	10 Nov 1917
Messimer, D___	Lyons, J.J. (Mr.)	24 Dec 1911
Messimer, Eileen K.	Wilborn, Lesley Lee	22 Dec 1909
Messimer, Harry E.	Hathaway, Ruby Irene	19 Nov 1911
Messimer, Rossie	Clemons, Isaac	20 Dec 1913
Messimore, Laura	Chambers, Oscar	28 Jul 1907
Mettetal, Ray A.	Wallace, Gwendolyn Z.	12 Dec 1915
Michals, Albert	Young, Vista	9 May 1908
Michals, Albert	Arnett, Lillie	8 Jan 1913*
Michals, Albert	Burlison, Nora	31 May 1913
Michals, Guss	Miller, Pearl	7 Mar 1913
Michals, Margie	Cox, Richard	29 Jun 1908
Micheal, Callie	Hall, Lyda	31 Dec 1916
Michols, Abbigail	Heaton, James	7 Oct 1903
Micles, Fanny	Icenhour, George	1 Nov 1902
Mikel, Samuel	Pierce, Laura	1 Dec 1871
Milam, Eva	Stout, Arthur	2 Aug 1903

Milam, George	Garland, Ehtel	26 Oct 1911
Milam, George	Silver, Ella	27 Nov 1916
Milam, Josie	Hartly, James T.	16 Oct 1898
Milam, R.A.	May, Ossie	6 Jun 1915
Milam, Thomas L.	Ellis, Lorrie	19 Jun 1884
Milam, William	Hammett, Hannah	29 Aug 1905
Milhorn, Francis K.	Loudy, Harry E.	12 Mar 1919
Milhorn, John	Hughes, Ethel	29 Nov 1908
Milhorn, Nancy Ann	Scalf, Nelson	24 Dec 1891
Miliner, George A.	Bowman, Sarah J.	24 May 1890
Millard, Charlie	Clemons, Lucy	14 Sep 1919
Millard, Samuel	Hendrix, Sallie	9 Jul 1899
Miller, Adam	Taylor, Mary Pierce	10 Mar 1917
Miller, Alice	Williams, James G.	28 Jul 1897
Miller, Alice	Arnett, H.H.	10 Jul 1898
Miller, Alice	Pearce, John	8 May 1900
Miller, Alice O.	Bishop, Samuel	30 Dec 1875*
Miller, Allen	Shell, Effie	29 May 1904
Miller, Allie	Myers, Green H.	23 Feb 1902
Miller, Ann	Smith, James	19 Sep 1871
Miller, Ann	Skipper, Thomas	4 Feb 1881
Miller, Annie	McKinney, William C.	2 Jul 1881
Miller, Annie E.	Hampton, Ed W.	7 May 1879
Miller, Arizona	Blevins, James	8 Jul 1906
Miller, A.L.	Scott, Bernise	2 Oct 1895
Miller, A.M.	McKeehan, Mattie	27 Nov 1903
Miller, A.T.	McNabb, Jane	24 Sep 1893
Miller, Barney	Watson, Martha	31 May 1919
Miller, Bell	Morrell, James	12 Jan 1908
Miller, Belvia	Shell, Ed	18 Aug 1907
Miller, Brooke	Potter, Ida	1 Feb 1913
Miller, Callie	Sams, Edgar	22 Mar 1911
Miller, Caroline	Twigs, John	28 Oct 1879
Miller, Carrie	Julian, Stanton	25 Feb 1903
Miller, Charlie	Beaver, Ellen	8 Jul 1916
Miller, Clarence H.	Hendrickson, Bernice	20 Sep 1920
Miller, Clayton	Troutman, Nervie	28 Apr 1918
Miller, C.E.	Angel, Pearl	24 Dec 1908
Miller, C.M.	Street, Lockey	30 Jan 1903
Miller, David	Clarke, Retta	1 Nov 1885
Miller, David	Hodge, Emma Jane	21 May 1890
Miller, David	Vest, Elizabeth L.	26 Dec 1893
Miller, Delia	Cole, James	24 Dec 1902
Miller, Dolly	Perkins, Jefferson	4 May 1886
Miller, Dora	Williams, Caner	28 Mar 1891
Miller, Dora	Perry, Owen	8 Sep 1901
Miller, Dovie	Barnett, Swin	14 May 1919

Miller, D.C.	Irick Jamco A.	26 Mar 1905
Miller, D.J.	Campbell, Lorana	25 Jan 1911
Miller, Edgar	Twiggs, Birtha	23 Jul 1911
Miller, Edgar	Perkins, Mattie	22 Aug 1914
Miller, Edward	Allison, Rena	27 Sep 1909
Miller, Elizabeth	Geisler, William	26 Aug 1875
Miller, Ella	Newton, David A.	20 Dec 1879
Miller, Emma	Ingram, Charles	31 Dec 1893
Miller, Emma	Holtsclaw, R.F.	18 Feb 1903*
Miller, Emma	Tolly, Marion	26 Jan 1905
Miller, Eva	Campbell, Carlie	2 Jul 1905
Miller, Eva C.	Britt, Thomas Y.	17 Aug 1878
Miller, Evelyn	Harrison, Carl	11 Apr 1917
Miller, E.C.	Smith, Evert	19 Dec 1898
Miller, E.M.	Wilson, Ida	6 Sep 1919
Miller, Fannie	Woodring, Marian	2 Apr 1907
Miller, Floyd	Elliott, Nora	15 Apr 1916
Miller, Frank	Tipton, Jane	8 Jan 1908
Miller, Fred	Cable, Mary	24 Mar 1918
Miller, George	Campbell, Adeline	9 Jul 1889*
Miller, George	Payne, Julia	13 Feb 1902
Miller, Grover	Barrier, Emma	23 Oct 1908
Miller, G.B. (Mr.)	S____, Onnie	19 Jun 1909
Miller, G.C. (Mr.)	Hayes, M.D.	21 Jul 1917
Miller, Hannah	Hinkle, Bruce	28 Nov 1909
Miller, Harriett	B____, H.E.	11 Jul 1875
Miller, Harry	Cates, Jule	16 Jun 1908
Miller, Hattie L.	Smith, David J., Jr.	24 Jan 1900
Miller, Henry	Smith, Millie	19 Aug 1916
Miller, Hop	Jones, Etta	21 Dec 1882
Miller, Isaac	Roberts, Rilela	20 Feb 1898
Miller, Jacob	Gragg, Sarah M.	15 Apr 1877
Miller, Jacob	Stevens, Mary	23 Mar 1894
Miller, James	Martin, Phenetta L.	28 Jun 1886
Miller, James	Payne, Maggie	29 Dec 1898
Miller, James	Brinkly, Addie	30 Jun 1905
Miller, James E.	Lewis, Lora	6 Apr 1909
Miller, James J.	South, Sardle E.	30 Nov 1913
Miller, James M.	Hyder, Rebecca	2 Feb 1875
Miller, James S.	Isaacs, Mary Lou	5 Jul 1920
Miller, Jane	Campbell, Jeff	26 Aug 1916
Miller, Janie	Stout, John M.	9 Dec 1900
Miller, Janie	Voncannon, A.F.	15 May 1915
Miller, Jessie	Francum, Stella	18 Oct 1913
Miller, John	Hardin, Loretta	1 Jun 1896
Miller, John	Arrowood, Pheby	26 May 1907
Miller, John	Lacy, Hattie	11 Apr 1909

Miller, John	Hazlewood, Gertia	5 JUl 1914
Miller, John B.	Vance, Jane	8 Jul 1883
Miller, Johnson	Chester, Myra	5 Dec 1885
Miller, Juanita	Mitchell, Cecil	20 May 1917
Miller, Julia	Ellison, Alfred	23 Oct 1904
Miller, Julia	Tipton, James	31 Aug 1919
Miller, J.B.	Emmert, Francis	1 Nov 1894
Miller, J.H.	Glover, Nora	5 Jun 1897
Miller, J.P.S.	Martin, Mary A.	17 Dec 1881*
Miller, J.S.	Murry, Emma	12 May 1904
Miller, Katie	Grindstaff, Arthur	17 Feb 1916*
Miller, Katie	Grindstaff, Arthur	27 Nov 1916
Miller, Laura	Whitehead, W.M.	27 Mar 1893
Miller, Lilly	Young, Hobart	19 May 1919
Miller, Lizzie	Burrow, James R.	1 Mar 1902
Miller, Loss	Oxendine, Nettie	18 Apr 1906
Miller, Lydia	Benfield, Van	17 Apr 1920
Miller, L.	Buchanan, Thomas	13 Aug 1876*
Miller, L.F.	Tipton, Flora K.	12 Dec 1893
Miller, Malinda	Thompson, L.T.	31 May 1905
Miller, Martha	Myers, Benjamin H.	3 Sep 1898
Miller, Martha	Tolly, Hobart	21 Sep 1919
Miller, Martha E.	Davis, Daniel	20 Oct 1881
Miller, Martha L.	Hopson, I.P.	13 Jul 1896
Miller, Mary	Honeycutt, Robert	26 Nov 1872*
Miller, Mary	Edens, David	22 Oct 1874
Miller, Mary	Perkins, Samuel A.	3 Nov 1889
Miller, Mary	Wilson, Mike	25 Nov 1907
Miller, Mary	Nelson, W.H.	31 Mar 1909
Miller, Mary	Boling, J.A.	6 Jan 1918
Miller, Mary	Peters, M.C.	3 Jun 1918
Miller, Mary A.	Nidiffer, Calvin	3 Aug 1873
Miller, Mary F.	Little, H.C.	23 Feb 1919
Miller, Mary Jane	Leadford, Wm. Moore	9 Jul 1905
Miller, Mary M.	Barn, John M.	7 Nov 1872
Miller, Mat	Leonard, Edna	1 Aug 1920
Miller, Melvin	Hicks, Sarah	17 Jan 1892
Miller, Milton	Heaton, Laura	11 May 1901
Miller, Minnie	Downing, W.J.	20 Aug 1910
Miller, Mollie	Carter, John	15 Aug 1920
Miller, Mollie E.	Beaves, Robert L.	6 Dec 1885
Miller, Monroe	White, Stella	18 Feb 1917
Miller, M.E.	Hayes, J.E. (Mr.)	25 Dec 1905
Miller, Nancy	Carver, George	27 Apr 1919
Miller, Nancy E.	Carter, Sidney L.	16 Jun 1902
Miller, Nat	Bowling, Sallie	10 Jul 1910
Miller, Nathaniel	Elison, Mary	11 Jan 1895

Miller, N.D.	Johnson, Pheby	16 Sep 1900
Miller, Ora	Presnell, Clarence	13 Oct 1918
Miller, Orville	Pirece, Minerva	28 Nov 1920
Miller, Oscar	Humphreys, Stella M.	4 Oct 1919
Miller, Pearl	Michals, Guss	7 Mar 1913
Miller, Phoebe	Buchanan, James	21 Aug 1892
Miller, Pollie	Waters, J.A.	5 May 1895
Miller, Polly	Hughes, John	23 Sep 1893
Miller, Rachel	Hodge, William H.	30 Aug 1880
Miller, Rhoda	Peaks, Jerry	20 Dec 1898
Miller, Richard	Campbell, Ela	5 Mar 1905
Miller, Roby	Yandles, Grace	28 Sep 1919
Miller, Rosie May	Ray, Frank	29 Dec 1904
Miller, Russell	Tucker, Grace	4 Apr 1915
Miller, Sallie A.	Fair, James N., Jr.	31 Dec 1882
Miller, Sam	Coleman, Annie	2 Apr 1916
Miller, Sam	Hyder, Lou	22 May 1917
Miller, Sam	Ingram, Pearl	25 Dec 1919
Miller, Samuel	Oxendine, Sallie A.	19 Mar 1888
Miller, Samuel	Birchfield, Celia A.	22 Aug 1899
Miller, Samuel	Smith, Lilly	15 Aug 1906
Miller, Sanford	Ingram, Mary	25 Dec 1891
Miller, Sarah	Caraway, Cordell	14 Nov 1892
Miller, Sarah	Cole, W.S.	4 Aug 1899
Miller, Sarah	Bennett, Swinfield	4 Feb 1912
Miller, Sarah E.	Taylor, Rufus	16 Sep 1879
Miller, Sindy	McCall, Alex	18 Sep 1912
Miller, Susan	Glover, Charles	14 Apr 1899*
Miller, S.E.	Gouge, Hattie	15 Mar 1900
Miller, S.H.	Kitsmiller, M.S.	17 Nov 1873*
Miller, S.M.	Leadford, Maggie	27 Jun 1901
Miller, Taylor	Whitehead, Cassie	8 Aug 1913
Miller, Thomas	Foust, Alice	1 Nov 1886
Miller, Thomas	Fondren, Nannie	24 Jul 1902
Miller, Thomas	Barnett, Carrie	20 Sep 1908
Miller, Thomas	Rainbolt, Malissy	21 Jun 1913
Miller, Wesley	Elliott, Maude	19 Feb 1910
Miller, Wesly	Greer, Rebecca	30 Mar 1911
Miller, William	Freeman, Rebecca	20 Dec 1892
Miller, William	Gragg, Sally	24 Jun 1899
Miller, William	Sizemore, Lena	29 Jul 1900
Miller, William	Hughes, Maggie	12 Jan 1910
Miller, William	Simerly, Celia	6 May 1911
Miller, William A.	Smith, Martha	12 Mar 1882
Miller, William A.	Stepp, Emma J.	27 Jan 1894
Miller, William H.	Gilin, Mattie	19 Sep 1914*
Miller, W.M.	Fondren, Sallie	4 Jan 1915

Miller, _____	McInturff, John M.	25 Jan 1872*
Miller, _____	Campbell, John	30 Dec 1875*
Miller, _____	Davis, Joseph	31 Dec 1885
Miller Lithia	Jarrett, R.	17 Jun 1897
Millhorn, Mattie	Campbell, David	30 Aug 1895
Millhorn, Nathan	Leonard, Edna	3 Apr 1897
Millhorn, Vera	Christia, Phillip A.	4 Jul 1914
Milner, Deveanux	Wilson, Belle	18 Oct 1919
Milom, Samuel A.	Ritchie, Rebecca	5 Jul 1888*
Milom, Samuel A.	Lewis, Manerva	22 Nov 1888
Milsaps, Manuel	Whisenhunt, Elizabeth	21 May 1881*
Milum, Anderson	Slagle, Mattie	3 Jan 1883
Milum, Belvy	Estep, William	14 Jan 1883
Milum, Izettie	Deacon, William	4 Feb 1903
Minnick, Bertha E.	Hyder, Walter R.	9 Apr 1919
Minton, Alfred	Church, Mary	22 Mar 1879
Minton, Bessie	Scoggins, Charles	31 Mar 1910
Minton, David Earl	Carriger, Tillie	22 Jan 1911
Minton, Edlridge S.	Stout, Martha E.	16 May 1894
Minton, Eliza F.	Hart, George	4 Mar 1906
Minton, G.H.	Richards, Lucinda	16 Nov 1887
Minton, G.L.	Johnson, Maggie N.	12 Aug 1919
Minton, Hattie	Ellis, J.W.	27 Dec 1919
Minton, Isaac	Elliott, Rosa	25 Dec 1918
Minton, Jennie B.	Glover, S.J.	17 Feb 1895
Minton, John	Lacy, Eliza	1 Feb 1890
Minton, Josie Ethel	Grindstaff, James D.	24 Mar 1919
Minton, Lilly	Collins, William	12 Nov 1899
Minton, Lottie	Myers, Aaron	9 Sep 1907
Minton, Lou	Holdern, L.L.	21 May 1899
Minton, Louisa	Bell, J.W.	23 May 1883*
Minton, Maggie	Pierce, Chrisley	19 Jan 1918
Minton, Minnie C.	Shell, M.T.	1 Oct 1896
Minton, Myrtle	Hyder, Worley	20 May 1910
Minton, Myrtle May	Ray, W.D.	12 Mar 1907
Minton, Myrtle M.	Reynolds, W.E.	3 Jul 1906**
Minton, Pearl	Richards, S.E.	23 Dec 1914
Minton, P.T.	Hughes, Ethel	21 May 1916
Minton, Robert	Campbell, Cordelia	4 May 1896*
Minton, Robert	Taylor, Jane	18 Aug 1896
Minton, Roscoe	Crow, Minnie	22 May 1913
Minton, Rufus M.	Crow, Lena	5 Aug 1888
Minton, Tillie	Daugherty, George	19 Jul 1919
Minton, Vastie	Cross, H.C.	9 Sep 1920
Minton, Willie	Richardson, Martha	24 May 1918
Minton, W.E.	McCorkle, Louisa L.	2 Aug 1885
Minton, Zachariah	Grindstaff, Susan	2 Feb 1875*

Mitchell, Cecil	Miller, Juanita	20 May 1917
Mitchell, Hattie	Watson, W.D.	31 Aug 1912
Mitchell, Mary B.	Simerly, W.Y.	3 Mar 1898
Mitchell, Rhoda	Scalf, David	22 Aug 1906
Mitchell, Roby	Cannon, Matilda	9 Aug 1912
Mock, Eliza	Ashley, James C.	20 Jan 1899
Moffet, Bethena	Francis, John	13 Feb 1906
Moffet, Elizabeth	Teague, W.W.	1 Jan 1908
Moffet, Mary	Arrowood, C.L.	10 Mar 1907
Moffet, Mary	Forbes, Mulburn	4 Jul 1918
Moffet, Willie	Mosley, Lucy	28 Feb 1920
Moffett, Arthur	Roberts, Nancy	9 Jun 1907
Moffett, Ettie	France, Lewis	18 Oct 1920
Moffett, Evaline	Forbes, Simon	25 May 1903*
Moffett, Evaline	Forbes, John	1 Feb 1904
Moffett, Gertie	Butler, Lewis	5 Apr 1920
Moffett, Julia	Oaks, William J.	4 Aug 1895
Moffett, Maggie	Roberts, J.I.	19 May 1901
Moffit, Arthur	Forbes, Lida	28 Apr 1909
Moffit, Eva	Gouge, Robert	6 Jun 1913
Moffit, Robert	Lacy, Maggie	14 Apr 1920
Monday, William	Brewer, Bell	1 Jun 1912
Montgomery, A.H.	Heaton, Carrie	28 Feb 1909
Montgomery, D.C. (Mr)	Goodwin, M.A.	19 Mar 1905
Montgomery, D.E. (Mr)	Banner, L.A.	2 Jan 1897
Montgomery, Eliza C.	Lunceford, James R.	30 Nov 1890
Montgomery, H.S.	Lunceford, Caroline	4 Dec 1897
Montgomery, J.T.	Harmon, M. Viola	22 Apr 1917
Montgomery, Martha E.	Hayes, W.H.	18 Aug 1895
Montgomery, Mary J.	Sims, Charley	3 Nov 1878
Montgomery, McKinley	Peters, Grace	7 Nov 1920
Montgomery, S.A. (Mr)	Hayes, M.E.	2 Apr 1916
Montgomery, William	Lunceford, Sarah J.	20 Aug 1893
Montgomery, W.	Gildersleve, Sarah	6 May 1911
Moody, Anna	Bowman, J.A.	9 Jan 1910
Moody, A.M.	Fair, J.G.	3 Oct 1880
Moody, Delia	Gragg, C.H.	20 Dec 1910
Moody, Elsie	Stout, C___	28 May 1917
Moody, Etta	Brewer, Kenneth	2 Oct 1919
Moody, Fred	Lewis, Ruby	18 Aug 1919
Moody, George W.	Whitehead, Sarah C.	29 Jun 1907
Moody, John	Gray, Jane	4 Jan 1888
Moody, Lorena	Hughes, Elbert	9 Jun 1877*
Moody, Naomie	Carden, David	30 Mar 1911
Moody, Ollie	McCloud, J.R.	7 Feb 1912
Moody, Sarah J.	Carr, Walter	22 Dec 1901
Moody, Wesly	Pritchard, Lula	14 Jul 1913

Mooer, Edd	Horton, Edny	12 Jun 1914	
Moore, Ada A.	Lacy, George	1 Aug 1906	
Moore, Annie	Horton, Andy	25 Dec 1895	
Moore, Bettie	Carver, John	25 Dec 1913	
Moore, Bettie Jane	Shull, D.H.	21 Aug 1913	
Moore, Clarence P.	Hart, Bessie G.	27 Dec 1899	
Moore, Cynthia	Taylor, John	29 Jan 1912	
Moore, Ed	Bridges, Ossie	19 Mar 1918	
Moore, Gena	Little, Frank J.	14 Feb 1911	
Moore, George	Julian, Jane	14 Mar 1913	
Moore, Harriett	Grindstaff, John	3 Apr 1910	
Moore, Harrison	Lunceford, Venie	19 Jul 1913	
Moore, Harrison	Hopson, Maggie	17 Sep 1916	
Moore, Harry Boone	Manning, M.	27 Dec 1900	
Moore, Henry	Harvel, Hassie	4 Jun 1905	
Moore, Henry	Cates, Carrie	8 Nov 1909	
Moore, Herb	Powell, Nancy	24 Sep 1920	
Moore, James	Toney, Bell	28 Dec 1904	
Moore, Jane	Hyder, John	1 Jul 1900	
Moore, Levi	Townsend, Bertie	5 May 1920	
Moore, Lizzie	Johnson, George	21 Mar 1910	
Moore, Mary	Fugait, Calvin	12 Mar 1905	
Moore, Nancy	Butler, Mitchell	4 Dec 1913	
Moore, Rhoda	Guinn, William	21 Feb 1902	
Moore, Texanna	Herrell, Elisha	26 Jul 1907	
Moore, Thee	Palmer, Nancy	16 Oct 1912	
Moore, Walter	Carver, Delia	6 Apr 1905	
Moore, William	Griffith, Mary	26 Aug 1900	
Moore, W.H.	Ellison, Lizzie	19 Jan 1905*	
Morefield, J.E.	Hicks, Bertha	27 Apr 1915	
Morefield, Lou C.	Easterly, H.B.	26 Dec 1901	
Morefield, Willie	Dugger, Laura	5 Jan 1915	
Moreland, Amanda	Taylor, W.R.	21 Aug 1899	
Moreland, A.J.	Chambers, Dely	9 Dec 1888	
Moreland, Coon	Erwin, Hattie	30 Sep 1883	
Moreland, Edgar	Lacy, Alice	18 Mar 1905	
Moreland, Elizabeth	Taylor, James Allen	7 Jul 1901	
Moreland, Filmore	Grindstaff, Nancy	5 Feb 1916	
Moreland, H.L.	Witherspoon, Alice	28 Nov 1903	
Moreland, James	_____, Hannah	5 Apr 1875	
Moreland, James W.	Hurley, Sarafina	22 Jul 1881**	
Moreland, J.M.	Lipps, Birtha	20 Sep 1913	
Moreland, J.W.	Bowlin, Tennessee S.	3 Nov 1881	
Moreland, Martha	Birchfield, Sam	8 Mar 1898*	
Moreland, Martha E.	Caldwell, Taylor A.	18 Dec 1881	
Moreland, M.L.	Hyder, Louiza J.	24 Oct 1871*	
Moreland, Zillie	Taylor, Allen	25 Jul 1904	

Moreley, Martha	Black, Leander	24 Apr 1881
Morely, Martha A.	Leonard, Isaac A.	23 Jun 1887
Morgan, Addie	Glover, John M.	28 Dec 1917**
Morgan, Alice	Jones, Jeff	15 May 1904
Morgan, Alice	Guy, Charlie	21 Sep 1919
Morgan, Andy	Arance, Sarah J.	7 Jun 1882
Morgan, Blaine	Potter, Roxie	21 Dec 1919
Morgan, Brownlow	Holtsclaw, Rosa	19 Jul 1910
Morgan, Caroline	Myers, W.R.	17 Mar 1882*
Morgan, Charley	Yates, Burnice	1 Aug 1920
Morgan, David M.	Oaks, Virginia L.	29 Nov 1919
Morgan, Della J.	Smith, David	22 Dec 1895
Morgan, Emma	Hobson, Harrison	17 Nov 1882
Morgan, Eva Jane	Oxendine, George	13 Oct 1915
Morgan, E.L.	Banner, Grace	26 Dec 1920
Morgan, Frankie	Nidiffer, Robert	6 Jan 1875
Morgan, Hannah	Murphey, William	22 Apr 1888
Morgan, Henry	Tester, Ina	24 Dec 1920
Morgan, Ida	Jones, W.H.	18 Aug 1895
Morgan, Jack	Bealer, Augusta	10 Dec 1912
Morgan, James	Roberts, Caroline	12 Sep 1873
Morgan, James	Stout, _____	26 Sep 1873
Morgan, James	Orr, Velldora	20 Apr 1882
Morgan, James	Ledford, Sallie	7 Apr 1898
Morgan, James	Johnson, Mary	17 Mar 1917
Morgan, James H.	Phillips, Alice	23 Oct 1903
Morgan, John W.	Potter, Mary A.	13 Sep 1873
Morgan, John W.	Richardson, Eliza	22 May 1874
Morgan, Larah H.	Edwards, Guss L.	2 Jan 1916
Morgan, Lawson	Smith, Matilda	18 Feb 1894
Morgan, Mary	Roberts, A.H.	14 Apr 1874
Morgan, Mary	Owens, Thomas	8 Apr 1894
Morgan, Mary	Osborn, Edd	18 May 1917
Morgan, Mollie	Shell, Daniel	25 Dec 1899
Morgan, Nora	Smith, Columbus B.	25 Nov 1893
Morgan, R.C.	Winters, Dora	23 Mar 1912
Morgan, Samuel	Arnett, Ruby Ann	24 Dec 1881
Morgan, Sarah	Greer, Aaron	1 Apr 1873
Morgan, Sarah	Meredith, William G.	12 Oct 1874*
Morgan, Sarah	Shell, Carter	10 Mar 1895
Morgan, Sarah	Cordell, R.N.	23 Jul 1904
Morgan, Tine	Ward, Ollie	21 Apr 1919
Morgan, William	Whitehead, Bessie	1 Aug 1910
Morgan, William L.	Evans, Jossie	1 Jul 1915
Morgan, W.L.	Cardell, Etta	15 Mar 1896
Morgan, W.R.	Potter, Malinda	6 Jun 1917
Moris, Marsha	Lyon, Jeremiah	28 Sep 1873

Morley, Andrie	Allen, Winford	24 Dec 1919
Morley, A.J.	Baily, Laura B.	8 Jan 1898
Morley, B.M.	Olliver, H.A. (Mr.)	18 Apr 1912
Morley, Creatie	Garland, Ives	15 Mar 1920
Morley, Edward R.	Bowers, Lula Kate	7 Feb 1920
Morley, Martha L.	Estep, Robert J.	19 Jul 1913
Morlin, O.N.	Roberts, Lidda M.	8 Oct 1871
Morlow, Cora	Bunton, James	7 Aug 1904
Morrell, Abbie	O'Brien, Samuel	24 Dec 1905
Morrell, Alice	Williams, A.C	29 Sep 1895
Morrell, Alzenia	Buckles, Robert	22 Nov 1883
Morrell, A.R. (Mr.)	Vanhuss, B.E.	25 Mar 1883
Morrell, Barbara	Treadway, Monroe	25 Dec 1892
Morrell, Bertha A.	Bowers, A.B.	16 Feb 1896
Morrell, Bessie	Hart, Walter	22 Jul 1911
Morrell, Carrie	Hyder, D.R.	1 Jul 1915
Morrell, Corda	Dials, Oscar	19 Mar 1916
Morrell, C.A.	Nave, Macy (Mr.)	4 Jan 1903
Morrell, Dora	Shell, N.T.	11 Feb 1900
Morrell, Dora B.	Trivett, M. Earl	4 Jul 1912
Morrell, Eddie	Lewis, Carl	10 May 1903
Morrell, Ellis	Bowers, Beauch	23 Apr 1905
Morrell, Eva	McKinney, Mike	3 Sep 1906
Morrell, E.A.	Berry, Ella	18 Jan 1903
Morrell, E.J.	Buckles, Jennie	2 Oct 1892
Morrell, Frank	Mottern, Callie May	30 Nov 1909
Morrell, Frankie B.	Bowers, W.C.	10 Apr 1903
Morrell, Grace	Williams, Houston	8 Jan 1918
Morrell, G.I. (Mr.)	Bowers, E.C.	19 Sep 1901
Morrell, Hattie	Lacy, L.C.	19 Sep 1897
Morrell, Isaac	Vanhup, Mary	23 Feb 1877
Morrell, Isaac	Martin, Rebecca E.	3 Feb 1889
Morrell, James	Miller, Bell	12 Jan 1908
Morrell, Joe	Payne, Tempest	31 Jan 1916
Morrell, John T.	Ellis, Carrie S.	3 Mar 1880
Morrell, Joseph E.	Hamilton, Sarah L.	22 Jun 1884
Morrell, Josie	Nave, J.B.	29 Jul 1906
Morrell, J.D.	Frasier, Margaret	15 Jan 1888
Morrell, Laura	Tolly, R.T.	25 Dec 1919
Morrell, Lee Taylor	Ryan, Annie Grace	9 Dec 1914
Morrell, Lena	Smith, Walter	18 Feb 1903*
Morrell, Lena	Large, Jessie	29 Jul 1906
Morrell, Lena R.	Sharp, J.K.	29 Mar 1906
Morrell, Louisa	Rutledge, Samuel T.	1 Mar 1891
Morrell, Luther	Payne, Sylvia	23 Dec 1915
Morrell, Maggie	Treadway, W.L.	8 Jan 1899
Morrell, Mary	Nave, B.E.	8 Feb 1915

Morrell, Molly	Voncanon, John	23 Aug 1903
Morrell, M.J.	Biddleman, Maggie B.	20 Jun 1889
Morrell, Nannie	Lacy, R.S.	26 Jul 1903
Morrell, Rebecca	Nave, Jones	28 Dec 1915
Morrell, Roy	Forrester, Eleanor	16 Dec 1915
Morrell, Sallie L.	Bowers, Isaac N.	24 Aug 1879
Morrell, Sarah	Range, William	14 Nov 1877
Morrell, Thomas H.	Lacy, Ester P.	5 Feb 1872
Morrell, William	Hughes, Josie	25 Oct 1902
Morrell, W.H.	Carr, Luaie	21 Jun 1914
Morrell, W.P.	Bowers, Minnie	3 Sep 1906
Morris, Alice	Davis, Hix	24 Oct 1909
Morris, Aron	Bowman, Minnie	21 Oct 1900
Morris, Carrie A.	Brumit, D.	7 Mar 1894
Morris, Catherine	Pierce, W.A.D.	2 Aug 1903
Morris, Charles	Rosenbalm, Roxie	27 Jan 1906
Morris, Charles	Lewis, Gertrude	28 May 1910
Morris, Chester	Maze, Fanny	12 Jan 1908
Morris, Dave	Upchurch, Sallie	26 Aug 1917
Morris, Earnest	Deloach, Bessie	9 Sep 1911
Morris, Ella	Bowers, Robert A.	7 Feb 1894*
Morris, Ella	Perry, Andy	11 Nov 1910
Morris, Ellie	Whitehead, Loss E.	7 Apr 1918
Morris, Emma	Morris, Walter	9 Jul 1901
Morris, Ermah	Webb, E.W.	10 May 1919
Morris, Frank	Barnett, Dora	18 Jan 1901
Morris, G.S.	Jones, Sarah E.	16 Nov 1895
Morris, Harry	Dugger, Susie	15 Jun 1913
Morris, Hattie	Davis, Edgar	26 Dec 1909
Morris, Hattie	Freeman, Alfred C.	24 Jul 1918
Morris, Henry	Carr, Lucilla J.	13 Jun 1875
Morris, Henry Jeff.	Sams, Ella	14 Oct 1899
Morris, Ida F.	Hendrix, James B.	24 Apr 1887
Morris, James	Glover, Patcy	13 Jan 1895
Morris, Jeff	Vandeventer, Mollie	18 Jan 1907
Morris, John	Johnson, Minnie	20 Apr 1902
Morris, J.M.	Smith, Evaline	2 Aug 1878
Morris, Landon	Slagle, Lizzie	15 Feb 1920
Morris, Lee	Carr, Mollie	9 Dec 1882
Morris, Lee	Kelly, Amelia	30 Sep 1900
Morris, Lee	Troxwell, Pearl	16 Aug 1914
Morris, Lorinna	Johnson, John H.	25 Oct 1876
Morris, Lousinda	McL____, Nelson	27 Dec 1873*
Morris, Mack	Snow, Maggie	1 Apr 1906
Morris, Maggie	Perry, Porter	15 Jan 1899
Morris, Maggie	McCloud, John	18 Apr 1908
Morris, Martha	Glover, Richard	25 Oct 1891

Morris, Mary E.	Slagle, Porter L.	20 Aug 1909
Morris, Maude	Weaver, Houston	14 Jul 1917
Morris, Rhoda	Perry, William	31 Aug 1887
Morris, Rhoda	Perry, Murry	29 Apr 1900
Morris, Robert S.	Russell, Ellen	20 Nov 1892
Morris, Rosa	Carter, Samuel	4 Oct 1913
Morris, Sophira	Lyndawood, Cyris	26 Dec 1886
Morris, Virgilla	McCatherine, Rebecca	5 Mar 1899
Morris, V.A.	Glover, Lucy	11 Sep 1897*
Morris, Walter	Morris, Emma	9 Jul 1901
Morris, Will	Pilkerton, Julia	31 Dec 1906*
Morris, Will	Glover, Olive	6 May 1916
Morris, William	Goodwin, Mollie	8 Jun 1894*
Morris, William	Brooks, Vina	3 May 1908
Morris, William	Carr, Fina	26 Jul 1908
Morris, William M.	Bowers, Nancy S.	12 Mar 1882
Morris, W.A.	Hammett, Mary	17 Feb 1903
Morris, W.F.	Johnson, Sarah C.	10 Jul 1902
Morris, W.T.	Whitehead, Ellen	13 Mar 1892
Morrison, Canada	Davis, Jennie	9 Nov 1902
Morrison, Robert	Taylor, Mattie	25 Mar 1888
Mortin, Louisa	Hilliard, John	16 May 1877*
Morton, Amy E.	Crow, W.B.	4 Nov 1911
Morton, Arthur	Hazlewood, Loriu	24 Dec 1902
Morton, Bruce	Hinkle, Sadie	25 Jan 1919
Morton, Charles	Fair, Amanda	13 Jun 1891
Morton, Dalton	Morton, Sadie	26 Oct 1920
Morton, Dave	Range, Manda	1 Jul 1917
Morton, Ela	Bradley, Roy A.	22 Jun 1919
Morton, Eliza	McKinney, Wilson	6 Oct 1903
Morton, Elliott M.	Tipton, Bertha L.	6 Apr 1904
Morton, E.E.	Gouge, Missouri	25 Nov 1894
Morton, Florence	Woodley, Thomas	5 Nov 1913
Morton, Ida	Campbell, D.H.	7 Sep 1913
Morton, Jacob	McKinney, Delia	18 Nov 1877
Morton, Jacob	Stevens, Judy	24 Dec 1908
Morton, James	Pate, Dicy	15 Apr 1906
Morton, Jane	Smith, Wilder B.	24 Jul 1919
Morton, Lawson	Johnson, Mollie	10 Aug 1897
Morton, Lela	Smith, Grant	18 Jan 1917
Morton, Liddie Bell	Lyons, James	10 Dec 1916
Morton, Lillie	Casy, George	10 Oct 1900
Morton, Lottie P.	Crow, F.D.	18 Nov 1911
Morton, Martha J.	Shell, John F.	20 Sep 1884*
Morton, Martha J.	Woodby, Jerry	1 Mar 1907
Morton, Mary	Townsend, Jerd	16 Feb 1896
Morton, Mary	Lunceford, J.C.	14 Feb 1920

Morton, Mary Ellen	Horton, Bradus	1 Mar 1908
Morton, Meredith	McKinney, Carloine	27 Jul 1871*
Morton, Mertie	Lewis, R.L.	18 Dec 1909
Morton, M.J.	Lewis, Amey G.	4 Feb 1891
Morton, M.M.	Gouge, Mary S.	25 Nov 1894
Morton, Rinie	Smith, O.P.	25 Dec 1906
Morton, Sadie	Morton, Dalton	26 Oct 1920
Morton, Sallie	Grindstaff, James	21 Feb 1909
Morton, Samuel	Stevens, Mary	12 Mar 1908
Morton, Utilia	Smith, Robert H.	12 Mar 1887
Morton, William	Leadford, Emma	29 Jun 1911
Morton, William	Beaver, Essie	4 Mar 1919
Mosby, E.L.	Lineback, Lockie	8 Aug 1907
Mosely, A.F.	Birchfield, Celia	23 Sep 1905
Mosely, Caddie	Campbell, Alice	4 Nov 1917
Mosely, Dan	Dugger, Ellen	14 Jan 1917
Mosely, Hester	Carden, Alfred	1 Nov 1913
Mosely, John D.	Cates, Julia A.	29 Apr 1879
Mosely, Josie	Hyder, Willie	7 May 1906
Mosler, Mack	Jenkins, Vieny	16 Nov 1914
Mosler, Sarah	Winters, James	6 Feb 1908
Mosley, Alfred	Hodge, Mollie L.	2 Apr 1896
Mosley, Delia C.	Britt, James R.	11 Aug 1889
Mosley, John	Singleton, Mary	22 Mar 1897
Mosley, Josie	Hodge, F.M.	1 Jan 1896
Mosley, Lucy	Moffet, Willie	28 Feb 1920
Mosley, Manda	Herrell, Washington	4 Sep 1899
Mosley, Margaret J.	Landreth, Henry K.	27 Feb 1881
Mosley, Reuben B.	Patton, Mary S.	18 Feb 1894
Mottern, Alice	Carriger, Hacker	21 Nov 1914
Mottern, Annie B.	Reynolds, James	8 Jan 1905
Mottern, Bessie A.	Scott, Raymond P.	20 Feb 1902
Mottern, Callie May	Morrell, Frank	30 Nov 1909
Mottern, Carrie E.	Mottern, W.J.	4 Apr 1909
Mottern, Clarence	Lacy, Beulah J.	3 Sep 1920
Mottern, David S.	Reynolds, Pearl May	29 Apr 1902
Mottern, Ethel	Hampton, Luther	15 Jun 1909
Mottern, Eva Kate	Hendrixson, E.D.	15 Dec 1909
Mottern, George	Shell, Harriett	6 May 1877
Mottern, George E.	Pierce, Mary E.	12 Dec 1912
Mottern, George W.	Holly, Julia A.	18 Dec 1881
Mottern, Hettie	Lewis, Cardon	3 Aug 1909
Mottern, Ida	Hart, Edgar	24 Mar 1912
Mottern, Isaac H.	Campbell, Mary E.	23 Dec 1880
Mottern, James H.	Slagle, Elizabeth	14 Jan 1873
Mottern, John S.	Holly, Margaret	23 Nov 1877
Mottern, J.R.	Scott, Lena	17 Apr 1914

Mottern, Lafayette	Merritt, Janus Alpha	4 Mar 1888
Mottern, Lillie	Smith, Charles	21 Sep 1919
Mottern, Mary	Lacy, John M.	28 Nov 1878
Mottern, Matilda Ann	Ellis, Guy H.	23 Mar 1876
Mottern, Maude	Roberts, Robert	29 Jul 1903
Mottern, Minnie	Davis, Lee	24 Nov 1901
Mottern, Mollie D.	Rambo, James F.	17 Dec 1912
Mottern, Nannie	Stout, William	29 Aug 1902
Mottern, Robert	Hodge, Pearl	10 Aug 1919
Mottern, Ruby	Edens, Jean	15 Sep 1913
Mottern, S.L.	Barry, J.B.	25 Jun 1908
Mottern, Vera	Crow, Thomas J.	20 Jun 1920
Mottern, William G.	Hendrix, Emery B.	2 Sep 1875
Mottern, Worley	Hart, Cana	1 Jul 1897
Mottern, W.J.	Mottern, Carrie E.	4 Apr 1909
Mottern, W.R.	Burgie, Selma V.	25 Jun 1902
Mottern, W.S.	Hendrix, Mary D.	16 Nov 1884
Motychek, Theodore	Peeks, Rhoda C.	21 Dec 1919
Mulky, W.G.	Hawkins, Effie	5 Nov 1905
Muller, Fred	Jones, Bessie	21 Jan 1919
Mullins, John	Bowers, Sopha	27 Dec 1916
Murcer, Alice V.	Taylor, M.L.	25 Nov 1882
Murphey, Catherine	Byrd, G.W.	16 Jul 1900
Murphey, Charles	Heitt, A.B.	29 Sep 1895
Murphey, Frankie	Childers, William	5 Nov 1888
Murphey, William	Morgan, Hannah	22 Apr 1888
Murphy, Hattie	Roberts, Thomas	9 May 1920
Murphy, W.M.	Teague, Caroline	24 Mar 1917
Murphy, W.R.	Briggs, Fannie J.	10 Jan 1903
Murray, A.J.	Johnson, Emma	8 Sep 1897
Murray, Charles	Good, Mary A.	23 Jul 1881*
Murray, G.H.	Elliott, Bonnie	11 Oct 1918
Murray, J.E. (Mr.)	Hart, M.M.	3 Mar 1898
Murray, M.S.	Glover, Bertha J.	7 Feb 1897
Murray, Nora	Loveless, W.M.	17 Sep 1897
Murray, Thomas C.	Davis, Delila A.	27 Feb 1877
Murray, T.S.	Gourley, Lucy	4 Aug 1895
Murray, William H.	Wishon, Sarah	27 Jun 1880
Murrell, Napolian L.	Snyder, Nancie P.	17 Aug 1887
Murry, Bell	Ritchie, D.E.	3 Dec 1905
Murry, Clyde E.	Bowers, Nannie	9 Jun 1917
Murry, Emma	Miller, J.S.	12 May 1904
Murry, Essie	Blener, Hobert	4 Aug 1917
Murry, Ethel B.	Davis, Stewart P.	11 Jan 1903
Murry, Frank	Hinkle, Bessie	16 Sep 1911
Murry, John	Pierce, Carrie	8 Feb 1903
Murry, Maud	Dugger, E.A.	5 Jul 1915

Murry, R.H. (Mr.)	Taylor, L.E.	8 Dec 1917
Murry, W.H.	Chambers, Julia	25 Jul 1909
Musgrove, Retta	Dumont, L.V.	23 Aug 1893
Music, E.B.	Buchanan, Rosa	17 Jun 1905
Myer, Daly	Shoun, Cora	22 Dec 1917
Myers, Aaron	Minton, Lottie	9 Sep 1907
Myers, Alfred	Williams, Josie	9 Jun 1916
Myers, Allen	Pearce, Bessie E.	24 May 1913
Myers, Allie M.	Lips, W.B.P.	29 Dec 1890
Myers, Arzilla	Berry, John	2 Apr 1899
Myers, A.B.	Estep, Laura	30 Apr 1911
Myers, Benjamin H.	Miller, Martha	3 Sep 1898
Myers, Bertha	Danner, Carl	25 Dec 1910
Myers, Bryon	Manning, Bonnie	6 Sep 1918
Myers, Catherine D.	Loudy, J.H.	7 Oct 1895
Myers, C.C.	Buckles, Catherine	11 Mar 1888
Myers, C.C. (Mr.)	Williams, M.A.	20 Feb 1896
Myers, Daisy	Curtis, Andrew	21 Jun 1909
Myers, Dora	Myers, T.J.	2 Jan 1897
Myers, Ellen	Richardson, Thomas	28 Mar 1896
Myers, Emma	Taylor, J.a.	19 Aug 1906
Myers, Eveline	Hinkle, William	28 Jul 1889
Myers, E.D.	Grindstaff, Mary E.	13 Dec 1876
Myers, Fracie	Estep, W.C.	10 Aug 1912
Myers, Green H.	Miller, Allie	23 Feb 1902
Myers, Greene	Owens, Nettie	4 Jul 1904
Myers, G.D.W.	Williams, Nancy C.	24 Jan 1891
Myers, Harrison	Taylor, Mary	7 May 1875
Myers, Henry	Hodge, Delia E.	8 Jan 1888
Myers, Henry	Perry, Ruth	10 Feb 1898
Myers, Herbert Henry	Lucus, Mary E.	7 Jun 1919
Myers, Hiram	McKeehan, Mattee	10 Feb 1908
Myers, Hiram	Freeman, Birtha	19 Dec 1911
Myers, James A.	Garland, Almeda	12 Jul 1903
Myers, Joseph L.	Canon, Mollie S.	23 Feb 1888
Myers, Lewis	Love, Mollie	16 Nov 1882
Myers, Lizzie	Nidiffer, C.G.	19 Feb 1899
Myers, Lucy	Williams, Allen	10 Sep 1899
Myers, Margaret E.	Landon, Robert G.	30 Aug 1913
Myers, Mary	Butler, Daniel	9 Jan 1882*
Myers, Mollie	Bowers, John	25 Dec 1903
Myers, Mollie	Campbell, Dayton	14 Apr 1906
Myers, Pearl	Lowe, S.K.	23 Jun 1907
Myers, Pearl	Coldwell, Arthur	2 Mar 1910
Myers, Pearl	Pierce, Charles E.	25 Dec 1918
Myers, Rena	Olliver, Eli	14 Jun 1911
Myers, Ruben A.	Alman, Nancy J.	20 Nov 1892

Myers, Rutha	Ball, George	2 Oct 1910
Myers, Samuel	Pearce, Lourina	3 Feb 1876
Myers, Sarale	Jenkins, David J.	31 Oct 1880
Myers, T.J.	Myers, Dora	2 Jan 1897
Myers, William	Nidiffer, Eva	22 Apr 1897
Myers, William	Jenkins, Callie	7 Apr 1901
Myers, W.R.	Morgan, Caroline	17 Mar 1882*
Nair, David	Nair, Mattie	5 Aug 1894
Nair, Mattie	Nair, David	5 Aug 1894
Nance, Mary	Fullenswiter, W.J.	1 Jul 1882
Nappes, William	Harris, Carrie	11 Oct 1893
Nave, Abby	Buckles, Alfred	9 Oct 1910
Nave, Abigail	Oliver, William D.	20 Sep 1871
Nave, Alice	Pearce, Daniel	29 Jun 1909
Nave, Anne E	Jane, Robert	24 Aug 1871
Nave, Annie	Harden, John	4 Aug 1907
Nave, Arzillia	Berry, B.B.	6 Oct 1895
Nave, A.J.	Hardin, Levicy	10 May 1885
Nave, A.J.	Fletcher, Lillie	23 Dec 1906
Nave, Bessie	Campbell, J.R.	3 Jan 1903
Nave, Bessie	Carriger, Samuel	23 Aug 1908
Nave, Bonnie	Garrison, Ross	4 Oct 1919
Nave, B.E.	Morrell, Mary	8 Feb 1915
Nave, Campbell	Estep, Katie	12 Mar 1898
Nave, Celia	Weaver, E.B.	25 Dec 1911
Nave, Charlie	Simerly, Bell	6 Feb 1916
Nave, Cherry R.	Davis, Lank	24 Nov 1878
Nave, Coy	Hyder, Mamie	27 Feb 1916
Nave, C.L.	Frazier, Laura	1 Nov 1916
Nave, Daisy	Younce, Fait	14 Oct 1916
Nave, David F.	Matherson, M.	31 Jul 1873
Nave, Della	Parker, Clarence	12 Dec 1915
Nave, Delmer	Simerly, Maude	21 Jun 1920
Nave, Dessie	Collins, Ollie	11 Apr 1909
Nave, D.C.	Robinson, Tisha	6 Oct 1895
Nave, D.E.	Berry, Ethel	14 Dec 1899
Nave, D.S.	Bowers, Martha	1 Apr 1913
Nave, D.S. (Mr.)	White, C.B.	23 Oct 1910
Nave, Elizabeth	Williams, Pleasant	6 Feb 1887
Nave, Emma	Hatcher, William	11 Dec 1901
Nave, Emma J.	Pierce, W.B.B.	17 Sep 1893
Nave, Ethel	Woody, Nate	2 Jun 1903*
Nave, Ethel	Cass, Clardace	25 Feb 1906
Nave, Ettie	Hyder, Charles H.	28 Jun 1891
Nave, Eva	Bradshaw, John	6 Feb 1909
Nave, E.L.	Campbell, William	31 May 1873
Nave, Fate	Smith, Hattie	24 Aug 1902

Nave, Festus	Treadway, Nannie	6 Nov 1916
Nave, Freddie	White, Ezekiel G.	18 Jun 1893
Nave, Gay	Treadway, Charles	25 Jun 1912
Nave, Gerogi	Hamby, Leaner	2 Apr 1876
Nave, Grant	Pearce, Cornelia	21 Apr 1883*
Nave, Harry L.	Pearce, Tenny L.	17 Dec 1881
Nave, Henry C.	Hyder, Sabina J.	23 Mar 1876
Nave, Hobert	Stout, Eva	26 Nov 1916
Nave, H.E.	Gouge, May	6 Dec 1917
Nave, Ida	Lewis, J.H.M.	23 Aug 1896
Nave, Isaac N.	Harden, Mollie	13 Jun 1911
Nave, James	Fletcher, Maggie	13 Mar 1898
Nave, James E.	Whitehead, Hannah J.	31 Jan 1889
Nave, Jane	Campbell, John	6 Dec 1877
Nave, Joel	_____, Mary L.	14 Feb 1885*
Nave, Joel	Campbell, Hattie	23 Apr 1916
Nave, Joel B.	Allen, Mary C.	20 Feb 1887
Nave, John	Campbell, Mollie	14 Mar 1897
Nave, John	Bowers, Eva	7 Jan 1903
Nave, John T.	Nave, Nancy A.	8 Nov 1883
Nave, John T.	Crow, Jennie E.	3 Mar 1893
Nave, John T.	Crow, Jennie	2 Jan 1911
Nave, Johnson	Smith, Mollie	24 Nov 1914
Nave, Jones	Morrell, Rebecca	28 Dec 1915
Nave, Joseph	White, Sallie	12 Nov 1893
Nave, Judson	Treadway, Una	29 Mar 1909
Nave, J. Madison	Forbes, Rachel	30 Aug 1919
Nave, J.A.	Lewis, Eliza J.	23 Dec 1887
Nave, J.B.	Morrell, Josie	29 Jul 1906
Nave, J.R.	Williams, Bessie	24 Dec 1903
Nave, Katie B.	Collins, A.R.	2 Oct 1898
Nave, Lafayett	Nave, Malissey	20 May 1888
Nave, Larna	Hilton, Clarence	29 Mar 1919
Nave, Lee	Hatcher, Eva	11 Jan 1902
Nave, Lew E.	Carriger, Isabel	11 May 1878*
Nave, Lillie	Treadway, Benjamin	4 Oct 1904
Nave, Livecy	Stover, Soloman	22 Jul 1877
Nave, L.D.	Aldrich, Emma	22 Mar 1915
Nave, Macy (Mr.)	Morrell, C.A.	4 Jan 1903
Nave, Maggie	Buckles, William C.	11 Nov 1889
Nave, Maggie	Carden, Charles	1 Jan 1908
Nave, Malissey	Nave, Lafayett	20 May 1888
Nave, Mamie	Pierce, Henry	9 Aug 1919
Nave, Margaret J.	Nave, W.J.	1 Jan 1893
Nave, Mark	Taylor, Ann E.	26 Jan 1892
Nave, Mary	Carden, R.	1 Jan 1875*
Nave, Mary Etta	Hampton, Leonard	25 Jul 1914

Nave, Mary J.	Beck, James	5 Dec 1886
Nave, Mattie	Arrowood, Samuel	13 Feb 1910
Nave, McKinley	Nidiffer, Laura	29 Nov 1917
Nave, Mina	Jones, Waits	2 Jan 1916
Nave, Minnie	Donnelly, Wheeler	8 Jun 1907
Nave, Mollie	Fletcher, A.J.	5 Mar 1899
Nave, Myrtle	Taylor, Alva	16 Apr 1911
Nave, M.D.	Pearce, L.C.	25 Dec 1879
Nave, Nancy	Fletcher, John L.	16 Nov 1875
Nave, Nancy A.	Nave, John T.	8 Nov 1883
Nave, Nannie	Proffit, Raymond	5 Aug 1917
Nave, Nannie L.	Bowers, David B.	30 Jun 1901
Nave, Nola	Carriger, John	17 Oct 1918
Nave, Ora G.	Buckles, Sallie	27 Aug 1911
Nave, Porter	Johnson, Leila	21 Oct 1906
Nave, Rebecca	Jenkins, Abaraham	15 Dec 1874
Nave, Robert	Fair, Bessie	1 Apr 1906
Nave, Roderick S.B.	Wagner, Tabitha M.	9 Feb 1899
Nave, Ruth	Pierce, James	24 Dec 1891
Nave, Ruthie	Elliott, John	5 Jun 1903
Nave, R.D.	Geisler, Margaret L.	9 Mar 1916
Nave, R.W.	Goodwin, Julia A.	18 Feb 1911
Nave, Sallie	Hardin, G.B.	31 Oct 1897
Nave, Sarah	Buckles, C.D.	7 Nov 1903
Nave, Stella	Henry, Robert	24 Jul 1909
Nave, Susan C.	McKinney, Charles	6 Sep 1887
Nave, Susannah	Hambrick, William	11 Dec 1879
Nave, S.G.	Pearce, Orlena B.	8 Jul 1894
Nave, Teter	Taylor, Elizabeth	17 Aug 1879
Nave, Thomas W.	Rainbolt, Elsie	24 Dec 1920
Nave, Una	Hipps, Mack	30 May 1909
Nave, Valara	Grindstaff, J.W.	25 Dec 1909
Nave, Verna	Chambers, David	23 Jan 1916
Nave, Victoria	Fair, Jerry B.	6 Aug 1910
Nave, Victory	Fair, Jerry	14 Jan 1906
Nave, V.	Frasier, Nellie	21 Jul 1913
Nave, Will (Col)	Bridgett, Cenia	29 May 1915
Nave, William	Lewis, Maggie E.	24 Dec 1893
Nave, William	Bowers, Laura	16 Sep 1911
Nave, William C.	Curtis, Delia	27 Jul 1887
Nave, William H.	Richardson, Sarah	10 Feb 1892
Nave, William P.	Matherly, Mary E.	16 Apr 1874
Nave, W.A.	Treadway, Carrie	28 Feb 1909
Nave, W.E.	Grindstaff, Sallie	30 Sep 1900
Nave, W.J.	Nave, Margaret J.	1 Jan 1893
Nave, W.J.	Hatcher, Mollie	26 Dec 1908
Neal, James	Young, Dusky	12 May 1913

Neal, Roy	Smith, Anna	9 Feb 1910
Neal, Sallie	Odom, Waits	11 May 1914
Neatherland, Celia	Wishon, John	10 Jan 1878*
Neatherly, Hiram	Dugger, Caroline	14 Mar 1892*
Neatherly, Mattie	Davis, Elbert	16 Jan 1916
Nedrith, Lecreta	McKinney, Harrison	8 Mar 1906
Neely, Mary E.	Griffith, Thomas D.	4 Mar 1874
Nelson, Capt H.H.	Hyder, Emma	1 Sep 1880
Nelson, John	Foister, Elizabeth	22 Nov 1894
Nelson, J.H.	Holtsclaw, Eliz E.	9 Mar 1902
Nelson, Macie	Dolen, Raymond E.	2 Dec 1911
Nelson, W.H.	Miller, Mary	31 Mar 1909
Netherly, Celia M.	Wishon, David	26 Feb 1876*
Netherly, Lillie	Salyers, Frank	24 Aug 1912
Netherton, Darius	Goodwin, Nell	7 Jul 1907
Newman, Arthur	Henson, Annie	14 Mar 1912
Newton, David A.	Miller, Ella	20 Dec 1879
Newton, Elizabeth	Slagle, Abner	31 Dec 1885
Newton, Harriett	Nichols, Samuel P.	24 Mar 1892
Newton, Hattie B.	Clemons, Garfield	6 Mar 1910
Newton, Jane	Carter, William	12 Oct 1879
Newton, John	Jones, Julia A.	16 Oct 1886*
Newton, J.M.	Richardson, Vadie	22 Oct 1918
Newton, Lucy	Cole, Charles	26 Dec 1914
Newton, Mary	Chambers, A.L.	25 Nov 1898
Nichols, Etta	Ritchie, Allen	26 Dec 1908
Nichols, Samuel P.	Newton, Harriett	24 Mar 1892
Nidiffer, William	Bowers, Emma	10 Feb 1899*
Nidiffer, Adaline	Pearce, A.D.	23 Dec 1894
Nidiffer, Alfred	Nidiffer, Eliza	15 Apr 1905
Nidiffer, Amanda	Rash, L.R.	15 Feb 1903
Nidiffer, Annie	Oliver, Dewey	10 Apr 1917
Nidiffer, Bessie	Walker, Chester	13 Jul 1919
Nidiffer, Callie	Williams, A.J.	12 Aug 1917
Nidiffer, Callie	Pierce, Donnelly	20 Jun 1920
Nidiffer, Calvin	Miller, Mary A.	3 Aug 1873
Nidiffer, Carter	Campbell, Nannie J.	8 Feb 1897
Nidiffer, Catherine	Buckles, Andy	10 Mar 1876
Nidiffer, Charlie	Dial, Rhoda	8 Sep 1918
Nidiffer, Claude	Fair, Nellie	15 Mar 1913
Nidiffer, Corda	Ritchie, Andy	2 Jul 1917
Nidiffer, C.G.	Myers, Lizzie	19 Feb 1899
Nidiffer, C.O.	Cook Lizzie	14 Oct 1906
Nidiffer, David	Estep, Bessie	24 Dec 1904
Nidiffer, Delcena	Campbell, Nicholas W.	1 Apr 1888
Nidiffer, D.S.	Dugger, Lilly	9 Jul 1909
Nidiffer, Eliza	Campbell, Thomas	26 Sep 1874

Nidiffer,	Eliza	Taylor, Abraham	10 Nov 1890
Nidiffer,	Eliza	Nidiffer, Alfred	15 Apr 1905
Nidiffer,	Eliza	Estepp, John	31 Oct 1914
Nidiffer,	Eva	Myers, William	22 Apr 1897
Nidiffer,	George W.	Peters, Susan	6 Sep 1903
Nidiffer,	Girty	Bowers, Powell	20 Oct 1883
Nidiffer,	G.W.	Taylor, Elizabeth A.	9 Sep 1872*
Nidiffer,	Harrison	Estep, Mary	21 Aug 1887
Nidiffer,	Harrison	Estep, Mary	21 Aug 1887
Nidiffer,	Hattie	Bowers, Arnold	14 Mar 1914
Nidiffer,	Henry	Bowers, Annie	9 Apr 1916
Nidiffer,	Ida	Olliver, Burgie	19 Aug 1907
Nidiffer,	Ida	Treadway, John	2 Jan 1911
Nidiffer,	Isaac	Williams, Nancy	21 Aug 1881
Nidiffer,	Isaac	Taylor, Amanda	3 Sep 1897
Nidiffer,	James	Stephens, Margaret	4 Nov 1888
Nidiffer,	James	Estep, Eliza	12 May 1906
Nidiffer,	James C.	Colbaugh, Marsha	29 Jun 1871
Nidiffer,	Janice	Dugger, George	1 Apr 1898
Nidiffer,	Jennie	Shown, John	14 Dec 1911*
Nidiffer,	Jessie	Williams, Ruby	8 Mar 1914
Nidiffer,	Jessie	Crow, Permilia	14 Nov 1879
Nidiffer,	Jessie	Bradley, John T.	11 Mar 1906
Nidiffer,	John	Oliver, Mahalia	25 Jun 1897
Nidiffer,	John	Richardson, Mary	28 Sep 1905
Nidiffer,	Laura	Nave, McKinley	29 Nov 1917
Nidiffer,	Levi	Estep, Margaret	6 May 1877
Nidiffer,	Malissa	Estep, William K.	30 May 1881
Nidiffer,	Manda	Hyder, Cecil	29 Aug 1911
Nidiffer,	Manda H.	Dugger, E.E.	25 Dec 1900
Nidiffer,	Margaret	Woods, Thomas	5 Dec 1873
Nidiffer,	Mark	Scalf, Mollie	24 Oct 1892
Nidiffer,	Mark	Frasier, Lola	6 Sep 1910
Nidiffer,	Martha	Buckles, R.C.	13 Feb 1890
Nidiffer,	Mary	Trusler, George W.	13 Oct 1883
Nidiffer,	Mary	Ritchie, Charles	22 Feb 1911
Nidiffer,	Mary	Bowers, J.A.	19 May 1913
Nidiffer,	Mattie	Maupin, G.H.	24 May 1902
Nidiffer,	Mattie	Alford, N.B.	6 Mar 1918
Nidiffer,	Minnie	Bowers, John	20 Apr 1919
Nidiffer,	Nancy	Peters, Alfred	18 Jul 1874*
Nidiffer,	Nancy	Bradly, Samuel	25 Dec 1902
Nidiffer,	Nannie	Williams, Henry	4 Sep 1898
Nidiffer,	Nelia	Arnold, Jessie	24 Sep 1905
Nidiffer,	Nellie	Estep, Landon	25 Oct 1912
Nidiffer,	Newton	Rithcie, Rosa B.	20 Dec 1893
Nidiffer,	Nora	Arnold, J.D.	10 Jun 1920

Nidiffer, Permilia	Collins, John N.	5 Sep 1878
Nidiffer, Robert	Morgan, Frankie	6 Jan 1875
Nidiffer, Robert	Garland, Lizzie	4 Nov 1879
Nidiffer, Rutha	Cole, James	22 May 1881
Nidiffer, Sallie	Canon, Andrew	13 Apr 1888
Nidiffer, Sallie	Robinson, N.D.	13 Apr 1896
Nidiffer, Samuel	Cole, Margaret	28 Dec 1878
Nidiffer, Samuel	Dugger, Jennie	8 Mar 1906
Nidiffer, Sarah Ann	Wilson, John	17 Nov 1879
Nidiffer, Thomas	Roberts, _____	23 Jan 1875*
Nidiffer, Thomas	White, Rosa	29 Aug 1897
Nidiffer, Traver	Blevins, Losie	5 Mar 1909
Nidiffer, Traver	Blevins, Lausy	24 Dec 1907*
Nidiffer, William	Peters, Elizabeth	14 Mar 1872
Nidiffer, William	Colbaugh, Mary	3 Jun 1877
Nidiffer, William	Bowman, Caroline	15 Nov 1888
Nidiffer, William	Hinkle, Bessie	10 Sep 1910*
Nidiffer, W.A.	Taylor, Jennie	24 Dec 1899
Nidiffer, W.M.	Lewis, Josie P.	21 Jan 1912
Nidiffer, Zillie	Peters, William	15 Feb 1908
Nifdiffer, P.M.	Crow, Jennie	9 Jun 1908
Nilson, W.A.	Campbell, Tilda	1 Jan 1907
Nobut, Jeff	McIntosh, Nellie	14 Aug 1919
Noe, J.C.	Hoss, Eulia E.	21 Apr 1907
Noel, Annie	Hilton, Robert	19 Jun 1915
Norman, Charlie	Scalf, Ivory	21 Aug 1916
Norman, Jacob	Markins, Lena	10 Sep 1012
Norman, L.E.	Totum, Mary L.	29 Dec 1908
Norman, Mary	Harvey, Ira	27 Dec 1918
Norman, Minnie	Johnson, W.M.	1 Jun 1910
Norris, Bertha	Potter, John	1 May 1915
Norris, Caroline	Townson, Ed	4 Dec 1903
Norris, Delia	Barnett, George	31 Jan 1920
Norris, Ettie	Price, T.C.	13 Apr 1920
Norris, George H.	White, A.L.	10 Jun 1893
Norris, G.	Teague, Etta	20 Apr 1898
Norris, Ida	Heaton, W.L.	30 Jun 1907
Norris, J.N.	Evans, E.R. (Mr.)	6 Aug 1915
Norris, Lula	Black, G.W.S.	4 Jan 1903
Norris, L.A.	Donnelly, Isaac M.	8 Sep 1883
Norris, M.L.	Heaton, A.W. (Mr.)	27 Jul 1912
Norris, Ollie	Potter, John	22 Jan 1894*
Norris, W.A.	Pilkiton, Goldie	13 Jul 1919
Norwood, James	Love, Eliza	3 Aug 1881
Nowell, Charles	Aldridge, Annie	19 Nov 1896
Nowell, Louisa	Pulman, Milo	8 Sep 1893*
Nowell, Sallie	Kennon, John	25 Nov 1907

Noxwell, Andy	Holden, Ethel	21 JUn 1910*
Nutt, Jacob	Whitehead, Katy	13 Jan 1886
N____, Lenis	Crow, J.C.	23 May 1913
Oaks, Abe	Campbell, Lizzie	4 Jul 1895
Oaks, Amanda E.	Teaster, M.A.	4 Dec 1909
Oaks, Birtha	Parmer, Felix	4 Jan 1913
Oaks, Caldony	Laus, George	1 Mar 1879
Oaks, Carrie	Oaks, Julius	26 Jul 1903
Oaks, Charles	Huse, Doby	11 Jul 1905
Oaks, Charly	White, Mary E.	26 Sep 1908
Oaks, Daniel W.	Kee, Mary D.	18 Jan 1879
Oaks, David W.	Vance, Noly V.	31 Jan 1903
Oaks, Edd	Hurt, Pearl	17 Oct 1919
Oaks, Elizabeth	Taylor, John H.	23 May 1897
Oaks, Endora	Johnson, Thomas	25 Dec 1880
Oaks, Evelyn	Simerly, William H.	23 Feb 1873
Oaks, Floyd	Brewer, Ruth	18 Jan 1918
Oaks, Geder	Church, Cora Lee	9 Jun 1919
Oaks, Ham	Franklin, Aubra	27 Jul 1911
Oaks, Hilton	Whittenton, Nannie	15 Dec 1908
Oaks, Hilton	Campbell, Nancy J.	23 Mar 1913
Oaks, H.N.	Caraway, Ellen	10 Feb 1910
Oaks, Ida	Jones, R.N.	28 Oct 1910
Oaks, Irene	Richardson, Rob't B.	18 Apr 1913
Oaks, James	Greer, Catherine	18 Sep 1895
Oaks, James	Pilkington, Ellen	2 Nov 1895
Oaks, James	Shell, Birtha	5 Apr 1905
Oaks, Jerry	Rash, Martha	8 Jul 1899
Oaks, John	Gray, Dellie	14 Apr 1894
Oaks, John S.	Justice, Celia	14 Jan 1894
Oaks, John S.	Winters, Laura	21 Oct 1916
Oaks, Josie	Baird, Nonroe	3 May 1908
Oaks, Julia	Winters, Carter	10 Nov 1907
Oaks, Julia E.	Blackwell, James G.	29 Jan 1884*
Oaks, Julius	Vance, Bessie	9 May 1903
Oaks, Julius	Oaks, Carrie	26 Jul 1903
Oaks, J.	Kite, Lissie	30 Aug 1885
Oaks, J.G.	Cathers, Emma	15 Sep 1905
Oaks, Lockie	McKinney, Landon	19 Jan 1911
Oaks, Louisa	Ellis, George	16 Oct 1892
Oaks, Lourina	Arrowood, J.C.	6 Feb 1883
Oaks, Loven J.	McKinney, Betty	12 Jul 1905
Oaks, Lucy	Stout, George	27 Aug 1910
Oaks, Mamie E.	Jones, Walter L.	2 Jun 1917
Oaks, Manerva	Laws, Aaron	14 Apr 1894
Oaks, Maney	Hathaway, Dora	21 Dec 1906
Oaks, Mary	Hobson, A.A.	25 Dec 1912

Oaks, Mary	Greer, Jack	17 Jul 1920
Oaks, Nancy	Richardson, W.M.	29 Mar 1877*
Oaks, Nathaniel	Cole, Tobitha	24 Dec 1878
Oaks, Nathaniel T.	Hartly, Rosa B.	24 Dec 1903
Oaks, Near	Greer, Ethel	26 Dec 1914
Oaks, Rebecca	Pilkerton, W.H.	2 Aug 1896
Oaks, Ruby	Potter, Minnie	25 Oct 1910
Oaks, Rutha	Stout, Madson	11 Jul 1909
Oaks, Sarah	Bowling, Henry C.	25 Dec 1879
Oaks, Sarah Ann	Wilcox, Daniel	4 Aug 1903
Oaks, Stella	Perkins, Thomas	22 Jul 1916
Oaks, Tossie	Perkins, Penkie	20 Sep 1916
Oaks, Virginia L.	Morgan, David M.	29 Nov 1919
Oaks, Will	Presnell, Toy	15 Jun 1909
Oaks, William C.	Guinn, Kate	5 Mar 1904
Oaks, William G.B.	Sizemore, Mollie	5 May 1883
Oaks, William H.	Winters, Minnie	15 Feb 1905*
Oaks, William J.	Moffett, Julia	4 Aug 1895
Oaks, W.A.	Arwood, Alice	10 Dec 1905
Ochrtondign, Delia	Hostrander, Jacob E.	9 Nov 1894*
Odell, Joe	Love, Georgia Anna	10 Jul 1893
Odell, John A.	Estep, Nola	15 Nov 1908
Odell, Martha	Larimer, Albert A.	24 Dec 1919
Odem, Anderson	Graland, Pacific	9 Nov 1899
Odem, B.J.	Tester, B.J. (Mr.)	22 Apr 1908
Odem, Nancy	Stanley, Charles	19 Aug 1906
Odem, Sallie L.	Hill, W.M.	24 Jan 1903
Odem, Soucie	Wright, Aaron	13 May 1916
Odem, William	Burnett, Martha	12 Nov 1892
Odom, Aaron J.	Fox, Elizabeth	21 Oct 1882
Odom, Biddie	Ellison, Samuel	28 Aug 1910
Odom, Custer	Hughes, Nora	22 Sep 1917
Odom, Edwin	Borden, Clary	6 Jun 1882*
Odom, Hensley	Barnett, Litha	24 Nov 1892
Odom, James	Crowder, Vina	12 Nov 1910
Odom, Jason	Burnett, Elizabeth	29 Apr 1916
Odom, John	Gouge, Juanita	28 Mar 1912
Odom, Lizzie	Hughes, Hamilton	23 Jun 1888
Odom, Mary	Teague, Jefferson	14 Mar 1885
Odom, Mary	Holly, William	24 Dec 1898
Odom, Nancy	Whitehead, Madison	28 Feb 1897
Odom, O.E.	Grogan, Julia	17 Feb 1915
Odom, Pinkney	Grogan, Mary	4 Apr 1887*
Odom, Polly	Blevins, Nat	17 May 1915
Odom, Samuel	Green, Leva	17 Jul 1920
Odom, Sultina	Smith, Fred	1 Nov 1914
Odom, S.H.	Hill, Nannie	15 Jul 1903

Odom, Thomas	Barnett, Laura	24 Feb 1909
Odom, Vicy	Simerly, Samuel	31 Aug 1913
Odom, Vista	Garland, Robert	2 Oct 1911
Odom, Waits	Neal, Sallie	11 May 1914
Odom, W.D.	McKinney, Cinda	25 Dec 1900
Odum, Jason	Blevins, Elizabeth	27 Mar 1894
Odum, Samuel	Blevins, Evaline	24 Oct 1897
Odum, Waits	Whitehead, Rhoda	8 Oct 1878
Olice, L.A.	Winters, Zeb	9 Jun 1914
Olinger, Cleve	Hart, Sallie P.	6 Nov 1910
Olinger, Samuel	Sams, Dosie	27 Oct 1907
Oliver, Alice	Williams, Mike	24 Feb 1901
Oliver, Amanda	Pierce, C.	23 Sep 1875
Oliver, Amanda J.	Oliver, Thomas	13 Jul 1890
Oliver, Austin	Harden, Mandy	29 Mar 1920
Oliver, Belle	Oliver, John	9 Jun 1916
Oliver, Bertha	Bowers, Daniel	3 Jul 1902
Oliver, Carrie	Hurley, Erwin	15 Sep 1881*
Oliver, Carrie	Jenkins, Dick	5 Oct 1893
Oliver, Chrisley	Oliver, Winnie C.	25 Dec 1871
Oliver, Creola	Pierce, J.H.	30 Jan 1918
Oliver, Dewey	Nidiffer, Annie	10 Apr 1917
Oliver, Eddie	Jenkins, Godfrey	29 Dec 1890
Oliver, Elcy	Spears, Charles	13 Aug 1893
Oliver, Eliza	Griffith, William	12 Oct 1890
Oliver, Elizabeth	Lewis, John	25 Dec 1871
Oliver, Ellen	Hardin, James	26 Sep 1900
Oliver, Eva	Williams, George C.	27 Sep 1888
Oliver, Evoline	Justice, William	10 Jun 1892
Oliver, Flossie	Bowers, Burgie	1 Jan 1915
Oliver, Francis	Deloach, William	7 Jan 1887*
Oliver, George	Hinkle, Eliza A.	30 Jun 1879
Oliver, George	Teague, Eva	4 Jul 1915
Oliver, Ida	Bowers, Grant	13 Aug 1895
Oliver, Isaac	Isaacs, Amanda	29 Jan 1875
Oliver, Isaac	Bowers, Gertie	6 Mar 1920
Oliver, Isaac S.	Proffit, Phoeba E.	9 Aug 1891
Oliver, James	Richardson, May	24 Dec 1902
Oliver, James P.	Greer, Myrtle	11 Mar 1917
Oliver, James R.	Jenkins, Phoebe	7 Oct 1892
Oliver, Jane	Wilson, James	23 Apr 1916
Oliver, John	Sorrell, Marsha T.	1 Oct 1873
Oliver, John	Feathers, Cordie	17 Jan 1904
Oliver, John	Oliver, Belle	9 Jun 1916
Oliver, John Bud	Campbell, Lillie B.	23 Dec 1900
Oliver, J.H.	Grindstaff, Mary	7 Jan 1881
Oliver, J.H.	Oliver, Mollie	7 Jul 1899

Oliver, Lena	Ward, John	18 Sep 1915
Oliver, Levi	Campbell, Eliza A.	31 May 1882
Oliver, Lizzie	Pierce, William	14 Sep 1892
Oliver, Lora	Roark, E.G.	14 May 1915
Oliver, Lottie	Berry, S.A.	18 Oct 1914
Oliver, Maggie	Buckles, Grant	22 Sep 1895
Oliver, Mahalia	Nidiffer, John	25 Jun 1897
Oliver, Manie	Oliver, Telford	24 Nov 1915**
Oliver, Martha	Spears. Marion	16 Feb 1894
Oliver, Mary Pearl	Presnell, Amos	20 Jan 1915
Oliver, Minnie B.	Pearce, J.W.	27 Feb 1896
Oliver, Mollie	Oliver, J.H.	7 Jul 1899
Oliver, Morrell	Sams, Cora	29 Mar 1919
Oliver, Nancy	Williams, Reuben	13 Sep 1888
Oliver, N.J.B.	Buckles, Emma	26 Sep 1897
Oliver, Peter	Bowers, Hester A.	16 May 1896
Oliver, Rhoda	Oliver, William	13 Aug 1899
Oliver, Roy	Richardson, Annie	2 Mar 1920
Oliver, Sallie	Campbell, Wily M.	23 Dec 1900
Oliver, Shelby	Pierce, Laura	23 Dec 1917
Oliver, Susan	Senter, John	24 Oct 1871
Oliver, Susanna	Bowers, C.B.	9 Jan 1875
Oliver, Susie	Roark, L____	18 Aug 1920
Oliver, Taylor	Hicks, Mayme	10 Mar 1920
Oliver, Telford	Oliver, Manie	24 Nov 1915**
Oliver, Telford	Pierce, Bessie	5 Oct 1919
Oliver, Thomas	Oliver, Amanda J.	13 Jul 1890
Oliver, T.W. (Mr.)	Collins, C.	22 Mar 1896
Oliver, William	Bowers, Minnie	20 Dec 1894
Oliver, William D.	Nave, Abigail	20 Sep 1871
Oliver, Wily	Oliver, Rhoda	13 Aug 1899
Oliver, Winnie C.	Oliver, Chrisley	25 Dec 1871
Oliver, W.M.	Hardin, Eliza	21 Jun 1902
Ollis, Waits	Greene, Dosie	21 Jul 1910
Olliver, Alice	Guess, Henry	31 Jan 1904
Olliver, Austin	Jenkins, Emma	24 Dec 1910
Olliver, Betie	Williams, Alfred	7 Nov 1903
Olliver, Brown	Campbell, Etta	11 Mar 1905
Olliver, Burgie	Nidiffer, Ida	19 Aug 1907
Olliver, Burnice	Carriger, J.L.	16 Sep 1906
Olliver, Carrie	Slagle, H.R.	12 Apr 1903
Olliver, Charles	Bowers, Mollie	27 Jan 1905
Olliver, Dorthia	Estep, William	21 Jun 1908
Olliver, Eli	Myers, Rena	14 Jun 1911
Olliver, Flora	Wilson, J.R.	1 Apr 1911
Olliver, Grant	Carriger, Maggie	12 May 1906
Olliver, Grant	Olliver, Lizzie	21 Mar 1909

Olliver, Hester	Pearce, Grant	27 Oct 1909
Olliver, H.A. (Mr.)	Morley, B.M.	18 Apr 1912
Olliver, Isaac	Blevins, Ethel	14 Dec 1907
Olliver, James	Estep, Nancy	8 Dec 1910
Olliver, James M.	Campbell, Nannie C.	26 Jul 1903
Olliver, John	Williams, Eliza	10 Apr 1904
Olliver, Judson	Bowers, Cordie	17 Apr 1904
Olliver, Laura	Williams, George	23 Jun 1912
Olliver, Lizzie	Olliver, Grant	21 Mar 1909
Olliver, Mahola	Elliott, James	9 Apr 1911
Olliver, M___	Bowers, Willia	24 Dec 1911
Olliver, Pat	Williams, Emma	1 Sep 1912
Olliver, Samuel	Williams, Jennie	5 Oct 1912
Olliver, Sis	Williams, Godfrey	19 Mar 1911
Olliver, Susan	Griffith, Frank M.	13 Sep 1903
Olliver, Walter	Feathers, Mattie	6 Jul 1905
Olliver, William	Lewis, Elizabeth	9 Feb 1901
Olliver, William	Williams, Abbeyal	2 Oct 1910
Olliver, W.M.	Bowers, Lillie	29 Sep 1907
Olson, Amanda	Sutphin, W.C.	8 Mar 1909
Olvier, William	Oliver, Rhoda	13 Aug 1899
Onks, Willie Mae	Curtis, J.N.	28 Dec 1918
Orr, C.J.	Whitlow, S.A.	6 Aug 1879
Orr, Etta	Johnson, Garfield	7 Jan 1919
Orr, James H.	Heaton, Amas	30 Aug 1913
Orr, Julia A.	Butler, William	22 Jun 1877*
Orr, K.W.	Radford, Cordie	6 Sep 1919
Orr, Nola	Manning, Thomas	8 Apr 1899
Orr, Philip Sheridan	Francis, Mary E.	26 Oct 1901
Orr, Rebecca	Peters, Alvin	6 Nov 1892
Orr, Sarah	Perkins, George W.	21 Feb 1881
Orr, Sherd	Arnett, Mary	11 Feb 1890
Orr, Velldora	Morgan, James	20 Apr 1882
Orren, Jacob	Flarity, Caddy	7 Aug 1892
Orren, John	Harr, Bell	21 Sep 1910
Orren, Mary J.W.	Loudermilk, Robert	11 Mar 1882*
Orrens, Eliza F.	Smalling, John F.	13 Dec 1888
Orrens, Lottie A.	Gourley, Robert H.	24 Dec 1891
Orsellie, Matilda	Carter, W.A.	2 Oct 1900
Osborn, Anna	Daniel, Samuel	31 Jul 1899
Osborn, Authur	Winters, J.	9 Mar 1901
Osborn, Edd	Morgan, Mary	18 May 1917
Osborn, Jessie	Hughes, Lackey D.	13 Sep 1901
Osborn, John	Foster, Minnie	15 Feb 1897
Osborn, Orfey	Arnett, John	27 May 1893
Osborn, Rosa	Jones, W.A.	19 Dec 1903
Osborn, Samuel	McKinney, Pollie	27 May 1904

Osborn, Sarah Jane	Douglas, Thomas	18 Dec 1877
Osborne, Emma	McKinney, Patterson	4 Apr 1905
Osborne, Eva	McKinney, General	23 Mar 1908*
Osborne, Hattie	Freeman, Johnson	14 Aug 1887
Osborne, Leathia	Lewis, James	12 May 1909
Osborne, Mamie	Houston, Grover C.	13 Apr 1908
Osborne, May	West, Johnson	30 Aug 1913
Osborne, Melvina M.	Richardson, J.M.	6 Sep 1907
Osborne, Mollie M.	Houston, Grover C.	29 Dec 1905*
Osborne, Oma	Freeman, James C.	11 Feb 1893
Osborne, Polly	Thomas, Billie L.	24 Mar 1920
Osborne, Rosa M.	Thomas, Gordan	12 Feb 1905
Overbey, William	Estep, Bessie	22 May 1910
Overbey, W.S.	Cable, C.A.	5 May 1900
Overby, Dora	Lewis, Joe Brown	21 Nov 1915
Overby, Mahala	Markland, Garfield	22 May 1915
Overholser, James N.	Cardin, Susan	28 May 1885
Overholser, Mary L.	Dunlap, J.F.	11 Oct 1888
Overhulser, Evelyn	Grindstaff, Elijah	16 Sep 1871*
Overhulser, Lucy	Todd, W.L.	10 Jan 1899
Overhulser, Ottie	Lewis, Samuel	7 Sep 1898
Overlay, Robert	Taylor, Eliza J.	22 Dec 1895
Overley, William	Taylor, Mollie	6 Dec 1895
Overman, Jessee L.	Geisler, Sallie	16 Oct 1909
Owen, Thomas F.	Gourley, Lizzie A.	30 Aug 1883*
Owens, A.H.	Benfield, Mahala	9 Mar 1871
Owens, Conly	Vance, Pearl	29 Dec 1913
Owens, Ester	Goodman, Nealy	13 Aug 1904*
Owens, Hughie	Whittemore, Lucy	28 Jun 1918
Owens, James	Hammer, Laura A.	17 Aug 1881*
Owens, John	McQueen, Carrie	18 Feb 1905*
Owens, John	Fox, Jennie	16 Jul 1908
Owens, Julia	Potter, Soloman	13 Jan 1915
Owens, Julia A.	Harnett, George D.	12 Sep 1876*
Owens, Lissie M.	Hyder, Mike B.	20 Jul 1902
Owens, Lucy	Wilson, J.D.	1 Jan 1921
Owens, Malinda	Hodge, Levi	13 Mar 1894
Owens, Nettie	Myers, Greene	4 Jul 1904
Owens, Sherman	Britt, Susan	5 Oct 1886
Owens, Thomas	Morgan, Mary	8 Apr 1894
Owens, Thomas	Estep, Maggie	10 Jul 1909
Owens, Thomas	Harmon, Myrtle	15 Aug 1910
Oxendine, Charles	Hopson, Bessie	23 Dec 1909
Oxendine, Deade	Tolly, John	22 Dec 1901
Oxendine, Edd	Sims, Annis	10 Nov 1917
Oxendine, Francis	Kite, W.H.	14 Oct 1900
Oxendine, George	Morgan, Eva Jane	13 Oct 1915

Oxendine, James	Waycaster, Susie	25 Aug 1895
Oxendine, Jessee	Hughes, Eliza	29 Dec 1909
Oxendine, Julia	Fritts, James David	18 Feb 1895
Oxendine, Nettie	Miller, Loss	18 Apr 1906
Oxendine, Sallie A.	Miller, Samuel	19 Mar 1888
Oxendine, Webb	Douglas, Emma	10 Aug 1902
O'Brien, Elizabeth	Scott, Samuel W.	8 Jun 1898
O'Brien, Ellen V.	Scott, G.H.	5 Apr 1875
O'Brien, George	Smith, L.E.	9 Nov 1886
O'Brien, Laura M.	Greer, Finly	11 Jul 1893
O'Brien, Maggie	Crow, S.C.	25 May 1896
O'Brien, Martha	Bowers, Reese B.	6 Feb 1908
O'Brien, Mary E.	Smith, J.B.	22 Jun 1882
O'Brien, Mollie	Williams, M.C.	25 Oct 1888
O'Brien, Sadie	Feathers, John	30 Jul 1905
O'Brien, Samuel	Morrell, Abbie	24 Dec 1905
O'Brien, Sarah H.	Smalling, Ross T.	22 Dec 1912
O'Brien, Sarah J.	McInturff, Wm A.	13 Apr 1874*
O'Neal, David	Fletcher, Loua	20 Aug 1908
Palmer, Charles	Harmon, Bessie	29 Dec 1906
Palmer, Nancy	Moore, Thee	16 Oct 1912
Palmer, Noah	Shell, Mary	1 Apr 1920
Panter, J.R.	Rains, Bessie	21 Mar 1916
Pardue, Florence M.	Peters, Robert L.	15 Aug 1920
Pardue, Jeanette	Day, James	1 Jan 1878*
Paregory, Clara	Banner, H.H.	11 Apr 1915
Parham, E.L.	Ingram, Mollie	20 Dec 1916
Parker, Clarence	Nave, Della	12 Dec 1915
Parker, Eliza	Ingram, Nathaniel	14 Oct 1875*
Parker, Fannie	Estep, Will	17 Nov 1920
Parker, G.M.N.	Ellis, Rhoda	11 May 1882*
Parker, Jennie	Fagins, John	24 Dec 1912
Parker, Roy	Prichard, Bird	15 Apr 1903*
Parks, W.J.	Stanly, Martha	15 Apr 1902
Parlier, Bessie D.	Codie, Terrace P.	3 Jul 1916
Parmer, Felix	Oaks, Birtha	4 Jan 1913
Parson, Rebecca	Crow, Samuel	19 Feb 1908
Parsons, Darcus	Cannon, Charles	29 Oct 1899
Pate, Dicy	Morton, James	15 Apr 1906
Pate, Moses	Clark, Stella	16 Feb 1916
Pates, William M.	Kite, Sallie J.	21 Feb 1884
Patrick, Nancy	Taylor, G.W.	14 Sep 1913
Patterson, Etta	Greene, Avery	8 Aug 1908
Patton, Annie C.	Staton, W.R.	5 May 1895
Patton, Blanch	Buchanan, R.G.	14 Feb 1892
Patton, C.E.	Crow, Nannie	29 Jul 1908
Patton, D.B.	Marsh, Ocel M.	25 Feb 1901

Patton, Frank	Vest, Floy	6 Sep	1908
Patton, Lula	Buchanan, Wilson	5 Feb	1891
Patton, Mamie	Shell, Milton	29 Jul	1906
Patton, Mary S.	Mosley, Reuben B.	18 Feb	1894
Patton, Tempie	Bailey, J. William	17 Apr	1892
Patton, T.J.	Simmons, Susan E.	5 Mar	1899
Payne, Bertha	Richardson, Butler	30 Aug	1903
Payne, Cora	Curtis, Martin	17 Jul	1907
Payne, Cora	Gourley, A.F.	23 Mar	1890
Payne, Frank	Forbes, Willie	25 Jun	1906
Payne, Hassie P.	Cook, Jessie J.	14 May	1905
Payne, James	Grindstaff, Elva	17 Oct	1881*
Payne, Julia	Miller, George	13 Feb	1902
Payne, Lydia	McKeehan, Vernie	24 Dec	1917
Payne, Maggie	Miller, James	29 Dec	1898
Payne, Nat J.	Price, Eva	11 Mar	1880
Payne, Rosa Lee	Fagan, G.C.	24 Feb	1904
Payne, Samuel	Ryan, Ida	23 Dec	1911
Payne, Sylvia	Morrell, Luther	23 Dec	1915
Payne, Tempest	Morrell, Joe	31 Jan	1916
Payne, William G.	Potter, Hassie	9 Mar	1879
Payne, William G.	Williams, Vena	6 Mar	1902
Peaks, Eli	Hampton, Nancy Jane	6 Mar	1889*
Peaks, Jerry	Scalf, Molissa	28 Jul	1894*
Peaks, Jerry	Hays, Carrie	27 Mar	1895
Peaks, Jerry	Miller, Rhoda	20 Dec	1898
Peaks, Joseph	Taylor, Lizzie	24 Nov	1901
Peaks, Lizzie	Chambers, David	2 Feb	1894
Peaks, Minnie C.	Smith, John O.	4 May	1902
Pearce, Alfred	Pearce, Fanny	14 Oct	1911
Pearce, Andrew J.	Shell, Mary S.	28 Feb	1889
Pearce, Annie L.	Brumit, Robert L.	26 Apr	1908
Pearce, A.	White, Mary	3 Aug	1873
Pearce, A.D.	Nidiffer, Adaline	23 Dec	1894
Pearce, A.T.	Hardin, Mary F.	13 Feb	1896
Pearce, Bessie E.	Myers, Allen	24 May	1913
Pearce, Caleb	Anderson, Lula	1 Jan	1911
Pearce, Callie	Williams, Pleasant	15 Mar	1903
Pearce, Caroline	Hazlewood, R.F.	22 Jul	1871*
Pearce, Carrie	Gentry, Ferdinand	5 Aug	1877*
Pearce, Celia B.	Hathaway, Edgar E.	22 Oct	1893
Pearce, Cornelia	Nave, Grant	21 Apr	1883*
Pearce, C.P.	Emmert, Mary E.	30 Apr	1891
Pearce, Daniel	Nave, Alice	29 Jun	1909
Pearce, Elijah S.	Bowers, Agnes P.	8 Apr	1888
Pearce, Eliza Jane	Bowers, Charles	8 Jul	1908
Pearce, Ettie E.	Range, W.A.	17 Sep	1899

Pearce, Evaline	Pearce, Lafayette	7 Mar 1878
Pearce, E.S.	Pearce, Julia R.	24 Jan 1906
Pearce, Fanny	Pearce, Alfred	14 Oct 1911
Pearce, Florence	Hodge, Tennison	15 Sep 1887
Pearce, F.M. (Mr.)	White, M.C.	27 Aug 1908
Pearce, George	Grindstaff, Rosa	15 Jul 1906
Pearce, Grant	Olliver, Hester	27 Oct 1909
Pearce, Griffin P.	Pearce, Nancy L.L.	21 Dec 1878
Pearce, Houston	Trusler, Kate	13 Sep 1903
Pearce, Jackson	Bowers, Virginia	24 Jan 1878
Pearce, Jackson	Williams, Eliza	20 Oct 1907
Pearce, John	Miller, Alice	8 May 1900
Pearce, Julia	Estep, John	18 Sep 1886
Pearce, Julia R.	Pearce, E.S.	24 Jan 1906
Pearce, J.A.	Yount, Hannah A.	7 Apr 1894
Pearce, J.B.	Wilson, Amanda	4 Sep 1908
Pearce, J.L.	Campbell, Sarah	14 Jul 1894
Pearce, J.W.	Oliver, Minnie B.	27 Feb 1896
Pearce, Katy	Grindstaff, W.E.	9 Aug 1911*
Pearce, Katy	Holly, Geroge	29 Nov 1911
Pearce, Lafayette	Campbell, E.E.	13 May 1871
Pearce, Lafayette	Pearce, Evaline	7 Mar 1878
Pearce, Laura	Phillips, William A.	14 Oct 1875
Pearce, Lena	Davis, Harris	20 May 1911
Pearce, Lettie	Lowe, Noah	23 Dec 1899
Pearce, Lilly	Smith, Ed	30 Dec 1907
Pearce, Lourina	Myers, Samuel	3 Feb 1876
Pearce, L.	Taylor, John	13 Nov 1872
Pearce, L.	Brooks, Jackson	23 Apr 1873
Pearce, L.C.	Nave, M.D.	25 Dec 1879
Pearce, Martha	Glover, James A.	30 Jan 1873
Pearce, Mary	Jenkins, David	25 Feb 1902
Pearce, Mary C.	Berry, William J.	15 Feb 1877
Pearce, Mary E.	Smith, James C.	13 Apr 1884
Pearce, Nancy L.L.	Pearce, Griffin P.	21 Dec 1878
Pearce, N.J.	Barter, Susan Argane	28 Apr 1889
Pearce, Orlena B.	Nave, S.G.	8 Jul 1894
Pearce, O.C.	White, Lula	5 Jul 1911
Pearce, P.W.	Bowers, Callie	4 Oct 1896
Pearce, Rhoda	Peters, Christly	15 Feb 1883
Pearce, Robert	_____, Elizabeth	9 Apr 1875
Pearce, Sallie	Crow, Thomas	29 Nov 1883
Pearce, Stella	Berry, E.R.	14 Aug 1905
Pearce, Tenny L.	Nave, Harry L.	17 Dec 1881
Pearce, Therman	Guinn, Elizabeth	14 Sep 1871
Pearce, Thomas J.	McKeehan, Rhoda A.	5 Apr 1885
Pearce, William	Gourley, Eliza	12 Jul 1908

Pearce, Willie	Rainbolt, Martha	14 Oct 1900
Pearce, W.A.D.	Lacy, Mary Adelia	18 Jun 1893
Pearse, Emily	Crow, I.N.	2 Dec 1880
Pearse, John	Lewis, Eliza N.	23 Nov 1880
Pearson, Alex	Thompson, Margaret	5 Apr 1909
Pearson, Charles	Stout, Stella	20 Sep 1919
Pearson, Lidie	Daniels, George	22 Dec 1907
Pearson, Mary J.	Cole, Charles	17 Feb 1890*
Pearson, M.	Young, Charles	4 Mar 1909
Pearson, Ross	Bunton, Dovie	28 Sep 1919
Pearson, Walter	Wagner, Ellen	5 Jan 1913
Peck, Ann	Hays, Elkana	27 Apr 1874
Peck, John A.	Hurley, Susannah A.	11 Dec 1879
Peeks, Carrie	Clemons, William	23 Sep 1908
Peeks, David	Bowers, Eliza	1 Jun 1913
Peeks, L.L.	Cook, Rettie	25 Nov 1897
Peeks, Rebecca	Clemons, Ben	22 Feb 1920
Peeks, Rhoda C.	Motychek, Theodore	21 Dec 1919
Peeks, Thomas	Ellis, Lola	7 Oct 1906
Peeks. Rhoda	Hubbard, David	15 Nov 1911
Peeples, Elizabeth	Williams, Frank	26 Jan 1875*
Peeples, John W.	H____, Cornelia	18 Oct 1877
Pelkton, Filmore	Baly, Osie	9 Jul 1909
Pence, Charles P.	Brown, Lelia I.	24 Apr 1889
Pendly, Dock	Stout, Emma	25 Dec 1908
Pendly, James R.	C____, Mary J.	9 Mar 1879
Penix, Bettie	McCall, J.H.	10 Sep 1907
Penix, Sherman	Lunceford, Lona	8 Jun 1911
Penland, Millin	Williams, L.	23 Dec 1877*
Peoples, A.G.	Hayes, Artie E.	22 Sep 1895
Peoples, Canida	Lyon, Mary	13 Jun 1891
Peoples, Cletie	Rowe, Albert	13 Oct 1902
Peoples, C.	Williams, Hugh M.	15 Jan 1905
Peoples, Elizabeth	Green, R.A.	13 Oct 1887
Peoples, Emma	Carroll, William C.	11 Jun 1883
Peoples, Georgie M.	Reed, J.F.	25 Dec 1911
Peoples, Hattie	Anderson, Frank	8 Oct 1899
Peoples, John H.	Smalling, Margaret C.	15 Aug 1882
Peoples, John W.	Williams, Rhoda	20 Jun 1894
Peoples, Julia A.	Ingram, Merritt	2 Jan 1887
Peoples, K.T.	Pierce, Matilda	31 Oct 1887
Peoples, Mack H.	Young, Ossie L.	14 Mar 1916
Peoples, Nathaniel	Britt, Harriett E.	19 Jan 1879
Peoples, Robert	Greenlee, Martha	18 Jan 1903
Peoples, Trude	Adkins, Rice	23 Dec 1906
Peoples, William B.	Anderson, Mary J.	24 Apr 1889
Percy, C.P.	Treadway, Minnie	18 Sep 1907

Percy, F.D.	Range, Emma S.	25 Oct 1905
Percy, William	Canter, Jennie	2 Jul 1910
Perdew, Malinda	Davis, Elijah	17 Feb 1886*
Perdieu, J.M.	Grindstaff, Dicy	26 Feb 1899
Perdin, Silas	Shuffield, Melvina	14 Jul 1871
Perdue, Pearl	Lewis, C.C.	8 Dec 1907
Peregory, John	Stover, Emma	28 Aug 1888
Peregory, Sanora	Marton, M.M.	19 Mar 1973
Peregory, S.E.	Bolen, S.P.	18 Jun 1873
Peregoy, Clara	Banner, H.H.	5 Apr 1915*
Perkin, P____	Bunten, M.	12 Mar 1871
Perkins, Bertha	Gragg, Ben	11 Jul 1906*
Perkins, Birtha	Caraway, W.R.	30 Jul 1910
Perkins, Bonie	Potter, Alfred	10 Aug 1912
Perkins, Carrick	Shell, Adie	12 May 1915
Perkins, Carrick	Shell, Ada	14 Oct 1903
Perkins, Clifford B.	Heaton, Minnie C.	10 Sep 1905
Perkins, Delia	Ellis, David	18 May 1919
Perkins, Etta	Whaley, James	18 Nov 1900
Perkins, George W.	Jones, Asbell	20 Dec 1879*
Perkins, George W.	Orr, Sarah	21 Feb 1881
Perkins, Grance	Teans, Dianh	17 Jul 1902
Perkins, Jacob	Turbyfield, Mary	23 Dec 1879*
Perkins, Jacob W.	Sizemore, Ellen	12 Feb 1884
Perkins, James	Potter, Martha	9 Nov 1872
Perkins, Jefferson	Miller, Dolly	4 May 1886
Perkins, John H.	Yandles, Pearlie J.	20 Mar 1909
Perkins, Joseph	Gregg, Mary	2 Feb 1896
Perkins, Joseph C.	Guinn, Dora	19 Feb 1914
Perkins, Laura	White, Alexander C.	20 Dec 1877
Perkins, Lella	Holden, Alfred	23 Dec 1909*
Perkins, Lora	Ellis, Dayton	30 Mar 1919
Perkins, Mary	Shell, Charlie	18 Jul 1919
Perkins, Mattie	Miller, Edgar	22 Aug 1914
Perkins, Minnie	McClain, George H.	23 Dec 1911
Perkins, M.E.	Taylor, E.C.	12 Mar 1902
Perkins, Other	Richardson, G.W.	24 Mar 1907
Perkins, Penkie	Oaks, Tossie	20 Sep 1916
Perkins, Samuel A.	Miller, Mary	3 Nov 1889
Perkins, Sarah	Badgett, Elijah C.	2 Oct 1905
Perkins, Thomas	Guinn, Naoma	13 Nov 1909
Perkins, Thomas	Oaks, Stella	22 Jul 1916
Perkins, Wilbur	Johnson, Lillie	27 Sep 1914
Perrie, Loucretia	Coventry, A.A.	6 Oct 1906
Perry, Andrew	Roysten, Margaret	18 Feb 1871
Perry, Andy	Sams, Lizzie	30 Mar 1903
Perry, Andy	Morris, Ella	11 Nov 1910

Perry, Arthur	Justice, Myrtle	24 Feb 1906
Perry, Bessie	Davidson, James	3 Nov 1897
Perry, Bettie	Hartley, J.T.	8 Feb 1919
Perry, Bettie L.	Ellis, Landon C.	6 Oct 1902
Perry, Butler	Carr, Bessie	25 Dec 1915
Perry, Caroline	Ellis, James	9 Nov 1902
Perry, Dan	Garrison, Lucy	10 Sep 1912
Perry, David	Goodman, Bettie	20 Dec 1910
Perry, David L.	Lineback, Catherine	19 Oct 1879
Perry, Deby	Simerly, David A.	3 Jun 1899
Perry, Earl	Hodge, Myrtle	29 May 1920
Perry, Eddie	Carrier, Joseph	14 Mar 1898
Perry, Elbert	Jones, Jennie	12 Sep 1914
Perry, Eliza	Sams, Owen	19 Aug 1872*
Perry, Eliza	Richards, James	12 Jan 1902
Perry, Eliza	Campbell, M.S.	4 Sep 1907
Perry, Eliza J.	Smith, William	22 Jun 1882
Perry, Elizabeth	King, Frank	24 Sep 1900
Perry, Ella	Glover, Baite	29 Nov 1912
Perry, Elmer W.	Scott, Evelyn	4 Feb 1918
Perry, Elsie	Barnett, Clair C.	17 Jun 1918
Perry, Emma J.	Leland, Chester W.	12 Sep 1906
Perry, Eva	Hampton, Alfred	6 Feb 1883*
Perry, Evaline	Gourley, Samuel L.	8 Dec 1882*
Perry, Flora	Jorden, Will	4 Jul 1918
Perry, Florence	Goodwin, Thomas A.	24 Sep 1871
Perry, George	Glover, Bettie E.	14 May 1892
Perry, George	Hampton, Lizzie	5 Jun 1897
Perry, George	Carr, Rhoda	12 Nov 1905
Perry, George M.	Hilton, Betty	31 Dec 1883
Perry, G.W.	Sams, Martha	28 Jun 1873*
Perry, Henderson F.	C_____, Eva C.	28 Nov 1878
Perry, Henry	Winters, Pearl	4 Aug 1912
Perry, Isaac	Richardson, Eliza	7 Mar 1875
Perry, Isaac	Frasier, Nellie	9 Jun 1907
Perry, Jackson	Carr, Mollie	20 Nov 1901
Perry, James	Barnett, Liddie	7 May 1894
Perry, James L.	Caraway, Lorana	1 Jan 1884
Perry, Jeff	Caraway, Emma	15 Nov 1900
Perry, Jennie	Harden, James	4 Jul 1919
Perry, Jennie	Smith, Aleck	20 Mar 1920
Perry, John	Carr, Jennie	10 Oct 1896
Perry, John	Justice, Addie	29 Jan 1902
Perry, Joseph	Blevins, Dora	28 Jul 1895
Perry, Josephine	Perry, J.R.	4 Feb 1893
Perry, Julia	Ayers, J.F.	29 Jan 1903
Perry, J.R.	Perry, Josephine	4 Feb 1893

Perry, Lena	Angel, Ganes	20 Oct 1898
Perry, Lillie	Campbell, Herbert	23 Jun 1911
Perry, Lottie	Smith, John	23 Mar 1914
Perry, Maggie Troxie	Wilson, William E.	24 Apr 1918
Perry, Malinda	Akin, William	21 Dec 1874*
Perry, Mary Louise	Plaster, Newton H.	17 Jan 1920
Perry, Millie C.	Harrison, W.V.	26 Dec 1882
Perry, Minnie	Bullock, John	7 Jun 1914
Perry, Mollie	Smith, Sam	9 Mar 1915
Perry, Murry	Morris, Rhoda	29 Apr 1900
Perry, Myra	Williams, Worley	29 Oct 1907
Perry, Nannie E.	Headrick, Geroge W.	21 May 1891
Perry, Nat T.	Jackson, Mary E.	9 Oct 1901*
Perry, Nellie	Smith, J.H.	13 Aug 1919
Perry, Nettie	Hyder, Claude	25 Feb 1906
Perry, N.E.	Roark, R.R. (Mr.)	17 Apr 1897
Perry, Owen	Miller, Dora	8 Sep 1901
Perry, Pheoba	Blevins, Aaron J.	2 May 1920
Perry, Porter	Morris, Maggie	15 Jan 1899
Perry, Rachel	Bowling, Robert	20 Nov 1903
Perry, Rachel A.	Lineback, W.H.	22 Apr 1881
Perry, Ralph	Crosswhite, Phoeba	27 Dec 1920
Perry, Rebecca	Rosenbalm, Manual	24 Mar 1904
Perry, Roy	Jones, Elizabeth	6 Jul 1919
Perry, Ruth	Myers, Henry	10 Feb 1898
Perry, Sam	Chambers, May	3 Mar 1918
Perry, Sarah	Edds, Thomas M.	18 Jan 1896
Perry, Sarah	Slagle, Porter	18 Jul 1920
Perry, Sena	Bradwhaw, R.S.	16 Sep 1905
Perry, Shala	Bunten, Jessie C.	18 Jan 1871*
Perry, T.S.	Holder, Lula	29 Aug 1901
Perry, Wilborn	Fondren, Maggie	22 Feb 1902
Perry, William	Morris, Rhoda	31 Aug 1887
Perry, William Sr.	Goodman, Nellie	1 Sep 1892
Persinger, Bessie	Little, George	19 Mar 1909
Persinger, Charles	Shell, Lyda E.	24 Dec 1897
Persinger, George	Rumly, Mary Nell	23 Jan 1910
Persinger, George L.	Campbell, Elizabeth	6 Nov 1879
Persinger, G.H.	Hodges, Julia	23 Jun 1917
Persinger, Julia A.	Hyder, David R.	5 Jan 1893
Persinger, J.L.	Ingram, Lucy	16 Mar 1902
Persinger, Maggie M.	Barnes, W.M.	8 Oct 1899
Persinger, Pearl	Hart, A.F.	2 Sep 1908
Persinger, Ross	Phipps, Pernice	27 Aug 1919
Pery, Matoka	Hyder, Thomas J.	15 Mar 1919
Peters, Alfred	Nidiffer, Nancy	18 Jul 1874*
Peters, Alfred	Lovelace, Bell	17 Mar 1895

Peters, Alvin	Orr, Rebecca	6 Nov 1892
Peters, Andy O.	Branch, Lillie	31 Dec 1916
Peters, Anna	Grindstaff, Roy	2 Oct 1910
Peters, Annie J.	Arnett, A.J.	28 May 1899
Peters, A.B.	Wilson, Mary	24 Jun 1900
Peters, Beach	Shankles, Mary	20 Dec 1919
Peters, Bill	Taylor, Stala	3 Jun 1911
Peters, Bruce	Reed, Ivalee	2 Jun 1914
Peters, B.H.	Bowers, Auitize	17 Oct 1880
Peters, B.H.	Campbell, Roas M.	28 May 1905
Peters, B.S.	Giles, Martha C.	11 Nov 1885*
Peters, B.S.	Harris, Nora	20 Nov 1904
Peters, Calia	Bowers, C.H.	24 Aug 1913
Peters, Cardia May	Glover, W.E.	25 Dec 1912
Peters, Charles	Hinkle, Lottie	7 Sep 1912
Peters, Christley	Hardin, Emma	16 Nov 1888
Peters, Christly	Pearce, Rhoda	15 Feb 1883
Peters, Connie	Stover, Charles D.	15 May 1890
Peters, Connie	White, Emmert	15 Dec 1895
Peters, C.N.	Giesler, Mollie	11 Nov 1896
Peters, C.S.	Rasor, Julia	21 Feb 1900*
Peters, Daniel	Ritchie, Rebecca	11 Jul 1888
Peters, David	Hunter, Mary E.	29 Sep 1880
Peters, David	Williams, Dora	25 Dec 1901
Peters, Dottie	Guy, O.C.	1 Nov 1917
Peters, D.S.	Traver, Dora	12 Jan 1890
Peters, D.S.	Cole, Martha J.	29 Mar 1896
Peters, D.S.	Grindstaff, Della	22 May 1904
Peters, Elijah	Campbell, Ettie	24 Aug 1899
Peters, Eliza Ann	Shaw, G.S.	17 Jun 1905
Peters, Elizabeth	Nidiffer, William	14 Mar 1872
Peters, Elizabeth	Williams, A.E.	29 Jan 1893
Peters, Elizabeth C.	Williams, Alfred M.	19 Oct 1873
Peters, Emma	Adkins, Sam	1 Jul 1916
Peters, Emma	Taylor, J.E.	11 May 1919
Peters, Eva	Stout, John L.	23 Nov 1883
Peters, E.	Taylor, Levi	15 Jul 1875
Peters, Fannie	Williams, Robert L.	13 Sep 1885
Peters, Florence L.	Stover, W.B.	3 Sep 1884
Peters, Gertie	Bowers, S.F.	8 Nov 1903
Peters, Grace	Montgomery, McKinley	7 Nov 1920
Peters, G.F.	Archer, Josie	4 Jul 1885*
Peters, G.W.	Smith, Allie L.	20 Jun 1905
Peters, Henry	Taylor, M.C.	25 Dec 1899
Peters, Henry	White, Jiney	18 Apr 1915
Peters, Hester E.	Vandeventer, J.W.	2 Aug 1891
Peters, Isaac	Crow, Lillie	17 Aug 1915

Peters, Jack	Cardin, Minnie	5 Aug 1897
Peters, James	Wilson, Susan S.	11 Apr 1890
Peters, James	Shown, Nannie	12 Apr 1913
Peters, John	Peters, Phoeba	24 Dec 1894
Peters, John	Shell, Jane	1 Oct 1902
Peters, John	Potter, Julia	14 Apr 1908
Peters, John T.	Rainbolt, Nannie	18 Mar 1900
Peters, Julia	Potter, Muron N.	10 Aug 1013
Peters, J.W.	Colbaugh, Vena	29 Jun 1906
Peters, Lorena	Alfred, N.B.	18 Sep 1892
Peters, Lorina	Blevins, Robert	2 Jul 1896
Peters, Lottie	Lowe, Ray	28 Jun 1919
Peters, Lottie M.	Davidson, C.E.	28 Apr 1918
Peters, Lydia	Taylor, Henry	6 Nov 1913*
Peters, Lydia	Grindstaff, Everet	15 Nov 1913
Peters, L.V.	Elliott, T.J.	26 Dec 1887
Peters, Maggie	Crockett, Samuel	11 Sep 1887
Peters, Maggie E.	Vanhuss, William M.	15 Apr 1881
Peters, Martha	Garland, Nicholas	24 Jun 1905
Peters, Martha	Garland, N.R.	14 Mar 1917
Peters, Mary	Lowe, John	24 Dec 1920
Peters, Matilda	Taylor, W.t.	6 Jun 1903
Peters, Michael	Buckles, Lucy E.	10 Nov 1881
Peters, Millie	Buckles, W.C.	21 Jan 1899
Peters, Minnie	Ford, J.W.	15 May 1913
Peters, Mollie	Pierce, William	30 Jun 1890
Peters, Molly	Williams, D.C.	2 Feb 1915
Peters, M.C.	Wilson, Minnie	10 Feb 1912
Peters, M.C.	Miller, Mary	3 Jun 1918
Peters, Nancy	Williams, Thomas	17 Aug 1878
Peters, Nancy	Stover, David	13 Jan 1884
Peters, Nancy	Pierce, Nathaniel	19 Oct 1893
Peters, Nancy	Vance, Edd	29 Mar 1913
Peters, Nancy	Colbaugh, W.C.	21 Sep 1913
Peters, Nancy	Taylor, Henry	17 Sep 1920
Peters, Nannie	Smith, Ernest	26 Apr 1916
Peters, Nicholas	Shuffield, Orlina	14 Mar 1881
Peters, Ollie	Davis, William	3 Oct 1908
Peters, Pettibone	Holden, Edny	21 Aug 1905
Peters, Phoeba	Peters, John	24 Dec 1894
Peters, Powell	Vance, Julia	14 Feb 1908
Peters, Rebecca	Buckles, Robert	27 Sep 1881*
Peters, Robert	Lipps, Maggie	23 Apr 1910
Peters, Robert L.	Pardue, Florence M.	15 Aug 1920
Peters, Rosa	Cole, Caney	11 May 1899
Peters, Ruben	Branch, Cora	31 May 1916
Peters, R.E.	Lewis, James C.	23 Jan 1878

Peters, Susan	Nidiffer, George W.	6 Sep 1903
Peters, Teter	Frasier, Martha	25 May 1884
Peters, Thomas	Smith, Nelia	23 Feb 1912
Peters, Tilda	Taylor, George	19 Apr 1914
Peters, Virgie	West, Nat	25 Oct 1920
Peters, William	Richardson, Sarah	10 May 1879
Peters, William	Williams, Laura	12 Apr 1885
Peters, William	Markland, Angey	24 Jan 1888
Peters, William	Colbaugh, Rosa	4 Jul 1900
Peters, William	Nidiffer, Zillie	15 Feb 1908
Peters, William	Harden, Bertha	28 Jun 1915
Peters, W.C.	Richardson, Dosia	28 Mar 1896
Peters, W.C.	Ferguson, Emma	6 Jul 1896
Peters, W.M.	Buckles, Ida	23 May 1905
Peterson, Zebb	Barnett, Helen	31 Jul 1915
Pettigrew, Richard W.	Horton, Francis B.	18 May 1917
Pharr, Hannah	Feathers, William A.	2 Mar 1877*
Phelps, P.P.	Hamby, Andrea	10 Nov 1873
Philips, Dellar	Preswood, Ernest	14 Nov 1915
Phillip, Nancy	Hodge, Francis	17 Aug 1875
Phillips, Alice	Morgan, James H.	23 Oct 1903
Phillips, Avery	Shell, Bertha	22 Apr 1906
Phillips, Birtha	Stover, Lee	29 Jun 1904
Phillips, Birtha	Simerly, Charles C.	27 Jan 1912
Phillips, Dicy	Fitzsimmons, William	16 May 1897
Phillips, Frank	Stephens, Mary	17 Dec 1919
Phillips, G.W. (Col)	Howard, Bettie	29 May 1916
Phillips, Harrison	Winters, Birda	21 Mar 1014
Phillips, Hester	Woodriff, James	27 May 1899
Phillips, Hobart	Ryden, Tracy Maude	22 Dec 1920
Phillips, Jeddy	Potter, E.R.	28 Jun 1913
Phillips, Joseph	Baumgardner, Cathern	13 Apr 1891
Phillips, Mable	Tate, John	28 May 1916
Phillips, Mattie	Winters, Ben	13 Jul 1910
Phillips, Melvin	Honeycutt, Lucinda	14 Jan 1898*
Phillips, Polly	McKinney, Bruce	22 Jul 1916
Phillips, Rena	Blevins, Walter	6 Aug 1914
Phillips, Rosebud	Bunton, W.J.	18 Oct 1913
Phillips, R.L.	Davis, Carrie	28 Sep 1906
Phillips, Tibosa	Shell, John	1 May 1909
Phillips, Vienna	Fields, Frank	23 Jun 1917*
Phillips, William	Gouge, Mary Evaline	10 Jun 1902
Phillips, William A.	Pearce, Laura	14 Oct 1875
Phillips, W.M. (Mr.)	Hyder, E.A.	23 Dec 1877
Phippips, Myrtle	Garland, Columbus	31 Dec 1915
Phipps, Dan	Lewis, Maggie	30 Sep 1916
Phipps, David	Stallcup, Tishia	16 Nov 1895

Phipps, George	Blair, Dicy	14 May 1885
Phipps, John	Wilkins, Amanda	20 Aug 1908
Phipps, Mary Ethel	Harvey, George D.	27 Jul 1919
Phipps, Pernice	Persinger, Ross	27 Aug 1919
Pierc, Stella	Wilson, Joseph	10 Apr 1917
Pierce, Ada	Jordan, John	24 Oct 1914
Pierce, Alice	Elliott, Bill	24 Jul 1915
Pierce, Allen	Talylor, Victoria	24 Jun 1917
Pierce, Amanda	Presnell, Alfred	24 Jul 1877*
Pierce, Anderson	Hyder, Sallie	25 Sep 1884
Pierce, Arthur O.	Lewis, Mattie L.	11 Oct 1900
Pierce, Berry	Richardson, Ellen	14 Mar 1912
Pierce, Bessie	Oliver, Telford	5 Oct 1919
Pierce, Callie	Campbell, C.C.	22 Dec 1912
Pierce, Carrie	Murry, John	8 Feb 1903
Pierce, Catherine	Taylor, Robert P.	15 Apr 1893
Pierce, Cecil	Rainbolt, Winnie	14 Mar 1918
Pierce, Charles E.	Myers, Pearl	25 Dec 1918
Pierce, Charlie	Williams, Blanch	3 Jan 1919
Pierce, Charlie L.	Anderson, Maggie J.	21 Oct 1906
Pierce, Chrisley	Minton, Maggie	19 Jan 1918
Pierce, Clark	Buckles, Catherine	31 Mar 1909
Pierce, C.	Oliver, Amanda	23 Sep 1875
Pierce, Dana	Williams, Mamie	2 May 1920
Pierce, Daniel T.	Row, Julia C.	27 Mar 1887
Pierce, Donnelly	Nidiffer, Callie	20 Jun 1920
Pierce, Dora	Pierce, Sexton	13 Dec 1908
Pierce, Dovie	White, Roy	4 Dec 1915*
Pierce, D.B.	Green, Millie	18 Apr 1920
Pierce, D.D.	Kite, Beulah	30 Sep 1917
Pierce, Effie	Garland, Dan	15 Feb 1916
Pierce, Eliza	Arnold, Claude	20 Dec 1903
Pierce, Eliza	Henegar, J.B.	16 Jun 1917
Pierce, Ethel	Williams, Henry	6 Jul 1916
Pierce, Fanny	Bowers, Brown	1 Mar 1903
Pierce, Fina	Vines, William	5 Sep 1912
Pierce, Fred	Hinkle, Lousa	30 Jun 1912
Pierce, Gena	Crow, John R.	11 Mar 1888
Pierce, Henry	Stout, Minnie	29 Mar 1914
Pierce, Henry	White, Nellie	12 Oct 1916
Pierce, Henry	Nave, Mamie	9 Aug 1919
Pierce, Hobart	Williams, Eva	5 Jun 1920
Pierce, Houston	Combs, Amanda	22 Jun 1911
Pierce, Irene	Hensley, Monroe	13 Oct 1918
Pierce, Iva	Franklin, R.E.	10 Jan 1918
Pierce, James	Nave, Ruth	24 Dec 1891
Pierce, Joe P.	Brumit, Mary	19 Sep 1915

Pierce, John	McInturff, Mary	25 Feb 1872
Pierce, John	Lewis, Eliza M.	23 Nov 1880
Pierce, John	Blevins, Mollie	26 Dec 1890*
Pierce, John	Crow, Martha	19 Jan 1916
Pierce, John F.	Stone, Ora M.	18 Nov 1895
Pierce, John S.	White, Lousia	2 Apr 1887
Pierce, Julia	White, Alexander	19 Jul 1891
Pierce, J.C.	Pierce, Lillie A.	2 Dec 1894
Pierce, J.F.M.	Vandeventer, Jennie	23 Dec 1890
Pierce, J.H.	Oliver, Creola	30 Jan 1918
Pierce, J.R. (Mr.)	White, C.	26 Sep 1909
Pierce, J.S.	White, Lenny	19 May 1886
Pierce, Katie	Viall, O.H.	30 Dec 1897
Pierce, Laura	Mikel, Samuel	1 Dec 1871
Pierce, Laura	Oliver, Shelby	23 Dec 1917
Pierce, Lilbern L.	Anderson, Eliza C.	17 Aug 1789
Pierce, Lilburn L.	Campbell, Ellen	17 Jun 1883
Pierce, Lillie A.	Pierce, J.C.	2 Dec 1894
Pierce, Lottie	Treadway, Alex	8 Apr 1917
Pierce, L.L.	Henderickson, Eliz.	14 Jan 1891
Pierce, Martha O.	Hardin, John N.	17 Mar 1912
Pierce, Martin	Buckles, Shnola	16 Nov 1919
Pierce, Mary	Elliott, Thomas P.	8 Nov 1888
Pierce, Mary	Lowe, Milt	25 May 1918
Pierce, Mary E.	Mottern, George E.	12 Dec 1912
Pierce, Matilda	Peoples, K.T.	31 Oct 1887
Pierce, May	Wilson, Ray	10 Sep 1911
Pierce, Mollie E.	Vanhuss, J.D.	24 Dec 1893
Pierce, Nancy C.	Bowman, Samuel	16 Jan 1872
Pierce, Nathaniel	Peters, Nancy	19 Oct 1893
Pierce, Ray B.	Wagner, Orpha	24 Dec 1916
Pierce, Rhoda	Justice, Samuel J.	19 May 1901
Pierce, Richard	White, Mary	21 Jul 1901
Pierce, Robert	Ensor, Matilda	25 Apr 1903
Pierce, Robert	McQueen, Alice	23 Dec 1906
Pierce, Rogan	Lowe, Nancy J.	2 May 1890
Pierce, Rosie	Taylor, John A.	20 Jan 1909
Pierce, Roxie	Hatley, J.M.	23 Oct 1920
Pierce, R.H.	Range, Anna	26 Feb 1914
Pierce, Sallie	Swaner, J.F.	28 Apr 1895
Pierce, Samuel L.	Buckles, Emma	19 Oct 1881
Pierce, Sarah	Crow, Bronson W.	22 Feb 1918
Pierce, Sexton	Pierce, Dora	13 Dec 1908
Pierce, William	Heatherly, Elizabeth	16 Mar 1879
Pierce, William	Peters, Mollie	30 Jun 1890
Pierce, William	Oliver, Lizzie	14 Sep 1892
Pierce, William C.	Presnell, Laura	9 Feb 1902

Pierce, W.A.D.	Morris, Catherine	2 Aug 1903
Pierce, W.B.B.	Nave, Emma J.	17 Sep 1893
Pierce, W.D.	McQueen, Ida	2 Jan 1907
Pierce, W.R.	Jentry, Annie	20 Nov 1901
Pierson, Steve	Tainter, Carson M.	5 Jan 1918
Pile, George	Vanover, Martha	5 Oct 1912
Pilkerton, C.	Black, G.W. (Mr.)	30 Dec 1902
Pilkerton, D.B.	Dugger, John	19 May 1906
Pilkerton, E.C.	Strickland, John	22 Dec 1906
Pilkerton, Gildy	Vines, L.M.	28 Sep 1909
Pilkerton, Hannah	Good, George	10 Aug 1903
Pilkerton, Ida	Hately, Elzie	28 Apr 1920
Pilkerton, Julia	Morris, Will	31 Dec 1906*
Pilkerton, Polly	Good, Thomas	19 Feb 1901
Pilkerton, Victory	Cable, Arthur	16 Nov 1913
Pilkerton, W.H.	Oaks, Rebecca	2 Aug 1896
Pilkington, Ellen	Oaks, James	2 Nov 1895
Pilkiton, Goldie	Norris, W.A.	13 Jul 1919
Pinion, Nola	Shell, Harrison	25 Oct 1919
Piper, C.M.	Lybrook, D.J.	12 Oct 1904
Piper, Fanney	Jennings, H.P.	26 May 1910
Pippin, Daisy	Ledford, Bryan	8 Mar 1918
Pippin, Frank	Hayes, Okie	8 Jan 1899
Pippin, John W.	Crow, Mary	11 Nov 1875
Pippin, Suaie E.	Toncray, J.A.	4 Mar 1911
Pirece, Minerva	Miller, Orville	28 Nov 1920
Plaster, Newton H.	Perry, Mary Louise	17 Jan 1920
Pleas, Charles Lee	Dalton, Rhoda F.	30 Dec 1918
Pleasant, Francis M.	White, Thomas	11 May 1879
Pleasant, Garfield	Treadway, Ella D.	3 Jun 1906
Pleasant, Mary J.	Taylor, L.W.	10 Jun 1906
Pleasant, Nancy C.	Richardson, James M.	8 Aug 1875
Pless, Lilliard	Estep, Lula	4 Sep 1911
Plot, Learmer	Campbell, W.H.	11 Oct 1903
Plurty, Paddy S.	____, Mary J.	22 Jun 1874*
Pobinson, Clarence	Guinn, Maud	2 Feb 1920
Poe, Charlie	Garland, Melie	14 Aug 1915
Poland, George W.	Massengill, Sopha	6 Jun 1908
Poland, William F.	Humphus, Lousey Jane	1 May 1879
Polland, Lousy J.	Forest, Samuel J.	6 Apr 1882
Polley, Lilly	Julian, Cain	19 May 1902
Ponder, Peter H.	Cass, Lucy	12 Feb 1884
Pontius, Louise	Rice, Rufus Kubskey	31 May 1920
Pool, Conley	Smith, Hattie	23 Mar 1919
Pool, Robert	White, G.M.	6 Sep 1874
Pool, R.L.	Hodge, Bell	21 Sep 1902
Pope, Miny A.	Counsil, William	22 Nov 1879*

Pope, Rollins	McNight, Julia	4 Jun 1917
Porch, Charles	Hawkins, Claudy	16 Oct 1911
Porch, Harry H.	Anderson, Ida Blanch	10 Jan 1916
Potter, Alfred	Perkins, Bonie	10 Aug 1912
Potter, Alice	Winters, Nat T.	30 Oct 1895
Potter, Alice	Birchfield, Alex	24 Jul 1916
Potter, Bill S.	Howell, Annie	13 Dec 1911
Potter, Billie	Harmon, Artie	29 Aug 1920
Potter, Birtha	Austin, Lum	20 Nov 1910
Potter, Blaine	Church, Viola	20 Nov 1920
Potter, Brownlow	Austin, Elizabeth	1 Jan 1911
Potter, Carilie	Rains, William	4 Nov 1897
Potter, Carrick	Tribbett, Amanda	6 Feb 1898
Potter, Dan	Stout, Julia	31 Mar 1907
Potter, Daniel	Green, Isabell	31 Aug 1901
Potter, Daniel	Tolly, Emma	12 Apr 1903
Potter, Daniel	McKinney, Josie	3 Oct 1909
Potter, Daniel	Denny, Minnie	1 Nov 1912
Potter, Daniel	Potter, Nettie	1 Jan 1919
Potter, David	Winters, Mary	11 Jun 1909
Potter, D.W.	Cooper, Rhoda A.	29 Oct 1883
Potter, D.W.	Cook, Mary E.	28 Mar 1900
Potter, Elizabeth	Ward, William B.	28 Sep 1879
Potter, Elizabeth	Howell, John M.	25 Aug 1896
Potter, Ellen	Harden, James	19 Jul 1903
Potter, Eller	Hardin, Thomas	15 May 1893
Potter, Emma	Heaton, John	23 Dec 1900
Potter, E.B.	Francis, Sarah	9 Oct 1906
Potter, E.J.	Wagner, J.M.	28 Feb 1899
Potter, E.R.	Phillips, Jeddy	28 Jun 1913
Potter, Frank	Webb, Geneva	20 Mar 1920
Potter, Genetta	Johnson, Steve	8 Sep 1902
Potter, G.D.	Dugger, Nancy	23 Dec 1889
Potter, G.L.	Greene, Nora	5 Oct 1895
Potter, Hannah	Jones, John	19 Nov 1877
Potter, Harrison	Mann, Nora	26 Aug 1917
Potter, Hassie	Payne, William G.	9 Mar 1879
Potter, Hildrie	Stout, Fred	4 Sep 1909
Potter, H.P.	Andrews, Zadie	10 Jul 1904
Potter, Ida	Miller, Brooke	1 Feb 1913
Potter, Ida M.	Hart, Jobe	20 Aug 1905
Potter, Isaac	Cole, Nannie	18 Aug 1905
Potter, Jackson G.	Jones, Lousa B.	24 Dec 1904
Potter, Jacob	Jones, Nancy	9 Mar 1907
Potter, James	Sheets, Lena	23 Aug 1911
Potter, James C.	Edward, Gracie H.	15 Jan 1914
Potter, James T.	Chesser, Alice	3 Apr 1920

Potter, Jane	Dugger, Casper	21 Oct 1877
Potter, John	Norris, Ollie	22 Jan 1894*
Potter, John	Johnson, Bernice	14 Aug 1910
Potter, John	Norris, Bertha	1 May 1915
Potter, Johnson	____, Martha	11 Jul 1874
Potter, Joseph	Carr, Emma	28 Apr 1880
Potter, Joseph	Giles, Susan	14 Feb 1901*
Potter, Joseph H.	Russell, Ula	2 Oct 1916
Potter, Julia	Peters, John	14 Apr 1908
Potter, J.H. (Mr.)	Anderson, H.A.	24 Mar 1918
Potter, Lillie	Cordell, Nathaniel	20 Oct 1907
Potter, Lou	Elliott, Will	16 Aug 1919
Potter, Mackie	McKinnis, J.W.	15 Nov 1896
Potter, Maggie	Wilson, J.W.	28 Jun 1910
Potter, Malinda	Morgan, W.R.	6 Jun 1917
Potter, Martha	Perkins, James	9 Nov 1872
Potter, Mary	Bowers, John L.	8 Dec 1879
Potter, Mary A.	Morgan, John W.	13 Sep 1873
Potter, Mary J.	Franklin, Andrew J.	18 Sep 1888
Potter, Minnie	Oaks, Ruby	25 Oct 1910
Potter, Minnie	Julian, Walter	1 Sep 1920
Potter, Muron N.	Peters, Julia	10 Aug 1013
Potter, Murphy	Fondren, Kate	2 Jan 1909
Potter, M.F.	Church, Bessie	2 Apr 1916
Potter, M.L.	Holly, M.L.	26 Sep 1875
Potter, Nancy Jane	Hollyfield, Elija	11 Dec 1886
Potter, Nat	Bowling, Maggie	23 Dec 1900
Potter, Nellie	Estep, W.C.	9 Jul 1911
Potter, Nettie	Andes, J.W.	3 Aug 1913**
Potter, Nettie	Potter, Daniel	1 Jan 1919
Potter, Rana	Bowman, David	23 Aug 1919
Potter, Rosa	Harrison, J.F.	19 May 1904
Potter, Rosa	Bryant, Nat H.	23 Aug 1913
Potter, Roxie	Morgan, Blaine	21 Dec 1919
Potter, Sallie	Hardin, D.	28 Jun 1902
Potter, Sallie	Lambert, Lee	15 Jun 1917
Potter, Sallie	Elliott, Nat	10 May 1919
Potter, Samuel	Jones, Ellen E.	14 Nov 1886
Potter, Samuel	Harrison, Louisa	24 Dec 1906
Potter, Sarah Ann	Hollyfield, Leroy	25 May 1918
Potter, Sary Ann	Arnett, Timothy	11 Dec 1910
Potter, Soloman	Owens, Julia	13 Jan 1915
Potter, Sudie	Simerly, Joe	10 Apr 1916
Potter, Susan	Stout, John A.	14 May 1904
Potter, S.D.	Reese, J.H.	19 Nov 1900
Potter, Walter	Younce, Nora	3 Mar 1912
Potter, William	Simerly, Birdie	7 Jan 1906

Potter, W.C.	Anderson, Lillie	7 May 1895
Potter, W.H.	Stout, Emily C.	25 Dec 1888
Potter, W.L.	Lewis, Matilda	14 Mar 1895
Potter, W.P.	Jones, Lucy	9 Jun 1907
Powell, Adolphus H.	Curd, Julia H.	19 Sep 1887*
Powell, George	Brewer, Laura	24 Dec 1914
Powell, George	Hyder, Lula	28 Oct 1916
Powell, John	Birchfield, Jane	5 May 1892
Powell, John	Brown, Cora	6 May 1902
Powell, John	Leadford, Sarah	11 Jul 1907
Powell, Joseph H.	Freeman, Esther E.	17 Mar 1894
Powell, J.A.	Beiler, Myrtle	8 Feb 1914
Powell, Nancy	Moore, Herb	24 Sep 1920
Powell, William B.	Goodwin, Martha	22 Dec 1889
Presley, Leroy	Bennett, Josephine	5 May 1920
Presnell, Abraham	Harrison, Dirah	13 Nov 1903
Presnell, Alfred	Pierce, Amanda	24 Jul 1877*
Presnell, Amos	Oliver, Mary Pearl	20 Jan 1915
Presnell, A.L.	Heaton, Emily	1 Aug 1917
Presnell, Berthie C.	Bunton, N.T.	22 Mar 1920
Presnell, B.H.	Jones, Sallie	7 Jul 1910
Presnell, Clarence	Miller, Ora	13 Oct 1918
Presnell, Gilbert	Green, Vicy	29 May 1907
Presnell, G.T.	Anderson, Kate	15 Dec 1900
Presnell, Hayes	McQueen, Lou	3 Sep 1904
Presnell, Henry	Spears, Martha Jane	5 Mar 1906
Presnell, H.S.	Waycaster, Ettie	10 Jun 1893
Presnell, James	Toney, Maggie	12 Sep 1889
Presnell, Laura	Pierce, William C.	9 Feb 1902
Presnell, M___	Waters, Henry	18 Apr 1920
Presnell, Rutha A.	Hall, Elijah S.	7 Jul 1894*
Presnell, Toy	Oaks, Will	15 Jun 1909
Presnell, Willie	Cloy, Molly	11 Apr 1903
Pressley, Nora	Lewis, John	1 Dec 1906
Preswood, Ernest	Philips, Dellar	14 Nov 1915
Price, Albert	Cardin, Sarah	22 Feb 1920
Price, Alzena	Roark, William	7 Aug 1918
Price, Amos	Campbell, Lizzie	27 Jun 1920
Price, Bessie	Webb, R.A.	3 Jan 1889*
Price, Cora	Robertson, M.P.	29 Feb 1910
Price, C.F. (Mr.)	Stout, C.C.	26 Mar 1907
Price, C.L.	Keen, Julia	5 Nov 1901
Price, Eliza J.	Stevens, Elijah	17 Feb 1893
Price, Eva	Payne, Nat J.	11 Mar 1880
Price, E.	Sherrill, Luther	10 Feb 1914
Price, Flora	Green, J.W.	12 Dec 1906
Price, Hulda C.	Price, Jessie	14 Feb 1891

Price, Jessie	Price, Hulda C.	14 Feb 1891	
Price, John	Stevens, Jane	1 Mar 1891	
Price, John A.	Toney, Sarah E.	14 Feb 1914	
Price, John H.	Waters, Josephine	13 Apr 1888	
Price, J.H.	Dunbar, Callie L.	10 Nov 1892	
Price, Lee	Greer, Lillie	25 Dec 1919	
Price, Martha	Swanne, J.R.	20 Nov 1892	
Price, Mary	Hill, James	25 Jun 1881	
Price, Mary Jane	Grindstaff, Henry	31 Dec 1902	
Price, Nannie	Kuhn, Andy J.	7 Jan 1880	
Price, Ninadah	Roe, Toy Andrew	16 May 1917	
Price, N.B.	Claymon, Susan A.	28 Aug 1906	
Price, Rosanna	Dennis, Frank	7 Aug 1918	
Price, Ruth	Sheppard, R.L.	26 Jan 1914	
Price, Samuel W.	Ratcliff, Nannie Lee	24 May 1905	
Price, Sarah E.	Hyder, L.F.	28 Jan 1886	
Price, Talmage	Blevins, Hassie	16 Jul 1914	
Price, Thomas C.	Hazlewood, Cardie J.	1 Mar 1891	
Price, T.C.	Norris, Ettie	13 Apr 1920	
Price, Walter	Williams, Cordie	12 Mar 1909	
Price, William E.	Collins, Mollie	11 Aug 1887	
Prichard, Bird	Parker, Roy	15 Apr 1903*	
Prichard, Hester	Winters, Nat	4 May 1906*	
Prichard, Mary	Hughes, Carter	23 Nov 1896	
Prichard, Monroe	Wagoner, Nancy	4 Sep 1915	
Prichard, Thomas	_____, Alice	8 Apr 1877	
Prichard, Thomas	Gray, Fronia	23 May 1908	
Prisetly, Cora	Redrick, Alfred	13 Oct 1892*	
Prisre, George	Reeves, Elizabeth	15 Dec 1880	
Pritchard, Amanda O.	Wagner, John J.	4 Jan 1913	
Pritchard, Anderson	Denny, Florence M.	14 Apr 1910	
Pritchard, Bell	Johnson, Garfield	14 Jul 1912	
Pritchard, Columbus	Mayberry, Martha	20 Apr 1905	
Pritchard, Dida	Guinn, David	30 Jan 1894	
Pritchard, Dolly	Shell, Andy	20 Dec 1917	
Pritchard, Garrett	Stevens, Julia	18 Jan 1882*	
Pritchard, Georgia	Tomilson, Thomas J.	1 Jan 1914	
Pritchard, Julia	Hilton, Arthur	14 Mar 1908*	
Pritchard, Julia	Wagner, J.W.	21 Feb 1909	
Pritchard, J.C.	Stout, Minnie	25 Jan 1909	
Pritchard, Lucinda	Julina, George L.	5 Sep 1882*	
Pritchard, Lula	Moody, Wesly	14 Jul 1913	
Pritchard, Ransom	Tester, Pearl	21 Dec 1911	
Pritchard, Sardle	Heaton, E.T.	25 May 1913	
Pritchet, Alfred	Sims, Sarah	3 Feb 1897	
Pritchet, Jerry	Hodge, Nettie	1 Sep 1918	
Pritchett, Anna	Campbell, John	16 Jul 1913	

Pritchett, Caroline	Roberts, John	24 May 1915
Pritchett, John	Hurley, Bessie	12 Jan 1908
Proffit, David	Davis, Delia	26 Oct 1909
Proffit, Jason	Bowers, Orlie	8 Jul 1917
Proffit, J.T.	Taylor, Julia	22 May 1920
Proffit, Phoeba E.	Oliver, Isaac S.	9 Aug 1891
Proffit, Raymond	Nave, Nannie	5 Aug 1917
Proffit, Williard	Walker, Lilla	4 Sep 1914
Proffitt, J.T.	Taylor, Eliza E.	13 Feb 1897
Proffitt, Mary	Edens, D.F.	29 Jul 1913
Pruett, David	Truman, Neally	2 Sep 1897
Pucket, Monorca	Wooten, Ruben	24 Sep 1912
Pucket, Ruth	Keener, Sam	13 Jul 1919
Pugh, David	Johnson, Nancy	2 Apr 1871
Pugh, David	Cooper, Nora	23 Mar 1892*
Pugh, Elmer	Bogin, Lou	13 Oct 1904*
Pugh, Hester A.	Shell, Leonard	7 Jan 1883
Pugh, Hugh	Weadles, Ketty	17 Jun 1907
Pugh, Jack	McKeehan, Emma	19 Nov 1895
Pugh, Martha	Erwin, William	28 Aug 1912
Pugh, Mary Ann	McFall, John	8 Feb 1894
Pugh, P.T. (Mr.)	Wagner, M.E.	24 Dec 1906
Pugh, William C.	Johnson, Mollie	24 Jul 1887*
Pulman, Milo	Nowell, Louisa	8 Sep 1893*
Pyatt, Lillie	Cook, J.H.	4 Jan 1894
Queen, Clarence W.	McQueen, Lucy	7 Jun 1915
Rader, Eliza	Hamby, Allen	0 Feb 1871
Rader, Etta	McInturff, Taylor	18 Feb 1902
Radford, Austin O.	Waycaster, Clarissy	25 Mar 1905
Radford, Cordelia	Waycaster, Abraham	6 Nov 1890
Radford, Cordie	Orr, K.W.	6 Sep 1919
Radford, Docia	Hazlewood, Arnold M.	24 Dec 1919
Radford, Dolly	Heaton, William	5 Jul 1912
Radford, John	Frasier, Rebecca J.	15 Mar 1894
Radford, Russie	Colwell, Byon	18 Aug 1920
Radford, W.C.	Lacy, Mollie C.	24 Dec 1897
Rainbolt, Alvin W.	Ward, Lillie	11 Mar 1899
Rainbolt, Annie May	Ward, Thomas	29 Dec 1913
Rainbolt, Bird	Jenkins, Lena	27 Dec 1913
Rainbolt, Bird	McNeely, Annie	25 Mar 1917
Rainbolt, Dannie M.	Berry, Griffin G.	15 Apr 1910
Rainbolt, Elsie	Nave, Thomas W.	24 Dec 1920
Rainbolt, Ethel	White, T.W.	24 Dec 1903
Rainbolt, Etoilie	Atwood, Troy	25 Dec 1909
Rainbolt, Etolie	McNeely, Dale	18 Jul 1919
Rainbolt, J.G. (Mr.)	Smith, V.S.	9 Apr 1911
Rainbolt, Lena	Gouge, Frank L.	13 Jul 1913

Rainbolt, Malissy	Miller, Thomas	21 Jun 1913
Rainbolt, Martha	Pearce, Willie	14 Oct 1900
Rainbolt, Mary E.	Ward, James C.	5 Jun 1920
Rainbolt, M.	Markland, L.J. (Mr.)	5 Jan 1908
Rainbolt, Nannie	Peters, John T.	18 Mar 1900
Rainbolt, Winnie	Pierce, Cecil	14 Mar 1918
Rains, Austin	Lewis, Nancy	14 Aug 1914
Rains, Bessie	Panter, J.R.	21 Mar 1916
Rains, Birtha	Wagner, R.C.	12 Aug 1908
Rains, Ella	White, J.L.	9 Nov 1904
Rains, Ethel	Shankle, Elbert	29 Oct 1916
Rains, Flora	White, William	20 May 1914
Rains, G.H.	Estep, Bessie	10 Dec 1910
Rains, J.P.	Cole, Amanda	9 Sep 1892
Rains, Laura	Robertson, Sampson	(1875 ?)
Rains, Nancy A.	Culbert, Robert	2 Aug 1888
Rains, Nancy E.	Elliott, William H.	24 Jun 1881
Rains, William	Potter, Carilie	4 Nov 1897
Rally, Eva	Reunols, James	14 Apr 1881
Rambo, James F.	Mottern, Mollie D.	17 Dec 1912
Rambow, Susan	Taylor, J.V.	7 Feb 1904
Ramey, Maxie	Lacy, Charles	22 Jul 1917
Ramsey, H.D. (Mr.)	Byrd, R.E.	15 Jul 1915
Ramsey, Isaac	Hartly, E.A.	24 Jan 1900
Ramsey, James A.	Hampton, Lilie C.	26 Mar 1888*
Ramsey, Naura	Forney, James	4 Dec 1895
Ramsey, S.D.	Range, Margaret E.	27 Feb 1900
Ramsour, Emma	Shade, James	19 Aug 1888
Ramsous, Rebecca	Hardie, J.S.	12 Jul 1888*
Randolph, Thomas	Hodge, Martha	19 Dec 1908
Range, Alfred	Claymon, Lydia A.	2 Jan 1873
Range, Alfred	Range, Rannie	21 May 1910*
Range, Alfred	Lacy, Lizzie	4 Oct 1914
Range, Anna	Horselu, William	17 Aug 1884
Range, Anna	Pierce, R.H.	26 Feb 1914
Range, Barsha	Meredith, James	30 Aug 1891
Range, Dessie	Williams, Joe	23 Dec 1903
Range, Ditha	Taylor, W.A.	20 Dec 1875*
Range, Edgar	Hopson, Nettie	23 Dec 1912
Range, Edith C.	Blevins, Verna M.	27 Jan 1917
Range, Eliza	Bradley, James	14 Feb 1897
Range, Emma S.	Percy, F.D.	25 Oct 1905
Range, Faitha E.	McCorkle, Porter D.	23 Dec 1884
Range, Flora	Whitehead, T.S.	27 Sep 1914
Range, Grant	Humphrey, Laura	12 May 1907
Range, G.M.	Shell, Mollie E.	21 May 1899
Range, G.W.	Fair, Nellie	28 Feb 1895

Range, Hubert	Hart, Myrtle	7 May 1916	
Range, H.A.	Snodgrass, G.W. (Mr.)	27 Jun 1896	
Range, John A.	Range, Rutha A.	13 Jan 1882*	
Range, Julia C.	Wagoner, John M.	24 Dec 1890	
Range, J.H.	Hart, Nannie	3 Jul 1898	
Range, J.M.	Ellis, Rhoda	7 Jun 1902	
Range, Lovicy A.	Dulaney, Charles M.	7 Aug 1890	
Range, Lucy	Shell, Walter	8 Jun 1919	
Range, Lula A.	Dulaney, Joseph P.	25 Dec 1894	
Range, Lydia	Clark, Geroge W.	10 Oct 1887	
Range, Lydia N.	Leonard, Jacob	16 Nov 1871	
Range, Manda	Morton, Dave	1 Jul 1917	
Range, Margaret E.	Ramsey, S.D.	27 Feb 1900	
Range, Martha A.	Hyder, Chester B.	13 Feb 1887	
Range, Mary E.	Thompson, E.M.	16 Jul 1893	
Range, Mary J.	February, W.M.	4 Jun 1916	
Range, Mattie	Campbell, John	24 Dec 1916	
Range, Myrtle	Shell, W.H.	12 Apr 1903	
Range, M.E.	Hyder, W.M. (Mr.)	14 Jan 1900	
Range, Nathaniel R.	McKinney, Mollie A.	11 Sep 1890	
Range, Nora L.	Long, Edwin A.	12 Mar 1891	
Range, P.G.	Constable, Ida L.	15 Sep 1895	
Range, Rannie	Range, Alfred	21 May 1910*	
Range, Robert A.	Emmert, Mary E.	4 Dec 1901	
Range, Ruth C.	Simmerman, Charles	3 Dec 1896	
Range, Rutha A.	Range, John A.	13 Jan 1882*	
Range, Sarah E.	Buck, John B.	16 Dec 1886	
Range, S.A.	McNeese, W.R. (Mr.)	11 Jun 1888	
Range, William	Morrell, Sarah	14 Nov 1877	
Range, W.A.	Pearce, Ettie E.	17 Sep 1899	
Raorick, Eddie	Cable, Katie	13 Jan 1909	
Raorick, Edward	Johnson, Sudie	27 Feb 1904	
Raper, Horace	Johnson, Josephine	14 Jul 1917**	
Raser, Jennie	Grindstaff, Daniel	13 Feb 1909	
Raser, Martha C.	Hampton, Samuel E.	26 Dec 1878	
Rash, Artie	Johnson, Roy	29 Nov 1914	
Rash, L.R.	Nidiffer, Amanda	15 Feb 1903	
Rash, Martha	Oaks, Jerry	8 Jul 1899	
Rasor, Bessie	Grindstaff, N.L.	29 Sep 1909	
Rasor, Eliza	Cole, Jmaes	18 Mar 1875*	
Rasor, John	Ritchie, Lottie	1 Jul 1896	
Rasor, Julia	Peters, C.S.	21 Feb 1900*	
Rasor, J.N.	Wagner, Lizzie	14 Dec 1916	
Rasor, Lawson H.	Ellis, Lizzie B.	11 Mar 1888	
Rasor, Malinda	Snyder, James B.	16 Jan 1898	
Rasor, Snyder	Hyder, Lula	19 Jun 1920	
Rasor, W.M.	Elliott, Maggie	26 May 1901	

Ratcliff, Nannie Lee	Price, Samuel W.	24 May 1905
Rathbone, J.H.	Cardin, Myra	17 Feb 1889
Ray, Bacus S.	Taylor, Lida	10 Feb 1895
Ray, Charles W.	Brinkley, Anna	18 May 1919
Ray, C.W.	Harr, Maggie	28 Dec 1911
Ray, Ed	Jackson, Lilley	14 Oct 1892
Ray, Frank	Miller, Rosie May	29 Dec 1904
Ray, Ida	Cole, James	13 Oct 1895
Ray, James	Manning, Rosa	14 Jun 1909
Ray, James Jr.	Julian, Ethel	11 Jun 1906**
Ray, Lucile	Heaton, R.F.	13 Sep 1902
Ray, Nora	Shell, Alex	23 Oct 1915
Ray, Robert Green	Seavers, Helen	11 Aug 1920
Ray, W.D.	Minton, Myrtle May	12 Mar 1907
Ray, W.H.	Fletcher, Ida C.	21 Dec 1887
Rayfield, Bettie	Leadford, William	26 Mar 1904
Rayfield, Logan	Tinsley, Cinda	14 Oct 1920
Read, William	Fortner, Mattie	26 Dec 1900
Reader, Bernice	Cole, Martin	30 Apr 1911
Ready, John A.	Loudermilk, Rebecca	24 Sep 1878
Redmond, Gussie	Williams, Charles	16 Apr 1911
Redmond, Osie	buck, Milton	27 Jun 1915
Redrick, Alfred	Prisetly, Cora	13 Oct 1892*
Redrick, Vicie	Hardie, J.S.	23 Nov 1901
Reece, Bonnie	Younce, T.M.	10 Jun 1910
Reece, Jemima	Cable, William	18 Aug 1902
Reece, Mary	Bowman, C.M.	15 Oct 1881*
Reece, Oliver W.	White, Rosie	4 Apr 1901*
Reed, Addie	Wagner, J.W.	26 May 1914
Reed, Cain	Guess, Mary	2 Jul 1910
Reed, Eliza	Lindsy, John	19 Jan 1913
Reed, Frank E.	Meredith, Lizzie B.	23 Dec 1920
Reed, Ivalee	Peters, Bruce	2 Jun 1914
Reed, James	Leonard, Rebecca	3 Dec 1877
Reed, Joe	Holoway, Blanchie	29 Mar 1919
Reed, J.F.	Peoples, Georgie M.	25 Dec 1911
Reed, Malissy	Delany, William	8 Nov 1898
Reed, Mira	Alman, Adam	28 Jul 1897
Reed, Pierson	Walls, Myrtle	24 Jan 1916
Reed, W.M.	Tribett, Eliza	15 Mar 1902
Reeder, Charley	Love, Eva	29 May 1890
Reeder, Eva	Wilson, Jordan	30 Jun 1913
Reedy, Florence	Williams, H.H.	10 Jun 1900
Reese, Bessie	Laws, R.C.	15 Sep 1907
Reese, Ethel E.	Reynolds, W.B.	16 Oct 1901
Reese, J.H.	Potter, S.D.	19 Nov 1900
Reese, Minnie L.	Kaupp, John J.	14 Nov 1893

Reese, Mollie	Voncannon, A.D.	18 Nov 1900
Reese, W.L.	Brumit, Axie J.	20 Dec 1903
Reeser, Isaac E.	Bayless, Sarah	7 Feb 1884
Reeves, Elizabeth	Prisre, George	15 Dec 1880
Reeves, John D.	Taylor, Rhoda E.	18 Apr 1876
Refield, Logan	Harmon, Dianah	10 Jan 1881
Reidy, Briget	Kulp, Francis S.	29 Sep 1905
Renfro, D. Stewart	Saylor, Lottie A.	7 Dec 1911
Renfro, Gaines W.	Tipton, Elsie M.	22 Nov 1916
Renfro, James H.	Brown, Emma C.	3 Feb 1884
Renfro, Jas. C.	Williams, Sally	17 Jun 1886
Renfro, Joseph	Burks, Amelia	26 Dec 1876
Renfro, Laura B.	Allen, W.R.	1 Jan 1911
Renfro, L.J.B.	Shuffield, C.G. (Mr.)	22 Mar 1908
Renfro, Maggie	Cole, George W.	3 Jul 1899
Renfro, Maria A.	Hacker, Clauncy	23 May 1910
Renfro, William C.	Ritchie, Slary	21 Nov 1889
Renfro, W.H.	Hampton, Bessie	11 Oct 1903
Resor, Mary	Furgerson, R.T.	6 Oct 1895
Reunols, James	Rally, Eva	14 Apr 1881
Rey, Mary	Brown, Gaston	3 Oct 1894
Reynolds, Anna Belle	Hughes, J.W.	11 Sep 1920
Reynolds, Bessie	Stepp, S.H.	16 Nov 1904
Reynolds, Ella	Wasom, I.A.	20 Dec 1903
Reynolds, F.A.	Gibson, Bonnie	9 Dec 1915
Reynolds, Giles M.	Young, Mollie E.	28 Jul 1887
Reynolds, Harriett	Copeny, M.C.	7 Jun 1887
Reynolds, James	Campbell, Edna M.	8 Nov 1883
Reynolds, James	Mottern, Annie B.	8 Jan 1905
Reynolds, John S.	Slagle, Mamie	11 Feb 1917
Reynolds, Lizzie	Richardson, Butler	27 Nov 1918
Reynolds, Lucy A.	Little, W.H.	10 Oct 1916
Reynolds, Pearl May	Mottern, David S.	29 Apr 1902
Reynolds, Samuel E.	Campbell, Belle	26 Jul 1893
Reynolds, W.B.	Reese, Ethel E.	16 Oct 1901
Reynolds, W.E.	Minton, Myrtle M.	3 Jul 1906**
Rhea, Byrd Virginia	Cantrell, Wesley M.	29 Dec 1906
Rhudy, A.C.	McCaine, Della	8 Nov 1899
Ribertson, George M.	Rumley, Bessie	1 Dec 1918
Rice, Della	Fair, J.D.	18 Sep 1902
Rice, J.M. (Mr.)	Hughes, L.C.C.	27 Oct 1896
Rice, Kate Oliver	Drake, James Allen	19 Aug 1920
Rice, Oscar A.	Hughes, L.C.C.	1 Nov 1905
Rice, Rufus Kubskey	Pontius, Louise	31 May 1920
Richard, Laura	Fowler, T.W.	30 May 1895
Richard, Noah	Woods, Delzia	27 Apr 1917**
Richards, Alice	Estep, Joseph	24 Dec 1900

Richards, Charles	Spears, Maggie	10 Aug 1908
Richards, Hanck	Wilson, Lola	24 Dec 1919
Richards, James	Perry, Eliza	12 Jan 1902
Richards, James	Troxwell, Anna	28 Dec 1910
Richards, Lucinda	Minton, G.H.	16 Nov 1887
Richards, Robert	Scalf, Sarah	26 Sep 1891
Richards, S.E.	Minton, Pearl	23 Dec 1914
Richards, William	Carr, Margaret	1 Aug 1877*
Richardson, Alfred	Ward, Crete	11 Jun 1908
Richardson, Alice	Grindstaff, Wilborne	15 Feb 1913
Richardson, Annie	Oliver, Roy	2 Mar 1920
Richardson, Bessie	Lewis, Thad	5 May 1901
Richardson, Bessie	Dugger, Carter	20 Jul 1917
Richardson, Bettie	Cole, C.N.	25 Dec 1894
Richardson, Bonnie	Cordell, Russell	10 Mar 1917
Richardson, Butler	Estep, Angeline	29 May 1897
Richardson, Butler	Payne, Bertha	30 Aug 1903
Richardson, Butler	Reynolds, Lizzie	27 Nov 1918
Richardson, Callie	Estep, Moses	12 Feb 1904
Richardson, Caroline	Livingston, Geroge	29 Dec 1872
Richardson, Caroline	Wright, Landon	19 Nov 1881*
Richardson, Carrie	Ryston, John	11 Oct 1882
Richardson, Carrie	Sams, R.M.	13 Jun 1899*
Richardson, Charles	Elliott, Julia	22 Aug 1895
Richardson, Coldonia	Shell, Leonard	12 Oct 1906
Richardson, Cordelia	Vance, William B.	12 Mar 1901
Richardson, David	Richardson, Matilda	3 May 1888
Richardson, Delaney	Smith, Phoeba	17 Jun 1893
Richardson, Delany	Jentry, Louisa	21 Oct 1903
Richardson, Docia	Taylor, Henry	10 May 1914
Richardson, Dora	Gwin, David	18 Apr 1899
Richardson, Dosia	Peters, W.C.	28 Mar 1896
Richardson, Edd	Guinn, Oma	11 Jul 1913
Richardson, Eliza	Morgan, John W.	22 May 1874
Richardson, Eliza	Perry, Isaac	7 Mar 1875
Richardson, Eliza	Lewis, Cornelius	23 Aug 1903
Richardson, Eliza	Estep, Samuel	23 Dec 1904
Richardson, Elizabeth	Taylor, Alexander	22 Jul 1876*
Richardson, Ellen	Pierce, Berry	14 Mar 1912
Richardson, Elmer	Stoffer, Sallie	23 Aug 1919
Richardson, Ernest	Cook, Elsie	16 Nov 1919
Richardson, Francis	Culbert, Maggie	11 Jul 1917
Richardson, G.W.	Daniels, Nora	20 Nov 1894
Richardson, G.W.	Perkins, Other	24 Mar 1907
Richardson, Hanna	Arnold, George W.	13 Aug 1876
Richardson, Henry	Wilson, Matilda	6 Jul 1878
Richardson, Henry	Mayberry, Carrie	15 Jun 1898

Richardson,	Hilah	Richardson, J.M.	7 Dec 1882
Richardson,	Houston	Estep, Lillie	1 Apr 1917
Richardson,	H.P.	(illegible)	23 Nov 1871
Richardson,	H.P.	Estep, Edi	1 Nov 1893
Richardson,	Isaac	Culbert, Mary	29 Mar 1881
Richardson,	Isaac J.	Cannon, Mary	25 May 1891
Richardson,	Isaac M.	Richardson, Martha J.	31 Jan 1883*
Richardson,	I.L.	Garland, Rosa	19 Jun 1911
Richardson,	James	Wilson, Sallie	27 Jan 1900
Richardson,	James	Fox, Vera	29 Aug 1914*
Richardson,	James F.	Street, Hattie	20 Oct 1920
Richardson,	James M.	Pleasant, Nancy C.	8 Aug 1875
Richardson,	Jenny	Cole, S.A.	19 Apr 1903
Richardson,	Jessie	Cole, Clerna J.	25 Aug 1897
Richardson,	Joe	Carriger, Jennie	28 Dec 1903
Richardson,	John	Estep, Mary Elizabeth	18 May 1889
Richardson,	John	Cornett, Annie	2 Jul 1920
Richardson,	John W.	Loveless, Catherine	24 Oct 1914
Richardson,	Jordan	Young, Loudania	22 Sep 1906
Richardson,	J.M.	Richardson, Hilah	7 Dec 1882
Richardson,	J.M.	Osborne, Melvina M.	6 Sep 1907
Richardson,	Laura	Greenway, William	29 Sep 1907
Richardson,	Lauson	Garland, Sarah E.	19 Nov 1900
Richardson,	Lettie	Cole, George	19 Apr 1898
Richardson,	Lida	Garland, David P.	19 Aug 1900
Richardson,	Lora	Estep, Godfrey	5 Jul 1919
Richardson,	Lowery	Eatep, William	27 Jul 1014*
Richardson,	Lytha	Greer, A.J.	13 Dec 1903
Richardson,	L.E.	Hodge, R.H. (Mr.)	22 Dec 1909
Richardson,	Maggie	Shell, Lenore	14 Feb 1899
Richardson,	Mamie M.	Haggerty, Pat	1 Jan 1916
Richardson,	Martha	Stevens, John	17 Nov 1895
Richardson,	Martha	Holder, Lemiul	19 Feb 1899
Richardson,	Martha	Asher, W.E.	9 Jan 1908
Richardson,	Martha	Minton, Willie	24 May 1918
Richardson,	Martha J.	Richardson, Isaac M.	31 Jan 1883*
Richardson,	Mary	Nidiffer, John	28 Sep 1905
Richardson,	Mary	Brown, John	16 Jun 1919
Richardson,	Mary	McFaddin, Wiley	21 Jun 1919
Richardson,	Matilda	Richardson, David	3 May 1888
Richardson,	Mattie	Freeman, James	14 Aug 1909
Richardson,	May	Oliver, James	24 Dec 1902
Richardson,	Mollie	Hurley, Mod	12 Jan 1895
Richardson,	Nancy	Arrance, William	4 Feb 1883
Richardson,	Nancy J.	Wilson, Andrew	22 Dec 1893
Richardson,	Neely	Combs, Caleb	4 Aug 1901
Richardson,	Nelia	Lewis, John M.	3 Mar 1912

Richardson, Neroa	Bowers, C.G.	9 Aug 1910
Richardson, Noah	Garland, Sarah	28 Oct 1899
Richardson, Noah	Estes, Pearl	10 Oct 1920
Richardson, Ockey	Lewis, John	8 Sep 1900
Richardson, Orange	Smalling, Georgia B.	30 Jun 1915
Richardson, Pearl	Slagle, Milburn	18 Apr 1915
Richardson, Phoebe	Arnt, James	11 Jul 1895
Richardson, Raymond	Ward, Burtie	7 May 1919
Richardson, Robert	Rogers, Rosa	20 Dec 1911
Richardson, Rob't B.	Oaks, Irene	18 Apr 1913
Richardson, Rosa	Hardin, Robert	3 Oct 1920
Richardson, R.C.	Maxwell, Maggie M.	11 Sep 1888
Richardson, Sam	Grindstaff, Martha	11 Mar 1916
Richardson, Sampson	Campbell, Nancy	29 Sep 1874
Richardson, Samuel	Arnold, Lizzie	2 Jan 1903
Richardson, Sarah	Peters, William	10 May 1879
Richardson, Sarah	Hardin, Alvin P.	10 Nov 1888
Richardson, Sarah	Nave, William H.	10 Feb 1892
Richardson, Sarah	Greer, John	17 Oct 1896
Richardson, Stella	Holden, Houston	20 Apr 1918
Richardson, Thomas	Wilson, Elizabeth	10 Apr 1881
Richardson, Thomas	Myers, Ellen	28 Mar 1896
Richardson, Vada	Taylor, James	29 Apr 1913
Richardson, Vadie	Newton, J.M.	22 Oct 1918
Richardson, Walter	Stout, Alice	6 Feb 1900
Richardson, Willie	Stout, Amelia	2 Jun 1903
Richardson, Willie	Jenkins, Sallie	14 Feb 1912
Richardson, Wm. F.	Baker, Mary Bell	3 Apr 1902
Richardson, W.A.	Campbell, Mary	28 Aug 1915
Richardson, W.M.	Oaks, Nancy	29 Mar 1877*
Richardson, W.W.	Estep, Mary	17 Jun 1899
Richardson, Zellie	Cole, George W.	14 Jun 1907
Richarson, J.R.	Cole, Callie	23 Aug 1888
Richey, Eliza	Hyder, N.L.	22 Feb 1891
Riddle, Andrew G.	Sheffey, Annie C.	7 Mar 1898
Riddle, Ella Grace	Cloyd, Samuel M.	3 Jan 1901
Riddle, Lafayett	McClain, Lucy	5 Sep 1906
Riddle, May	Caraway, W.H.	28 Apr 1907
Riggs, Bertha	Kuhn, Samuel	8 Dec 1915
Riggs, Clara E.	Daniel, Fred S.	3 Nov 1915
Riggs, Julia	Large, James	24 Dec 1910
Riggs, J.E. (Mr.)	Hart, M.B.	11 Sep 1898
Riggs, Mollie J.	Dunlop, Walter R.	25 Dec 1907
Riggs, Robert	Crow, Flora	29 Oct 1910
Riggs, Samuel	Grumley, Mattie	27 Apr 1904
Riggs, Suda	Stover, Manard	9 Sep 1900
Riggs, William	Larimer, Cordie	10 Nov 1901

Right, Bell	Roberts, Thomas	29 Oct	1913
Riley, Thomas	Buckley, Ellen	12 Nov	1885
Rilkins, Letha	Caraway, Cardell	13 May	1890*
Riner, Chania	Cable, Jacob	4 Jul	1910
Ringling, George K.	Hopper, Lizzie Bell	12 Mar	1912
Rishen, Elbert	Green, Josephine	25 Jan	1872
Ritchie, Allen	Nichols, Etta	26 Dec	1908
Ritchie, Alvin	Alfred, Arecy	31 Jul	1904
Ritchie, Andy	Nidiffer, Corda	2 Jul	1917
Ritchie, A.S.	Grindstaff, Eliza J.	29 Jul	1920
Ritchie, Blanche	White, Charlie	19 Sep	1920
Ritchie, Charles	Nidiffer, Mary	22 Feb	1911
Ritchie, C.N.	Blevins, Martha	10 Dec	1876
Ritchie, C.R.	Estep, Sarah	21 Jun	1892
Ritchie, Dora	Alfred, John	20 Jan	1901
Ritchie, D.E.	Murry, Bell	3 Dec	1905
Ritchie, Hettie	Crow, George	10 Sep	1899
Ritchie, Jane	Jenkins, Noah	29 Nov	1883*
Ritchie, Kate	Frasier, B.B.	13 May	1891
Ritchie, Laura	Loudy, Hugh T.	6 Dec	1903
Ritchie, Lautia	Garrison, James R.	4 Jul	1891*
Ritchie, Lottie	Blevins, George	20 May	1899
Ritchie, Lottie	Rasor, John	1 Jul	1896
Ritchie, Manda	Egli, Samuel	14 Dec	1902
Ritchie, Rebecca	Milom, Samuel A.	5 Jul	1888*
Ritchie, Rebecca	Peters, Daniel	11 Jul	1880
Ritchie, Rebecca C.	Fair, Robert T.	26 Mar	1895
Ritchie, Sanford	Grindstaff, Sarah	9 Jan	1907
Ritchie, Slary	Renfro, William C.	21 Nov	1889
Ritchie, T.J.	Colbaugh, Lavicy	16 Feb	1896
Ritchie, T.J.	Williams, Lottie	29 Nov	1920
Ritchie, William	Davidson, Bessie	14 Feb	1901
Ritchie, William C.	Buckles, Rebecca	Jun	1877*
Ritchie, W.L.	Forbes, Jennie	24 Dec	1896
Rithcie, Lillie	Buckles, David	24 Dec	1896
Rithcie, Rosa B.	Nidiffer, Newton	20 Dec	1893
Rithcie, Sarah	Campbell, D.R.	17 Jan	1900
Ritts, C.H.	Shull, Lillie	29 Mar	1900
Roarck, Lyaid	Gentry, John	27 Jun	1909
Roarck, Nancy J.	Lewis, Andrew	5 Dec	1909
Roarick, Bessie	Johnson, General	28 Dec	1912
Roarick, S.N.	Hyder, Celia	12 Dec	1901
Roark, E.G.	Oliver, Lora	14 May	1915
Roark, E.L.	Goodson, Mollie	5 Nov	1897
Roark, Henry	Crouss, Mattie	26 May	1896
Roark, Ida	Hill, Charles	5 Sep	1898*
Roark, L___	Oliver, Susie	18 Aug	1920

Roark, Mary	Smith, Robert	17 Jun 1914
Roark, Pearlie	Gourley, T.S.	24 Jul 1913
Roark, R.R. (Mr.)	Perry, N.E.	17 Apr 1897
Roark, William	Price, Alzena	7 Aug 1918
Robers, Harry	Hodge, Lizzie	17 Aug 1918
Roberson, David	Hampton, Martha	19 Aug 1888
Roberson, G.E.	Huntley, Leona	25 May 1919
Roberson, John J.	Jones, Lizzie	22 Dec 1889
Roberson, J.J.	McKeehan, Hannah	5 Feb 1895
Roberson, Laura	Edens, J.N.	26 Sep 1892
Roberson, Matilda H.	Loudermilk, Geroge W.	9 Mar 1890
Roberson, Mollie	Lyon, Jerry M.S.	8 Dec 1889
Roberson, Samuel	McAnnich, Myrtle	29 Jul 1899
Roberson, W.G.	Whitehead, Eva	24 Apr 1898
Robert Miller	Sallie Head	14 Sep 1888
Roberts, Agnes	Jennings, J.H.	15 Feb 1897
Roberts, A.H.	Morgan, Mary	14 Apr 1874
Roberts, A.J.	Butler, Lydia	27 Dec 1904
Roberts, A.J.	Clark, Lizzie	25 Dec 1909
Roberts, Biddie	Simerly, Hill Matney	8 Jul 1920
Roberts, Birt	Simerly, Cordia	18 Apr 1920
Roberts, Blanche	Smith, Samuel C.W.	28 Jun 1905
Roberts, Calaway	Cole, Louisa	22 Apr 1905
Roberts, Caroline	Guinn, Amos	9 Sep 1873*
Roberts, Caroline	Morgan, James	12 Sep 1873
Roberts, C.C.	Hicks, Jossie	9 Jan 1909
Roberts, David	Butler, Rebecca Jane	5 Feb 1902
Roberts, Davie	Ingram, Hattie	21 Jan 1899
Roberts, Dora A.	Bradshaw, James A.	25 Oct 1893
Roberts, Edmond W.	Arants, McKinley C.	11 Sep 1888
Roberts, Elizabeth	Camp, James	25 Dec 1887
Roberts, Ella	Hart, Thomas R.	5 Oct 1887
Roberts, Elmeta	Lyon, James	13 Jan 1881
Roberts, Emma	Blevins, Gilliard	24 Oct 1912
Roberts, E.	Smith, Robert A.	22 Sep 1873
Roberts, Fletcher P.	Crow, Eliza	28 Sep 1903
Roberts, Hester A.	Toncray, Samuel	5 May 1880
Roberts, H.B.	Treadway, Dollie	16 Feb 1897
Roberts, India	Hambrick William	1 Sep 1918
Roberts, Isaac L	Chambers, Nancy Ann	3 Oct 1880
Roberts, James	Barnett, Pheby	15 Apr 1905
Roberts, James L.	Royle, Cora	29 Dec 1909
Roberts, James R.	Barnett, Mollie	7 Mar 1908
Roberts, Jane	Forbes, Frank	26 Mar 1911
Roberts, John	Joins, Sarah	12 Dec 1886
Roberts, John	Dunn, Biddie	9 Feb 1912
Roberts, John	Pritchett, Caroline	24 May 1915

Roberts, John	Buchanan, Dora	20 Apr 1917
Roberts, John F.	Lyon, Mary Alice	3 Jul 1904
Roberts, Julia	Campbell, Steve	26 Dec 1890
Roberts, J.D.	Franklin, Delia L.	10 May 1888
Roberts, J.E.	Worley, S.P. (Mr.)	19 May 1912
Roberts, J.G.	Burrow, Allie	24 Dec 1917
Roberts, J.I.	Moffett, Maggie	19 May 1901
Roberts, J.W.	Clark, Hattie	7 Mar 1908
Roberts, Lettia	Angell, George H.	2 Jan 1872
Roberts, Lidda M.	Morlin, O.N.	8 Oct 1871
Roberts, Lousinda	Whisenhunt, Noah	6 May 1873
Roberts, Lydia	Largent, J.H.	9 Mar 1912
Roberts, Margaret	Simerly, William	4 Apr 1880
Roberts, Mary	Hyder, James C.	24 Dec 1880
Roberts, Mary	Grogan, D.H.	15 Aug 1896
Roberts, Mary	Campbell, John	11 Apr 1899
Roberts, Mary	Taylor, George	2 Mar 1915
Roberts, M.	Johnson, Alexander	22 Dec 1875
Roberts, Nancy	Moffett, Arthur	9 Jun 1907
Roberts, Nancy	Clark, Dave	28 Aug 1919
Roberts, Nancy A.	Hodge, John M.	5 Aug 1877
Roberts, Rhoda	Hileman, T.H.	30 Dec 1900
Roberts, Rilela	Miller, Isaac	20 Feb 1898
Roberts, Robert	Mottern, Maude	29 Jul 1903
Roberts, Robert L.	League, Caroline	16 Apr 1882
Roberts, Russell	McKinney, Celia	29 Mar 1902
Roberts, Samuel	Waycaster, Sallie B.	28 Oct 1911
Roberts, Thomas	Right, Bell	29 Oct 1913
Roberts, Thomas	Murphy, Hattie	9 May 1920
Roberts, Vernie	McKinney, John	21 Feb 1920
Roberts, William	Blevins, Mollie	5 May 1913
Roberts, William C.	McNeese, Rebecca	16 Feb 1879
Roberts, William H.	Wilson, Elizabeth C.	26 Dec 1878
Roberts, W.A.	Woodward, Lizzie E.	11 Jul 1896
Roberts, W.E.	Wilson, Bettie	18 Jun 1908
Roberts, _____	Nidiffer, Thomas	23 Jan 1875*
Robertson, Charles	Taylor, Della	9 Apr 1905
Robertson, Cordie	McCollum, R.T.	23 Sep 1891
Robertson, Dilley C.	Hinkle, William	9 Apr 1874
Robertson, Docia	Estep, Isaac	1 Apr 1873
Robertson, James C.	Arrants, Mary A.	31 Oct 1897
Robertson, J.F.	Bowman, Callie	12 Feb 1891
Robertson, M.P.	Price, Cora	29 Feb 1910
Robertson, Sally	Taylor, Samuel	19 Nov 1871
Robertson, Sampson	Rains, Laura	(1875 ?)
Robinette, Delia	Greer, F.L.	22 Apr 1920
Robinson, Ada	Bowers, Monroe	27 Sep 1914

Robinson, Amanda J.	Houston, Samuel	11 Apr 1882*
Robinson, A.B.	Rominger, Ida	4 Jan 1913
Robinson, David L.	Buckles, Eliza C.	25 Aug 1878
Robinson, Ellen	Jackson, Nathaniel	17 Sep 1904
Robinson, Elzina	Garland, John	23 Jun 1875
Robinson, George	Burlison, Judith	14 Jun 1910*
Robinson, H.L. (Mr.)	Lunceford, T.M.	8 Sep 1895
Robinson, James	Fowler, Ida	24 Dec 1896
Robinson, James	Fletcher, Catherine	7 May 1905
Robinson, James T.	Williams, Nannie	24 Jan 1901
Robinson, James W.	Lady, Sarah Alice	7 Jul 1907
Robinson, Jennie	Bradshaw, Patton	23 Dec 1914
Robinson, John T.	Deloach, Mattie	16 Apr 1897
Robinson, Julia	Estep, George	14 Mar 1901
Robinson, J.D.	McQueen, Nannie	19 May 1908
Robinson, J.J.	McKeehan, Minnie	17 Apr 1898
Robinson, Lorettie E.	Grindstaff, John H.	21 Dec 1882
Robinson, Maggie	Hendrix, William B.	21 Dec 1882*
Robinson, Maggie	Sparks, James	5 Jan 1901
Robinson, Mahala	Collins, W.G.	30 Dec 1901
Robinson, Mattie	Stover, Nathaniel	6 Apr 1884
Robinson, Nancy Jane	Carter, Willie A.	24 Jun 1890
Robinson, N.D.	Nidiffer, Sallie	13 Apr 1896
Robinson, Sarah	Hurley, Wright	23 Oct 1876
Robinson, Stella M.	Smalling, E.B.	7 Jul 1898
Robinson, S.	Taylor, Gen B.	15 Aug 1883
Robinson, S.A.	Grindstaff, John	29 Oct 1910
Robinson, Tisha	Nave, D.C.	6 Oct 1895
Robinson, William	Bowman, Katy	19 Mar 1911
Robinson, W.F.	Culbert, Mary	18 Apr 1886
Robinson, W.M.	Scalf, Martha T.J.	8 Nov 1893
Rodgers, William	Gragg, Morrie	22 Jan 1910
Roe, Toy Andrew	Price, Ninadah	16 May 1917
Roebuck, Aaron	Iwing, Julia	9 Oct 1914
Rogers, Hugh Glen	Leonard, Carrie E.	26 Jul 1910*
Rogers, Hugh G.	Bowers, Emaline	25 Dec 1876*
Rogers, Rosa	Richardson, Robert	20 Dec 1911
Rogers, Roy	Campbell, Grace	24 Sep 1910
Rogers, Tom	Blevins, Lula	24 Aug 1915
Roggers, James	Hurt, Emma	26 Nov 1903
Roiston, Bessie	Fair, David	24 Dec 1919
Roller, Abe	Cowen, Cora	10 Jun 1904
Roller, A.B.	Tate, Hattie	26 Dec 1899
Roller, Lula	Crawford, James	29 Dec 1910*
Roller, Sallie	Brooks, William	14 Jan 1900
Rollings, E.D.	McKinney, Essie	23 Jun 1912
Rominger, D.C.	Cole, Lena	9 Sep 1916

Rominger, Ida	Robinson, A.B.	4 Jan 1913
Rominger, Mary A.	Humphrey, Granville	25 Jun 1899
Rominger, Nancy S.	Braswell, James H.	23 Jun 1889
Rose, Frank	Barnett, Elizabeth	8 Oct 1891
Rosenbalm, A.W.	Davis, Sallie	19 Nov 1899
Rosenbalm, C.D.	Bays, Ella	26 May 1900*
Rosenbalm, Fleener	Spears, Holly	4 Jun 1917
Rosenbalm, John	Cole, Loniza	23 Jul 1898*
Rosenbalm, J.C.	Smith, Maholia C.	27 Feb 1898
Rosenbalm, Manual	Perry, Rebecca	24 Mar 1904
Rosenbalm, Roxie	Morris, Charles	27 Jan 1906
Rosston, Hattie	Tipton, D.P.	11 Nov 1906
Roten, Herman Carl	Hyder, Ina Effie	6 Aug 1919
Row, Julia C.	Pierce, Daniel T.	27 Mar 1887
Rowe, Albert	Peoples, Cletie	13 Oct 1902
Rowe, Burley A.	Carter, Barney J.	22 Feb 1905
Rowe, Ettie	Fair, Noul	29 May 1904
Rowe, Jacob	Shell, Florence	26 Jul 1908
Rowe, John W.	Fair, Sarah E.	28 Aug 1878*
Rowe, J.C.	Ferguson, Mary A.	30 Apr 1878
Rowe, J.E.	Hyder, Zillah	22 Oct 1905
Rowe, Lula	Baily, G.A.	14 Nov 1909
Rowe, Lula	Joins, Raymond	10 Aug 1918
Rowe, Pearl	Dobbin, Stewart	13 Sep 1912
Rowe, Sallie	Cooper, David	18 Feb 1884
Royal, Carry	Woods, Thomas	26 May 1907
Royal, Lillie	Whisenhunt, Isaac	33 Oct 1911
Royal, Rebecca	Woods, Emanuel	20 May 1914
Royle, Cora	Roberts, James L.	29 Dec 1909
Royle, W. Vance	Wright, Creasy	4 Jul 1909
Roysten, Margaret	Perry, Andrew	18 Feb 1871
Ruigley, J.B.	Taylor, Julia	3 Aug 1910
Ruker, Elizabeth	Taylor, Lewis D.	3 Mar 1872
Ruker, J.R. (Mr.)	Davis, M.S.	20 Apr 1871
Rumley, Bessie	Ribertson, George M.	1 Dec 1918
Rumley, Rut	Lee, Alice	19 Jun 1889
Rumly, James Edward	Cooper, Mae	21 Aug 1909
Rumly, Mary Nell	Persinger, George	23 Jan 1910
Runions, William C.	Brewer, Martisha	15 Mar 1919
Rupe, Jennie	Brown, Worley H.	19 Nov 1919
Rusch, Thipholee	Duglas, Rhoda A	5 Nov 1874
Rush, Geneva	Rush, H.H.	27 Dec 1906
Rush, H.H.	Rush, Geneva	27 Dec 1906
Russel, Emma	Sams, Daniel	22 Dec 1889
Russell, Arch	Smith, Alice	22 Dec 1917
Russell, Charles	Taylor, Ellen	18 Aug 1887
Russell, C.L.	Ryan, Margaret B.	8 Apr 1910

Russell, Dee	Honeycutt, Ina	26 Jun 1920
Russell, Ellen	Morris, Robert S.	20 Nov 1892
Russell, Henry	Dempsey, Mollie	18 Feb 1900
Russell, Henry	Scalf, Kate	25 Oct 1919
Russell, James	Webb, Sallie	4 Feb 1900
Russell, James	Treadway, Malinda	8 Oct 1920
Russell, John	Clark, Rebecca	31 Jan 1913
Russell, J.H.	Williams, Caroline	8 Nov 1909
Russell, Mary	Douglas, William	8 Nov 1885
Russell, Minnie	Deloach, Henry	28 Feb 1911
Russell, Nancy M.	Griphia, William	2 Feb 1882*
Russell, Neoma	Humphres, D.H.	8 Oct 1893
Russell, Rhoda	Glover, Arthor	22 Jan 1899
Russell, Sallie	Hunter, McDaniel	22 Feb 1906
Russell, S.A.	Livingston, Nora A.	1 Feb 1897
Russell, Thomas B.	Wilborn, Margaret E.	15 Aug 1887
Russell, T.P.	Deloach, June	9 Mar 1885
Russell, Ula	Potter, Joseph H.	2 Oct 1916
Russell, Walter	Hardin, Eliza	11 Dec 1892
Russell, William	Maples, Mattie	7 Apr 1920
Russell, William T.	Holoway, Nancy	28 Jan 1901
Ruth, J.H.	Smith, Annie Pearl	20 Nov 1908
Rutledge, Elizabeth	McCloud, William	19 Nov 1885*
Rutledge, Mollie A.	Wagner, Joseph S.	25 Mar 1880
Rutledge, Samuel T.	Morrell, Louisa	1 Mar 1891
Ryan, Annie Grace	Morrell, Lee Taylor	9 Dec 1914
Ryan, Frank	Bradshaw, Offa	28 Jul 1914
Ryan, George W.	Heagins, Georgia	26 Aug 1896
Ryan, G.W.	Hall, Mattie	3 Jan 1909
Ryan, Ida	Payne, Samuel	23 Dec 1911
Ryan, John F.	Bowers, Mary E.	8 Jul 1886
Ryan, Margaret B.	Russell, C.L.	8 Apr 1910
Ryan, Mollie	Hampton, William B.	12 Sep 1884
Ryan, W.C.	Hamilton, Dora Bell	2 Jan 1900
Ryden, Tracy Maude	Phillips, Hobart	22 Dec 1920
Rymer, Emma	Tipton, Joseph	16 May 1897
Rymer, Rhoda	Caldwell, Robert	2 Nov 1897
Ryston, John	Richardson, Carrie	11 Oct 1882
Sailer, Maggie	Taylor, frank	8 Sep 1900*
Sallie Head	Robert Miller	14 Sep 1888
Salts, Carrie	Scalf, James	16 Aug 1899
Salts, Millard	Scalf, Ada	11 Aug 1918
Salts, Violey	Taylor, David	12 May 1888
Salyers, Frank	Netherly, Lillie	24 Aug 1912
Sambs, Harriett	Carr, Jackson	9 Dec 1894
Sambs, Owen	Headrick, Eveline	6 Nov 1880
Sams, Alfred	Woods, Mollie	31 Mar 1888

Sams, Carrie	Manning, Elbert	14 Aug 1920
Sams, Cora	Oliver, Morrell	29 Mar 1919
Sams, Daniel	Russel, Emma	22 Dec 1889
Sams, Daniel	Britt, Elizabeth	19 Dec 1881
Sams, Dosie	Olinger, Samuel	27 Oct 1907
Sams, Edgar	Miller, Callie	22 Mar 1911
Sams, Eliza A.	Geisler, David	8 Jul 1900
Sams, Elizabeth	Hazlewood, Richard	5 Aug 1888*
Sams, Ella	Morris, Henry Jeff.	14 Oct 1899
Sams, Fred	Stout, Lavonie	13 Aug 1920
Sams, Jackson	Hyder, Sallie	1 Oct 1899
Sams, J.W.	Hyder, Hattie	21 Aug 1918
Sams, Lee	Carr, Mattie	25 Dec 1911
Sams, Lizzie	Perry, Andy	30 Mar 1903
Sams, Lou	Slagle, Charles	5 May 1916
Sams, Lou	Stout, H.D.	19 May 1900
Sams, Marion	Carr, Ida	30 Oct 1915
Sams, Martha	Perry, G.W.	28 Jun 1873*
Sams, May	Davis, Frank	3 Jul 1920
Sams, Mollie	Chambers, William	7 Mar 1897
Sams, Owen	Perry, Eliza	19 Aug 1872*
Sams, Robert	Barnett, Caldona V.	21 Jul 1888
Sams, R.M.	Richardson, Carrie	13 Jun 1899*
Sams, Virgie	Barnett, Porter	22 Nov 1901
Sams, W.M.	Saylor, Dolly	18 Aug 1907
Sanders, Floyd	Watson, Lizzie	5 Mar 1918
Sanders, Jennie	Young, Charles	15 Jul 1881
Sanders, Mosas	Laws, Lulla	26 Mar 1910
Sanders, Mose	Laws, Lorina	22 Mar 1914
Sanders, Richard	Swanner, Mollie	24 Dec 1881*
Sanders, Sue	Hyder, D.M.	22 May 1892
Sap, John Calvin	_____, McKerson	24 Dec 1878
Sapp, Harriett	Corping, Will	14 Oct 1908
Sapp, Jane	Johnson, James	27 Aug 1872
Sapps, Calvin	Hyder, Harriett	21 Oct 1891*
Sapps, David	Gardner, Martha	20 Feb 1908
Saraut, Fanny	Ashby, Joseph	6 May 1897
Saylor, Alice	Weaver, Wilson	24 Dec 1886
Saylor, Dolly	Sams, W.M.	18 Aug 1907
Saylor, Eliza	Williams, Joseph	17 oct 1872*
Saylor, Liitia	Barnes, Robert	19 Apr 1904
Saylor, Lottie A.	Renfro, D. Stewart	7 Dec 1911
Saylor, Maggie	Flarrity, John	1 Jun 1901
Saylor, Naoh D.	Camell, Rachell	May 1877*
Scalf, Ada	Salts, Millard	11 Aug 1918
Scalf, Atha	Cole, Joseph	5 Nov 1895
Scalf, Bessie	Bowling, Robert	26 Oct 1913

Scalf, Birty	Estep, Henry	10 Sep 1911
Scalf, Brownlow	Estep, Mary	8 Jul 1920
Scalf, Cameron	Turner, Alice	12 Jan 1913
Scalf, Charles	Carr, Nettie	30 Jan 1904
Scalf, David	Mitchell, Rhoda	22 Aug 1906
Scalf, Dean	Jones, Alex	23 Jun 1895
Scalf, Elizabeth	Lewis, Henry	1 Dec 1902
Scalf, Ellen	Turbyfield, John	23 Jan 1909
Scalf, George	Scalf, Loudy	10 Nov 1901
Scalf, Isaac	Triplett, Zenia	15 Apr 1912*
Scalf, Ivory	Norman, Charlie	21 Aug 1916
Scalf, James	Salts, Carrie	16 Aug 1899
Scalf, John	Goble, Annie	17 Aug 1901
Scalf, John	Harris, Soudie	29 Oct 1904
Scalf, Josie	Hutson, Eugene	1 Jul 1917
Scalf, Julia	Campbell, Bruce	24 Jan 1920
Scalf, Kate	Russell, Henry	25 Oct 1919
Scalf, Lorena	Cole, William	14 Nov 1890
Scalf, Loudy	Scalf, George	10 Nov 1901
Scalf, Mamie	Gragg, James	15 Aug 1909
Scalf, Martha T.J.	Robinson, W.M.	8 Nov 1893
Scalf, Mary	Lyons, James	3 Jun 1911
Scalf, McKinley	Guess, Hattie	27 Jan 1918
Scalf, McKinley	Walker, Elma	1 Jan 1919
Scalf, Molissa	Peaks, Jerry	28 Jul 1894*
Scalf, Mollie	Nidiffer, Mark	24 Oct 1892
Scalf, Mollie	Humphrey, David	30 Jun 1905
Scalf, Myrtle	Campbell, T.G.	19 Apr 1913
Scalf, Nancy J.	Hampton, Lawson	21 Jul 1881*
Scalf, Nelson	Milhorn, Nancy Ann	24 Dec 1891
Scalf, Robert	Carr, Harriett	17 May 1896
Scalf, Robert	Gregg, Mahlda	30 Jun 1901
Scalf, Sam	Tacket, Milde	10 Feb 1917
Scalf, Samuel O.	Woods, Lorina	26 Jul 1908
Scalf, Sarah	Richards, Robert	26 Sep 1891
Scalf, Soloman	Emmert, Sallie	8 Sep 1880
Scalf, Velva	Anderson, Charles	22 May 1916
Scalf, W.M.	Deloach, Nettie	24 Dec 1885
Scalf, W.O.	Heaton, Ora	6 Oct 1895
Scalp, Add	Emmert, J.M.	11 Sep 1883
Scarbrough, W.D.	Blevins, Celia B.	30 Oct 1905
Schenk, Ed	Lewis, J.W.	23 May 1909
Schumaker, Roy F.	Chase, Beatrice	21 Dec 1904
Schuzer, Hattie	Wilson, Frank	8 Mar 1896
Scoggins, Charles	Minton, Bessie	31 Mar 1910
Scott, Alice C.	Campbell, C.B.	28 Jan 1883
Scott, Bascum	Scott, Verilie	17 Oct 1897

Scott, Benjamin F.	Taylor, Barsha	2 Jan 1881
Scott, Benna	Snodgrass, Worley	14 Mar 1907
Scott, Bernise	Miller, A.L.	2 Oct 1895
Scott, Ed	Dempsy, Onie	23 Dec 1920
Scott, Emma May	Hobock, Garnie	14 Sep 1919
Scott, Evelyn	Perry, Elmer W.	4 Feb 1918
Scott, George W.	Lacy, Alice	22 Aug 1882
Scott, G.H.	O'Brien, Ellen V.	5 Apr 1875
Scott, Jackson	Spears, Elizabeth	22 Jan 1896*
Scott, John	D____, Elizabeth	29 Nov 1871
Scott, Lena	Mottern, J.R.	17 Apr 1914
Scott, Lillian C.	Dempsy, John Jackson	13 May 1916
Scott, Lucille	Crow, Clarence	27 Dec 1920
Scott, M.B. (Mr.)	Francis, M.R.	31 Oct 1890
Scott, Nola E.	Wattenbarger, J.D.	23 Feb 1896
Scott, Raymond P.	Mottern, Bessie A.	20 Feb 1902
Scott, Ross Raymond	Dempsy, Cordie May	6 Jan 1917
Scott, R.L.	Swinny, Ruby Ellen	20 Aug 1919
Scott, Samuel J.	Hickey, Sarafina	19 Feb 1871
Scott, Samuel W.	O'Brien, Elizabeth	8 Jun 1898
Scott, Sudia	McKinney, William	22 Sep 1886
Scott, T.W.	Stepp, Bessie May	30 Nov 1913
Scott, Verilie	Scott, Bascum	17 Oct 1897
Scott, Virda	Simpson, J.M.	16 Jan 1903
Scott, W.F.	Smith, Callie E.	3 Apr 1894
Scott, W.R.	Daniels, Lucy J.	25 Apr 1907
Scott, W.S.	Lusk, Jennie	3 Jul 1900
Scrogins, Lealie	Hopson, Cany	19 Jul 1904
Seabock, Claud	Edens, Walter	2 Apr 1904
Seabock, Raiman	Ellis, Eliza	30 Oct 1901
Seabock, Raymond	Glover, Rhoda	13 Dec 1913
Seabuck, Essie	Hendrix, G.G.	8 Sep 1901
Seabuck, Pauline	Manning, J.W.	8 Nov 1900
Seaty, W.F.	Hyder, Emma	25 Sep 1907
Seavers, Helen	Ray, Robert Green	11 Aug 1920
Seiler, Justin F.	Hunter, Mollie M.	9 Apr 1913
Sellars, A.J.	Lillie, Mattie A.	2 Oct 1895
Seller, Mary A.	Lacy, Albert	16 Apr 1873
Sellers, Ethel	Troxwell, James	10 Jan 1908
Sellers, Inas	Christy, John	3 Apr 1904
Sellers, J.W.	Lewis, Minnie J.	9 Sep 1889
Sells, George J.	Whitlock, Mary K.	22 Nov 1915
Sells, Marie E.	Wright, Thomas M.	8 Oct 1902
Senter, John	Oliver, Susan	24 Oct 1871
Sevier, Roda	Ashley, Joe	18 Oct 1919
Shade, Annie	Smith, W.G.	31 Mar 1901
Shade, Cora	Twilly, Hayes	7 Jul 1903

Shade, Daniel	Mathis, Katie	20 May 1913
Shade, Dariel	Jackson, Hattie May	6 Aug 1910*
Shade, James	Ramsour, Emma	19 Aug 1888
Shade, Judie	Jackson, Aaron	5 Mar 1907
Shade, Minnie	Hardie, John	10 Jan 1907
Shade, Minnie	Mathis, Judge	15 Mar 1909
Shaner, Henrietta	Sparrow, J.D.	20 Oct 1910
Shankle, Elbert	Rains, Ethel	29 Oct 1916
Shankles, Mary	Peters, Beach	20 Dec 1919
Sharp, J.K.	Morrell, Lena R.	29 Mar 1906
Sharp, J.K.	Smith, Myra	12 Jan 1920
Sharp, Nena A.	Coffman, John H.	11 Feb 1902
Sharp, Tolly	Large, Nannie	30 Dec 1894
Shaver, Bessie	Estep, Clyde	30 Dec 1916
Shaw, Albert	Sneed, Delia	19 Jan 1919
Shaw, Callie	Campbell, John	1 Oct 1899
Shaw, Celia	Estep, James	30 Aug 1903
Shaw, G.S.	Peters, Eliza Ann	17 Jun 1905
Shaw, G.S. (Mr.)	Campbell, E.J.	13 Apr 1883
Shaw, Iva	Steward, Thomas	28 Apr 1917
Shaw, Jacob	Stevens, Etta	4 Oct 1911
Shaw, King	Lewis, Emma	1 Oct 1902
Shaw, Soloman	Edmonson, Ressie	10 Nov 1902*
Shaw, William	Heatherly, Artha	25 Dec 1902
Shea, George	Taylor, Elizabeth	22 Dec 1902
Sheaf, Irby J.	Long, Heland Effie	22 Oct 1907
Sheets, Anna	Buntin, Robert G.	2 Jan 1920
Sheets, Brown	Lyons, Ethel	24 Dec 1912
Sheets, H.C.	McCloud, Annie	31 Dec 1905
Sheets, John	Watson, Vena	5 Dec 1896
Sheets, Joseph	Campbell, Sarah F.	2 Aug 1886
Sheets, Joseph W.	Watson, Hannah	2 Mar 1901
Sheets, Lena	Twiggs, Guess	2 Nov 1907
Sheets, Lena	Potter, James	23 Aug 1911
Sheets, Leu	Gilly, Elizabeth	25 Oct 1905
Sheets, M.J.	Wagner, D.B. (Mr.)	16 Apr 1900
Sheets, Nancy E.	Dugger, R.N.	24 Dec 1905
Sheets, William	Howell, Rosa B.	20 Feb 1915
Sheffey, Annie C.	Riddle, Andrew G.	7 Mar 1898
Sheffey, Henry L.	Fulkerson, Fathia L.	3 Nov 1881
Sheffey, John D.	Fondren, Margaret	28 Jun 1871
Sheffield, Clary	Cole, William	13 Aug 1874
Sheffield, Lora	Cole, Samuel S.	27 Mar 1917
Shelborn, Ella V.	Gillespie, Reece B.	13 Apr 1882
Shelborne, J.S.	Williams, Emma	11 May 1887
Shelborne, Minnie S.	Ferguson, A.A.	22 May 1883
Shelbum, Kate	Buck, Cephus S.	28 Dec 1880

Shell, Aaron	F___, Jo Anna	3 Oct 1874*
Shell, Aaron	Kite, Birdie	23 Jul 1899
Shell, Ada	Perkins, Carrick	14 Oct 1903
Shell, Adie	Perkins, Carrick	12 May 1915
Shell, Alex	Vest, Hattie	4 Jun 1899
Shell, Alex	Ray, Nora	23 Oct 1915
Shell, Alfred	Burlison, Eliza Jane	1 Aug 1880
Shell, Alfred G.	Lesuer, Kitty	15 Mar 1887
Shell, Alfred J.	Cordell, Nola E.	14 Sep 1883
Shell, Andy	Gragg, Leby	30 Dec 1899
Shell, Andy	Pritchard, Dolly	20 Dec 1917
Shell, Anna Lee	Campbell, N.S.	22 Mar 1904
Shell, Arthur	Winters, Hettie	20 Dec 1912
Shell, Arthur	Street, Dovie	29 Apr 1917
Shell, A.J.	Lewis, Hester A.	29 Nov 1885
Shell, A.J.	Trivett, Lillie W.	19 Sep 1896
Shell, A.J. (Mr.)	Hammer, L.F.	26 May 1878
Shell, Barshia Ann	Dempsy, James	29 Nov 1881
Shell, Bertha	Phillips, Avery	22 Apr 1906
Shell, Birtha	Oaks, James	5 Apr 1905
Shell, Callie	Blevins, William	27 Feb 1893
Shell, Callie	Brewer, Edgar	24 Aug 1906
Shell, Carrie	Winters, Edd	31 Mar 1920
Shell, Carter	Morgan, Sarah	10 Mar 1895
Shell, Charles	Lewis, Julia	2 Apr 1899
Shell, Charles	Daugherty, Florence	23 Mar 1907
Shell, Charles	Tipton, Cora L.	24 Dec 1918*
Shell, Charlie	Perkins, Mary	18 Jul 1919
Shell, Chris	Woods, Lockey	26 May 1908
Shell, Daisy	Lowe, Anderson	6 may 1916
Shell, Daniel	Clark, M.L.	1 Nov 1885
Shell, Daniel	Morgan, Mollie	25 Dec 1899
Shell, Deby	Boon, John	26 Dec 1882
Shell, Delia	Johnson, N.C.	11 Sep 1892
Shell, Ed	Julian, Netie	30 Mar 1901
Shell, Ed	Miller, Belvia	18 Aug 1907
Shell, Edd	Gragg, Jane	8 Sep 1900
Shell, Eddie	Fondren, Nannie	18 Aug 1906
Shell, Effie	Miller, Allen	29 May 1904
Shell, Effie	Troutman, Samuel	7 Jun 1913
Shell, Ella	Johnson, R.E.	22 Jun 1891
Shell, Etta	Brewer, David	26 May 1900
Shell, E.B.	Whitehead, L.L. (Mr.)	19 Sep 1897
Shell, Faitha	Shell, Hugh	14 Mar 1914
Shell, Florence	Stanly, Bert	4 Jun 1916
Shell, Florence	Rowe, Jacob	26 Jul 1908
Shell, George H.	Coleman, Maggie	21 Nov 1901

Shell, Harriett	Mottern, George	6 May 1877	
Shell, Harrison	Pinion, Nola	25 Oct 1919	
Shell, Harvey	Tucker, Mandie	30 Jul 1920	
Shell, Henry	Bunton, Ettie	12 Jul 1896	
Shell, Henry G.	Shell, Mamia	23 Nov 1912	
Shell, Howard	Whitehead, Myrtle	24 Mar 1918	
Shell, Hugh	Shell, Faitha	14 Mar 1914	
Shell, H.J.	Albright, Sarah	21 May 1871	
Shell, Isaac T.	Feathers, Lucy E.	5 Aug 1883	
Shell, Jack	Caraway, Lorina	12 Feb 1900	
Shell, Jamer B.	Frasier, Julia C.	13 Dec 1888	
Shell, James	Hampton, Matilda	1 Sep 1874	
Shell, James A.	Lewis, Jennie C.	15 Jan 1893	
Shell, James C.	Feathers, Amanda	11 Jul 1907	
Shell, James E.	Loudermilk, Cordelia	11 Jul 1874*	
Shell, James T.	Swiney, Basha	23 Aug 1892	
Shell, Jane	Peters, John	1 Oct 1902	
Shell, Jane	Jones, W.H.	10 Nov 1907	
Shell, John	Whittimire, Edna	17 Mar 1902	
Shell, John	Phillips, Tibosa	1 May 1909	
Shell, John A.	McClain, Ann	12 Jan 1907	
Shell, John A.	Cole, Bell	6 Jun 1908	
Shell, John F.	Morton, Martha J.	20 Sep 1884*	
Shell, John L.	Boon, Lidda	3 Aug 1887	
Shell, J.A.	Harvey, Flosie	8 Sep 1912	
Shell, J.E.	Donnelly, Cora	6 Jun 1899	
Shell, J.F.	Curd, Verna Lee	16 Oct 1915	
Shell, J.L.	Birchfield, Polly	17 Apr 1908	
Shell, J.L.	Thomas, Hattie	23 Sep 1917	
Shell, J.L.	Thomas, Hattie	20 Sep 1917	
Shell, J.T.	Briggs, Mary	16 Dec 1897	
Shell, Kate	Ellis, Robert T.	20 Dec 1915	
Shell, Laura	Johnson, Fred W.	23 Apr 1919	
Shell, Laura A.	Williams, William C.	27 Dec 1892	
Shell, Legusta	Shell, Thomas J.	27 Jan 1918	
Shell, Lenore	Richardson, Maggie	14 Feb 1899	
Shell, Leonard	Pugh, Hester A.	7 Jan 1883	
Shell, Leonard	Richardson, Coldonia	12 Oct 1906	
Shell, Leonard	Bowman, Beckie	30 Oct 1914	
Shell, Loucinda	Leach, John J.	8 Sep 1889	
Shell, Lovie	Watson, Amos	10 Nov 1917	
Shell, Lucille	Brumit, Joseph	9 Mar 1909	
Shell, Lyda E.	Persinger, Charles	24 Dec 1897	
Shell, L.T.	Stepp, Mollie	6 Dec 1891	
Shell, Maggie	Edens, E.L.	11 Nov 1894	
Shell, Maggie	Brown, Hilton, H.	8 Jan 1907*	
Shell, Malelda	Snodgrass, John S.	21 Aug 1871*	

Shell, Mamia	Shell, Henry G.	23 Nov 1912
Shell, Manda	Cooper, H.S.	2 Jul 1915
Shell, Margaret	Hinkle, James	20 Aug 1871
Shell, Martha	Humphrey, Andrew	6 May 1877
Shell, Mary	Whitehead, Henry	25 Jul 1897
Shell, Mary	Palmer, Noah	1 Apr 1920
Shell, Mary E.	Williams, James H.	6 Jan 1881
Shell, Mary E.	Larimer, E.W.	28 May 1882
Shell, Mary S.	Pearce, Andrew J.	28 Feb 1889
Shell, Milton	Patton, Mamie	29 Jul 1906
Shell, Minnie	Holden. W.H.	11 Apr 1896
Shell, Minnie	Thomas, H.F.	29 Jul 1904
Shell, Minnie	Birchfield, Nathan	24 Dec 1912
Shell, Minnie C.	Hawkins, Thomas N.	10 Feb 1904
Shell, Mollie E.	Range, G.M.	21 May 1899
Shell, Monta	Howell, Lena	17 Sep 1911
Shell, M.T.	Minton, Minnie C.	1 Oct 1896
Shell, Nathaniel	Harvy, Josie	22 Dec 1889
Shell, Nellie	McGee, Edd	3 Nov 1912
Shell, N.D.	McCorkle, Fathie	17 Nov 1889
Shell, N.T.	Morrell, Dora	11 Feb 1900
Shell, Ollie	Wood, R.F.	1 Feb 1914
Shell, Ollie	Humphrey, Nellie	25 Feb 1917
Shell, Pearl	Wilcox, Frank	17 May 1915
Shell, Rhoda	Stover, J.L.	24 Dec 1896
Shell, Robert	Gragg, Ida M.	12 Feb 1903
Shell, Rosa	Winters, Lute	27 Aug 1909
Shell, Ruthie E.	Hart, William	24 Apr 1881
Shell, R.M.	McKinney, E.B. (Mr.)	19 Jan 1919
Shell, Samuel	Watson, Ellen	25 Dec 1906
Shell, Samuel J.	Hendrix, Julie E.	16 Sep 1888
Shell, Sarah	Gourley, John H.	18 Apr 1883
Shell, Scott	Hendrix, Emily	6 Oct 1896
Shell, Stella	McKinney, Will	22 Jan 1908
Shell, Steward	Holder, Nora	15 Sep 1907
Shell, Sudie J.	Butler, Ephraim S.	17 Sep 1897
Shell, Susan	Simmons, F.J.	2 Dec 1877
Shell, S.F.	Campbell, Blannie	25 Dec 1917
Shell, Thomas J.	Shell, Legusta	27 Jan 1918
Shell, Walter	Range, Lucy	8 Jun 1919
Shell, Will	McKinney, Bertha	11 Oct 1920
Shell, William H.	Wyatt, Vena E.	13 Apr 1879
Shell, William H.	Hughes, Nora L.	17 Sep 1899
Shell, William H.	Manning, Laura Bell	7 Jan 1907
Shell, William L.	Cook, Anna Bell	31 May 1902
Shell, William M,Sr.	Crow, Alice	18 Nov 1885*
Shell, William N.	Tipton, Martha E.	30 Dec 1880

Shell, W.D.	Gouge, Mira	17 Apr 1897
Shell, W.H.	Howell, Daisy	5 Jan 1901
Shell, W.H.	Range, Myrtle	12 Apr 1903
Shellborne, Minerva	Kinght, Frank H.	23 May 1911
Shelton, Jessie L.	Walker, Matilda K.	14 Jan 1914
Shelton, Minnie	Deloach, Robert	9 May 1909*
Shepard, Rosco	Freeman, Oma	18 Mar 1905
Shepard, Rosie	Markland, Kyle	22 Jul 1906
Shepard, Sandusky	Gregg, Arvil	27 Feb 1916
Shepherd, Eveline	_____, Jonathan	11 Nov 1875
Sheppard, Briscoe	Haymanes, Mary	28 Oct 1914
Sheppard, Briscon	Harrison, Rachel	16 Jul 1907
Sheppard, G.D.	Hubbard, Josie	16 Jul 1917
Sheppard, L.W.	Thomas, Julia	9 Aug 1901
Sheppard, Philmore	Fields, Lyaid	16 Feb 1913
Sheppard, Rosa	Hopson, George	1 Jul 1913
Sheppard, R.L.	Price, Ruth	26 Jan 1914
Sherrill, Elda E.	Britt, Sinkles	29 Sep 1914
Sherrill, Luther	Price, E.	10 Feb 1914
Shipley, Crithie	Carr, Odd	9 Feb 1919
Shipley, Ethel	Malone, Robert	3 Dec 1918
Shipley, E.C.	Grindstaff, Edna B.	23 May 1920
Shipley, Mattie	Lyons, Elbert	22 Dec 1912
Shipley, Nellie	Massengill, Jim Ben	23 Dec 1911
Shipley, Ollie	Massengill, Bill	15 Jun 1918
Shipley, Rena	Hyett, Arthur	21 Apr 1906
Shipley, Renie	Carr, Cain	1 Mar 1915*
Shipley, Renie	Carr, Cainie	1 Mar 1918
Shipley, Rhudy	Buck, Annie	15 Apr 1920**
Shipley, William	McKinney, Sarah	2 Nov 1871
Shipley, W.F.	Williams, Ethel	28 Dec 1905
Shiply, Phillip	Stout, Anie	9 May 1913
Shiply, Sarah C.	Glover, John	26 Sep 1886
Shipman, Hattie	Killingworth, S.A.	15 Nov 1903
Shipwash, Mary M.	Buntin, T.J.	8 Mar 1901
Shoemaker, Bynum	Wallace, Neoma	25 Nov 1918**
Shoemaker, Caroline	Gourley, G.W.	18 May 1872
Shoemaker, Clara	Livsy, George	29 Oct 1902*
Shoemaker, George	G_____, Ellen	22 Feb 1878*
Shomaker, Annie	Green, Clyde	9 Jun 1917
Shoolbred, John M.	Toncray, Mary G.	13 Mar 1890
Shor, Charlie	Smith, Julia	20 Jul 1920
Shores, Joseph	Harrison, Dora	2 Dec 1906
Shores, Walter W.	Crow, Ellie	28 Nov 1892
Short, Charles D.	Wilson, Emma B.	27 Aug 1891*
Shote, M.J.	Johnson, Nola	26 Jun 1912
Shoun, Bessie M.	Taylor, A.G.	22 Dec 1899

Shoun, Cora	Myer, Daly	22 Dec 1917
Shoun, David	Colbaugh, Nancy	28 Dec 1901
Shoun, Elijah	Campbell, Janice	11 Apr 1901
Shoun, Frederick	Hardin, Margaret	2 Mar 1872*
Shoun, Jacob	Harden, Lilly	10 Jan 1903
Shoun, John B.	Stalling, Rosa A.	4 Aug 1900
Shoun, Lydia	Hayes, George C.	17 Nov 1901
Shoun, Martha E.	Shuffield, Landon C.	22 May 1898
Shoun, Powell	Campbell, Sallie	22 May 1904
Shoun, Stacy	Taylor, Ted	25 Apr 1916
Shoun, T.N.	Hardin, Martha	31 Jul 1897
Showman, Callie	Griffin, J.C.	10 Apr 1895
Shown, Arthur	Kite, Grace	27 Aug 1908
Shown, Bessie	Elliott, P.H.	12 May 1907
Shown, B.D.	Tribble, Bell	6 Aug 1910
Shown, C.R.	Buckler, Matilda	1 Dec 1907
Shown, George	Lowe, Maggie	25 Mar 1909
Shown, Hugh C.	Gragg, Thelma	6 Feb 1909
Shown, Jake	Harden, Bell	4 Apr 1907
Shown, John	Nidiffer, Jennie	14 Dec 1911*
Shown, J.L.	Goodwin, Eddie	30 Jun 1907
Shown, J.M.	Shuffield, Ethel	1 Mar 1905
Shown, Kate	Smith, Doran	25 Dec 1913
Shown, Lydia	Williams, David C.	8 Mar 1908
Shown, Nannie	Peters, James	12 Apr 1913
Shuffield, Alice	Ward, Alfred S.	17 Dec 1900
Shuffield, Amanda	B____, R.	18 Feb 1875
Shuffield, Bettie	Cole, W.P.	13 Dec 1898
Shuffield, C.G. (Mr.)	Renfro, L.J.B.	22 Mar 1908
Shuffield, C.J.	Grindstaff, David K.	5 Dec 1872
Shuffield, Dayton	Carrier, Sarah	28 Jan 1906
Shuffield, Ethel	Shown, J.M.	1 Mar 1905
Shuffield, Ida	Lewis, James	25 Jun 1910
Shuffield, J.H.	Weatherman, D.L.	22 Feb 1891
Shuffield, Lanain	Heatherly, Rebecca	9 Mar 1878
Shuffield, Landon C.	Shoun, Martha E.	22 May 1898
Shuffield, Maritha	Greer, William S.	22 Aug 1871*
Shuffield, Mary	White, Richard	27 May 1877
Shuffield, Mary	Culbert, Robert	22 Dec 1903
Shuffield, Mary	Lyons, Andrew	13 Sep 1908
Shuffield, Melvina	Perdin, Silas	14 Jul 1871
Shuffield, Orlina	Peters, Nicholas	14 Mar 1881
Shuffield, Oscar	Grindstaff, Alice	5 Mar 1906
Shuffield, R.H. (Mr.)	Vaught, A.M.	28 Nov 1906
Shuffield, Willery S.	(illegible)	26 Sep 1874*
Shuffield, William	Grider, Virgie I.	22 Feb 1918
Shuler, Sarah E.	Hatcher, James A.	12 Aug 1899

Shull, Andrew J.	Grindstaff, N.J.	25 Nov 1879
Shull, D.H.	Moore, Bettie Jane	21 Aug 1913
Shull, D.T.	Bowie, Emma	6 Oct 1912
Shull, D.T. (Mr.)	Whitehead, C.H.	3 Dec 1899
Shull, J.D.	Taylor, Pearl	28 Jun 1914
Shull, J.F.	Finney, Eva	27 Aug 1916
Shull, J.N.	Fair, Maggie	7 Jul 1895
Shull, Leonard	Grindstaff, Jane	15 Oct 1871
Shull, Lillie	Ritts, C.H.	29 Mar 1900
Shull, Maggie	Campell, T.C.	30 May 1903
Shull, Sallie	Jackson, C.A.	20 Feb 1904
Shumaker, Bynum	Wallace, Neoma	3 Nov 1918
Shumate, Jayne Clyde	Whitt, Jeremy Pate	26 Mar 1904
Shupe, P.E.	Fletcher, Emma L.	23 Aug 1896
Shupe, W.B.	Harrell, Hannah	28 Feb 1872*
Sigler, John W.	Hyder, Hattie	16 Dec 1914
Silver, Ella	Milam, George	27 Nov 1916
Silver, G.H.	Autrey, Julie	26 Jun 1906
Simerly, Annie J.	Brinkley, Dallas F.	20 Nov 1900
Simerly, Arthur	Brewer, Bell	18 Aug 1914
Simerly, Bell	Nave, Charlie	6 Feb 1916
Simerly, Bettie	Townsell, James	10 Jul 1908
Simerly, Birdie	Potter, William	7 Jan 1906
Simerly, Catherine	Carriger, Nicholas	1 Jan 1873
Simerly, Celia	Miller, William	6 May 1911
Simerly, Celia A.	Church, John L.	5 Apr 1893
Simerly, Charles	McClain, Lillie	16 Dec 1899
Simerly, Charles C.	Phillips, Birtha	27 Jan 1912
Simerly, Chester	Johnson, Florence	29 Apr 1908
Simerly, Clyde	McKinney, Ibbie	26 May 1918
Simerly, Cordia	Roberts, Birt	18 Apr 1920
Simerly, Daniel	Gouge, Jane	7 Apr 1881
Simerly, David	Franklin, Dora	25 Apr 1897
Simerly, David	Honeycutt, Mary	29 Jul 1907
Simerly, David A.	Perry, Deby	3 Jun 1899
Simerly, David W.	Headrick, Mary J.	22 Nov 1891
Simerly, Dayton M.	Burage, Elma	4 Jun 1918
Simerly, D.A.	Carver, Biddie	12 Jun 1902
Simerly, D.A.	Barnett, Pheba	21 Jun 1912
Simerly, Emma	Ellis, J.H.	5 Jul 1885
Simerly, Ethel	Jenkins, Harve	20 Apr 1918
Simerly, George M.	Hilton, Virtie A.	21 Oct 1911
Simerly, Guss	Dugger, Belle	19 Apr 1906
Simerly, G.T.	Folsom, Mollie C.	24 Aug 1876
Simerly, Hattie	Honeycutt, Zeb	15 May 1904
Simerly, Hill Matney	Roberts, Biddie	8 Jul 1920
Simerly, James	Blevins, Nancy	5 Dec 1872

Simerly, Jane	Holly, D.H.	1 Jun 1886
Simerly, Joe	Potter, Sudie	10 Apr 1916
Simerly, John	Stephens, Mary J.	11 Mar 1882
Simerly, John	Hyder, Ida	10 Mar 1907
Simerly, John	Whitehead, Ora	5 Jan 1908
Simerly, John B.	Vandeventer, Nancy A.	4 Apr 1879
Simerly, John B.	Smith, Rhoda A.	16 Oct 1883
Simerly, John F.	Headrick, Sarah A.	14 Feb 1897
Simerly, John F.	Merritt, Lizzie	15 Oct 1893
Simerly, John H.	Smith, Alice	9 Jun 1895
Simerly, Johnson H.	Campbell, Loura C.	3 Nov 1878
Simerly, J.C.	Jenkins, Nettie	29 Mar 1904
Simerly, J.C.	Arrowood, Nancy	15 Jun 1907
Simerly, J.L.	Chambers, Susan	20 Aug 1905
Simerly, Kirk	Tolly, Buna	3 May 1908
Simerly, Lorina	Campbell, Willie E.	17 Jul 1892
Simerly, Lucy	Stepp, Henry P.	31 May 1896
Simerly, Lula A.	Hanaker, Arther A.	3 Sep 1879
Simerly, Mae L.	Goodwin, L.L.	12 Oct 1904
Simerly, Martha	Merritt, Louis C.	28 Jun 1914
Simerly, Mary	Gouge, David	23 Jan 1873*
Simerly, Mary	Smith, H.J.	7 Aug 1884
Simerly, Mary	Street, John	2 Sep 1900
Simerly, Mary	Caudill, T.D.	3 Apr 1915
Simerly, Mary Jane	Cord, Samuel D.	19 Deb 1908
Simerly, Maud	Jenkins, Ed	9 Mar 1918
Simerly, Maude	Nave, Delmer	21 Jun 1920
Simerly, Milton	Cole, Ester	11 Apr 1919
Simerly, Mollie	Williams, William	27 Mar 1890
Simerly, Nancy	Simerly, Robert	20 Feb 1916
Simerly, Nat	Williams, Mary A.	24 Jan 1892
Simerly, Nellie F.	Carriger, S.A.	5 May 1912
Simerly, N.T.	Hartly, Dora	21 Jul 1911
Simerly, Polly	Clark, Nat	1 Dec 1910
Simerly, Rebecca J.	Hughes, Nathan	6 Oct 1889
Simerly, Rhoda	Cates, Robert	25 Dec 1908*
Simerly, Robert	Hill, Mary	23 Apr 1886
Simerly, Robert	Simerly, Nancy	20 Feb 1916
Simerly, Roderick	Whitehead, Julia	21 Sep 1891
Simerly, Rossie	Whitehead, Celia	4 Apr 1920
Simerly, Rowena	Yount, Logan	27 Dec 1911
Simerly, R.	Ingleton, May	5 Apr 1907*
Simerly, R.L.	Hill, Elizabeth	30 Mar 1907
Simerly, R.T.	Ellis, Ora B.	5 Jan 1902
Simerly, Sallie	Smith, James	1 Nov 1912
Simerly, Sam E.	Taylor, Rosa	2 Nov 1918
Simerly, Samuel	Odom, Vicy	31 Aug 1913

Simerly, Sarah	Blevins, John	25 Aug 1877*
Simerly, Sarah	Cochran, John	18 Mar 1880
Simerly, Sarah	Fondren, John B.	21 Jul 1883
Simerly, Stella	Arwood, J.W.	8 Oct 1916
Simerly, Susan	Geisler, W.D.	30 Dec 1894
Simerly, S.S.	Holly, M.A.	20 Feb 1900
Simerly, Tilden	Hill, Charley	15 Oct 1914
Simerly, T.B.	Estep, Minnie	5 Aug 1911
Simerly, Walter	Jenkins, Pearl	9 Mar 1910
Simerly, Will	Ingram, Martha	22 Jul 1920
Simerly, William	Hopson, Margaret	8 Jul 1876
Simerly, William	Roberts, Margaret	4 Apr 1880
Simerly, William H.	Oaks, Evelyn	23 Feb 1873
Simerly, William H.	Butler, Mary	22 Nov 1893
Simerly, Willie	Banks, Mary	22 Mar 1903
Simerly, W.G.B.	Hyder, Mattie A.C.	24 Oct 1880
Simerly, W.Y.	Mitchell, Mary B.	3 Mar 1898
Simmerman, Charles	Range, Ruth C.	3 Dec 1896
Simmon, James M.	Young, H.L.	1 Jan 1890
Simmons, Annie	Leach, W.M.	21 Sep 1891
Simmons, F.J.	Shell, Susan	2 Dec 1877
Simmons, Jeanette	Humphrey, G.F.	30 Aug 1917
Simmons, Maggie	Campbell, William A.	11 Dec 1887
Simmons, Mary	Teague, Oscar	25 Feb 1914
Simmons, Nellie	Little, James	24 Dec 1911
Simmons, Susan E.	Patton, T.J.	5 Mar 1899
Simmons, W.E. (Mr.)	Young, L.A.	5 Mar 1885
Simons, Lewis	Cates, Alice	19 Nov 1871
Simpson, James	Blevins, Julia	5 Nov 1910
Simpson, J.M.	Scott, Virda	16 Jan 1903
Sims, Andy	Guinn, Hattie	11 Jan 1914
Sims, Annie	Edens, Harrison	16 Aug 1919
Sims, Annis	Oxendine, Edd	10 Nov 1917
Sims, Austin	Tribett, Jane	26 Oct 1879
Sims, Birty	McKinney, J.B.	7 Feb 1914
Sims, B.B.	Harris, W.O. (Mr.)	13 Oct 1912
Sims, Charles	McKinney, Dacia	27 Mar 1898
Sims, Charley	Montgomery, Mary J.	3 Nov 1878
Sims, Chrisly	Glover, Dora	21 Dec 1894
Sims, Dan	Forbes, Kate	12 Jan 1913
Sims, Dora Bell	Jenkins, Fred C.	21 Feb 1919
Sims, Eliza	Chambers, D.E.	27 Nov 1890
Sims, Fina	Hampton, Joseph	8 Aug 1896
Sims, Fina	Ellis, Abbie	29 Jan 1920
Sims, Henry	Merritt, Eliza Jane	4 Sep 1878
Sims, Hettie	Hoss, Thomas	10 Oct 1915
Sims, Julia	Henry, John L.	4 Feb 1877*

Sims, Martha	Watson, Wily	15 Jan 1888
Sims, Mary	Hamby, Allen	24 Nov 1877
Sims, Mary	McKinney, John	16 May 1893
Sims, Maud	McKinney, Pinkney	24 Sep 1916
Sims, Mollie	Hyatt, Jerry	30 Jul 1906
Sims, Mollie	Jenkins, R.R.	25 Dec 1912
Sims, Rhoda	Hyder, James	29 Sep 1908
Sims, Sarah	Pritchet, Alfred	3 Feb 1897
Sims, Taylor	Gourley, Susan	4 Nov 1909
Sims, William	Chambers, Mary	25 Aug 1907
Sims. Andrew J.	McKinney, Minnie B.	24 Jul 1892
Singleton, Eula Mae	Wood, Jacob H.	15 Oct 1912
Singleton, Mary	Mosley, John	22 Mar 1897
Singleton, Mirah	Gregg, James	8 Aug 1893
Sivin, V.M.	Hart, Lottie	5 Dec 1908
Sizemore, Dokie	Buchanan, General	6 Aug 1907
Sizemore, Ellen	Perkins, Jacob W.	12 Feb 1884
Sizemore, E.W.A.	Sizemore, Visa	2 May 1882*
Sizemore, John	Ward, Jennie	13 Jul 1907
Sizemore, Lena	Miller, William	29 Jul 1900
Sizemore, Lena	Guinn, William	26 Jun 1901
Sizemore, Mollie	Oaks, William G.B.	5 May 1883
Sizemore, Myra	Barnett, Aaron	17 May 1903
Sizemore, Nat	Marrott, Emiline	28 Jul 1878
Sizemore, Pollie	Wilcox, Calep	17 Feb 1883
Sizemore, Visa	Sizemore, E.W.A.	2 May 1882*
Skinner, H.C.	Hart, Alice	6 Nov 1892
Skipper, Mary	Brown, George	1 Jul 1905
Skipper, Rosa	Briggs, George	26 Sep 1904
Skipper, Thomas	Miller, Ann	4 Feb 1881
Skirvin, Alice	Allen, J.R.	22 Feb 1903
Slagel, Bell	Hart, C.E.	29 Jun 1919
Slagle, Abner	Newton, Elizabeth	31 Dec 1885
Slagle, Annie M.	Bradley, Frank	9 Jul 1906
Slagle, Austin	Lowe, Bertha	10 Sep 1916
Slagle, A.P.	Hart, Eliza	31 Aug 1895
Slagle, Bess	Givens, Robert	11 Apr 1917
Slagle, Carrie	Ellis, Landon C.	14 Dec 1890
Slagle, Charles	Trusler, Belle	23 Nov 1910
Slagle, Charles	Sams, Lou	5 May 1916
Slagle, Cinda	Jones, Kane	26 Jun 1915
Slagle, Clarrie J.	Taylor, George W.	27 May 1888
Slagle, Elizabeth	Mottern, James H.	14 Jan 1873
Slagle, Ellsworth	Honeycutt, Nettie	8 Jun 1919
Slagle, Essie	Bullock, Robert	16 May 1914
Slagle, Genettie	Barnes, E.A.	3 May 1885
Slagle, Hattie	Massengill, John	8 Jan 1916

Slagle, Hazle	Cressman, Arthur	24 Jun 1917
Slagle, H.R.	Olliver, Carrie	12 Apr 1903
Slagle, Ina P.	Strain, Arthur T.	10 Nov 1917
Slagle, James P.	Bowman, Elizabeth	19 Jan 1897
Slagle, Joannah	Garland, D.H.	5 Dec 1913
Slagle, Lizzie	Morris, Landon	15 Feb 1920
Slagle, Mamie	Reynolds, John S.	11 Feb 1917
Slagle, Margaret E.	Lyon, Alvin M.	25 May 1892
Slagle, Mary	Kun, James M.	25 Jan 1875
Slagle, Mary	Bishop, James	17 Feb 1883
Slagle, Massie M.	Boyd, John E.	17 Feb 1911*
Slagle, Mattie	Milum, Anderson	3 Jan 1883
Slagle, Milburn	Richardson, Pearl	18 Apr 1915
Slagle, Nellie M.	Greenway, J.W.	30 Dec 1913
Slagle, Noah W.	Webb, Bessie E.	9 Jun 1907
Slagle, Peter	Vest, Sophia	6 May 1900
Slagle, Porter	Perry, Sarah	18 Jul 1920
Slagle, Porter L.	Morris, Mary E.	20 Aug 1909
Slagle, Robert L.	Harr, Laura	20 Dec 1892
Slagle, Virginia	Crow, Isaac N.	1 Sep 1878
Slagle, William	Estep, Minnie	11 Apr 1893
Slater, Anna	Garland, John	9 Sep 1912
Slater, L___ May	Grode, Friston L.	18 Sep 1912
Slimp, A.L. (Mr.)	Bowman, L.A.	21 Jun 1908
Slimp, Christine	Burrow, William	8 Jan 1881
Slimp, Cora D.	Ford, Chester F.	10 Jan 1915
Slimp, D.O. (Mr.)	Campbell, L.M.	1 Oct 1911
Slimp, James	Bowers, Delia E.	30 May 1880
Slimp, Olliver	White, Nettie	16 Nov 1913
Slimp, Pearl	Lilly, A.W.	18 Jun 1909
Slimp, Walter	Tester, Polly	6 Apr 1916
Sloan, Comadore	Vance, Lucinda	2 Apr 1881
Sloan, Ed	Young, Ethel	1 Oct 1920
Sloan, Joseph	Hix, N.C.	4 Nov 1882
Sluder, Andy	Johnson, Judy	8 Aug 1904
Sluder, David	Cordnell, Mary	29 Apr 1916
Sluder, Martha	Stepp, George O.	12 Dec 1873*
Sluder, Monroe	Bently, Rosa	6 Jul 1906
Sluder, Smith	McKinney, Bell	25 Dec 1919
Small, William Edw.	Campbell, Lula	3 Jul 1920
Smalling, Alfred B.	Foster, Nannie E.	1 Mar 1893
Smalling, Bessie	Dixon, Duke	19 Dec 1905
Smalling, Bettie	Hyatt, James	3 Nov 1888
Smalling, Burnice B.	Hendrix, John S.	26 Dec 1904
Smalling, C.J.	H___, H.B.	14 Oct 1875*
Smalling, David R.	Carver, Lenda Jane	7 Feb 1909
Smalling, Edd	Williams, Sallie	23 Aug 1914

Smalling, E.B.	Robinson, Stella M.	7 Jul 1898
Smalling, Francis	Barnett, James	14 Aug 1890
Smalling, George P.	Jenkins, Eva L.	16 Apr 1892
Smalling, Georgia B.	Richardson, Orange	30 Jun 1915
Smalling, Henry	Johnson, Alie	5 May 1887
Smalling, Jane	Gourley, William	28 Jul 1878
Smalling, John F.	Orrens, Eliza F.	13 Dec 1888
Smalling, Kyle H.	Williams, Ellen G.	20 Aug 1905
Smalling, Margaret C.	Peoples, John H.	15 Aug 1882
Smalling, Mary	Houston, Samuel	29 Oct 1892
Smalling, Mattie J.	Jackson, William A.	29 Sep 1893
Smalling, Nancy	D____, William H.	10 Sep 1874
Smalling, Prior F.	Campbell, Minnie L.	25 Dec 1911
Smalling, Ross T.	O'Brien, Sarah H.	22 Dec 1912
Smalling, Wright	Daniels, Margaret	13 Jan 1881
Smith, Ada	Large, James B.	20 Sep 1899
Smith, Addie	Cole, W.J.	5 Dec 1908
Smith, Aleck	Perry, Jennie	20 Mar 1920
Smith, Alexander	Carver, Debby	10 Feb 1901
Smith, Alice	Simerly, John H.	9 Jun 1895
Smith, Alice	Timbs, W.B.	9 Aug 1915
Smith, Alice	Russell, Arch	22 Dec 1917
Smith, Alice R.	Brumit, A.C.	14 Feb 1899
Smith, Allie L.	Peters, G.W.	20 Jun 1905
Smith, Amanda	McGinnis, G.W.	29 Dec 1900
Smith, America	Greenlea, Sim	31 Jul 1884
Smith, Andrew Boyd	Bowman, Mary A.	22 Apr 1878
Smith, Andrew Boyd	Bowman, Josephine	12 Mar 1882
Smith, Anilicia	Estep, James	18 Aug 1880
Smith, Ann	Carver, Arthur	21 Sep 1916
Smith, Anna	Neal, Roy	9 Feb 1910
Smith, Annie	Glover, John	5 May 1898
Smith, Annie Pearl	Ruth, J.H.	20 Nov 1908
Smith, Armintie	Combs, Thomas	25 Dec 1902
Smith, A.H. (Mr.)	Hamby, V.A.	22 Feb 1881
Smith, Bernie	Bowers, Allen	26 Aug 1918
Smith, Bertha	Stout, James	2 Nov 1902
Smith, Bessie	Brumit, David	4 Jul 1898
Smith, Bessie	Carriger, G.A.	16 Dec 1900
Smith, Bessie	Crow, Orvil C.	27 Oct 1905
Smith, Bessie	Hurt, Dayton	16 May 1910
Smith, Bessie	Markland, William	3 Sep 1911
Smith, Bonnie	Crow, Jessee B.	24 Aug 1910
Smith, Bowman	Dunn, Mary J.	28 Sep 1896
Smith, Boyd	Dial, Mary Ann	8 Sep 1880
Smith, Bruce	Abslier, Della Bell	3 Jul 1913
Smith, Burl	Hall, Emma	27 Sep 1914

Smith, B. Beatrice	Goodwin, D.	10 Oct 1916*
Smith, Callie E.	Scott, W.F.	3 Apr 1894
Smith, Carl	Smith, Grace	4 Jul 1915
Smith, Charles	Susong, Ella	24 Nov 1901
Smith, Charles	Cates, Callie	15 Jun 1902
Smith, Charles	Lyons, Nannie B.	30 Nov 1905
Smith, Charles	Ellis, Carrie	19 Mar 1915
Smith, Charles	Mottern, Lillie	21 Sep 1919
Smith, China	Cordell, Durris	21 Apr 1917
Smith, Christine	Watson, Luther	23 Feb 1910
Smith, Claude A.	Johnson, Beula B.	19 Nov 1907
Smith, Clinton E.	Johnson, Ina M,	3 Sep 1901
Smith, Columbus B.	Morgan, Nora	25 Nov 1893
Smith, Creed	Lady, Nellie	29 Nov 1909
Smith, C.E.	White, D.L. (Mr.)	17 Dec 1904
Smith, C.F.	Hinkle, Ethel	12 Feb 1911
Smith, Daisy M.	Spear, E.G.	16 Mar 1896
Smith, Daniel	Briggs, Jennie	14 Aug 1911
Smith, Daniel J.	Guy, Sallie	30 Dec 1880
Smith, David	Morgan, Della J.	22 Dec 1895
Smith, David H.M.	Smith, Sarah E.	24 Feb 1878
Smith, David J.	Large, Lucinda	25 Dec 1890
Smith, David J., Jr.	Miller, Hattie L.	24 Jan 1900
Smith, Dean	Markland, Ned	24 Nov 1920
Smith, Deborah	McQueen, L.H.	6 Apr 1915
Smith, Delia	Agers, Joseph	13 Sep 1896
Smith, Dora M.	Lewis, Nicholas J.	16 Jun 1907
Smith, Doran	Shown, Kate	25 Dec 1913
Smith, Dovie	Lacy, D.W.	16 Dec 1900
Smith, D.J. Jr.	Burgie, Annie	31 Jul 1894
Smith, Ed	Brown, Bertha	12 Feb 1907
Smith, Ed	Pearce, Lilly	30 Dec 1907
Smith, Edd	Tigue, Earl	30 Apr 1916
Smith, Edith E.	Taylor, James P.	30 Dec 1891
Smith, Elbert	Campbell, Roxie	15 Jun 1919
Smith, Elbert W.	White, Ona B.	23 May 1920
Smith, Elijah	Winters, Sallie	6 Sep 1896
Smith, Elizabeth	Buckles, Forney	25 Dec 1909
Smith, Ellen	Bennett, J.D.	24 Jan 1915
Smith, Emily C.	Wilson, David L.	13 Jun 1881
Smith, Emma L.	McNabb, A.W.	21 Dec 1882
Smith, Ernest	Peters, Nannie	26 Apr 1916
Smith, Eva	Holly, Charley	12 Aug 1906
Smith, Evaline	Morris, J.M.	2 Aug 1878
Smith, Evert	Miller, E.C.	19 Dec 1898
Smith, E.J.	Wagner, Ada	19 Oct 1903
Smith, Fine	Wetherspoon, Marshll	31 Mar 1906*

Smith, Finly	Eggers, Leah	20 May 1911
Smith, Francis	Stover, David	10 Nov 1897
Smith, Francis E.	Lewis, J.M.	30 Jun 1892
Smith, Frank	Jones, Molly	3 Mar 1913
Smith, Franklin A.	Crockett, Cornelia A.	1 Jan 1878
Smith, Fred	Odom, Sultina	1 Nov 1914
Smith, George	Bowers, Lucy	22 Sep 1892*
Smith, George A.	Carriger, Grant	6 Jun 1886
Smith, George H.M.	Hathaway, Nanny	25 Jan 1877
Smith, George M.	McClure, Louisa	20 Feb 1904
Smith, Glen	Glover, Thomas	19 Apr 1914
Smith, Grace	Smith, Carl	4 Jul 1915
Smith, Grace D.	Masters, J.M.	7 Jun 1910
Smith, Grant	Morton, Lela	18 Jan 1917
Smith, Grover	Large, Lillie	30 Mar 1907
Smith, G.D. (Mr.)	Lyons, R.A.	13 Nov 1892
Smith, Ham	Angel, Mary	4 Sep 1915
Smith, Hamilton	Taylor, Matilda	24 Nov 1884
Smith, Hattie	Nave, Fate	24 Aug 1902
Smith, Hattie	Bowling, Frank	8 Dec 1915
Smith, Hattie	Pool, Conley	23 Mar 1919
Smith, Henry	Banner, Nettie	23 Jul 1905
Smith, Henry H.	Bowen, Rebecca	22 Apr 1890
Smith, Hettie	Lewis, John	6 Jun 1908
Smith, Hobart	Webb, Phebe	7 Jul 1919
Smith, Homer R.	Bowers, Nellie	24 Jun 1914
Smith, H.A.	White, Ella	7 May 1911
Smith, H.C.	McIntosh, Sarah A.	9 Mar 1876
Smith, H.J.	Simerly, Mary	7 Aug 1884
Smith, H.J.	Lacy, J.W.T. (Mr.)	21 Jan 1909
Smith, Ida	Hathaway, Charles	5 Feb 1899
Smith, Ida	Large, George	16 Aug 1899
Smith, Ida	Blevins, David	19 Jun 1910
Smith, Ida	White, John T.	21 Nov 1911
Smith, James	Lewis, Eliza	9 Apr 1871
Smith, James	Miller, Ann	19 Sep 1871
Smith, James	Campbell, Susan	11 Oct 1890
Smith, James	Fair, Sarah A.	19 Feb 1893
Smith, James	Carr, Alice	30 Apr 1910*
Smith, James	Simerly, Sallie	1 Nov 1912
Smith, James C.	Pearce, Mary E.	13 Apr 1884
Smith, James H.	Jove, Roda Ann	28 Dec 1910
Smith, James L.	Campbell, Eva	20 Nov 1878
Smith, James L.	Grindstaff, Callie	22 Dec 1898
Smith, Jane	Vance, H.B.	22 Feb 1907
Smith, Jane	Head, Nathaniel	30 May 1909
Smith, Jennie	Bradshaw, John	16 Nov 1901

Smith, Jennie	Wagner, George E.	24 Sep 1903
Smith, Jerry P.	Witherspoon, Ellen	1 Apr 1898
Smith, John	Johnson, Matilda	9 Feb 1875*
Smith, John	Greenlee, Lillie	17 Nov 1901
Smith, John	Perry, Lottie	23 Mar 1914
Smith, John	McKinney, Bessie	14 Feb 1918
Smith, John	Johnson, Madge	26 Aug 1920
Smith, John A.B.	Carden, Mary	4 Mar 1887
Smith, John H.	Ford, Millie	8 Nov 1882
Smith, John M.	Travis, Alice P.	13 Jan 1887
Smith, John O.	Peaks, Minnie C.	4 May 1902
Smith, John R.	Stover, Mary E.	13 Jul 1875
Smith, John T.	Cheek, Susan L.	15 Mar 1885
Smith, Joseph	Smith, Ruthie	27 Sep 1920
Smith, Julia	Shor, Charlie	20 Jul 1920
Smith, J.B.	O'Brien, Mary E.	22 Jun 1882
Smith, J.D.	Vaughn, Amelia	23 Dec 1896
Smith, J.H.	Perry, Nellie	13 Aug 1919
Smith, J.M.	Trusler, Amanda	3 Dec 1913
Smith, J.P.	Johnson, Sarah	8 Jan 1895
Smith, J.P.B.	Teague, Martha	10 Dec 1891
Smith, J.R.E.	Campbell, Martha	24 Dec 1891
Smith, J.T.	Crosswhite, Sarah A.	12 Nov 1895
Smith, J.T.	Lunceford, Lacy	11 Dec 1897
Smith, Laura	Waters, Henry	26 May 1918
Smith, Lauson	McNeely, Carrie	19 Dec 1900
Smith, Lee	Vanhoy, Luzettie	13 Feb 1903
Smith, Lee	Johnson, Hattie	16 May 1918
Smith, Lee	Elliott, Lydia	20 Mar 1920
Smith, Lela	Bowman, David	10 Sep 1908
Smith, Lena	Hunter, Walter E.	16 Jan 1894
Smith, Lena	Lewis, Landon	2 Nov 1907
Smith, Lillie	Justice, K.C.	17 Mar 1899
Smith, Lillie	Humphrey, William	1 Jun 1905
Smith, Lillie	May, Ed	25 Feb 1906
Smith, Lillie	Estep, John	3 Jul 1915
Smith, Lilly	Miller, Samuel	15 Aug 1906
Smith, Lindy	Witherspoon, Sam	27 Dec 1914
Smith, Lizzie	Bowers, I.B.	5 May 1913
Smith, Lizzie	Deal, J.B.	29 May 1915
Smith, Lockie	Hyder. Willis	15 Jul 1911
Smith, Loss	Blevins, Mary	27 Mar 1915
Smith, Lula	Campbell, Percy	12 Sep 1909
Smith, Lum	Clemmons, J.	6 Jul 1905
Smith, Luster	Garland, William	25 Feb 1914
Smith, L.A. (Mr.)	White, B.B.	3 Dec 1910
Smith, L.E.	O'Brien, George	9 Nov 1886

Smith, L.E.L.	Dugger, Cornelia	19 Mar 1882
Smith, Maggie	Hathaway, Samuel P.	23 Sep 1883
Smith, Maggie	McClain, Ed	25 Dec 1905
Smith, Maholia C.	Rosenbalm, J.C.	27 Feb 1898
Smith, Malissa	Gilbert, Edmon	20 May 1877
Smith, Margaret	Gourley, Alfred T.	2 May 1894*
Smith, Martha	Miller, William A.	12 Mar 1882
Smith, Mary	Treadway, John B.	24 Nov 1877
Smith, Mary	Campbell, R.L.	16 Jun 1907
Smith, Mary	McQueen, g.W.	29 Mar 1908
Smith, Mary	Colbaugh, Fred	23 Mar 1913
Smith, Mary E.	Hathaway, John W.	28 Jun 1872
Smith, Matilda	Morgan, Lawson	18 Feb 1894
Smith, Matilda	Vance, William	2 Dec 1889
Smith, Mattie	McKeehan, Lee	25 Mar 1916
Smith, Maude	Blevins, C.A.	28 Apr 1901
Smith, Millie	Miller, Henry	19 Aug 1916
Smith, Minnie	Treadway, Brown	16 Jun 1915
Smith, Minnie K.	Jenkins, William J.	24 Dec 1893
Smith, Mollie	Snodgrass, Thomas	6 Mar 1872
Smith, Mollie	Gouge, Thomas	28 Jan 1886
Smith, Mollie	Massengill, C.D.	24 Feb 1906
Smith, Mollie	Nave, Johnson	24 Nov 1914
Smith, Mona	Jordan, J.Y.	17 Oct 1894
Smith, Myra	Lipps, Raymond	24 Dec 1910
Smith, Myra	Sharp, J.K.	12 Jan 1920
Smith, Myrtle	Anderson, Robert	5 Nov 1909
Smith, Myrtle P.	Elliott, Daniel W.	27 Jun 1920
Smith, M.C.	Eastridge, Catherine	12 Apr 1919
Smith, M.E.	Bunten, W.G. (Mr.)	28 Jul 1911
Smith, M.F.	Cox, J.M. (Mr.)	13 Aug 1910
Smith, M.L.	Hilton, F.L. (Mr.)	23 Oct 1884
Smith, M.L.	Carr, E.C. (Mr.)	1 Nov 1896
Smith, Nancy	Whaley, Nathan	13 Mar 1915
Smith, Nannie	Smith, Sol	12 Jan 1905
Smith, Nannie H.	Henderson, E.D.	3 Sep 1904
Smith, Neelie O.	Bowers, James L.	15 Feb 1908
Smith, Nelia	Peters, Thomas	23 Feb 1912
Smith, Nettie	Kite, Alvin	2 Apr 1909
Smith, Nick	Boone, Oma	14 Mar 1913
Smith, N.C.	Young, Mary	18 Jan 1903
Smith, Ollie	Vaughn, A.J.	10 Sep 1918
Smith, Omie	Brooks, Dave (Col)	7 Jun 1917
Smith, O.P.	Morton, Rinie	25 Dec 1906
Smith, Phoeba	Richardson, Delaney	17 Jun 1893
Smith, P.F.	Campbell, Eller	5 Mar 1911*
Smith, Rachel	Hughes, Rosco	1 Aug 1909

Smith, Rebecca	Clauson, James	8 Jul 1905
Smith, Rebecca Ann	Haun, Wiley Edmon	23 Oct 1881
Smith, Retha	White, Dana	1 Jan 1919
Smith, Rhoda	Largent, Frank	28 Apr 1912
Smith, Rhoda A.	Simerly, John B.	16 Oct 1883
Smith, Rhoner	Spurgin, E.J.	7 Mar 1891
Smith, Robert	Roark, Mary	17 Jun 1914
Smith, Robert	Timbs, Rettie	15 Aug 1919
Smith, Robert A.	Roberts, E.	22 Sep 1873
Smith, Robert H.	Morton, Utilia	12 Mar 1887
Smith, Rosa A.	Hathaway, C.L.	28 Jun 1893
Smith, Rosie	Brown, Thomas	5 Sep 1915
Smith, Ruth Ellen	Hartley, John Albert	25 Jul 1920
Smith, Ruthie	Combes, Benjamin	17 Sep 1898
Smith, Ruthie	Smith, Joseph	27 Sep 1920
Smith, R.A.	Wagner, W.B.H. (Mr.)	2 Feb 1908
Smith, R.F. (Mr.)	Main, S.E.	29 Jan 1912
Smith, R.H.	Gentry, Oka	15 Apr 1920
Smith, R.H.	Gentry, Oka	15 Apr 1920*
Smith, R.S.	Hart, Mary Catherine	4 Jul 1882
Smith, Sam	Perry, Mollie	9 Mar 1915
Smith, Samuel	Markland, Isabel	24 Apr 1893
Smith, Samuel C.W.	Roberts, Blanche	28 Jun 1905
Smith, Sarah	Toncray, A.C.	30 Dec 1872*
Smith, Sarah	Williams, Lloyd	31 Dec 1919
Smith, Sarah A.	Smith, _____	9 Nov 1875*
Smith, Sarah E.	Smith, David H.M.	24 Feb 1878
Smith, Sarah F.	Davis, Jarrus	2 Jan 1871*
Smith, Selia	Hurley, Hamilton	Aug 1877*
Smith, Selma	Wilson, William E.	21 Aug 1920
Smith, Sol	Smith, Nannie	12 Jan 1905
Smith, Squire	Hicks, Ellen	13 Jul 1896
Smith, Susan	Huntly, Pedro	3 Jul 1901
Smith, Susan	Johnson, James	27 Feb 1903
Smith, Susanna	Johnson, Andrew	23 Feb 1873
Smith, S.M.	Allen, W.R. (Mr.)	26 Dec 1890
Smith, Tempie	Gibb, Fain (Col)	9 Sep 1916
Smith, Thomas	Greer, Rebecca	15 Jan 1908
Smith, Tillman	Blevins, Callie	13 Oct 1908
Smith, Vena	Ayers, Stanley	11 Apr 1919
Smith, Virgie	Hodge, France	19 Jul 1909
Smith, V.S.	Rainbolt, J.G. (Mr.)	9 Apr 1911
Smith, Walter	Morrell, Lena	18 Feb 1903*
Smith, Wilder B.	Morton, Jane	24 Jul 1919
Smith, Wilder B.	Morton, Jane	24 Jul 1919
Smith, Willard E.	Goforth, Lorena	16 May 1912
Smith, William	Barnett, Mina	6 Sep 1881*

Smith, William	Perry, Eliza J.	22 Jun 1882
Smith, William	Barnett, Emily J.	5 Dec 1891
Smith, William M.	Loudermilk, Barbara	3 Mar 1889
Smith, Wilson	Holly, Myrtle	22 Dec 1901
Smith, Winzy Ann	Cole, Ben	21 Mar 1907
Smith, W.B.C.	Lacy, Mattie	17 Jun 1886
Smith, W.G.	Shade, Annie	31 Mar 1901
Smith, W.G.B.	Goodwin, Alice C.	30 Oct 1879
Smith, W.G.B.	Matherson, Mary	16 Sep 1883
Smith, W.H. (Mr.)	Matherly, C.B.	28 Nov 1907
Smith, W.K.	Lewis, Amanda	7 Apr 1907
Smith, W.L.	Lineback, Dovey	27 Feb 1901
Smith, W.M.	Large, Agnes	4 Aug 1907
Smith, Zola	Elliott, R.R.	24 Dec 1914
Smith, ____	Smith, Sarah A.	9 Nov 1875*
Smithpeter, Annie	Markland, Chester	11 Sep 1910
Smithpeter, Mary E.	Elliott, Charles D.	26 Sep 1909
Smithpeters, Dora	Huff, Wilson	7 Mar 1884
Smithson, Joseph H.	Wilson, Emma M.	5 Aug 1898
Sneed, Andrew A.	Hale, Cinda	19 Nov 1911
Sneed, Delia	Shaw, Albert	19 Jan 1919
Sneed, Grant	Wilson, Rosa	15 Sep 1911
Sneed, Henry	Woodly, Laura	2 Dec 1920
Sneyd, Mary	Williams, J.W.	23 Feb 1913
Snider, Cora	Fritts, Brady	2 Jun 1917
Snider, Jacob	Bradly, Mary Evoline	17 Sep 1889
Snider, John H.	Church, Lula C.	25 Nov 1896
Snodgrass, Cad	McInturff, Callie	4 Oct 1896
Snodgrass, Cad	Cox, Eddie	26 Sep 1908
Snodgrass, Charles	Linville, Amanda	5 Mar 1894
Snodgrass, Cora	Loyd, A.A.	26 Jan 1914
Snodgrass, C.G. (Mr.)	E____, S.	28 Feb 1875
Snodgrass, Emery	Brown, Drusilla J.	7 Feb 1872
Snodgrass, G.W. (Mr.)	Range, H.A.	27 Jun 1896
Snodgrass, John	Campbell, Anna	30 Jul 1911
Snodgrass, John S.	Shell, Malelda	21 Aug 1871*
Snodgrass, Josie	Constable, William	1 Dec 1895
Snodgrass, Lizzie	Carriger, S.J.	8 Feb 1903
Snodgrass, Margaret	Hughs, David	19 Dec 1877*
Snodgrass, Nannie	McKeehen, George W.	8 Jul 1879
Snodgrass, Nora A.	Dulany, George M.	8 Feb 1893
Snodgrass, R.L.	Brumit, Bernice	29 Nov 1906
Snodgrass, Thomas	Smith, Mollie	6 Mar 1872
Snodgrass, Thomas	Livingston, Birtha	30 Sep 1906
Snodgrass, Worley	Scott, Benna	14 Mar 1907
Snow, Maggie	Morris, Mack	1 Apr 1906
Snyder, Amelia	Williams, Columbus	22 Mar 1919

Snyder, James B.	Rasor, Malinda	16 Jan 1898
Snyder, Minyard	Grindstaff, Alice	24 Jul 1909*
Snyder, Nancie P.	Murrell, Napolian L.	17 Aug 1887
Snyder, W.H.	Imboden, Jennie C.	29 Mar 1884
Sorrell, Madona O.	Goodwin, John A.	14 May 1893
Sorrell, Marsha T.	Oliver, John	1 Oct 1873
Sorrell, M.E.	Lambert, Myrtle	25 May 1908
Sorrell, Nettie	Davidson, Ed	11 Oct 1908
Sorrell, Rosa	Hopkins, John P.	13 Sep 1888
Sorrell, S.P.	Lacy, Martha	11 Feb 1894
South, Sardle E.	Miller, James J.	30 Nov 1913
Sparks, James	Robinson, Maggie	5 Jan 1901
Sparrow, J.D.	Shaner, Henrietta	20 Oct 1910
Spear, E.G.	Smith, Daisy M.	16 Mar 1896
Spears, Charles	Oliver, Elcy	13 Aug 1893
Spears, Elizabeth	Scott, Jackson	22 Jan 1896*
Spears, Holly	Rosenbalm, Fleener	4 Jun 1917
Spears, Maggie	Richards, Charles	10 Aug 1908
Spears, Martha Jane	Presnell, Henry	5 Mar 1906
Spears, Mary	Meredith, Nick	28 Jan 1913
Spears. Marion	Oliver, Martha	16 Feb 1894
Speer, John	Malone, Susan	30 May 1896
Speers, Maggie	Greenway, W.A.	24 May 1896
Speers, Marian	Williams, Mattie	22 Oct 1903
Spencer, Fannie	Burris, John	18 Nov 1918
Spensr, Alice	Glover, Richard	22 Dec 1883*
Spirgin, Manerva	Holly, Frank	1 Jul 1883
Spiva, A.P.	Guinn, Zara	22 Dec 1920
Spragar, William	Crusier, Margaret V.	25 May 1904
Spurgin, E.J.	Smith, Rhoner	7 Mar 1891
Spurgin, Henry	Wallis, Susan	24 Nov 1878
Spurling, W.C. (Mr.)	Fry, M.L.	31 Jul 1918
St John, James T.	Thomas, Josephine	5 Jun 1907
Stabock, Sthel L.	Geisler, Noah H.	25 Dec 1907
Stackhouse, Myrtle	Dunn, Samuel	15 Aug 1891
Stafford, Thomas	Waycaster, Gracie	11 Feb 1910
Staler, Vilas Leon	Buckles, Sallie	2 Aug 1917
Stallcup, Tishia	Phipps, David	16 Nov 1895
Stalling, E.S.	Hyder, Myrtle	4 Oct 1908
Stalling, Rosa A.	Shoun, John B.	4 Aug 1900
Stallings, Hattie E.	Coleman, Julian	17 Sep 1880
Stamy, William	Gribble, Lidia	22 Apr 1908
Standley, F.M.	Street, Annie	29 Aug 1894
Stanley, Charles	Odem, Nancy	19 Aug 1906
Stanley, George	Brown, Alfa	3 Aug 1907
Stanley, Hattie	Barnett, Robert	26 Sep 1916
Stanley, Hattie	Whitehead, James W.	17 Jul 1919

Stanley, Neta	Carmon, Isaac	5 Jul 1920
Stanly, Bert	Shell, Florence	4 Jun 1916
Stanly, Birt	Blevins, Pearl	29 Nov 1913
Stanly, Lockie	Swanner, Joseph	8 Mar 1909
Stanly, Martha	Parks, W.J.	15 Apr 1902
Stanly, Martha	Birchfield, John	27 Mar 1905
Stanly, Molly	Birchfield, Nathan	1 May 1910
Stansberry, Louisa J.	Bryant, Jasper	8 Jun 1895
Staples, Lotta	Beard, James	22 Oct 1910
Star, J.A.	Humphrey, Lou	11 Jun 1902
Starkey, Frank	Crosswhite, Anna	26 Dec 1920
Starnes, Arlena	Stout, Abner	10 Sep 1883
Starnes, Walter	Hyder, Lula	4 Jul 1896
Starnes, Walter	Johnson, Evil	18 Jun 1901
Starnes, William	Johnson, Katie	14 Oct 1905
Starr, N.S.	Jackson, Florence	28 Aug 1912
Staten, Bettie	Jones, Hobart	30 Oct 1920
Staton, W.R.	Patton, Annie C.	5 May 1895
Stedham, Henry	Lewis, Fannie	5 Mar 1920
Stephens, Arthur	Gouge, Myrtle	20 Apr 1918
Stephens, Bell	Tolly, Lace	24 Apr 1917
Stephens, Dave	Leadford, Celia	3 Jul 1907
Stephens, G.W.	Gouge, Bettie	25 Jun 1897
Stephens, G.W.	Grindstaff, Mary E.	24 Apr 1904
Stephens, Hattie	Stephens, Taylor	10 Jul 1891
Stephens, John K.	McKinney, Delila	25 Feb 1891
Stephens, Josie	Tolly, Henry	21 Apr 1917
Stephens, Margaret	Nidiffer, James	4 Nov 1888
Stephens, Mary	Phillips, Frank	17 Dec 1919
Stephens, Mary J.	Simerly, John	11 Mar 1882
Stephens, Tamar	Gouge, Sherman	1 May 1919
Stephens, Taylor	Stephens, Hattie	10 Jul 1891
Stepp, Bessie May	Scott, T.W.	30 Nov 1913
Stepp, Emma J.	Miller, William A.	27 Jan 1894
Stepp, George O.	Sluder, Martha	12 Dec 1873*
Stepp, Henry P.	Simerly, Lucy	31 May 1896
Stepp, Ida	Branch, Sidney	17 Sep 1882
Stepp, James S.	Fair, Susan	2 Oct 1877
Stepp, Laura Alice	Hampton, James M.	1 Apr 1880*
Stepp, Lula	Walker, Samuel B.	8 Nov 1903
Stepp, Mollie	Shell, L.T.	6 Dec 1891
Stepp, Mollie C.	Taylor, Martin N.	2 Sep 1873
Stepp, S.H.	Reynolds, Bessie	16 Nov 1904
Stepp, Willie	Kite, Wallace	13 Dec 1916
Stevens, Amanda	Dugger, Abraham	13 Sep 1896
Stevens, Biddie	Dunn, G.W.	17 Jun 1900
Stevens, Celia	Ellis, James	4 Jul 1897

Stevens, Charles	Davis, Julia	25 Dec 1905
Stevens, Charlotte	Vaughn, William	21 Aug 1875
Stevens, Debby	Tolly, Brownlow	4 Aug 1906
Stevens, Elijah	Price, Eliza J.	17 Feb 1893
Stevens, Ethel	Estep, Elbert	15 Mar 1914
Stevens, Etta	Shaw, Jacob	4 Oct 1911
Stevens, Henry	Cornett, Ida	20 Jun 1903
Stevens, Hester	McKinney, Thomas C.	10 Mar 1881
Stevens, Jane	Price, John	1 Mar 1891
Stevens, John	Richardson, Martha	17 Nov 1895
Stevens, Josie	Tolly, Charles	20 Feb 1912
Stevens, Judy	Whitehead, C.V.	26 Dec 1899
Stevens, Judy	Morton, Jacob	24 Dec 1908
Stevens, Julia	Pritchard, Garrett	18 Jan 1882*
Stevens, J.	Jenkins, Martha	30 Oct 1895
Stevens, J.K.	Street, Hattie	30 Jul 1902
Stevens, Lillie	Wallace, Luther	22 May 1915
Stevens, Mary	Miller, Jacob	23 Mar 1894
Stevens, Mary	Morton, Samuel	12 Mar 1908
Stevens, Maud	McKinney, Walter	19 Sep 1914*
Stevens, Myrtle	Cornett, F.C.	14 Dec 1912
Stevens, Trixie	Hill, James	14 Sep 1902
Stevens, Warren	Teague, Celia B.	10 Jun 1905
Stevens, William M.	Hyder, Ollie J.	18 Jan 1891
Steward, Thomas	Shaw, Iva	28 Apr 1917
Stewart, Jefferson	Greer, Fannie	21 Jun 1913
Stewart, Lou	Aldridge, Stokes	11 Dec 1903
Sthepens, John	Glover, Minnie	29 Jun 1907
Stines, John	Timbs, Ida	22 Jan 1919
Stober, Lucy	Bridges, Earnest	6 Apr 1910
Stober, Mary	Crawford, Cecil	10 Apr 1910
Stockton, Berry	Leadford, C____	17 Feb 1911
Stockton, Johnnie	Hughes, Julia	18 Sep 1910
Stockton, Washington	Freeman, Mollie	12 Sep 1903*
Stoffer, Sallie	Richardson, Elmer	23 Aug 1919
Stone, B.F.	Goodman, Minnie	16 NOv 1896*
Stone, Ora M.	Pierce, John F.	18 Nov 1895
Stone, Samuel L.	Caraway, Mollie	15 Jun 1914
Stophell, William	Trible, Ora	19 Mar 1910
Storie, Thomas	Clark, Maude	29 Jan 1914
Story, Francis M.	Hamit, Lizzie	4 Sep 1907
Story, Jacob	Coleman, Bessie	15 Jun 1904
Story, Maggie	Hicks, Adam	3 Jul 1909
Story, Mary	Hart, Tenn	26 Nov 1908
Story, Nettie	James, W.D.	9 Nov 1913
Stout, Abbie	Deloach, John	19 Aug 1917
Stout, Abner	Starnes, Arlena	10 Sep 1883

Stout, Alice	Byers, J.P.	(? 1897)*
Stout, Alice	Richardson, Walter	6 Feb 1900
Stout, Alvin	Markland, Dora	20 Oct 1907
Stout, Alvin	Andrews, Fannie	21 Feb 1912
Stout, Amelia	Richardson, Willie	2 Jun 1903
Stout, Andrew	Davis, Mary	19 Sep 1896
Stout, Anie	Shiply, Phillip	9 May 1913
Stout, Anis	Cox, George B.	29 Nov 1920
Stout, Anna R.	Guinn, Larkin	10 Nov 1900
Stout, Arthur	Milam, Eva	2 Aug 1903
Stout, A.G.	Hodge, Violet	7 Jun 1919
Stout, Catherine	Ward, Frank	13 Jun 1914
Stout, Clarence E.	Gouge, Bettie	8 Sep 1920
Stout, Clyde	Blevins, Kitty	2 Oct 1915
Stout, C.C.	Price, C.F. (Mr.)	26 Mar 1907
Stout, C___	Moody, Elsie	28 May 1917
Stout, Darey	Lyons, Samuel	24 Dec 1911
Stout, David	Cordell, L.F.	25 Dec 1892
Stout, David	Estep, Catherine	24 Nov 1897
Stout, David C.	Hazlewood, Elizabeth	7 Feb 1891
Stout, Dora	Grindstaff, Clayton	8 Jun 1919
Stout, D.W.	Markland, Levicy	12 Apr 1894
Stout, Earl	Glover, Annie	14 Mar 1918
Stout, Edward	Vines, Maggie	11 Sep 1910
Stout, Emily C.	Potter, W.H.	25 Dec 1888
Stout, Emma	Pendly, Dock	25 Dec 1908
Stout, Emma	Dameron, William D.	25 Sep 1918
Stout, Emma M.	Grindstaff, D.L.	28 Oct 1919
Stout, Essie	Bowers, George T.	4 Jul 1914
Stout, Eva	Nave, Hobert	26 Nov 1916
Stout, Fay	Lady, D.M.	22 Dec 1915
Stout, Fred	Potter, Hildrie	4 Sep 1909
Stout, George	Hodge, Nancy	12 Jan 1900
Stout, George	Oaks, Lucy	27 Aug 1910
Stout, George	Howell, Nancy	22 Aug 1913
Stout, Godfrey	Cole, Corrie	14 Mar 1916
Stout, Gridley	Cole, Tilly	21 Jun 1919
Stout, G.H.	Blevins, Mary	26 Oct 1907
Stout, Henry	James, Cora	22 Jun 1906
Stout, H.D.	Sams, Lou	19 May 1900
Stout, James	Smith, Bertha	2 Nov 1902
Stout, James	Manning, Hettie	20 Sep 1918
Stout, James R.	Beard, Eliza	12 Jun 1919
Stout, John A.	Potter, Susan	14 May 1904
Stout, John L.	Peters, Eva	23 Nov 1883
Stout, John L.	Sutphin, Emily E.	8 Jun 1888
Stout, John M.	Miller, Janie	9 Dec 1900

Stout, Josephine	Taylor, George W.	24 Dec 1880
Stout, Josephine	Whitehead, L.S.	26 Jul 1889
Stout, Julia	Potter, Dan	31 Mar 1907
Stout, J.A.	Meredith, Jennie	26 Sep 1909
Stout, J.R.	Heatherly, Sarah A.	9 Nov 1876
Stout, Lavonie	Sams, Fred	13 Aug 1920
Stout, Lorie	Whitehead, Lawson	9 Dec 1894
Stout, Lorina	Jones, W.H.	14 Sep 1878*
Stout, Mable	Tilly, Garfield	29 Nov 1904
Stout, Madson	Oaks, Rutha	11 Jul 1909
Stout, Marshall	Hart, Lizzie	26 Mar 1919
Stout, Martha E.	Minton, Edlridge S.	16 May 1894
Stout, Mary A.	Irick, George W.	29 Jun 1880
Stout, Mary A.	Wilson, G.W.	6 Feb 1916
Stout, Millard	Glover, Susie	24 Aug 1893
Stout, Minnie	Pritchard, J.C.	25 Jan 1909
Stout, Minnie	Pierce, Henry	29 Mar 1914
Stout, Mollie	Combs, Marshall	6 Aug 1894
Stout, Nat	Lewis, Lena	30 May 1904
Stout, Pinkney W.	Blevins, Kitty	21 Aug 1879
Stout, P.W.	Garland, Martha	14 Sep 1894
Stout, Rader	Clawson, James	4 Nov 1918
Stout, Rebecca	Blevins, Will	20 Aug 1908
Stout, Robert	Heatherly. Alice	24 Dec 1904
Stout, Robert C.	Hayes, Mary E.	29 Nov 1894
Stout, Rosa	Jackson, Alfred	14 Dec 1905
Stout, Rosa	Tolly, Guss	21 Aug 1910
Stout, Rosa	Hale, Andrew F.	10 Nov 1919
Stout, Stacy	Garland, Margie	30 Aug 1916
Stout, Stella	Pearson, Charles	20 Sep 1919
Stout, S.J.	Gilliland, H.T. (Mr.)	19 Oct 1913
Stout, S.L.	Hendirckson, Mary	24 Feb 1894
Stout, Thomas	Hatcher, Venice	24 Nov 1910
Stout, Thomas	Tribble, Bessie	2 May 1914
Stout, T.M.	Franklin, Lue	2 Aug 1886
Stout, Vernie M.	Burrow, Oscar	22 Oct 1919
Stout, Wilkie S.	Bishop, Lucinda	23 Mar 1902
Stout, William	Edens, Letha	24 Dec 1900
Stout, William	Mottern, Nannie	29 Aug 1902
Stout, William B.	Brookshire, Minnie	31 Dec 1911
Stout, William F.	Fritts, Minnie F.	12 Sep 1919
Stout, W.R. (Mr.)	Stover, M.E.	13 Sep 1896
Stout, ____	Morgan, James	26 Sep 1873
Stover, Alex	Gardner, Sarah Ann	7 Sep 1902
Stover, Amelia	Folsom, John M.	12 Mar 1884
Stover, Andreson	Cassida, Julia A.	7 Nov 1877
Stover, Andrew	Watson, Mettie	3 Feb 1910

Stover, Ann	Gibson, Nias	16 May 1894*
Stover, Bessie	Taylor, Shell	25 Apr 1916
Stover, Charles D.	Peters, Connie	15 May 1890
Stover, David	Peters, Nancy	13 Jan 1884
Stover, David	Smith, Francis	10 Nov 1897
Stover, Eliza M.	Maloney, Thomas	14 Oct 1875
Stover, Ella	Edmonson, Frank	26 Mar 1900
Stover, Emma	Peregory, John	28 Aug 1888
Stover, Emma Brooks	Alexander, Henry F.	20 Jun 1894
Stover, Emma Lee	Gorman, Lyde	17 Feb 1917
Stover, Fanny	Stover, Landon	25 Dec 1901
Stover, F.D.	Duffield, Mary E.	25 Dec 1890
Stover, John	Garland, Lillie	1 Sep 1901
Stover, John	Avery, Ida	16 Oct 1900
Stover, John	Crussell, Mattie	16 Jul 1911
Stover, John	Elliott, Maggie	30 Mar 1919
Stover, J.L.	Shell, Rhoda	24 Dec 1896
Stover, Landon	Goins, Rahcall E.	6 Oct 1892
Stover, Landon	Stover, Fanny	25 Dec 1901
Stover, Lee	Thompson, Emma	22 Nov 1894*
Stover, Lee	Phillips, Birtha	29 Jun 1904
Stover, Lilley	Gillem, Walter	16 May 1894*
Stover, Manard	Riggs, Suda	9 Sep 1900
Stover, Mary E.	Smith, John R.	13 Jul 1875
Stover, Mary Jane	Buckles, Isaac B.	3 Feb 1914
Stover, Mary J.	Camerin, William M.	22 Feb 1876
Stover, Maude	Watson, Peter	4 Jan 1912
Stover, Mollie	Marlar, William	4 Jun 1893
Stover, M.E.	Stout, W.R. (Mr.)	13 Sep 1896
Stover, Nathaniel	Robinson, Mattie	6 Apr 1884
Stover, Nathaniel	Gardner, Hattie	27 Jul 1903
Stover, Nias	Griffin, Susan	25 Dec 1887
Stover, Ollie	Ervin, James	12 Jan 1913
Stover, Samuel	M____, Mary	19 Jan 1871
Stover, Soloman	Nave, Livecy	22 Jul 1877
Stover, S.M.	Hopkins, Manda	29 Oct 1878
Stover, W.B.	Peters, Florence L.	3 Sep 1884
Strain, Arthur T.	Slagle, Ina P.	10 Nov 1917
Street, Annie	Standley, F.M.	29 Aug 1894
Street, Annie	Butler, Fayett	11 Dec 1919
Street, Arthur	Hill, Manda	24 Dec 1918
Street, Betty	McKinney, Isaac	24 Sep 1914
Street, Biddie E.	Brumit, John W.	16 Dec 1893
Street, Bill	Forbes, Bettie	10 Aug 1919
Street, Caroline	Hyder, Goff	27 Apr 1884
Street, Charles	Honeycutt, Ettie	17 Jul 1904
Street, Cinda	McKinney, D.M.	27 Feb 1916

Street, Clingman	Gouge, Katie	2 Jan 1898
Street, David	Green, Nora	(? 1893)
Street, David	Garland, Myrtle	25 Feb 1911
Street, David	Carden, Myrtle	1 Jan 1914
Street, Dorser	Woodby, Polly	8 Jan 1909
Street, Dovie	Shell, Arthur	29 Apr 1917
Street, Fancer	Hayes, Bessie	19 Feb 1903
Street, Fouser	Hayes, Bessie	12 Jul 1906
Street, Frank	Brewer, Ida	18 Jan 1913
Street, Gilbert	Honeycutt, Lottie	14 Dec 1887
Street, Grover	Holtsclaw, Bessie	7 Jun 1905
Street, G.B.	Bowers, Elizabeth	3 Aug 1900
Street, Harrison	Barnett, Nellie	8 Nov 1908
Street, Harrison	Brown, Lillie	9 Sep 1911
Street, Harrison	Johnson, Etta	7 Sep 1920
Street, Hattie	Stevens, J.K.	30 Jul 1902
Street, Hattie	Richardson, James F.	20 Oct 1920
Street, Henry	Hurt, Dulie	26 Oct 1913
Street, Isaac	Hyder, Nola	10 May 1916
Street, John	Deney, Vena	25 Dec 1897
Street, John	Simerly, Mary	2 Sep 1900
Street, John	Biggs, Celie	29 Apr 1916
Street, Kansas	Campbell, Lace	25 Jan 1920
Street, Landon	Cathern, Mary	25 Apr 1896
Street, Landon, A.	Brumit, Lucy	19 Jun 1910
Street, Lewis	Boon, Cora	24 Dec 1882
Street, Lockey	Miller, C.M.	30 Jan 1903
Street, Lockie	Brumit, Charlie	23 Mar 1917
Street, Louis	Heaton, Callie	1 Aug 1914
Street, Lula	Johnson, Samuel A.	14 Sep 1919
Street, Mary	Blevins, Elisha	23 Apr 1882
Street, Mary	Street, Taylor	13 Dec 1903
Street, Matilda	Herrell, Clayton	17 Feb 1901
Street, Milton	Gouge, Delia	1 Jul 1906
Street, Minnie	Coleman, John C.	23 Mar 1902
Street, Mollie	Triplet, G.L.	21 Dec 1895
Street, Myra	Jarrett, William	24 Dec 1897
Street, Myrtle	McKinney, Sam	17 Jul 1920
Street, M.C.	Clark, Effie	12 Dec 1920
Street, Nettie	Gouge, Marion	25 Dec 1913
Street, Nola	Hyder, John	24 Jun 1900
Street, Ona	Birchfield, Burnie	12 Aug 1920
Street, Robert	Gouge, Manerva	18 Sep 1898
Street, Robert	Blevins, Harrett	3 May 1919
Street, Rosie	Holt, Robert	2 Nov 1904
Street, Samuel	Troutman, Vista	9 Mar 1907
Street, Sarah	Barger, Alfred B.	29 Jul 1893

Street, Sarah	Greer, Floid	7 Mar 1908
Street, Stephen	Freeman, Hamy	12 Dec 1905
Street, S.O.	Heusely, Vena	5 Apr 1901
Street, S.P.	Jones, Nancy	1 Aug 1902
Street, Taylor	Street, Mary	13 Dec 1903
Street, Vista	Whitehead, James	10 Sep 1893
Street, Westly	Banks, Laura	9 Feb 1902
Street, William	Garland, Judy	28 Jul 1899
Street, William	Hyder, Jane	13 Sep 1913
Street, William	Knight, Rosie	8 Apr 1920
Street, W.M.H.	Hughes, Nellie	3 Sep 1902
Strenther, Daniel	_____, Margaret	13 May 1880
Stret, Lillie	Jones, Raymond	21 May 1908
Strickland, Clarence	Winters, Lucy	26 Jul 1919
Strickland, John	Pilkerton, E.C.	22 Dec 1906
Strickland, Orla	Gourley, D.J.	6 Dec 1917
Strickland, Samuel	Lunceford, S.J.	22 Dec 1906
Strickland, S.S.	Black, Lula	29 Feb 1916
Strothers, Daniel	Fitzsimmons, Sarah	4 Oct 1890
Stump, W.E.	Tipton, Clo	26 Oct 1910
Sturt, John	Carter, Annie	19 Dec 1913
Suess, Charles	Chambers, Laura	23 Jan 1919
Suess, John	Hathaway, Sarah	31 Dec 1889
Sulfin, Nannie	Glover, Robert L.	3 Nov 1904
Sulton, J.R.	Headen, Ethel V.	9 Feb 1910
Sulton, Samuel G.	Giles, Virginia A.	13 Sep 1888
Summers, Anna	Lyons, George	18 Jun 1904
Surgent, J.H.	Grindstaff, Eva	28 Feb 1916
Susong, Ella	Smith, Charles	24 Nov 1901
Susong, George	Harris, Rosa	5 Nov 1892
Susong, James (Col)	Horton, Lillie	9 Jun 1917
Susong, Mary	Gardner, George	27 Sep 1903
Sutfin, Bessie	Bowers, J.A.	25 Mar 1905
Sutfin, John C.	Grindstaff, Eliza K.	31 Mar 1909
Sutfin, Pearl	Lacy, J.W.T.	9 Jun 1901
Sutherland, Brady	Frazier, R.F.	19 Feb 1920
Sutphen, Mary	Dempsy, Jack	5 Nov 1919
Sutphin, Emily E.	Stout, John L.	8 Jun 1888
Sutphin, W.C.	Olson, Amanda	8 Mar 1909
Sutton, J.R.	Turner, Maggie	25 Oct 1905
Sutton, Nancy G.	Hurdt, John L.	12 Mar 1882
Suvillie, W.V.	McCatherine, Sallie	14 Feb 1898
Swadley, Mary May	Barnes, A.B.H.	7 Jun 1899
Swaner, J.F.	Pierce, Sallie	28 Apr 1895
Swanner, Amon	Toney, Lucinda	26 Jul 1879*
Swanner, Anna L.	Little, M.C.	20 Apr 1882
Swanner, Evaline	Whisenhunt, Joseph	31 Aug 1907

Swanner, George	Ausbonre, Ellen	14 Jan 1916
Swanner, Joseph	Stanly, Lockie	8 Mar 1909
Swanner, Joshua	Wilcox, Brunette	17 Jul 1892
Swanner, J.R.	Price, Martha	20 Nov 1892
Swanner, Luther	Clark, Lula	5 Apr 1914
Swanner, Mollie	Sanders, Richard	24 Dec 1881*
Swanner, Taylor	Ward, Lula	12 Jun 1910
Swarthout, E.W.	Keen, Mollie E.	16 Oct 1881
Swift, Dan L.	Young, Mary Alice	13 Nov 1920
Swift, Elizabeth	Garrison, Samuel C.	3 Aug 1884
Swift, Gilbert	Howell, Malinda	23 JUl 1914
Swift, Zella	Taylor, John	22 Feb 1914
Swiney, Basha	Shell, James T.	23 Aug 1892
Swingle, George W.	Hunt, Elizabeth C.	12 Sep 1876
Swinney, J.C.	Estep, Mary	4 Nov 1897
Swinney, Tennie	Widener, Willis	18 Oct 1909
Swinny, Ruby Ellen	Scott, R.L.	20 Aug 1919
Swormer, Dean M.	Buckner, A.A.	4 Dec 1894
Syles, Maggie	Loudermilk, John	21 Mar 1894
Syter, Mary	Baker, William	21 Dec 1871
Tacket, Milde	Scalf, Sam	10 Feb 1917
Tainter, Carson M.	Pierson, Steve	5 Jan 1918
Talylor, Victoria	Pierce, Allen	24 Jun 1917
Tapp, Mary A.	Harrison, C.C.	3 Mar 1887
Tapp, _____	Turner, James	5 Oct 1884*
Tate, Andy	Gorman, Nancy	27 Oct 1878
Tate, Hattie	Roller, A.B.	26 Dec 1899
Tate, John	Phillips, Mable	28 May 1916
Tate, Jos. A.	Cornsforth., Littie	17 May 1887
Tate, Margaret	McElewrath, Ky	5 Apr 1908
Tate, Pearl	McKeehan, Frank	4 Jul 1915
Tate, Sallie	Conly, Rufus	19 Sep 1905
Taylor, Abraham	Nidiffer, Eliza	10 Nov 1890
Taylor, Alexander	Richardson, Elizabeth	22 Jul 1876*
Taylor, Alfred	Ervin, Jennie	18 Jan 1900
Taylor, Alfred A.	Anderson, Florence J.	22 Jun 1881
Taylor, Alfred D.	Taylor, Nancy A.	31 Mar 1880
Taylor, Alice	Davis, William	3 Jan 1880*
Taylor, Alice	Blevins, David C.	23 Mar 1883
Taylor, Alice	Campbell, Thomas	16 Aug 1918
Taylor, Allen	Lewis, Cordelia	30 Nov 1878
Taylor, Allen	Ellis, Rebecca	24 Jan 1904
Taylor, Allen	Moreland, Zillie	25 Jul 1904
Taylor, Allen	Dugger, Maggie	16 Jun 1917
Taylor, Alva	Nave, Myrtle	16 Apr 1911
Taylor, Amanda	Nidiffer, Isaac	3 Sep 1897
Taylor, Amanda	Harden, John	23 Jul 1911

Taylor, Andrew	Grindstaff, Ellen	1 Jan 1914	
Taylor, Ann E.	Nave, Mark	26 Jan 1892	
Taylor, Annie	Taylor, John	13 Jul 1890	
Taylor, Ansaline	Williams, Reding	1 Oct 1894	
Taylor, Arzellia	Backman, Charley	24 Dec 1900	
Taylor, A.D.	Cooper, Sally	15 Aug 1878	
Taylor, A.E.	Hicks, Elizabeth	20 Dec 1892	
Taylor, A.G.	Shoun, Bessie M.	22 Dec 1899	
Taylor, A.J.	Bagwell, Rebecca	11 Dec 1907	
Taylor, A.W.	Arrowood, Retta	21 Oct 1906	
Taylor, Barsha	Scott, Benjamin F.	2 Jan 1881	
Taylor, Bell	Hyder, N.T.	7 Feb 1886	
Taylor, Bell	Taylor, Samuel	17 Apr 1910	
Taylor, Ben	Burgner, Minnie	22 Nov 1919	
Taylor, Bertha	Cox, Guy	3 Mar 1917	
Taylor, Bessie	Henry, James	8 Jan 1910	
Taylor, Bessie	Ingram, Walter	25 Dec 1910	
Taylor, Bettie	Tipton, Cornelius J.	24 Jan 1882	
Taylor, Birda	Vance, Walter	11 Jun 1905	
Taylor, Callie	Wilcox, M.M.	31 Oct 1894	
Taylor, Calvin	Jenkins, Sallie	6 Aug 1910	
Taylor, Catherine	Garland, R.L.	24 Dec 1911	
Taylor, Catherine A.	Grindstaff, Jacob H.	29 Jan 1897	
Taylor, Charles A.	Matherly, Lula C.	27 Aug 1900*	
Taylor, Charles M.	Anderson, Addie L.	25 Apr 1883	
Taylor, Charles N.	Cole, Sarah E.	8 Nov 1807	
Taylor, Charlie	Grindstaff, Martha	3 Dec 1914	
Taylor, Clemmie	Buck, Nathaniel	5 Mar 1876*	
Taylor, Clemmy P.	Carroll, William	22 Jan 1878	
Taylor, C.N.	Colbaugh, Fanny	4 Feb 1894	
Taylor, Daisy	Lewis, William	27 Aug 1900	
Taylor, Daniel	Ellis, Carrie	9 Aug 1910	
Taylor, David	Salts, Violey	12 May 1888	
Taylor, David	Crumley, Lucy	25 Mar 1894	
Taylor, David	Estep, Adda	14 Oct 1895	
Taylor, Deleny	Humphrey, George	4 Aug 1878	
Taylor, Della	Grindstaff, D.L.	21 Jun 1903	
Taylor, Della	Robertson, Charles	9 Apr 1905	
Taylor, D.A.	Whittemore, Nellie	8 Mar 1919	
Taylor, D.C.	Taylor, Susan	6 Dec 1897	
Taylor, D.S.	Frasier, Pearl	5 Jul 1906	
Taylor, Earl	Whitehead, Delphia	24 Feb 1920	
Taylor, Edmond W.	Wyatt, Mary	9 Oct 1881	
Taylor, Eli C.	Beach, Mary J.	24 Nov 1904	
Taylor, Eliza	Buckles, W.C.	16 Jan 1881*	
Taylor, Eliza	Davis, William	24 Feb 1900	
Taylor, Eliza	Hayna, Thomas	29 Oct 1904	

Taylor, Eliza	Taylor, E.J.	18 Jun 1905
Taylor, Eliza E.	Proffitt, J.T.	13 Feb 1897
Taylor, Eliza J.	Overlay, Robert	22 Dec 1895
Taylor, Elizabeth	Nave, Teter	17 Aug 1879
Taylor, Elizabeth	McElrath, Peter	4 Jan 1900
Taylor, Elizabeth	Shea, George	22 Dec 1902
Taylor, Elizabeth A.	Nidiffer, G.W.	9 Sep 1872*
Taylor, Ella	Gourley, Willie	17 Mar 1912
Taylor, Ella A.	Williams, Nat R.	3 Apr 1887
Taylor, Ella E.	Hart, Isaac E.	16 Dec 1891
Taylor, Ellen	Russell, Charles	18 Aug 1887
Taylor, Ellen	Lipps, James	13 Jul 1914
Taylor, Ethel	Hyder, Fred B.	2 Jun 1917
Taylor, Eva	Bunton, W.D.	18 Apr 1903
Taylor, Eva	Tolly, Guss	31 Aug 1909*
Taylor, Eva	Estep, Isaac	29 May 1910
Taylor, Evelyn	Anderson, James M.	17 Oct 1872
Taylor, E.A.	Cole, Jane	26 May 1908
Taylor, E.C.	Perkins, M.E.	12 Mar 1902
Taylor, E.J.	Taylor, Eliza	18 Jun 1905
Taylor, Fannie	Estep, John W.	25 Sep 1891
Taylor, Fanny	Gibbs, Frank	15 Nov 1900
Taylor, Feme	Livingston, Baxter	13 Sep 1914
Taylor, Flora	Wilson, James W.	7 Jul 1889
Taylor, Flora	Frasier, W.O.	1 Oct 1899
Taylor, Francis	Foster, James H.	16 Apr 1871
Taylor, Frank	Sailer, Maggie	8 Sep 1900*
Taylor, Frank	Davis, Cora	20 Apr 1910
Taylor, F.W.	Fipps, Margaret	18 Jan 1900
Taylor, Gen B.	Robinson, S.	15 Aug 1883
Taylor, General	Taylor, Golda	6 Jan 1917
Taylor, George	Hester, Lula	1 Jan 1906
Taylor, George	Peters, Tilda	19 Apr 1914
Taylor, George	Roberts, Mary	2 Mar 1915
Taylor, George J.	Merritt, Elizabeth	6 Mar 1879
Taylor, George W.	Stout, Josephine	24 Dec 1880
Taylor, George W.	Slagle, Clarrie J.	27 May 1888
Taylor, Golda	Taylor, General	6 Jan 1917
Taylor, Gracy	Taylor, John	15 May 1914
Taylor, G.S.	Vines, Carrie	14 May 1903
Taylor, G.W.	Campbell, Loura	12 Jun 1904
Taylor, G.W.	Lyons, Nannie	10 Apr 1913
Taylor, G.W.	Patrick, Nancy	14 Sep 1913
Taylor, Henry	Dickens, Annah	11 Nov 1899
Taylor, Henry	Jones, Ella	21 May 1905
Taylor, Henry	Campbell, Sarah Fine	3 Oct 1908
Taylor, Henry	Lowe, Sarah	12 Jul 1911

Taylor, Henry	Peters, Lydia	6 Nov 1913*
Taylor, Henry	Richardson, Docia	10 May 1914
Taylor, Henry	Peters, Nancy	17 Sep 1920
Taylor, Hester	Garland, Joseph	16 Dec 1896
Taylor, Hiraim	Campbell, Myrtle	10 Aug 1918
Taylor, Ida	Towsen, Alfred	3 Dec 1901
Taylor, Ida	Barnett, Nathan	26 Apr 1907
Taylor, Jacob	White, B.	4 Oct 1878
Taylor, Jacob	Colbaugh, Faudie	18 Nov 1906
Taylor, James	(not stated)	21 Apr 1877
Taylor, James	Colbaugh, Maggie E.	22 Jun 1895
Taylor, James	Richardson, Vada	29 Apr 1913
Taylor, James	Estep, Teshie	18 May 1918
Taylor, James Allen	Moreland, Elizabeth	7 Jul 1901
Taylor, James B.	Wilson, Eliza Jane	4 Sep 1878
Taylor, James P.	Smith, Edith E.	30 Dec 1891
Taylor, Jane	Minton, Robert	18 Aug 1896
Taylor, Jane	Vaught, David	15 Oct 1916
Taylor, Jeff	Hinkle, Julia	19 Jun 1897
Taylor, Jeff	Cole, Mahola	25 Mar 1906
Taylor, Jennie	Estep, George	4 Nov 1892
Taylor, Jennie	Dugger, E.C.	24 Dec 1895
Taylor, Jennie	Nidiffer, W.A.	24 Dec 1899
Taylor, Jennie	Leadford, W.M.	26 Oct 1902
Taylor, Jennie	Clemons, Charles	23 Dec 1906
Taylor, Jessie T.	Cress, Maggie	3 Jul 1920
Taylor, John	Hathaway, Permilia	13 Mar 1872*
Taylor, John	Pearce, L.	13 Nov 1872
Taylor, John	Taylor, Annie	13 Jul 1890
Taylor, John	Erwin, Mollie	3 Jul 1898
Taylor, John	Blackman, Lillie	16 Jul 1905
Taylor, John	Arrowood, Lillie	13 Jul 1911
Taylor, John	Moore, Cynthia	29 Jan 1912
Taylor, John	Swift, Zella	22 Feb 1914
Taylor, John	Taylor, Gracy	15 May 1914
Taylor, John A.	Pierce, Rosie	20 Jan 1909
Taylor, John C.	Taylor, Pearl	13 Mar 1920
Taylor, John H.	Oaks, Elizabeth	23 May 1897
Taylor, John H.	Grimes, Luida	19 Sep 1902
Taylor, Jon	_____, Millie	1 Nov 1875
Taylor, Joseph	White, Josephine	24 Sep 1882
Taylor, Josephine	Taylor, Stading	18 Sep 1882
Taylor, Judson	Hayes, Bessie	5 Mar 1907
Taylor, Julia	Taylor, Tom	20 Dec 1906
Taylor, Julia	Ruigley, J.B.	3 Aug 1910
Taylor, Julia	Proffit, J.T.	22 May 1920
Taylor, Julia E.	Williams, P.J.	26 Jul 1885

Taylor, J.A.	Myers, Emma	19 Aug 1906
Taylor, J.A.	Grindstaff, Nancy	25 Dec 1909
Taylor, J.C.	Elliott, Mollie	24 Dec 1901
Taylor, J.E.	Peters, Emma	11 May 1919
Taylor, J.H.	Taylor, Matilda	9 Jun 1895
Taylor, J.H.	Crow, Francie	15 Dec 1907
Taylor, J.J.	Garland, Nancy	26 Sep 1907
Taylor, J.P.	Markland, Amanda	5 Oct 1882
Taylor, J.V.	Rambow, Susan	7 Feb 1904
Taylor, J.W.	Bowman, Ollie	11 Jul 1915
Taylor, Landon B.	Hughes, Mollie	2 May 1887*
Taylor, Levi	Peters, E.	15 Jul 1875
Taylor, Levi	Markland, Ellen	4 Oct 1903
Taylor, Lewis D.	Ruker, Elizabeth	3 Mar 1872
Taylor, Lida	Ray, Bacus S.	10 Feb 1895
Taylor, Lillie	Hinkle, George	28 Oct 1897
Taylor, Lillie	Davis, R.B.	22 Dec 1901
Taylor, Lillie B.	Clemons, J.D.	22 Aug 1899*
Taylor, Lizie	Taylor, M.C.	1 Jan 1918
Taylor, Lizzie	Peaks, Joseph	24 Nov 1901
Taylor, Lizzie	Bass, James	12 Sep 1907
Taylor, Looney	Dugger, Hannah	29 Oct 1887
Taylor, Lou Ella	Holtsclaw, France	6 Feb 1893
Taylor, Lourie	Jones, James	12 Mar 1905
Taylor, Lucinda	McSwain, Robert	27 Nov 1890
Taylor, Lucinda N.	Huff, Walter P.	4 Sep 1889
Taylor, Lylie	Harris, William	30 Dec 1875*
Taylor, L.D.	Ellis, Sallie	28 Mar 1903
Taylor, L.E.	Murry, R.H. (Mr.)	8 Dec 1917
Taylor, L.W.	Pleasant, Mary J.	10 Jun 1906
Taylor, Maggie	Elliott, Thomas	18 Aug 1894*
Taylor, Maggie	Bowers, John	30 Jun 1907
Taylor, Maggie A.	Chambers, Daniel	28 Jan 1885
Taylor, Margaret	Ensor, Andy	4 Dec 1873
Taylor, Margaret	Hart, George	2 Sep 1875*
Taylor, Margaret E.A.	Taylor, W.S.	17 Oct 1896
Taylor, Marhise	Watson, John	25 Oct 1882
Taylor, Martha	Estep, John	7 Jul 1877*
Taylor, Martha A.	Harrison, Charles C.	19 Nov 1883
Taylor, Martin N.	Stepp, Mollie C.	2 Sep 1873
Taylor, Mary	Glover, Elbert	15 Sep 1872*
Taylor, Mary	Myers, Harrison	7 May 1875
Taylor, Mary	Gourley, Nathaniel	18 Jan 1883
Taylor, Mary	Horton, W.D.	8 Aug 1909
Taylor, Mary	Estep, John	1 Jan 1911
Taylor, Mary	Crow, Samuel	25 Jan 1913
Taylor, Mary E.	Loudermilk, Theopole	10 Mar 1872

Taylor, Mary E.	Jobe, E.D.	8 Feb 1877	
Taylor, Mary Hope	Bowers, Carmon S.	22 Sep 1915	
Taylor, Mary Pierce	Miller, Adam	10 Mar 1917	
Taylor, Matilda	Smith, Hamilton	24 Nov 1884	
Taylor, Matilda	Taylor, J.H.	9 Jun 1895	
Taylor, Mattie	Morrison, Robert	25 Mar 1888	
Taylor, Mattie	Grindstaff, Joseph	8 Nov 1911	
Taylor, Maude J.	Hinds, Dewey W.	20 Aug 1920	
Taylor, Michael	Colbaugh, Eliza	11 Feb 1898	
Taylor, Mike	Taylor, Pheby	4 Oct 1901	
Taylor, Minnie	Glover, G.W.	4 Dec 1898	
Taylor, Mollie	Overley, William	6 Dec 1895	
Taylor, Mollie	Estep, Jas.	24 Dec 1900	
Taylor, Mollie	Castell, William	19 May 1901	
Taylor, Mollie E.	Hayes, J.S.	19 Dec 1886	
Taylor, Murry	Hall, Mary	5 Jul 1914	
Taylor, M.C.	Elliott, Samuel L.	3 Mar 1889	
Taylor, M.C.	Hodge, W. (Mr.)	9 Dec 1894	
Taylor, M.C.	Peters, Henry	25 Dec 1899	
Taylor, M.C.	Taylor, Lizie	1 Jan 1918	
Taylor, M.L.	Murcer, Alice V.	25 Nov 1882	
Taylor, Nancy A.	Taylor, Alfred D.	31 Mar 1880	
Taylor, Nancy A.	Lewis, Huston	7 Jan 1883	
Taylor, Nannie	Crow, Martin	11 Jul 1909	
Taylor, Nat	Jones, Maggie	28 Nov 1895	
Taylor, Nathaniel W.	Jobe, Harriett G.	13 Sep 1875*	
Taylor, Nelia	Estepp, Willie	28 Mar 1915	
Taylor, Nick	Blevins, Claudia	25 Nov 1907	
Taylor, Oscar	Davis, Marian E.	4 Jan 1904*	
Taylor, Pearl	Shull, J.D.	28 Jun 1914	
Taylor, Pearl	Taylor, John C.	13 Mar 1920	
Taylor, Peter L.	Hodge, Sarah E.	30 Sep 1889	
Taylor, Pheby	Taylor, Mike	4 Oct 1901	
Taylor, Rhoda	Erwin, Thomas	7 Jul 1896*	
Taylor, Rhoda E.	Reeves, John D.	18 Apr 1876	
Taylor, Robert	Hix, Mary Jane	18 Feb 1889	
Taylor, Robert	McCury, Josephine	28 Apr 1894	
Taylor, Robert	Grindstaff, Elizabeth	10 Sep 1905	
Taylor, Robert	Grindstaff, Guthrna	29 Apr 1911	
Taylor, Robert P.	Pierce, Catherine	15 Apr 1893	
Taylor, Robert R.	Mc___, Margaret	16 Apr 1873	
Taylor, Rosa	Glover, John	24 Jul 1915	
Taylor, Rosa	Simerly, Sam E.	2 Nov 1918	
Taylor, Rosa B.	Bishop, David	4 Sep 1894	
Taylor, Rufus	Duffield, Amanda	16 Dec 1876	
Taylor, Rufus	Miller, Sarah E.	16 Sep 1879	
Taylor, Sallie	Williams, David	23 Sep 1883	

Taylor, Sallie	Bell, JOhn	22 Oct 1892*
Taylor, Samuel	Robertson, Sally	19 Nov 1871
Taylor, Samuel	Campbell, Mattie	18 May 1884
Taylor, Samuel	Taylor, Bell	17 Apr 1910
Taylor, Samuel C.	Wilkerson, Sarah E.	3 May 1891
Taylor, Sarah	Taylor, William	19 Feb 1888
Taylor, Sarah	Bowman, David M.	17 Aug 1876
Taylor, Shell	Stover, Bessie	25 Apr 1916
Taylor, Sherman	Elliott, Mary	10 Jul 1903
Taylor, Stading	Taylor, Josephine	18 Sep 1882
Taylor, Stala	Peters, Bill	3 Jun 1911
Taylor, Susan	Marklin, Frank	31 Oct 1897
Taylor, Susan	Taylor, D.C.	6 Dec 1897
Taylor, S.M.	Cole, Celia A.	30 Oct 1878
Taylor, S.M.	Calhoun, Maude	9 Dec 1906
Taylor, Ted	Shoun, Stacy	25 Apr 1916
Taylor, Thomas	Lowe, Lucinda	30 Dec 1877
Taylor, Thomas	Markland, Amanda C.	16 Nov 1889
Taylor, Thomas	Lipps, Elizabeth	22 Sep 1901
Taylor, Thomas	Loveless, Julia	3 Dec 1905
Taylor, Tip	Townsend, Rosa	28 Mar 1915
Taylor, Tom	Taylor, Julia	20 Dec 1906
Taylor, Vicy	Campbell, Eldridge	15 Apr 1916
Taylor, William	Taylor, Sarah	19 Feb 1888
Taylor, William	Crofford, Sarah A.	2 Jun 1900*
Taylor, William	Elliott, Hattie	17 Mar 1902
Taylor, William C.	Carr, Catherine	2 May 1886
Taylor, Wilson	Vance, Sallie	5 Aug 1881*
Taylor, W.A.	Range, Ditha	20 Dec 1875*
Taylor, W.A.	Brooks, Maggie	8 Jun 1901
Taylor, W.C.	Lowe, Manda	24 Dec 1900
Taylor, W.C.	Williams, Eva	24 Jun 1906
Taylor, W.R.	Moreland, Amanda	21 Aug 1899
Taylor, W.S.	Taylor, Margaret E.A.	17 Oct 1896
Taylor, W.T.	Littrell, Nora	16 Nov 1897
Taylor, W.T.	Peters, Matilda	6 Jun 1903
Taylor, _____	Campbell, Sarafina	20 Feb 1875*
Teague, Beckey	Honeycutt, Jeb	13 Dec 1890
Teague, Caroline	Murphy, W.M.	24 Mar 1917
Teague, Celia B.	Stevens, Warren	10 Jun 1905
Teague, Charles	Grayham, Ida	30 May 1911
Teague, Charlie	Vialls, Bell	24 Feb 1918
Teague, David	Johnson, Elizabeth	2 Dec 1900
Teague, David	Kerby, Florence	13 Mar 1919
Teague, Emma	Carden, Lonie	21 Apr 1918
Teague, Etta	Norris, G.	20 Apr 1898
Teague, Eva	Oliver, George	4 Jul 1915

Teague, Ida	Forbes, William	1 Jun 1912*
Teague, Jackson Lee	Waters, Rhoda	1 Jan 1889
Teague, Jefferson	Odom, Mary	14 Mar 1885
Teague, Jefferson	Linville, Lizzie	15 Aug 1891
Teague, J. Bell	Carver, C.H.	20 Jun 1900
Teague, J.L.	Hinkle, Minnie	11 Oct 1915
Teague, Lillie	Estep, Samuel	14 Mar 1912
Teague, Manerva	Head, Clem R.	29 Nov 1900
Teague, Martha	Smith, J.P.B.	10 Dec 1891
Teague, Mary	Carver, Charlie	3 Jul 1898
Teague, Nathan A.	Carver, Mary Jane	20 Aug 1888
Teague, Oscar	Simmons, Mary	25 Feb 1914
Teague, Rosie	Law, J.L.	7 Jun 1907
Teague, Steller	Vanover, W.H.	25 Dec 1908
Teague, Thomas M.	Markland, Alice	22 Jul 1904
Teague, William	Ingram, Bettie	8 Apr 1900
Teague, W.A.	Bowlin, Nancy	26 Jan 1879
Teague, W.C.	Campbell, Catherine	2 Aug 1896
Teague, W.W.	Moffet, Elizabeth	1 Jan 1908
Teagur, J.R.	Kite, Julia	7 Jan 1913
Teans, Dianh	Perkins, Grance	17 Jul 1902
Teaster, Barnett	Dolan, Pearl	27 Jun 1905
Teaster, Bell	Buck, David E.	4 Oct 1885
Teaster, Floyd	Lovett, Ethel	18 Dec 1903
Teaster, L.A.	Cable, Janie	31 Aug 1902
Teaster, M.A.	Oaks, Amanda E.	4 Dec 1909
Teaster, W.B.	Fondren, Maggie	18 Jun 1911
Tenis, Clide	Whaley, Henry	28 Jun 1915
Tennis, Kate	Ayers, McKinly	23 Sep 1914
Testament, Cain	Heaton, May	13 Feb 1906
Tester, B.J. (Mr.)	Odem, B.J.	22 Apr 1908
Tester, Hannah	Hays, John	19 Nov 1913
Tester, Hettie E.	Holtsclaw, John W.	20 Jun 1915
Tester, Ina	Morgan, Henry	24 Dec 1920
Tester, Lee	Bryant, Martha	4 Apr 1917
Tester, L.D.	Wagner, Vira	11 Apr 1903
Tester, Nola	Baker, Fred A.	3 Jan 1915
Tester, Pearl	Pritchard, Ransom	21 Dec 1911
Tester, Polly	Slimp, Walter	6 Apr 1916
Tester, Ronald	Williams, Normie	23 Dec 1914
Tester, S.A.	Campbell, J.P. (Mr.)	6 Jan 1898
Tester, W.A.	Elliott, Dorothy	29 Mar 1908*
Thasin, Emphis E.	Lewis, Joseph L.	4 Apr 1878
Thomas, Ada	Lewis, Stephen	7 Mar 1889
Thomas, Andrew J.	Bidleman, Amanda M.	18 Aug 1888
Thomas, Bessie	Lyle, Summers	11 Jan 1910
Thomas, Billie L.	Osborne, Polly	24 Mar 1920

Thomas, C.F. (Mr.)	Yokey, B.a.	10 Apr 1907
Thomas, Gordan	Osborne, Rosa M.	12 Feb 1905
Thomas, G.Tolly	Brumit, Nellie B.	3 May 1916
Thomas, Hattie	Shell, J.L.	23 Sep 1917
Thomas, H.F.	Shell, Minnie	29 Jul 1904
Thomas, John	Whitehead, Nancy	12 Aug 1880
Thomas, Josephine	St John, James T.	5 Jun 1907
Thomas, Julia	Sheppard, L.W.	9 Aug 1901
Thomas, Lucinda	Johnson, Emsley	27 Oct 1888
Thomas, Manda Lee	Bosburg, Albert E.	14 Jun 1905
Thomas, Mary	Hyder, Samuel J.	17 May 1915
Thomas, Reesie	Hughes, Walter	18 Apr 1914
Thomas, Son	Lyle, John R.	6 Sep 1899
Thomas, William H.	Folsom Minnie	17 Nov 1891
Thomasson, Alexander	Maberry, Sarah	30 Aug 1894
Thompson, Barney	Cruise, Elizabeth F.	27 Jan 1898
Thompson, Bertha	White, James I.	20 Apr 1910
Thompson, Charles L.	Williams, Lena May	2 Jun 1908
Thompson, C.L. (Mr.)	Lyon, T.L.	22 Jun 1895
Thompson, David	Kennia, Nellie	2 Aug 1914
Thompson, Emma	Stover, Lee	22 Nov 1894*
Thompson, E.M.	Range, Mary E.	16 Jul 1893
Thompson, Frank C.	Wills, Nannie S.	29 Mar 1909
Thompson, H___	Carriger, Edgar E.	7 Dec 1911
Thompson, Isham	Kemmis, Virtie	17 May 1908
Thompson, Jessie	Cotner, William J.	25 Nov 1914
Thompson, Jessie J.	English, Aileene	13 Jun 1908
Thompson, Laura	Hart, Andrew W.	26 Sep 1902
Thompson, L.T.	Miller, Malinda	31 May 1905
Thompson, Margaret	Pearson, Alex	5 Apr 1909
Thompson, Mattie	Furguson, John	31 Jul 1901
Thompson, Rhoda	Williams, Charles	20 Apr 1902
Thompson, Roby	Brown, Laura	27 Jul 1915
Thompson, Sally	Edmonson, William	8 Feb 1877
Thompson, Sophrona	Campbell, Samuel J.	29 Sep 1893
Thompson, William H.	Kidwell, Birdie A.	1 Dec 1898
Thomsa, Addie	Jones, John E.	25 Dec 1893
Tigue, Earl	Smith, Edd	30 Apr 1916
Tilley, Roxann	McCann, John	8 Nov 1895*
Tilly, Garfield	Stout, Mable	29 Nov 1904
Tilson, Edith P.	Crumley, Grover	15 Mar 1906
Tilson, J.T. (Mr)	Jenkins, M.G.	5 Aug 1888
Timbs, Avery	Williams, Bertie	23 Sep 1916
Timbs, Bessie	Vines, Grover	23 Dec 1919
Timbs, Clarence	Brewer, Emma	24 Oct 1920
Timbs, C.M.	McQueen, Rettie	22 Dec 1907
Timbs, Dock	Coleman, Callie	29 Jul 1916

Timbs, D.B.	Campbell, Charles	28 Dec 1902
Timbs, Houstin	McQueen, Lizzie	17 Apr 1910
Timbs, Ida	Stines, John	22 Jan 1919
Timbs, James	White, Cora	4 Aug 1902
Timbs, Rettie	Smith, Robert	15 Aug 1919
Timbs, Sallie	Campbell, John	16 Oct 1914*
Timbs, Sallie A.	Wilson, John A.	1 Oct 1899
Timbs, Stellie	Whaley, W.N.	23 Sep 1911
Timbs, W.B.	Smith, Alice	9 Aug 1915
Tims, Bub	Gragg, Ethel	2 Nov 1919
Timur, Augusta	Finly, George	6 Jul 1897
Tinsley, Cinda	Rayfield, Logan	14 Oct 1920
Tipton, Amanda	Whitmore, Alex	18 Jun 1905
Tipton, Aught	Webb, Vista	3 May 1919
Tipton, Bertha L.	Lockwood, Robert	25 Jan 1903
Tipton, Bertha L.	Morton, Elliott M.	6 Apr 1904
Tipton, Bud	Winters, Lockie	8 Dec 1914
Tipton, Clo	Stump, W.E.	26 Oct 1910
Tipton, Cora L.	Shell, Charles	24 Dec 1918*
Tipton, Cornelius J.	Taylor, Bettie	24 Jan 1882
Tipton, C.T.	Treadway, Allie	13 Jan 1907
Tipton, Dusky M.	Davis, Milton	19 Jan 1910
Tipton, D.P.	Rosston, Hattie	11 Nov 1906
Tipton, Ed	Forbes, Rosa	28 Jan 1912
Tipton, Elsie M.	Renfro, Gaines W.	22 Nov 1916
Tipton, E.M.	Greene, Hulda	14 Jun 1910
Tipton, Fina	Fair, Ambess	22 Apr 1879
Tipton, Flora K.	Miller, L.F.	12 Dec 1893
Tipton, Harriett	Gorman, Richard	28 Jan 1884
Tipton, Hester A.	Emmert, C.M.	27 May 1873
Tipton, James	Birchfield, Rosa B.	11 Sep 1904
Tipton, James	Miller, Julia	31 Aug 1919
Tipton, Jane	Miller, Frank	8 Jan 1908
Tipton, Joseph	Rymer, Emma	16 May 1897
Tipton, Joseph P.	Williams, Eliza	6 Jul 1882
Tipton, Josephine	Griggs, M.L.	24 Dec 1884
Tipton, Lizzie	Guinn, Andy	23 Nov 1881*
Tipton, Lottie	Hill, Charles	3 Aug 1907
Tipton, Marion	Julian, Clary	24 Jan 1888
Tipton, Martha E.	Shell, William N.	30 Dec 1880
Tipton, Mary	Braswell, Tettson	22 Mar 1887
Tipton, Maude	Lacy, J.W.	8 Apr 1902
Tipton, McKinley	Hicks, Lorina	13 Sep 1917
Tipton, Oscar	Yandes, Lena	27 May 1912
Tipton, Rettie	Boone, James	18 Sep 1895
Tipton, Thomas	Coffman, Alice	11 May 1875
Tipton, William	Hampton, F.E.	7 Nov 1881*

Title, A.A.	Fry, Ettie	2 Feb 1902
Tittle, Nettie Lee	Kite, Walter E.	30 Oct 1915
Tittle, Rhoda	Lewis, Noah	26 Sep 1899
Todd, W.L.	Overhulser, Lucy	10 Jan 1899
Tolley, Elsie A.H.	Benfield, C.W.	1 May 1893
Tolley, John	Whitehead, Mary An	8 Dec 1895
Tolley, Oma	Tolly, Maxwell P.	21 Oct 1888
Tolley, William	Winters, Lackey	13 Sep 1901*
Tolly, Bell	Blevins, Suin	3 Mar 1906
Tolly, Brownlow	Stevens, Debby	4 Aug 1906
Tolly, Buna	Simerly, Kirk	3 May 1908
Tolly, Charles	Bird, _____	30 Apr 1902
Tolly, Charles	Stevens, Josie	20 Feb 1912
Tolly, Charley	Tolly, Nancy Ann	10 Jan 1902*
Tolly, Charlie	Holman, Lockie	28 May 1917
Tolly, Charlie	Griffin, Ellen	1 Feb 1920
Tolly, Dave	Hilman, Julia	7 Jul 1917
Tolly, Delia	Forbes, Frank	1 Nov 1909
Tolly, Dempsy	Tolly, Lou Deonaly	16 Dec 1912
Tolly, Dock	McKinney, Sarah Jane	12 May 1903
Tolly, D.C.	Justice, Cora	29 Aug 1902
Tolly, Eli	Bird, Minnie	10 Oct 1909
Tolly, Eliza	Vanover, Melvin	9 Oct 1909
Tolly, Ellen	Griffin, Frank	23 Mar 1914
Tolly, Emma	Potter, Daniel	12 Apr 1903
Tolly, E.A.	Tolly, Nancy J.	20 Oct 1907
Tolly, E.K.	Carver, Rosa	23 Jun 1919
Tolly, Francis R.	Woods, Mary	30 Dec 1914
Tolly, George	Gribble, Hettie	21 Jul 1910
Tolly, Guss	Taylor, Eva	31 Aug 1909*
Tolly, Guss	Stout, Rosa	21 Aug 1910
Tolly, Henry	Stephens, Josie	21 Apr 1917
Tolly, Hobart	Miller, Martha	21 Sep 1919
Tolly, James L.	Evans, Martha	29 Jan 1878
Tolly, John	Hyder, Lula	6 Mar 1890
Tolly, John	Oxendine, Deade	22 Dec 1901
Tolly, John M.	Tolly, Nancy A.	25 Sep 1890
Tolly, J.N.	Whisenhunt, Millie	13 Aug 1893
Tolly, Lace	Stephens, Bell	24 Apr 1917
Tolly, Lou Deonaly	Tolly, Dempsy	16 Dec 1912
Tolly, L.C.	Cook, Nina	6 Jun 1909
Tolly, Mack	Bennett, Ella	21 Jul 1920
Tolly, Marion	Miller, Emma	26 Jan 1905
Tolly, Mary	Davis, Jacob	29 Apr 1910
Tolly, Mary	Davis, George	9 May 1910
Tolly, Mary Ann	Dugger, D.A.	6 Jul 1913
Tolly, Mattie	Clark, Henry	13 Feb 1909

Tolly, Maxwell P.	Tolley, Oma	21 Oct 1888
Tolly, Minnie W.	Cook, M.M.	18 Nov 1895
Tolly, Molly	Clark, W.C.	15 May 1914
Tolly, Monroe	Willis, Celia	6 Sep 1914
Tolly, Nancy	Hardin, Roby	22 Dec 1920
Tolly, Nancy Ann	Tolly, Charley	10 Jan 1902*
Tolly, Nancy Ann	Willis, W.M.R.	10 Sep 1905
Tolly, Nancy A.	Tolly, John M.	25 Sep 1890
Tolly, Nancy J.	Tolly, E.A.	20 Oct 1907
Tolly, Nannie	Whitimore, A.G.	9 Dec 1894
Tolly, Pender	Holtsclaw, Lydia	5 Feb 1911
Tolly, R.T.	Morrell, Laura	25 Dec 1919
Tolly, Sarah	February, Mod	15 Aug 1901
Tolly, William	Daily, Laura	16 Dec 1889
Tolly, Winfield	Buchanan, Myra	30 Oct 1904
Tolly, W.S.	Dishman, Mary	20 Nov 1900
Tomilson, Thomas J.	Pritchard, Georgia	1 Jan 1914
Toncray, A.C.	Smith, Sarah	30 Dec 1872*
Toncray, C.	Hunter, Dayton	31 Dec 1901
Toncray, James	Carter, Annie	16 Oct 1897
Toncray, J.A.	Pippin, Suaie E.	4 Mar 1911
Toncray, Mary G.	Shoolbred, John M.	13 Mar 1890
Toncray, Rachel S.	Frost, Horace L.	8 Nov 1893
Toncray, Samuel	Roberts, Hester A.	5 May 1880
Toney, Bell	Moore, James	28 Dec 1904
Toney, Lucinda	Swanner, Amon	26 Jul 1879*
Toney, Maggie	Presnell, James	12 Sop 1089
Toney, Sarah E.	Price, John A.	14 Feb 1914
Tony, William J.	Johnson, Mitta A.	27 Dec 1886
Totum, Mary L.	Norman, L.E.	29 Dec 1908
Townesell, Samuel	Gouge, Susan	14 Jun 1902
Townsel, John	Hill, Emma	9 Jan 1887
Townsell, James	Simerly, Bettie	10 Jul 1908
Townsell, L.L.	Cornett, Cora	9 Mar 1902
Townsell, Pearl	Arrant, J.C.	20 Nov 1909
Townsen, Ida	Wright, James	3 Mar 1902
Townsend, Bertie	Moore, Levi	5 May 1920
Townsend, Bessie	Whitehead, John	20 Oct 1916
Townsend, Emma	Townsend, Walter	20 Sep 1905
Townsend, Hester	Hill, Robert	21 Dec 1902
Townsend, Jerd	Morton, Mary	16 Feb 1896
Townsend, Jerd	Hill, Mary Ann	28 Mar 1909
Townsend, John	Hill, Golda	22 Jun 1919
Townsend, Lyaid	Barlow, roy	2 Sep 1909
Townsend, Mary A.	Whitehead, Nat	6 Mar 1887
Townsend, Mollie	Julian, William	22 Oct 1916
Townsend, Rosa	Taylor, Tip	28 Mar 1915

Townsend, Sallie	Harrison, Anderson	25 Nov 1911
Townsend, Sarah	Whitehead, Herbert	25 Sep 1910
Townsend, Taylor	Glover, Birtha	12 Aug 1911
Townsend, Walter	Townsend, Emma	20 Sep 1905
Townson, Ed	Norris, Caroline	4 Dec 1903
Towsen, Alfred	Taylor, Ida	3 Dec 1901
Traver, Dora	Peters, D.S.	12 Jan 1890
Travis, Alice P.	Smith, John M.	13 Jan 1887
Treadway, Alex	Pierce, Lottie	8 Apr 1917
Treadway, Allie	Tipton, C.T.	13 Jan 1907
Treadway, Angia	Harden, William	9 Aug 1903
Treadway, Benjamin	Nave, Lillie	4 Oct 1904
Treadway, Bessie	Bowling, Melion	21 Oct 1900
Treadway, Brown	Smith, Minnie	16 Jun 1915
Treadway, Carrie	Nave, W.A.	28 Feb 1909
Treadway, Catherine	Heaton, Isaac M.	31 Jul 1875*
Treadway, Catherine	Heaton, Isaac M.	29 Mar 1877
Treadway, Charles	Nave, Gay	25 Jun 1912
Treadway, C.E.	Garrison, Hattie	5 Sep 1915
Treadway, Dollie	Roberts, H.B.	16 Feb 1897
Treadway, Ella D.	Pleasant, Garfield	3 Jun 1906
Treadway, Ena	Hyder, Luther	3 May 1919
Treadway, E.J.	Hyder, Nathaniel	20 Jun 1880
Treadway, Florence	Hyder, Robert L.	15 Jul 1901
Treadway, Frank	Hyder, Pearl	24 Jan 1917
Treadway, George	Hamitt, Nola	7 Dec 1913
Treadway, Gutrude	Leonard, W.H.	20 Feb 1916
Treadway, G.H.	Grindstaff, Rosa	25 Dec 1908
Treadway, Henry	Crumley, Allie	1 Mar 1885
Treadway, Jacob B.	Carriger, Sarena	23 May 1893
Treadway, James	Williams, Dolly	16 Jan 1881
Treadway, James M.	Kuhn, Birdie A.	4 Oct 1903
Treadway, Jane	Carriger, David N.	25 May 1876
Treadway, Joe L.	Ellis, Belle	29 Apr 1915
Treadway, John	Nidiffer, Ida	2 Jan 1911
Treadway, John B.	Smith, Mary	24 Nov 1877
Treadway, John Henry	Ingram, Eliza Jane	19 Sep 1889
Treadway, Julia	Hart, James N.	2 Jun 1880*
Treadway, J.B.	Blevins, Minnie	10 Aug 1902
Treadway, J.H.	Treadway, Margie	8 May 1898
Treadway, J.H.	Crow, Alice	14 Oct 1898
Treadway, J.T.	Headrick, Birtie	4 Oct 1896
Treadway, Laura	Vanhuss, J.F.	8 Dec 1895
Treadway, Lena	Kite, W.H.H.	1 Mar 1903
Treadway, Lillie	Henry, J.H.	17 Jan 1897
Treadway, Maggie	Clark, Frank	21 Apr 1909
Treadway, Malinda	Russell, James	8 Oct 1920

Treadway, Margie	Treadway, J.H.	8 May 1898
Treadway, Margie	Davenport, M.A.	7 Jan 1906
Treadway, Martha	Collins, Isaac M.	28 Apr 1887
Treadway, Mary	Little, Roy	14 Sep 1919
Treadway, Mary E.	Beal, Thomas J.	30 Mar 1897
Treadway, Minnie	Percy, C.P.	18 Sep 1907
Treadway, Mollie	Ellis, W.R.	4 Oct 1885
Treadway, Monroe	Morrell, Barbara	25 Dec 1892
Treadway, Nannie	Nave, Festus	6 Nov 1916
Treadway, Nannie	Hyder, Lon	29 Nov 1917
Treadway, Nannie A.	Allen, W.B.	19 Nov 1899
Treadway, Rebecca A.	Burrow, William G.	14 Dec 1890
Treadway, Robert	Crumley, E.	4 Sep 1872
Treadway, R.R.	Vanhook, Grace	15 Dec 1901
Treadway, Sallie	Henry, John	1 Jan 1911
Treadway, Sarah	Grindstaff, D.B.	7 Aug 1904
Treadway, Una	Nave, Judson	29 Mar 1909
Treadway, William	Williams, Malinda	30 Jan 1912
Treadway, W.E.	Houston, Dianh	22 Nov 1919
Treadway, W.L.	Morrell, Maggie	8 Jan 1899
Treadway, W.R. (Mr.)	Hart, E.K.	20 Jun 1896
Trent, Andy	Crawford, Lottie	17 Nov 1895
Trent, Arthur	Crow, Ida	25 Sep 1904
Trent, Gertrude	Devault, Walter	20 Sep 1915
Trent, Sallie	Linsey, John	7 Apr 1894
Tribbet, S.R. (Mr.)	Campbell, L.C.	29 Nov 1894
Tribbett, Alice	White, Robert	13 Oct 1912
Tribbett, Amanda	Potter, Carrick	6 Feb 1898
Tribble, Bell	Shown, B.D.	6 Aug 1910
Tribble, Bessie	Stout, Thomas	2 May 1914
Tribett, Eliza	Reed, W.M.	15 Mar 1902
Tribett, Jane	Sims, Austin	26 Oct 1879
Trible, Ora	Stophell, William	19 Mar 1910
Trimble, Bessie	Donnelly, A. Clayton	15 Sep 1904
Triplet, G.L.	Street, Mollie	21 Dec 1895
Triplet, Zora	Jones, W.H.	3 Aug 1911
Triplett, Dave	Arnold, Pearl	18 Jan 1919
Triplett, E.L.	Heaton, G.S. (Mr.)	7 Feb 1889
Triplett, Jesse	McCloud, Crystal	17 Sep 1917
Triplett, Maggie	Heaton, Samuel	4 Sep 1912
Triplett, Zenia	Scalf, Isaac	15 Apr 1912*
Trivett, Charlie	Mann, Delia	26 Oct 1920
Trivett, E.G. (Mr.)	Brumit, B.L.	29 Sep 1906
Trivett, James M.	Cable, Neoma E.	1 Feb 1990
Trivett, Julia	Eller, Eugine	2 Dec 1910
Trivett, Kelly	Mains, Nannie	23 Aug 1903
Trivett, Lillie W.	Shell, A.J.	19 Sep 1896

Trivett, M. Earl	Morrell, Dora B.	4 Jul 1912
Troutman, Claricie	Benfield, M.C.	19 Nov 1905
Troutman, David	Herrell, Pollie	4 Sep 1919
Troutman, Hezakiah	Heaton, Delia	10 Jul 1915
Troutman, Lossie	Greer, John	20 Nov 1915
Troutman, Nervie	Miller, Clayton	28 Apr 1918
Troutman, Samuel	Shell, Effie	7 Jun 1913
Troutman, Vinie	Crowder, John	7 Jan 1911
Troutman, Vista	Street, Samuel	9 Mar 1907
Troxwell, Anna	Richards, James	28 Dec 1910
Troxwell, Clemmy	Denney, Robert	17 Mar 1895
Troxwell, David	Fair, Louisa	27 Aug 1893
Troxwell, James	(not stated)	27 Dec 1876
Troxwell, James	Sellers, Ethel	10 Jan 1908
Troxwell, J.W.	Holly, Lottie Lee	19 Aug 1902
Troxwell, Mollie	Crockett, Elbert	28 Jun 1891
Troxwell, Pearl	Morris, Lee	16 Aug 1914
Troxwell, Rhoda	Fair, W.C.	1 Oct 1899
Troxwell, Samuel	Fair, Delia	10 Apr 1881
Troxwell, William	Humphrey, Mary E.	27 Jan 1881
Truman, B.S.	Caraway, George	30 Jan 1899
Truman, J.W.	Gentry, Ethel	30 Dec 1912
Truman, J.W. (Mr.)	Gragg, O.M.	21 Jan 1907
Truman, Neally	Pruett, David	2 Sep 1897
Truner, G.W.	Gardner, Martha J.	25 Sep 1907
Trusler, Amanda	Smith, J.M.	3 Dec 1913
Trusler, A.J.	Barnes, Laura	1 Mar 1885
Trusler, Belle	Slagle, Charles	23 Nov 1910
Trusler, George W.	Nidiffer, Mary	13 Oct 1883
Trusler, James	Chance, Mary	13 Sep 1884*
Trusler, Kate	Pearce, Houston	13 Sep 1903
Trusler, Louis	Large, Rose	5 Feb 1916
Trusler, Mattie	Hart, Caleb	4 Sep 1913
Trusler, William	Burrow, Nellie	5 Aug 1913
Trusley, George W.	Wilson, Sarah E.	25 May 1879
Trusly, Joseph	Gardner, Mary	31 Dec 1889
Tucker, Addie	Hyder, James B.	30 Oct 1887
Tucker, Annie	McKeehan, Augustus	31 Oct 1889
Tucker, A.F.	Heaton, Sudie	3 Jan 1914
Tucker, Bettie	Birchfield, William	6 May 1900
Tucker, Caroline	B____, Joseph	18 Feb 1879*
Tucker, Caroline	French, Bryant	17 Dec 1891
Tucker, Conly	Wrd, Lura	28 Jun 1908
Tucker, Cora	McKeehan, A.M.	12 Sep 1908
Tucker, Dollie	McKinney, James	4 Feb 1920
Tucker, Grace	Miller, Russell	4 Apr 1915
Tucker, Laura	McKeehan, Edward	21 Mar 1889

Tucker, Lottie	Gouge, John W.	17 Mar 1898
Tucker, Lydia	Boone, Charles	25 Feb 1905
Tucker, Mandie	Shell, Harvey	30 Jul 1920
Tucker, Martha	Campbell, James	10 Apr 1881
Tucker, Mollie	McKeehan, Thomas	29 Mar 1883*
Tucker, Sallie	Campbell, James D.	29 Aug 1884
Tunell, Ada	White, Charlie	23 Apr 1918
Turbefield, Nolia	Hamby, R.D.	5 Oct 1914
Turbeyfield, Joseph	Keller, Ida	26 Dec 1897
Turbyfield, Cordelia	Daniel, B.F.	12 Mar 1885*
Turbyfield, Curtis	Guinn, Jane	23 Mar 1880
Turbyfield, Eva	Isaacs, Coy	14 Mar 1920
Turbyfield, John	Scalf, Ellen	23 Jan 1909
Turbyfield, J.P. (Mr)	Franklin, M.J.	18 Nov 1910
Turbyfield, Mary	Perkins, Jacob	23 Dec 1879*
Turbyfield, Minnie	Guin, Sam	18 Jul 1897
Turbyfield, Wm. P.	Holtsclaw, Lilly	22 Oct 1902
Turner, Alice	Estep, William	8 Jul 1892
Turner, Alice	Scalf, Cameron	12 Jan 1913
Turner, Carrie	Estep, William	16 Jan 1898
Turner, Eliza	Crumley, David S.	5 Nov 1892*
Turner, Emma	Angel, Thomas A.	13 Apr 1879
Turner, James	Tapp, _____	5 Oct 1884*
Turner, James	Baker, Lula	14 Aug 1915
Turner, John F.	Cole, Lena	29 Mar 1909
Turner, Maggie	Sutton, J.R.	25 Oct 1905
Turner, Martha	McKinney, John S.	27 Feb 1892
Turner, Nannie	Burrow, Samuel	6 Nov 1886*
Turner, Ruth	Deloach, John	28 Sep 1890
Turner, Sallie	Beck, James	16 Oct 1898
Turner, Samuel	Bowlin, Dovie	3 Feb 1891
Turner, William	Campbell, Lillie	21 Sep 1913
Twiggs, Amanda	Buchanan, Stephen L.	2 Aug 1879
Twiggs, Birtha	Miller, Edgar	23 Jul 1911
Twiggs, Guess	Sheets, Lena	2 Nov 1907
Twiggs, John	Gouge, Rose	16 Jul 1915
Twiggs, Mary Jane	Arnett, Thomas B.	14 Sep 1879
Twiggs, Susan	Brumitt, James D.	7 Aug 1892
Twiggs, Timothy	Biggs, Mary	10 Dec 1882
Twigs, John	Miller, Caroline	28 Oct 1879
Twigs, Mary	Brockwell, David	20 Oct 1882
Twigs, Nellie	Heaton, Isaac	11 Nov 1889*
Twilly, Hayes	Shade, Cora	7 Jul 1903
Tyree, Guy	McQueen, Lillie	18 Apr 1905
Underwood, John	McGee, Pearl	22 Feb 1915
Upchurch, Martha J.	Forbes, R.C.	15 Jul 1905
Upchurch, Sallie	Morris, Dave	26 Aug 1917

Ursery, Mollie	Dempsey, W.M.	5 Aug 1894
Usary, David	Holtsclaw, Sarah	4 Mar 1906
Usary, Ernest	Butler, Hattie	24 Dec 1915
Usary, Samuel	McInturff, Edy	14 Jan 1895
Usser, Annis	Campbell, Will	20 Jul 1894
Vacca, Anthony	Marion, Ida	23 Sep 1919
Vance, A.B.	Hughes, Polly	6 Apr 1882*
Vance, Bessie	Oaks, Julius	9 May 1903
Vance, Carl	(Illegible), Lonora	24 May 1919
Vance, Cart	Greer, Martha A.	24 Mar 1894
Vance, Carter	Hopson, Linda	6 Aug 1896
Vance, Celia	McKinney, Samuel	7 Dec 1899
Vance, Charles	Campbell, Irene	19 Dec 1914
Vance, Creed	Cook, Martha	5 Aug 1903
Vance, David	Birchfield, Matilda	27 Oct 1889
Vance, David	Whitehead, Martha	18 Jan 1893
Vance, Edd	Peters, Nancy	29 Mar 1913
Vance, Flora	Hobson, Will	1 Nov 1908
Vance, Hannah	Meredith, William	11 Sep 1892
Vance, Hannah	Gragg, Benjamin H.	18 Aug 1907
Vance, H.B.	Smith, Jane	22 Feb 1907
Vance, Ida	McKinney, Reuben	5 Aug 1898*
Vance, Inez	Fair, Fletcher	19 Nov 1919
Vance, Jane	Miller, John B.	8 Jul 1883
Vance, John	Johnson, Bessie	8 Feb 1903
Vance, Julia	Peters, Powell	14 Feb 1908
Vance, J.S.	Winters, Ruth	4 Jun 1917
Vance, Lucinda	Sloan, Comadore	2 Apr 1881
Vance, Mary	Edwards, John W.	3 Nov 1915
Vance, Noly V.	Oaks, David W.	31 Jan 1903
Vance, Pearl	Hobson, Henry	18 Dec 1910
Vance, Pearl	Owens, Conly	29 Dec 1913
Vance, R.B.	Eaton, Eliza	25 Nov 1893*
Vance, Sallie	Taylor, Wilson	5 Aug 1881*
Vance, S.L.	Matner, Foy L.	20 Feb 1910
Vance, Walter	Taylor, Birda	11 Jun 1905
Vance, William	Smith, Matilda	2 Dec 1889
Vance, William B.	Richardson, Cordelia	12 Mar 1901
Vandeventer, Bettie	Barnett, James	14 Nov 1878
Vandeventer, Catie	Hardin, W.D.	5 Apr 1896
Vandeventer, Charles	Buckles, Cora	3 Feb 1914
Vandeventer, Jennie	Pierce, J.F.M.	23 Dec 1890
Vandeventer, John	Massengill, Clara	6 Nov 1904
Vandeventer, J.W.	Peters, Hester E.	2 Aug 1891
Vandeventer, Margaret	Bowers, Landin	24 Jan 1877
Vandeventer, Marion	McQueen, Alice	17 Dec 1891
Vandeventer, Mollie	Morris, Jeff	18 Jan 1907

Vandeventer, Nancy A.	Simerly, John B.	4 Apr	1879
Vandeventer, Rena	Williams, S.W.	22 Jan	1905
Vandyke, P.M.	Cole, Carrie B.	21 Jun	1902
Vanhook, Grace	Treadway, R.R.	15 Dec	1901
Vanhoy, John	Butterworth, Nannie	2 Jul	1892
Vanhoy, Luzettie	Smith, Lee	13 Feb	1903
Vanhoy, N.J.	Lacy, Thomas R.	22 Jan	1899
Vanhoy, W.L.	Hardin, Mollie	11 Jun	1896
Vanhup, Mary	Morrell, Isaac	23 Feb	1877
Vanhuss, Brown	Garrison, Eliza	25 Jan	1919
Vanhuss, B.E.	Morrell, A.R. (Mr.)	25 Mar	1883
Vanhuss, David F.	Bowers, Rhoda E.	29 Apr	1888
Vanhuss, D.F. (Mr.)	Crow, S.E.	15 Sep	1883
Vanhuss, Edith	Wilson, Taylor L.	15 Sep	1919
Vanhuss, E.A.	Croy, J.M. (Mr.)	21 Dec	1884
Vanhuss, Flora J.	Chambers, William H.	12 Jan	1890
Vanhuss, James M.	Arnold, Sallie	11 Jan	1892
Vanhuss, J.D.	Pierce, Mollie E.	24 Dec	1893
Vanhuss, J.F.	Treadway, Laura	8 Dec	1895
Vanhuss, Myrtle	Buckles, D.C.	4 Jul	1917
Vanhuss, Rhoda E.A.	Crow, Robert R.	18 May	1884
Vanhuss, Thomas V.	Blevins, Ethel	4 Jan	1896
Vanhuss, William M.	Peters, Maggie E.	15 Apr	1881
Vanhuss, W.L.	Clark, Nora	9 Aug	1896
Vanover, Martha	Pile, George	5 Oct	1912
Vanover, Melvin	Tolly, Eliza	9 Oct	1909
Vanover, R.H.	Edney, Ula	14 Mar	1908
Vanover, W.H.	Teague, Steller	25 Dec	1908
Vanoy, Norman H.	Dugger, Martha P.	5 Sep	1878
Vaughn, Alverda	Hurly, Isaac	7 aug	1889
Vaughn, Amelia	Smith, J.D.	23 Dec	1896
Vaughn, A.J.	Smith, Ollie	10 Sep	1918
Vaughn, Birthe	McQueen, R___	11 Apr	1914
Vaughn, Charles E.	Jenkins, Bertha	12 Jul	1907
Vaughn, Colbern	Booker, June	1 Oct	1917
Vaughn, Eugenia	Glover, Roy	26 Mar	1919
Vaughn, James B.	Arwood, Alice	16 Sep	1913
Vaughn, Lettie L.	Kuhn, Joseph L.	12 Nov	1892*
Vaughn, Lillie	Masengil, Clyde	29 May	1915
Vaughn, Will	Merritt, Mollie	30 Dec	1911
Vaughn, William	Stevens, Charlotte	21 Aug	1875
Vaughn, William A.	Cass, C.	29 Sep	1873*
Vaughn, William M.	McQueen, Ida	17 Dec	1911
Vaught, A.M.	Shuffield, R.H. (Mr.)	28 Nov	1906
Vaught, Benjamin	Garland, Fanny	6 Nov	1871
Vaught, David	Taylor, Jane	15 Oct	1916
Vaught, Ella	Carson, William	19 Jun	1890*

Vaught, Joanna Lee	Campbell, J.B.	6 Jun 1905
Vaught, W.M.	Carriger, Bettie C.	16 Jun 1896
Vena, Eli	Mckessen, Julia M.	8 Aug 1881
Verninsturnett, Ed	Estep, Masourie	8 Apr 1911
Vest, Bettie	Feathers, W.J.	8 Sep 1895
Vest, Earl	Jones, Eliza	19 Jan 1913
Vest, Elizabeth L.	Miller, David	26 Dec 1893
Vest, Floy	Patton, Frank	6 Sep 1908
Vest, George	Humphrey, Emma	28 Jul 1901
Vest, Hattie	Shell, Alex	4 Jun 1899
Vest, Ida	Hart, Charles P.	5 May 1901
Vest, John	Davis, John	5 Aug 1894
Vest, J.J.	Larimer, Daunie	18 Jun 1911
Vest, Lizzie	Davis, Alexander	1 Mar 1896
Vest, Lottie	Holly, Jack	4 Jan 1904
Vest, Maggie	Hughes, R. Lance	9 Aug 1896
Vest, Nellie	Gibson, Albert	2 Aug 1919
Vest, Samuel	Humphrey, Lura	29 Jun 1907
Vest, Sophia	Slagle, Peter	6 May 1900
Vest, Walter C.	Croy, Bertha P.	5 Apr 1908
Vest, William	Emmert, Catherine	27 Mar 1871*
Viall, Maude J.	Edens, Arthur M.	23 May 1912
Viall, O.H.	Pierce, Katie	30 Dec 1897
Vialls, Bell	Teague, Charlie	24 Feb 1918
Vines, Altie	Dugger, Sarah Ann	18 Sep 1910
Vines, Arthur	Hicks, Geneva	24 Oct 1919
Vines, Bessie Jane	Guy, A.J.	22 Jun 1919
Vines, Carrie	Taylor, G.S.	14 May 1903
Vines, Ettie R.	Lambert, C.H.	24 Aug 1919
Vines, F.B.	Johnson, Lena May	4 Sep 1917
Vines, Grover	Timbs, Bessie	23 Dec 1919
Vines, Hobart	Johnson, Hattie	29 Jun 1919
Vines, John	Hodge, Viola	3 Jul 1915
Vines, Josie	Fugate, Calvin	26 Aug 1916
Vines, L.M.	Dugger, R.W. (Mr.)	21 Nov 1906
Vines, L.M.	Pilkerton, Gildy	28 Sep 1909
Vines, Maggie	Campbell, James	28 Jun 1903
Vines, Maggie	Stout, Edward	11 Sep 1910
Vines, Mary E.	Bunton, John F.	20 Apr 1874*
Vines, Vickey	Green, J.W.	21 Apr 1916
Vines, William	Pierce, Fina	5 Sep 1912
Voncannon, A.D.	Reese, Mollie	18 Nov 1900
Voncannon, A.F.	Miller, Janie	15 May 1915
Voncannon, Martha	Wagner, James	10 Sep 1877
Voncannon, V.B.	Bunton, M.F. (Mr.)	3 Jan 1895
Voncanon, F.W.	Jennings, Bessie	30 Oct 1907*
Voncanon, John	Morrell, Molly	23 Aug 1903

Voncanon, Julia	Williams, Alfred M.	26 Oct 1879
Voncanon, J.L.	K____, Catherine A.	25 Nov 1875
Wade, Edwin R.	Wrenne, Jennie B.	11 Sep 1901
Wade, Sallie W.	Davis, G.O.	19 May 1898
Wadkins, Flora	Bernett, Abraham	20 Sep 1893
Wagner, Ada	Smith, E.J.	19 Oct 1903
Wagner, Alice	Hoss, J.R.	27 Feb 1889
Wagner, Alice	Williams, G.W.	25 Aug 1914
Wagner, Amanda	Cornett, Acy	15 Jun 1897
Wagner, Amanda	Cornett, A.L.	8 Jun 1898
Wagner, Amanda A.	Fondren, W.H.	9 Apr 1905
Wagner, Amanda C.	Branch, Christopher	6 Feb 1877
Wagner, Bertie	Hazlewood, R.A.	23 Mar 1902
Wagner, Cordelia	Briggs, T.H.	23 Dec 1903
Wagner, D.B. (Mr.)	Sheets, M.J.	16 Apr 1900
Wagner, D.S.	Brumit, Catherine	25 Mar 1893
Wagner, Edward B.	Buchanan, Edna Alice	25 Dec 1920
Wagner, Ellen	Pearson, Walter	5 Jan 1913
Wagner, Emily V.	Calhoun, James E.	7 Mar 1906
Wagner, George E.	Smith, Jennie	24 Sep 1903
Wagner, Grant	Watson, Molle	12 Apr 1900
Wagner, Hugh M.	Laws, Ida Bell	21 Jan 1901
Wagner, Ida	Lane, Jack	28 Jan 1906
Wagner, I.V.	Williams, Katie	3 Mar 1901
Wagner, James	Voncannon, Martha	10 Sep 1877
Wagner, Jennie	Malonee, G.W.	29 Dec 1887
Wagner, John	Lilly, Luna	2 Aug 1911
Wagner, John J.	Pritchard, Amanda O.	4 Jan 1913
Wagner, Joseph S.	Rutledge, Mollie A.	25 Mar 1880
Wagner, J.L.	Burrow, Rebecca A.	9 Nov 1911
Wagner, J.M.	Potter, E.J.	28 Feb 1899
Wagner, J.W.	Pritchard, Julia	21 Feb 1909
Wagner, J.W.	Reed, Addie	26 May 1914
Wagner, Lillie	Lacy, Ellis	21 Jul 1917
Wagner, Lizzie	Rasor, J.N.	14 Dec 1916
Wagner, Lizzie	Campbell, John	14 Mar 1920
Wagner, L.S. (Mr.)	Buntin, V.B.	6 Jan 1907
Wagner, Mae E.	Gourley, Carter	19 Nov 1911
Wagner, Martha	Jones, Marshall	22 Dec 1907
Wagner, Mary A.	Allen, James R.	25 Feb 1896
Wagner, Mary A.	Irick, Thomas T.	21 Sep 1919
Wagner, M.E.	Pugh, P.T. (Mr.)	24 Dec 1906
Wagner, Nancy C.O.	Bridges, W.N.	13 May 1897
Wagner, Nora B.	Bolton, Walter V.	18 Jun 1918
Wagner, Orpha	Pierce, Ray B.	24 Dec 1916
Wagner, R.C.	Rains, Birtha	12 Aug 1908
Wagner, Tabitha M.	Nave, Roderick S.B.	9 Feb 1899

Wagner, T.D. (Mr.)	Black, L.J.	16 Mar 1907
Wagner, Vira	Tester, L.D.	11 Apr 1903
Wagner, William A.	Greer, Nancy	30 Dec 1900
Wagner, William Lee	Hampton, Lucy	10 Apr 1909
Wagner, Wilson	Guinn, Ellen	18 Apr 1917
Wagner, Winnie	Matherly, Blain	23 Mar 1908
Wagner, W.B.H. (Mr.)	Smith, R.A.	2 Feb 1908
Wagoner, John M.	Range, Julia C.	24 Dec 1890
Wagoner, Nancy	Prichard, Monroe	4 Sep 1915
Wainwood, Hugh	Linville, Mollie	25 May 1898
Walker, Annie	Fair, John	11 Oct 1908
Walker, Chester	Nidiffer, Bessie	13 Jul 1919
Walker, Elma	Scalf, McKinley	1 Jan 1919
Walker, Ethel	Jenkins, Samuel	22 Nov 1913
Walker, Geroge J.	Carriger, Mary E.	2 Dec 1883
Walker, John P.	Whitman, M.B.	18 Jun 1885
Walker, Joseph	Lyon, Mary Jane	5 Dec 1877
Walker, Joseph	Leonard, Mary	11 May 1911
Walker, Joseph	Baker, Grace	25 Jan 1917
Walker, Lilla	Proffit, Williard	4 Sep 1914
Walker, Mary Alice	Britt, T.Y.	19 Jul 1909
Walker, Mary Alice	Arnett, Columbus C.	21 Nov 1915
Walker, Matilda K.	Shelton, Jessie L.	14 Jan 1914
Walker, Minnie	Hodge, Steve	22 Feb 1905
Walker, M.F.	Crumley, Loyd	6 Sep 1909
Walker, Nat	Woodby, Ellen	24 Dec 1919
Walker, Samuel B.	Stepp, Lula	8 Nov 1903
Wallace, Clara	Honeycutt, O.H.	16 Apr 1915
Wallace, Gwendolyn Z.	Mettetal, Ray A.	12 Dec 1915
Wallace, Luther	Stevens, Lillie	22 May 1915
Wallace, Martha	Head, Jonathan	29 Aug 1873
Wallace, Neoma	Shoemaker, Bynum	3 Nov 1918
Wallax, James	Hughes, Alice	25 Feb 1882
Waller, Anna Lowella	Bailey, Isaac N.	4 Jun 1911
Waller, Robert J.	Fincher, Thelma H.	12 May 1919
Wallis, Susan	Spurgin, Henry	24 Nov 1878
Walls, Myrtle	Reed, Pierson	24 Jan 1916
Walsh, B.M.	Clauson, H.O. (Mr.)	5 Feb 1916
Waltin, A.N.	Johnson, M.A.	6 Nov 1881
Wanhuss, Vaud	Williams, B.H.	15 Dec 1915
Ward, Ada	Cable, D.G.	15 Jun 1912
Ward, Alfred S.	Shuffield, Alice	17 Dec 1900
Ward, Arthur	Lewis, Josie	29 Dec 1913
Ward, A.E.	Bowman, W.G. (Mr.)	2 Dec 1899
Ward, A.F.	Yount, Mande	30 Jun 1915
Ward, A.L.	Baily, Franie	7 May 1881*
Ward, Bertha	Whitehead, David	12 Mar 1905

Ward, Birdy	Jackson, Alouza	10 Oct 1909
Ward, Burtie	Richardson, Raymond	7 May 1919
Ward, Crete	Richardson, Alfred	11 Jun 1908
Ward, David	Bryant, Violet	25 Jun 1909
Ward, Dollie	Merritt, Dan	4 Jul 1919
Ward, Earl W.	Brumitt, Lola Bell	28 May 1914
Ward, Ettie	Whitehead, Loyd	15 Jan 1905
Ward, E.G.	Gregg, Mandy	6 Mar 1904
Ward, Finly	Brivert, Mary	12 Mar 1910*
Ward, Flora	Cole, W.S.	1 Oct 1916
Ward, Frank	Stout, Catherine	13 Jun 1914
Ward, H.T.	Goode, Hannah	4 Jan 1916
Ward, James C.	Rainbolt, Mary E.	5 Jun 1920
Ward, Jennie	Sizemore, John	13 Jul 1907
Ward, John	Oliver, Lena	18 Sep 1915
Ward, K.H.	Markland, W.C.	25 Dec 1906
Ward, Lillie	Rainbolt, Alvin W.	11 Mar 1899
Ward, Link	Whitehead, Tempie	2 Apr 1916
Ward, Lona	Mains, J.R.	24 Aug 1917
Ward, Lula	Swanner, Taylor	12 Jun 1910
Ward, Marcie	Campbell, Nat	28 May 1916
Ward, Margie	Harrison, Cormie G.	23 May 1920
Ward, Mary Jane	Freeman, W.H.	2 Apr 1893
Ward, Mattie	Woods, Reuben	27 Dec 1906
Ward, M.A.	Jones, D.H. (Mr.)	1 Jun 1902
Ward, Nellie	Dugger, Jett	21 May 1916
Ward, Niley	Campbell, Cleo	4 Jul 1915
Ward, Ollie	Morgan, Tine	21 Apr 1919
Ward, Rosie	Campbell, J.F.	7 Nov 1920
Ward, Thomas	Rainbolt, Annie May	29 Dec 1913
Ward, Thomas	Harrison, Bessie	20 Apr 1919
Ward, Thomas T.	Gilbert, Harriet A.	3 May 1883
Ward, Vista May	Eastridge, W.H.J.	15 Jun 1908
Ward, William B.	Potter, Elizabeth	28 Sep 1879
Warrick, Albert	Casy, Eva	25 Dec 1912
Warrick, Catherine	Hilton, John	7 Mar 1880
Washbone, William	Buckles, Mary P.	18 Sep 1877
Wasom, I.A.	Reynolds, Ella	20 Dec 1903
Waters, Annie	Birchfield, David	28 Apr 1898
Waters, Dana H.	Cole, Sudie	19 Mar 1920
Waters, Elizabeth	Whitehead, Jackson	4 Mar 1883
Waters, Henry	Smith, Laura	26 May 1918
Waters, Henry	Presnell, M___	18 Apr 1920
Waters, Josephine	Price, John H.	13 Apr 1888
Waters, J.A.	Miller, Pollie	5 May 1895
Waters, Rhoda	Teague, Jackson Lee	1 Jan 1889
Waters, W.P.	Lacy, Ida	24 Dec 1887

Watson, Amos	Shell, Lovie	10 Nov 1917
Watson, Brownlow	Whisenhunt, Rhoda A.	20 Feb 1891*
Watson, B.J.	Lunceford, W.B. (Mr)	24 Jan 1912
Watson, Dave	Leonard, Stella	18 Feb 1919
Watson, David	Johnson, Pearl	31 Oct 1920
Watson, Dolly	Daniels, R.A.	5 Dec 1897
Watson, Elbert	Mann, Ethel	26 Oct 1920
Watson, Ellen	Shell, Samuel	25 Dec 1906
Watson, Hannah	Sheets, Joseph W.	2 Mar 1901
Watson, Jane	Marlow, Mayland	3 Jul 1920
Watson, John	Taylor, Marhise	25 Oct 1882
Watson, Lizzie	Sanders, Floyd	5 Mar 1918
Watson, Luther	Smith, Christine	23 Feb 1910
Watson, Maria	Boyd, Jessie	8 Oct 1886
Watson, Martha	Miller, Barney	31 May 1919
Watson, Martha	Hughes, D.N.	13 Apr 1906
Watson, Mettie	Stover, Andrew	3 Feb 1910
Watson, Molle	Wagner, Grant	12 Apr 1900
Watson, Mollie	Ervin, Clint	3 Apr 1904
Watson, Noah	Lyon, Mollie	5 Oct 1902
Watson, Peter	Carter, Willie	12 Sep 1908
Watson, Peter	Stover, Maude	4 Jan 1912
Watson, Ray	Watson, Rosa	29 Aug 1910
Watson, Rhoda	Masengill, Fleenor	8 Jan 1917
Watson, Rosa	Watson, Ray	29 Aug 1910
Watson, Thomas J.	Burner, Barbery A.	16 Jul 1901
Watson, Vena	Sheets, John	5 Dec 1896
Watson, William	Machelrinth, Mary	16 Mar 1895
Watson, Wily	Sims, Martha	15 Jan 1888
Watson, W.D.	Mitchell, Hattie	31 Aug 1912
Wattenbarger, J.D.	Scott, Nola E.	23 Feb 1896
Waycaster, Abraham	Radford, Cordelia	6 Nov 1890
Waycaster, Cain	Benfield, Bertha	26 Oct 1912
Waycaster, Charles	Hamby, Zillie	3 Feb 1906
Waycaster, Clarissy	Radford, Austin O.	25 Mar 1905
Waycaster, Ettie	Presnell, H.S.	10 Jun 1893
Waycaster, E.B.	Waycaster, Isabell	9 Aug 1890*
Waycaster, Gracie	Stafford, Thomas	11 Feb 1910
Waycaster, Isabell	Waycaster, E.B.	9 Aug 1890*
Waycaster, Kelly	West, May	23 Sep 1916
Waycaster, Mary Jane	Gouge, Allen	1 Jun 1889
Waycaster, Minnie	Arnett, Harrison	2 Jun 1918
Waycaster, Rettia	Harrison, Soloman	19 Oct 1890
Waycaster, Sallie B.	Roberts, Samuel	28 Oct 1911
Waycaster, Susie	Oxendine, James	25 Aug 1895
Waycaster, Vina	Leadford, David	8 Apr 1900
Waycaster, Willard	Hale, Bessie	28 Jun 1916

Waycaster, William	Holyfield, Mary	4 Apr 1884
Waycaster, William	Ingram, Bell	26 Oct 1918
Waycaster, William N.	Harrison, Mary	25 Sep 1894
Weadles, Ketty	Pugh, Hugh	17 Jun 1907
Weahterspoom, Marsh	Birchfield, Jane	20 Jan 1903*
Weatherman, D.L.	Shuffield, J.H.	22 Feb 1891
Weatherspoon, Maggie	Arrowood, Henry	21 Jan 1911
Weaver, David	Carr, H.A.	18 Dec 1877
Weaver, D.H.	Bowtin, Ettie	6 Nov 1890
Weaver, E.B.	Nave, Celia	25 Dec 1911
Weaver, Houston	Morris, Maude	14 Jul 1917
Weaver, James D.	Hart, Rhoda	24 Dec 1893
Weaver, John	Williams, Eliza	31 Aug 1913
Weaver, Lucy	Adams, John Q.	18 Nov 1910
Weaver, Russell	Lewis, Susan E.	18 Apr 1878
Weaver, Wilson	Saylor, Alice	24 Dec 1886
Webb, Bell	Bullock, Ebb	22 Jul 1906
Webb, Bessie E.	Slagle, Noah W.	9 Jun 1907
Webb, Charles	Laws, Mina	19 Jun 1912
Webb, C.G.	Woods, Velvia	8 May 1914*
Webb, C.G.	Woods, Velvia	17 May 1915
Webb, Dobb	Long, Mary	12 Apr 1896
Webb, Dora	McKee, John	19 Sep 1920
Webb, Elbert	Brown, Ruth	7 Oct 1916
Webb, Ella	Bishop, Abby H.	4 Sep 1909
Webb, E.W.	Morris, Ermah	10 May 1919
Webb, Geneva	Potter, Frank	20 Mar 1920
Webb, Gussie	Chappell, Walter	31 Mar 1918
Webb, Ider	Banner, Jerry	24 May 1881*
Webb, Ina	Blackburn, John D.	1 May 1909
Webb, Jessie	Crowder, James	18 Jul 1914
Webb, Joseph; M.	Campbell, Julia E.	19 May 1883
Webb, Julia	Boone, S.M.	11 Aug 1912
Webb, Laura	Goodman, George	28 Jul 1881*
Webb, Lilly	Constable, Robert	29 Aug 1908
Webb, Marshall E.	Jackson, Annie	24 Dec 1888*
Webb, Myrtle	Laws, Dud	4 Sep 1909
Webb, Nora	Manning, G.C.	6 Dec 1914
Webb, Phebe	Smith, Hobart	7 Jul 1919
Webb, Ray	Calhoun, Blanch	3 Aug 1919
Webb, R.A.	Price, Bessie	3 Jan 1889*
Webb, Sallie	Little, Charlie	9 Sep 1881*
Webb, Sallie	Russell, James	4 Feb 1900
Webb, Vista	Tipton, aught	3 May 1919
Weble, A.H.	(not stated)	28 May 1877
Weeks, Sarah A.	Campbell, John R.	26 May 1900
Weeks, Sarah A.	Byrd, Robert	11 Dec 1894

Welch, Annie	Harper, M.A.	19 Jul 1894*
Welch, Dorsa	Brewer, Thomas	2 Jun 1908
Welch, D.C. (Mr.)	Dalton, O.M.	8 Apr 1909
Welch, Lillie G.	Bennett, Marion S.	13 Mar 1892
Welch, Lucy	Lane, Henry	31 Jan 1891
Welch, May	Lewis, Will	30 Apr 1920
Welch, William	Hinkle, Nannie	22 Sep 1890
Welch, William	Hughes, Jennie	26 Sep 1896
Welsh, Annie G.	Breedlove, W.A.C.	23 Sep 1896
West, Johnson	Osborne, May	30 Aug 1913
West, Johnson J.	Campbell, Ethel	10 Aug 1902
West, May	Waycaster, Kelly	23 Sep 1916
West, Nancy	Hazlewood, Tobias	9 Aug 1879
West, Nat	Peters, Virgie	25 Oct 1920
West, William	Whittamore, Catherine	1 Oct 1894
Westall, Thaddius	Fowler, Nannie	30 Apr 1893
Wetherspoon, Marshll	Smith, Fine	31 Mar 1906*
Whalen, Julia	Wills, George W.	3 Jan 1882
Whaley, Carter	Arnold, Maggie	15 May 1915
Whaley, Henry	Tenis, Clide	28 Jun 1915
Whaley, James	Perkins, Etta	18 Nov 1900
Whaley, Nathan	Smith, Nancy	13 Mar 1915
Whaley, Pearl	Deloach, Nat	20 Jul 1916
Whaley, W.N.	Timbs, Stellie	23 Sep 1911
Whaly, A.J.	Clemons, C. (Mr.)	18 Jun 1910
Whaly, James	Adams, R.	12 Jul 1903
Whaly, Mertie	McNeely, J.N.	28 Nov 1911
Whaly, Tipton	Campbell, Mary Ann	10 Nov 1912
Wheeler, Adam	Andrews, Hattie	4 Jul 1914
Wheeler, C.R.	Blevins, Minnie	24 Dec 1896
Wheeler, Ennis	Johnson, Conner (Mr)	6 Dec 1902
Wheeler, Isaac	Donnelly, Parlee	5 Jun 1907
Whisenhunt, Cart	Britt, Emma	9 Jun 1920
Whisenhunt, Eliz.	Milsaps, Manuel	21 May 1881*
Whisenhunt, Ernest	Mace, Monossie	13 Jan 1916
Whisenhunt, Hattie	Benfield, Mathew	9 Feb 1910
Whisenhunt, Isaac	Royal, Lillie	22 Oct 1911
Whisenhunt, Joseph	Swanner, Evaline	31 Aug 1907
Whisenhunt, Mary E.	Garland, W.W.	5 Apr 1900
Whisenhunt, Millie	Tolly, J.N.	13 Aug 1893
Whisenhunt, Noah	Roberts, Lousinda	6 May 1873
Whisenhunt, Rhoda A.	Watson, Brownlow	20 Feb 1891*
Whisenhunt, Tilda	Brewer, Birten N.	3 Oct 1911
Whisenhunt, Wily	McClellan, Nancy J.	13 Aug 1913*
Whisner, Oliver	Carrier, Mabel	7 Apr 1918
Whitacr, Martha	Hardin, James	24 Feb 1874*
Whitaker, J.C.	Jones, Pertie	2 May 1911

Whitaker, Lou	Humphrey, Walter	26 Nov 1904
Whitaker, Walter	Loveless, Ruth	24 Jun 1913
Whitamore, John	Berrier, E.B.	8 mar 1898
White, Alexander	Pierce, Julia	19 Jul 1891
White, Alexander C.	Perkins, Laura	20 Dec 1877
White, Amanda	Hammet, William	26 Oct 1909
White, A.L.	Norris, George H.	10 Jun 1893
White, Ben	Harden, Urse	2 Nov 1911
White, Benjamin	Heaton, Lucy	13 Sep 1902
White, Bertie	Kite, G.W.	23 Jun 1907
White, Billie	Matherly, Callie	27 May 1920
White, Bob	Eagy, Mary	25 Nov 1919
White, Bounice	Goodwin, B.M.	6 Jan 1907
White, B.	Taylor, Jacob	4 Oct 1878
White, B.B.	Smith, L.A. (Mr.)	3 Dec 1910
White, B.C.	Campbell, Nitta	18 Apr 1897
White, Charlie	Tunell, Ada	23 Apr 1918
White, Charlie	Ritchie, Blanche	19 Sep 1920
White, Cinthia	Bowling, William	7 Jul 1912
White, Cinthie	Deloach, Henry	25 Oct 1901
White, Cora	Timbs, James	4 Aug 1902
White, C.	Pierce, J.R. (Mr.)	26 Sep 1909
White, C.B.	Nave, D.S. (Mr.)	23 Oct 1910
White, Dana	Smith, Retha	1 Jan 1919
White, D.L. (Mr.)	Smith, C.E.	17 Dec 1904
White, D.M.	Bunton, Arrie	25 Dec 1908
White, D.S.	Hyder, Lena	23 Jun 1918
White, Edd	Burrow, Josie	26 Dec 1912
White, Ella	Smith, H.A.	7 May 1911
White, Emma A.	Collins, James E.	25 Dec 1920
White, Emmert	Peters, Connie	15 Dec 1895
White, Ezekiel G.	Nave, Freddie	18 Jun 1893
White, Flosy	Estep, Wesly	3 Nov 1907
White, F.A.	Lewis, W.A. (Mr.)	12 Feb 1905
White, F.M.	Harden, Jennie	17 Jun 1906
White, George	Ferchess, Lucy	12 Jul 1911
White, George	Holly, Gertrude	12 Mar 1916
White, Granville	Bunton, Vick	20 Jun 1909
White, Grason	Clauson, Maggie	26 May 1906
White, G.M.	Pool, Robert	6 Sep 1874
White, Hattie	Hodge, Finley	21 Feb 1916
White, H.L.	Laws, Elsie	2 Sep 1918
White, James	Wilcox, Minnie	18 Apr 1897
White, James I.	Thompson, Bertha	20 Apr 1910
White, James L.	Blevins, Alice R.	26 Feb 1888
White, Jane G.	Buntin, B.T.	12 Oct 1879
White, Jennie	Culbert, Henry	4 May 1879

White, Jessie	Ensor, Robert	14 Jan 1897
White, Jiney	Peters, Henry	18 Apr 1915
White, John	Blevins, Amelia	30 May 1903
White, John T.	Smith, Ida	21 Nov 1911
White, John V.	Lewis, Jane	4 Aug 1872
White, Josephine	Arrance, William	25 Jan 1878
White, Josephine	Taylor, Joseph	24 Sep 1882
White, Julia	Campbell, Bruce	10 May 1914
White, J.L.	Rains, Ella	9 Nov 1904
White, Lawson	Gourley, Margaret	28 Sep 1890
White, Leanor A.	Campbell, George P.	16 Jul 1893
White, Lena	Grindstaff, S.V.	4 Jul 1919
White, Lenny	Pierce, J.S.	19 May 1886
White, Lillie Mae	Fellers, Robert	25, Jun 1920
White, Lou	Markland, William	29 Sep 1903
White, Lousia	Pierce, John S.	2 Apr 1887
White, Lucilla	Beck, John E.	3 Jan 1894
White, Lula	Pearce, O.C.	5 Jul 1911
White, L.A. (Mr.)	Clark, O.N.	11 Oct 1903
White, L.L.	Bailey, Ada	1 Apr 1914
White, Maggie	Grindstaff, J.W.	24 Dec 1910
White, Mandy	Lewis, W.H.	5 Jul 1903
White, Margaret	Colbaugh, David	8 Nov 1892
White, Martha E.	Lewis, George M.	15 Mar 1894
White, Mary	Pearce, A.	3 Aug 1873
White, Mary	Pierce, Richard	21 Jul 1901
White, Mary E.	Oaks, Charly	26 Sep 1908
White, May	Hughes, Thurman	3 Jul 1909
White, M.C.	Pearce, F.M. (Mr.)	27 Aug 1908
White, Nancy	Dugger, W.D.	3 Jun 1900
White, Nellie	Pierce, Henry	12 Oct 1916
White, Nettie	Slimp, Olliver	16 Nov 1913
White, Nora	Williams, Houston	5 JUl 1914
White, Ona B.	Smith, Elbert W.	23 May 1920
White, Rennie	Anderson, John E.	1 Feb 1918
White, Richard	Shuffield, Mary	27 May 1877
White, Robert	Markland, Catherine	25 Nov 1897
White, Robert	Tribbett, Alice	13 Oct 1912
White, Robert Jr.	Langbery, Rosa	29 Oct 1912
White, Rosa	Nidiffer, Thomas	29 Aug 1897
White, Rosie	Reece, Oliver W.	4 Apr 1901*
White, Roy	Pierce, Dovie	4 Dec 1915*
White, R.C.	Williams, Rhoda	21 Nov 1900
White, Sadie	Hicks, Conley	24 Aug 1916
White, Sallie	Nave, Joseph	12 Nov 1893
White, Sallie	Campbell, Dan	19 Sep 1908
White, Stella	Miller, Monroe	18 Feb 1917

White, Susan	Markland, James	17 Mar 1887
White, Thomas	Forbes, Eliza	14 Sep 1893
White, Thomas	Pleasant, Francis M.	11 May 1879
White, Tissie	Buckles, M.D.	12 Dec 1914
White, T.W.	Rainbolt, Ethel	24 Dec 1903
White, Verda	Elliott, O.K.	5 Sep 1897
White, Wilber	Estep, Martha	21 Nov 1903
White, Will	Hardin, Ellen	22 Mar 1910
White, William	Fair, Matilda	22 May 1898
White, William	Deloach, Hattie M.	16 Mar 1902
White, William	Edmonson, Birtha	9 Mar 1907
White, William	Campbell, Bettie	19 Mar 1911
White, William	Rains, Flora	20 May 1914
White, Witson	Keller, Caroline	11 Feb 1889
Whitehead, Albert	Barnett, Sarah	25 Aug 1914
Whitehead, Andrew	Lunsford, Mary	23 Apr 1871
Whitehead, Bell	Gouge, Frank	24 Dec 1914
Whitehead, Bessie	Morgan, William	1 Aug 1910
Whitehead, Bessie	Clark, M.F.	15 Jan 1901
Whitehead, Birtie	Whitehead, Thad	27 Jan 1908
Whitehead, Caleb	Cornett, Catherine	13 Mar 1871
Whitehead, Carson H.	Campbell, Abbie	12 Mar 1905
Whitehead, Carter	Hicks, Mary	1 Apr 1899
Whitehead, Cassie	Miller, Taylor	8 Aug 1913
Whitehead, Celia	Hill, William	27 Feb 1898
Whitehead, Celia	Holtsclaw, J.C.	16 Sep 1905
Whitehead, Celia	Simerly, Rossie	4 Apr 1920
Whitehead, Cleve	Holly, Anna	10 Mar 1912
Whitehead, C.H.	Shull, D.T. (Mr.)	3 Dec 1899
Whitehead, C.T.	Lyons, Rutha N.	24 Dec 1899
Whitehead, C.V.	Stevens, Judy	26 Dec 1899
Whitehead, David	Whitehead, Louiza C.	9 May 1885
Whitehead, David	Ward, Bertha	12 Mar 1905
Whitehead, David	Ingram, Minie	23 May 1915
Whitehead, Delia	Chambers, John	9 Mar 1888
Whitehead, Delia	Campbell, H.N.	9 Aug 1903
Whitehead, Delphia	Taylor, Earl	24 Feb 1920
Whitehead, D.T.	King, Celia	13 Mar 1908
Whitehead, Earl	Mask ?, Ruthie	5 Nov 1919
Whitehead, Earl	Hill, Hattie	5 May 1920
Whitehead, Earn	Largent, Hettie	2 Jan 1920
Whitehead, Eliza	Largent, Thomas	8 Nov 1881*
Whitehead, Ellen	Morris, W.T.	13 Mar 1892
Whitehead, Emma	Johnson, John B.	12 Jan 1895
Whitehead, Eva	Roberson, W.G.	24 Apr 1898
Whitehead, George	Carver, Mollie	6 Jan 1902
Whitehead, George	Forster, Lula	30 May 1916

Whitehead, Hannah J.	Nave, James E.	31 Jan 1889	
Whitehead, Hattie	Chambers, Elijah	1 Jan 1901	
Whitehead, Hattie	Julian, Mouron	15 Nov 1913	
Whitehead, Henry	Shell, Mary	25 Jul 1897	
Whitehead, Herbert	Townsend, Sarah	25 Sep 1910	
Whitehead, Hita	Hill, Abner	1 Feb 1896	
Whitehead, Ida	Bennett, Mouron	21 Oct 1911	
Whitehead, Isaac	McNabb, Ellen	23 Jul 1888	
Whitehead, Jackson	Waters, Elizabeth	4 Mar 1883	
Whitehead, James	Byrd, Nelsie	16 Oct 1916	
Whitehead, James	Street, Vista	10 Sep 1893	
Whitehead, James C.	Willis, Annie	9 Sep 1901	
Whitehead, James H.	K____, Julia	8 Feb 1874*	
Whitehead, James S.	Williams, Mary Ann	23 Aug 1888*	
Whitehead, James W.	Stanley, Hattie	17 Jul 1919	
Whitehead, Jas W. Jr.	Cornett, Annie	17 May 1915*	
Whitehead, Jennie	Whitehead, Oscar	30 May 1915	
Whitehead, John	Townsend, Bessie	20 Oct 1916	
Whitehead, John	Johnson, Anna	15 Dec 1907	
Whitehead, Julia	Fitzpatrick, John	16 Feb 1882	
Whitehead, Julia	Simerly, Roderick	21 Sep 1891	
Whitehead, Julia	Campbell, Samuel	28 Mar 1907	
Whitehead, J.H.	Doan, Nannie	8 Apr 1917	
Whitehead, Katy	Nutt, Jacob	13 Jan 1886	
Whitehead, Lawson	Stout, Lorie	9 Dec 1894	
Whitehead, Lica	H____, James	30 Dec 1875	
Whitehead, Loss E.	Morris, Ellie	7 Apr 1918	
Whitehead, Lou	Collins, S.P.	26 Jul 1894	
Whitehead, Louiza C.	Whitehead, David	9 May 1885	
Whitehead, Loyd	Ward, Ettie	15 Jan 1905	
Whitehead, L.L.	Largent, Nannie	14 Dec 1907	
Whitehead, L.L. (Mr.)	Shell, E.B.	19 Sep 1897	
Whitehead, L.S.	Stout, Josephine	26 Jul 1889	
Whitehead, Madison	Odom, Nancy	28 Feb 1897	
Whitehead, Manda V.	Cornett, H.C.	24 Dec 1892	
Whitehead, Martha	Calis, David A.	30 Dec 1877	
Whitehead, Martha	Arrance, Timithy	3 Jan 1879	
Whitehead, Martha	Vance, David	18 Jan 1893	
Whitehead, Mary	Carver, James	8 Jul 1901	
Whitehead, Mary An	Tolley, John	8 Dec 1895	
Whitehead, Maxie	Gouge, John	6 Apr 1917	
Whitehead, Myrtle	Shell, Howard	24 Mar 1918	
Whitehead, M.	Cable, Richard	5 Mar 1875*	
Whitehead, Nancy	Thomas, John	12 Aug 1880	
Whitehead, Nancy	Guinn, Henry	1 Apr 1909	
Whitehead, Nancy	Guinn, Luther	25 Jan 1912	
Whitehead, Nat	Townsend, Mary A.	6 Mar 1887	

Whitehead, Nettie	Hill, Garfield	23 Dec 1908
Whitehead, Ora	Simerly, John	5 Jan 1908
Whitehead, Oscar	Whitehead, Jennie	30 May 1915
Whitehead, Rhoda	Odum, Waits	8 Oct 1878
Whitehead, Rudy	Hicks, Nancy	11 Apr 1908
Whitehead, Sallie	Guinn, J.M.	18 Aug 1912
Whitehead, Sallie	Cates, Allen	7 Dec 1890
Whitehead, Samuel	Forbes, Mayme	18 Apr 1917
Whitehead, Sarah C.	Moody, George W.	29 Jun 1907
Whitehead, Selia	Lewice, Fine	22 Apr 1907
Whitehead, Suda	Hill, James	9 Sep 1916*
Whitehead, Sudie	Hill, James	9 May 1917
Whitehead, Susannah	Hopson, Isaac	26 Feb 1871
Whitehead, Tempie	Ward, Link	2 Apr 1916
Whitehead, Thad	Whitehead, Birtie	27 Jan 1908
Whitehead, Thomas J.	Cable, Bessie	5 Sep 1892
Whitehead, T.S.	Range, Flora	27 Sep 1914
Whitehead, William	Hopson, Sarah Jane	29 Oct 1887
Whitehead, W.M.	Miller, Laura	27 Mar 1893
Whitehead, W.M.	Chambers, Sallie	25 Dec 1907
Whitehous, R.B.	McIntosh, Mary	30 May 1880
Whiteside, Sallie	Combs, Henry	13 Apr 1890
Whitimore, A.G.	Tolly, Nannie	9 Dec 1894
Whitington, Vertie	Kite, Earl	10 Feb 1917
Whitlock, Mary K.	Sells, George J.	22 Nov 1915
Whitlow, S.A.	Orr, C.J.	6 Aug 1879
Whitman, A.G.	Marsh, Ellen	16 Dec 1900
Whitman, M.B.	Walker, John P.	18 Jun 1885
Whitmire, W.F.	Markland, Amelia	26 Feb 1911
Whitmore, Alex	Tipton, Amanda	18 Jun 1905
Whitson, Catherine	Britt, S____	4 Apr 1871*
Whitson, Evalyn	Britt, Landon	6 Apr 1871
Whitson, Grace	Barnes, R.S.	9 Apr 1906
Whitson, Isaac	Honeycutt, T.a.	9 Apr 1903
Whitson, J.S.	Honeycutt, Lou	30 May 1918
Whitt, Jeremy Pate	Shumate, Jayne Clyde	26 Mar 1904
Whittamore, Catherine	West, William	1 Oct 1894
Whittamore, Robert B	Britt, Ethel	9 May 1912
Whittamore, Will	Cochran, Rena	26 Jan 1919
Whittemore, Lucy	Owens, Hughie	28 Jun 1918
Whittemore, Nellie	Taylor, D.A.	8 Mar 1919
Whittemore, Robert	McInturff, May	10 Mar 1917
Whittenton, Nannie	Oaks, Hilton	15 Dec 1908
Whittenton, Nellie	Winters, J.W.	15 Mar 1913
Whittimire, Edna	Shell, John	17 Mar 1902
Whittimore, John	Bowman, Jennie	10 Mar 1895
Whittmire, Louie	Chesser, A.C.	19 May 1903

Whitton, Jennie B.	Davis, J.M.	9 Sep	1883
Widener, Edd	Humphrey, Bell	21 May	1903
Widener, Willis	Swinney, Tennie	18 Oct	1909
Widner, Joel	McClure, Addie	25 Oct	1892
Wilborn, Lesley Lee	Messimer, Eileen K.	22 Dec	1909
Wilborn, Margaret E.	Russell, Thomas B.	15 Aug	1887
Wilburn, Lillian	Duffield, Nat	4 Jul	1906
Wilcox, Addie	Johnson, E.F.	24 Feb	1892
Wilcox, Brunette	Swanner, Joshua	17 Jul	1892
Wilcox, Calep	Sizemore, Pollie	17 Feb	1883
Wilcox, Daniel	Oaks, Sarah Ann	4 Aug	1903
Wilcox, Frank	Shell, Pearl	17 May	1915
Wilcox, Frank N.	Collins, Estella	26 Oct	1904
Wilcox, George W.	Hartley, M.	3 Apr	1882*
Wilcox, Malinda	Markland, George	14 Apr	1901
Wilcox, Martha C.	Banner, F.V.	15 Dec	1878
Wilcox, Mary	Honeycutt, D.L.	3 Sep	1910
Wilcox, Minnie	White, James	18 Apr	1897
Wilcox, Minnie	Ferguson, James	30 Jun	1912
Wilcox, M.E.	Crow, David	2 Apr	1873
Wilcox, M.M.	Taylor, Callie	31 Oct	1894
Wilcox, Nannie J.	Bellamy, John R.	19 Apr	1892
Wilcox, R.B.	Guisler, Clena	24 Sep	1904
Wilcox, Sallie	Williams, T.J.	1 Apr	1903
Wilcox, Sallie Folsom	Grabl, Joseph A.	9 Sep	1914
Wilder, Rachel	Maher, James F.	26 Oct	1887
Wilis, G.N.	Lindawood, Maude	26 Jun	1901
Wilkerson, Sarah E.	Taylor, Samuel C.	3 May	1891
Wilkins, Amanda	Phipps, John	20 Aug	1908
Wilkins, Jennie	Lewis, William	1 Jun	1908
Willet, Sarah E.	Lane, Will H.	2 Dec	1905
Williams, Abbeyal	Olliver, William	2 Oct	1910
Williams, Albert	Bowers, Bill	7 Nov	1920
Williams, Alfred	Jenkins, Joe	30 May	1887
Williams, Alfred	Olliver, Betie	7 Nov	1903
Williams, Alfred	Gragg, Myrtle	29 Mar	1913
Williams, Alfred M.	Peters, Elizabeth C.	19 Oct	1873
Williams, Alfred M.	Voncanon, Julia	26 Oct	1879
Williams, Alice	Bowers, H.B.	17 Nov	1907
Williams, Alice	McQueen, J.W.	5 Jul	1908
Williams, Alice	Hicks, W.J.	20 Dec	1916
Williams, Alice	Elliott, Dave	17 Jun	1919
Williams, Allen	Myers, Lucy	10 Sep	1899
Williams, Anna	Williams, John W.	25 Dec	1883
Williams, Annie	Good, Walter C.	2 May	1889
Williams, Arrilda	Deloach, Emmert	8 Sep	1907
Williams, A.B.	Frasier, Rachel A.	5 Jul	1891

Williams, A.C	Morrell, Alice	29 Sep 1895
Williams, A.E.	Peters, Elizabeth	29 Jan 1893
Williams, A.J.	Nidiffer, Callie	12 Aug 1917
Williams, A.V.	Elliott, Sadie	21 Aug 1910
Williams, Bailey E.	Fine, Maud	3 Mar 1918
Williams, Bell	Jenkins, William	29 Aug 1912
Williams, Bertie	Timbs, Avery	23 Sep 1916
Williams, Bessie	Nave, J.R.	24 Dec 1903
Williams, Bessie	Williams, Charles	8 Feb 1909
Williams, Bettie	Williams, H.C.	29 Jan 1919
Williams, Blaine C.	Hughes, Anita	16 Dec 1914*
Williams, Blanch	Pierce, Charlie	3 Jan 1919
Williams, Bonnie	Bristol, Elbert	16 Jun 1918
Williams, Bryan	Williams, Nannie	18 Sep 1915
Williams, B.H.	Wanhuss, Vaud	15 Dec 1915
Williams, Callie	Blevins, Samuel E.	20 Feb 1891
Williams, Callie	Buckles, Lee	7 Dec 1919
Williams, Caner	Miller, Dora	28 Mar 1891
Williams, Caroline	Deloach, Robert	2 Apr 1905
Williams, Caroline	Russell, J.H.	8 Nov 1909
Williams, Charles	Jones, Lizzie	18 Jan 1893
Williams, Charles	Livingston, May	13 Sep 1896
Williams, Charles	Greer, Cora Alice	19 Feb 1900
Williams, Charles	Thompson, Rhoda	20 Apr 1902
Williams, Charles	Williams, Bessie	8 Feb 1909
Williams, Charles	Redmond, Gussie	16 Apr 1911
Williams, Charley	Jenkins, Fanny	22 Jul 1900
Williams, Charlie	Buck, Myrtle	28 Oct 1906
Williams, Chester J.	Hendrix, Lona May	5 Sep 1908
Williams, Chrisly	Hyder, Nannie	24 Nov 1889
Williams, Clarence	Gouge, Lillie	2 Aug 1916
Williams, Columbus	Snyder, Amelia	22 Mar 1919
Williams, Cora	Bailey, Samuel	16 Jul 1890
Williams, Cordie	Price, Walter	12 Mar 1909
Williams, Cordie	Goodwin, B.C.	19 Nov 1912
Williams, C.B.	Cable, Martha	15 Nov 1911
Williams, Daisy	Grindstaff, Claude	12 Jun 1915
Williams, David	Buckles, Nancy	10 Sep 1881*
Williams, David	Taylor, Sallie	23 Sep 1883
Williams, David C.	Frasier, Jennie	6 Aug 1891
Williams, David C.	Shown, Lydia	8 Mar 1908
Williams, Delia	Cole, C.S.	2 Jan 1893
Williams, Dellie	Garvin, John	3 Jul 1905
Williams, Dizanna	Heniger, George	4 Nov 1906
Williams, Dock	Glover, Anna	24 Apr 1904
Williams, Dolly	Treadway, James	16 Jan 1881
Williams, Donnelly	Glover, Lucy	14 Feb 1918

Williams, Dora	Peters, David	25 Dec 1901
Williams, D.C.	Peters, Molly	2 Feb 1915
Williams, D.N.	Jenkins, Maggie	21 Jun 1893
Williams, D.N.	Butler, Ellen	28 Nov 1908
Williams, D.N.	Angel, Gertrude	23 Oct 1909
Williams, Eli	Bowers, Callie	18 Aug 1893
Williams, Elijah	Ensor, Julia A.	4 May 1890
Williams, Elina	Hyder, Luther	8 Feb 1911
Williams, Eliza	Jenkins, Samuel	28 Oct 1875
Williams, Eliza	Dugger, John	1 Oct 1876
Williams, Eliza	Tipton, Joseph P.	6 Jul 1882
Williams, Eliza	Olliver, John	10 Apr 1904
Williams, Eliza	Leadwell, William	27 May 1905
Williams, Eliza	Pearce, Jackson	20 Oct 1907
Williams, Eliza	Weaver, John	31 Aug 1913
Williams, Elizabeth	Buckles, Alfred	24 Nov 1896
Williams, Ellen G.	Smalling, Kyle H.	20 Aug 1905
Williams, Elmeda	Gardner, John	25 Dec 1893
Williams, Emma	Shelborne, J.S.	11 May 1887
Williams, Emma	Olliver, Pat	1 Sep 1912
Williams, Ethel	Shipley, W.F.	28 Dec 1905
Williams, Eva	McIntuff, William R.	9 Nov 1882
Williams, Eva	Bowers, I.M.	16 Dec 1894
Williams, Eva	Taylor, W.C.	24 Jun 1906
Williams, Eva	Pierce, Hobart	5 Jun 1920
Williams, Everet	Carden, Levicy	14 Jun 1888
Williams, E.D.	McKeehan, Alpha	4 Apr 1871
Williams, E.G.	Wilson, Mary	5 Aug 1895
Williams, E.G.	Lewis, Laura	16 Jun 1918
Williams, E.J.	Hopson, Sallie	20 Dec 1914
Williams, Frank	Peeples, Elizabeth	26 Jan 1875*
Williams, George	Olliver, Laura	23 Jun 1912
Williams, George C.	Oliver, Eva	27 Sep 1888
Williams, George D.	Buck, Mary J.	11 Aug 1889
Williams, George T.	Hooper, Lavancy	10 Mar 1880
Williams, George Y.	Barker, Nannie S.	9 Oct 1879
Williams, Glada	Blevins, Alf	6 Jul 1913
Williams, Godfrey	Olliver, Sis	19 Mar 1911
Williams, Grace	Bowers, Charles	16 Aug 1919
Williams, Grant	Casey, Lula	14 Apr 1918
Williams, G.W.	Wagner, Alice	25 Aug 1914
Williams, Henry	Pierce, Ethel	6 Jul 1916
Williams, Henry	Nidiffer, Nannie	4 Sep 1898
Williams, Henry R.	Cable, Catherine	29 Sep 1877
Williams, Hettie	Johnson, W.R.	17 Mar 1917
Williams, Houston	White, Nora	5 JUl 1914
Williams, Houston	Morrell, Grace	8 Jan 1918

Williams, Hugh M.	Peoples, C.	15 Jan 1905
Williams, H.C.	Williams, Bettie	29 Jan 1919
Williams, H.C.	Brookshire, Myrtle	5 May 1914
Williams, H.H.	Reedy, Florence	10 Jun 1900
Williams, H.H.	Fair, Lucinda	10 May 1902
Williams, H.M.	Clark, Hassie	20 Mar 1920
Williams, Isaac	Bowers, Dosha	13 May 1894
Williams, Isaac	Deloach, Hattie	5 May 1906
Williams, Isabell	Deloach, Robert	21 Nov 1899
Williams, I.W.	Horton, Catherine	29 Sep 1902
Williams, James G.	Miller, Alice	28 Jul 1897
Williams, James H.	Shell, Mary E.	6 Jan 1881
Williams, Jennie	Olliver, Samuel	5 Oct 1912
Williams, Jennie	Glover, Samuel	28 Jun 1903
Williams, Jennie	Loveless, Frank	11 Aug 1907
Williams, Joe	Range, Dessie	23 Dec 1903
Williams, John	Blevins, Martha	24 Aug 1907
Williams, John B.	Grindstaff, Mary E.	30 Jun 1898
Williams, John E.	Lewis, Nola E.	3 Jan 1891
Williams, John H.	Campbell, Sallie	2 Dec 1900
Williams, John L.	Matherly, Susannah	14 Feb 1882
Williams, John P.	McCorkle, Florence E.	27 Sep 1881*
Williams, John W.	Williams, Anna	25 Dec 1883
Williams, Joseph	Saylor, Eliza	17 oct 1872*
Williams, Josie	Myers, Alfred	9 Jun 1916
Williams, Julia	Hyder, M.E.	22 Nov 1877
Williams, Julia	Cable, J.E.	10 Sep 1903
Williams, Julia	Ingram, Crockett	9 Mar 1912
Williams, J.C.	Fletcher, Drena	3 Oct 1908
Williams, J.W.	Sneyd, Mary	23 Feb 1913
Williams, Katie	Wagner, I.V.	3 Mar 1901
Williams, Laura	Peters, William	12 Apr 1885
Williams, Lena	Grindstaff, Monroe	3 Jun 1918
Williams, Lena May	Thompson, Charles L.	2 Jun 1908
Williams, Levi	Buckles, Mary	3 Feb 1883
Williams, Lizzie	McKeehan, E.B.	2 Oct 1881
Williams, Lloyd	Smith, Sarah	31 Dec 1919
Williams, Lola	Hampton, Charles	4 Mar 1906
Williams, Lorena	Mathis, Calvin	18 Nov 1886
Williams, Lorina	Mathews, J.C.	18 Nov 1886
Williams, Lottie	Ritchie, T.J.	29 Nov 1920
Williams, Lucinda	Matherly, John	3 Jan 1886
Williams, Lucy B.	Lucas, J.G.	3 Jun 1908
Williams, L.	Penland, Millin	23 Dec 1877*
Williams, L.L. (Mr.)	Hughes, M.M.	10 Oct 1897
Williams, L.T.	Jenkins, May	16 Sep 1916
Williams, Maggie	Allen, Hunter	5 Jul 1892

Williams, Maggie	Harden, Charles P.	11 Dec 1899
Williams, Maggie A.	Fowler, James	4 Apr 1893
Williams, Maggie E.	Love, John M.	23 Dec 1886*
Williams, Maggie E.	Love, James M.	29 Jan 1887
Williams, Malinda	Treadway, William	30 Jan 1912
Williams, Mamie	Pierce, Dana	2 May 1920
Williams, Margaret	Berry, Thomas	11 Apr 1875
Williams, Margaret	Deloach, James	14 Sep 1881*
Williams, Margaret	Wilson, David	16 Jan 1884
Williams, Martha	Freeman, Samuel	29 Nov 1903
Williams, Martha A.	Hopkins, Daniel P.	4 Sep 1902
Williams, Mary	Braswell, Tom	2 Nov 1919
Williams, Mary	Hyder, David H.	22 Jan 1872
Williams, Mary Ann	Whitehead, James S.	23 Aug 1888*
Williams, Mary A.	Barry, Elbert H.	? Dec 1871*
Williams, Mary A.	Barns, Elbert	19 Dec 1872*
Williams, Mary A.	Simerly, Nat	24 Jan 1892
Williams, Mary C.	Gardner, Gastin E.	1 Mar 1882
Williams, Mary E.	Bowers, Lawson	25 Jul 1891
Williams, Mary E.	Chambers, D.T.	5 Jun 1908
Williams, Mary Lou	Grindstaff, J.F.	13 Mar 1881
Williams, Mary L.	Dubois, Irwin	17 May 1877
Williams, Mattie	Frasier, W.A.	12 Mar 1899
Williams, Mattie	Speers, Marian	22 Oct 1903
Williams, Mattie	Beever, C.M.	14 Nov 1906
Williams, Maude	Arnett, P.B.	8 Sep 1906
Williams, Mike	Oliver, Alice	24 Feb 1901
Williams, Mike	Bowers, Lillie	16 Apr 1909
Williams, Minnie	Hodge, Heuse	7 Aug 1910
Williams, Minnie	Bowers, John	5 Sep 1915
Williams, M.A.	Myers, C.C. (Mr.)	20 Feb 1896
Williams, M.B.	McIntuff, Rebecca	7 May 1871
Williams, M.C.	O'Brien, Mollie	25 Oct 1888
Williams, M.H.	Lyon, D.L. (Mr.)	14 Jul 1907
Williams, Nancy	Nidiffer, Isaac	21 Aug 1881
Williams, Nancy J.	Hart, James L.	31 Oct 1875
Williams, Nannie	Robinson, James T.	24 Jan 1901
Williams, Nannie	Williams, Bryan	18 Sep 1915
Williams, Nat R.	Taylor, Ella A.	3 Apr 1887
Williams, Noah	Elliott, Eliza	19 Jan 1889
Williams, Nora Alice	McAmis, Frances	17 Jan 1920
Williams, Normie	Tester, Ronald	23 Dec 1914
Williams, N.M.	Hunter, Georgia	3 Apr 1892
Williams, N.T.	Headrick Josie	8 Oct 1899
Williams, N.T.	Meltelal, Daisy	12 Nov 1911
Williams, O.E.	Givens, W.T. (Mr.)	17 Oct 1894
Williams, Pearl	Large, Isaac	12 May 1915

Williams, Pleasant	Grace, Sally	22 Jan 1876*
Williams, Pleasant	Nave, Elizabeth	6 Feb 1887
Williams, Pleasant	Pearce, Callie	15 Mar 1903
Williams, P.J.	Taylor, Julia E.	26 Jul 1885
Williams, P.P.	Coleman, Josie	12 Jul 1917
Williams, Rachel	Cooper, William H.	8 May 1873
Williams, Rebecca A.	McClure, John F.	27 Sep 1907
Williams, Reding	Taylor, Ansaline	1 Oct 1894
Williams, Reta	Markland, Charlie B.	13 Oct 1920
Williams, Reuben	Oliver, Nancy	13 Sep 1888
Williams, Rhoda	Cooper, Montgomery	24 Jan 1879
Williams, Rhoda	Peoples, John W.	20 Jun 1894
Williams, Rhoda	White, R.C.	21 Nov 1900
Williams, Rhoda	Fair, Roy	28 Aug 1904
Williams, Rhoda	Deloach, William	4 Dec 1904
Williams, Robert	Bowers, Lucy	25 Dec 1898
Williams, Robert L.	Peters, Fannie	13 Sep 1885
Williams, Robert T.	Lacy, Carrie E.	18 Aug 1897
Williams, Rod	Buckles, Sarah	22 May 1898
Williams, Rosa	Bowers, J.B.	19 Jun 1910
Williams, Rosa	Jones, William	30 May 1889
Williams, Ruby	Nidiffer, Jessie	8 Mar 1914
Williams, Rufus	Garland, Nancy C.	24 Jul 1902
Williams, R.T.	Emmert, Caroline	15 Nov 1906
Williams, Sadie	McQueen, Ranson	31 Dec 1905
Williams, Sallie	Collins, G.C.	1 Jan 1902
Williams, Sallie	Smalling, Edd	23 Aug 1914
Williams, Sallie	Grindstaff, Roy	9 Dec 1918
Williams, Sallie F.	Bowers, William A.	18 May 1875
Williams, Sallie J.	Humphrey, P.J.	24 Dec 1901
Williams, Sally	Renfro, Jas. C.	17 Jun 1886
Williams, Sam	Bailey, Ruby	5 Jun 1920
Williams, Samuel	Bowers, Callie	29 Aug 1899
Williams, Samuel C.	Buckles, Rebecca C.	17 Sep 1891
Williams, Samuel J.	Denney, Myrtle E.	7 Aug 1889
Williams, Samuel T.	Bishop, Mae	20 Oct 1919
Williams, Sarah	Hilton, William	9 Jan 1875
Williams, Sarah	Hampton, Thomas	31 Dec 1876
Williams, Susan	Wilson, Harrison	28 Jun 1914
Williams, Susan	Garland, Ellie	2 Jun 1918
Williams, S.A.	Hart, Lola	14 Jun 1910
Williams, S.S. (Mr.)	Garrison, L.M.	15 Aug 1908
Williams, S.W.	Vandeventer, Rena	22 Jan 1905
Williams, Thomas	Peters, Nancy	17 Aug 1878
Williams, Thomas	Hinkle, Sanna G.	26 Aug 1912
Williams, Thomas J.	Brown, Laura	20 Apr 1887
Williams, Thomas N.	Brumit, Cordie	19 Dec 1900

Williams, T.A.	Hackney, Clara	14 Dec 1909
Williams, T.B.	Crow, Sallie	19 Jun 1910
Williams, T.B.	Bowers, Eliza	23 Jun 1920
Williams, T.C.	Hodge, Charlotte	23 Dec 1874*
Williams, T.H.	Grindstaff, Margaret	24 Jul 1902
Williams, T.J.	Wilcox, Sallie	1 Apr 1903
Williams, T.W.	Deloach, Mary	15 Feb 1895
Williams, Vancy	Hall, Samuel	24 May 1893
Williams, Vena	Payne, William G.	6 Mar 1902
Williams, William	Simerly, Mollie	27 Mar 1890
Williams, William C.	Shell, Laura A.	27 Dec 1892
Williams, Willie	Lyons, Mattie	8 Sep 1915
Williams, Worley	Perry, Myra	29 Oct 1907
Williams, W.A.	Crow, Maggie	21 Dec 1912
Williams, W.C.	Frasier, Lyda	8 Apr 1899
Williams, W.G.	Hinkle, Jose	18 Apr 1895
Williams, W.W.	Hyder, Lucy	9 Feb 1890
Williams, Zella	Guinn, Warnie	18 Oct 1919
Williams, _____	Blevins, Crisa	9 Mar 1875*
Williams, Nancy C.	Myers, G.D.W.	24 Jan 1891
Willis, Annie	Whitehead, James C.	9 Sep 1901
Willis, Celia	Tolly, Monroe	6 Sep 1914
Willis, E.R.	Hopson, Susan	1 Mar 1885
Willis, George	Gouge, Lena	24 Apr 1911
Willis, Judy	Cornett, Acy	9 Jul 1910
Willis, Robert	Gouge, Josie	3 Jun 1911
Willis, W.M.R.	Tolly, Nancy Ann	10 Sep 1905
Wills, George W.	Whalen, Julia	3 Jan 1882
Wills, Nannie S.	Thompson, Frank C.	29 Mar 1909
Wilson, Alexander	Denzmore, Orpha	16 Feb 1889
Wilson, Alfred	Blevins, Margaret	10 Mar 1905
Wilson, Alice	Holder, Curtis	27 Jun 1903
Wilson, Amanda	Pearce, J.B.	4 Sep 1908
Wilson, Andrew	Richardson, Nancy J.	22 Dec 1893
Wilson, Andy	Carrier, Bettie	25 Feb 1905
Wilson, Annie	Winters, W.M.	4 Jan 1920
Wilson, Annie	McClain, Jack	3 Dec 1917
Wilson, Armitha	Lewis, Andrew	22 Apr 1891
Wilson, Arthur	Maxwell, Lillie	31 Oct 1920
Wilson, Belle	Milner, Deveanux	18 Oct 1919
Wilson, Bettie	Roberts, W.E.	18 Jun 1908
Wilson, Butles	Lewis, Cora	3 Dec 1920
Wilson, Caroline	Hamby, Allen	9 Dec 1888
Wilson, Catie	Lyon, George W.	4 Aug 1888
Wilson, C.A.	Burlison, Laura	7 Sep 1906
Wilson, C.W.	Hackney, Annie	20 Feb 1908*
Wilson, Daniel	Hardin, Maggie	25 Aug 1890

Wilson, Daniel	Garland, Jane	5 Nov 1896
Wilson, Dave	Carrell, Matilda	25 Jul 1919
Wilson, David	Heatherly, Eliza	24 Dec 1878
Wilson, David	Williams, Margaret	16 Jan 1884
Wilson, David L.	Smith, Emily C.	13 Jun 1881
Wilson, Delcena	Lewis, Isaac	31 Mar 1891
Wilson, Delcina	Jenkins, Samuel	3 Jul 1900
Wilson, Dempsey	Heatherly, Eliza	5 Dec 1892
Wilson, Dora	Gibbs, Fain	22 Nov 1911
Wilson, D.C. (Mr.)	Campbell, S.J.	26 May 1907
Wilson, D.G.	Burgiss, Emily	11 Sep 1894
Wilson, D.W. (Mr.)	McQueen, D.C.	10 Sep 1910
Wilson, Eliza Jane	Taylor, James B.	4 Sep 1878
Wilson, Eliza J.	Hodge, D.	2 May 1875*
Wilson, Elizabeth	Garland, K.	8 Nov 1871
Wilson, Elizabeth	Richardson, Thomas	10 Apr 1881
Wilson, Elizabeth	Johnson, Robert	2 Oct 1881
Wilson, Elizabeth C.	Roberts, William H.	26 Dec 1878
Wilson, Ellen	Grindstaff, Ham	28 Dec 1916
Wilson, Ellen	Heuly, William	25 Feb 1880
Wilson, Emma B.	Short, Charles D.	27 Aug 1891*
Wilson, Emma M.	Smithson, Joseph H.	5 Aug 1898
Wilson, Emmit	Lewis, Maggie	22 Feb 1915
Wilson, E.C.	Elliott, Mattie	27 Jul 1896
Wilson, Florence	Daniels, Clifton	30 Dec 1918
Wilson, Francis M.	Ferguson, Jennie	14 Aug 1888*
Wilson, Frank	Schuzer, Hattie	8 Mar 1896
Wilson, George	Hurley, Nellie	22 May 1896
Wilson, George	Bullock, Maud	4 Jul 1918
Wilson, Geroge W.	Daniels, Jane	26 Nov 1882
Wilson, Geroge W.	Collins, Eliza C.	6 May 1907
Wilson, Gilbert	Brown, Minnie	16 Sep 1900
Wilson, Grace	Crow, Jacob	27 Oct 1905
Wilson, G.W.	Stout, Mary A.	6 Feb 1916
Wilson, Hannah	Blevins, William C.	16 Oct 1882
Wilson, Harriett D.	Lunceford, Major P.	17 Sep 1905
Wilson, Harrison	Williams, Susan	28 Jun 1914
Wilson, Hattie	Garland, Gerd	29 Jan 1916
Wilson, Hiram	Garland, Lucinda	28 Apr 1917
Wilson, Hobart	Loudy, Bell	11 Oct 1919
Wilson, Ida	Wilson, W.B.	29 Jun 1899
Wilson, Ida	Miller, E.M.	6 Sep 1919
Wilson, Isaac	Cole, Elizabeth	16 Aug 1888
Wilson, Jackson	Bowers, Ruthie	16 Apr 1898
Wilson, James	Jenkins, Selva	22 Jan 1912*
Wilson, James	Oliver, Jane	23 Apr 1916
Wilson, James D.	Crockett, Lucinda C.	30 Aug 1882

Wilson, James W.	Taylor, Flora	7 Jul 1889
Wilson, John	Dinsmore, S.A.	27 Jul 1877
Wilson, John	Nidiffer, Sarah Ann	17 Nov 1879
Wilson, John	Hackett, Josie	7 Sep 1882
Wilson, John	Hobson, Sallie	31 Oct 1891
Wilson, John	Dugger, Nancy	4 Jul 1906
Wilson, John	Hale, Eva	13 May 1910
Wilson, John A.	Timbs, Sallie A.	1 Oct 1899
Wilson, John C.	Baily, Amanda	7 Jan 1881
Wilson, John L.	Almany, Mattie	22 Feb 1890
Wilson, Jordan	Reeder, Eva	30 Jun 1913
Wilson, Joseph	Pierc, Stella	10 Apr 1917
Wilson, Joseph A.	Chase, Pat H.	24 Jun 1908
Wilson, Joseph A.	Campbell, Nancy	30 Sep 1912
Wilson, J.A.	Bowers, Ethel	3 Jul 1913
Wilson, J.D.	Owens, Lucy	1 Jan 1921
Wilson, J.E.	Justice, Josie	21 Apr 1912
Wilson, J.H.	McKinney, Ada B.	20 Mar 1918
Wilson, J.L.	Hencely, Ida	24 Jun 1890
Wilson, J.R.	Olliver, Flora	1 Apr 1911
Wilson, J.W.	Potter, Maggie	28 Jun 1910
Wilson, Landow	Carriger, Jane	8 Jul 1888
Wilson, Laura	Johnson, Carrick	10 Sep 1917
Wilson, Lola	Richards, Hanck	24 Dec 1919
Wilson, Lona	Marler, John	15 Aug 1920
Wilson, Malinda	Cross, Jacob	19 Mar 1882*
Wilson, Martha	Hodge, Murphey	12 May 1884
Wilson, Martha Jane	Garland, Samuel	29 Jan 1888
Wilson, Mary	Garland, John M.	1 May 1875*
Wilson, Mary	Williams, E.G.	5 Aug 1895
Wilson, Mary	Peters, A.B.	24 Jun 1900
Wilson, Mary	Hurly, Ham	2 May 1914
Wilson, Mary	Harrison, William	30 May 1914
Wilson, Mary Ann	Loveless, Elijah D.	19 Nov 1876
Wilson, Matilda	Richardson, Henry	6 Jul 1878
Wilson, Maude	McClain, Jack	27 May 1915
Wilson, May	Guinn, Herbie	4 Sep 1919
Wilson, Mike	Miller, Mary	25 Nov 1907
Wilson, Minnie	Peters, M.C.	10 Feb 1912
Wilson, Mollie	Goodwin, W.L.	23 Jan 1902
Wilson, Nannie	Cannon, David	13 May 1888
Wilson, Nick	Arnold, Maggie	29 Jun 1913
Wilson, Ofilia	Crow, Clarence	21 Jul 1914
Wilson, Ollie	Campbell, W.M.	9 Jul 1911
Wilson, Ray	Pierce, May	10 Sep 1911
Wilson, Rosa	Jenkins, Rhudy	16 Sep 1909
Wilson, Rosa	Sneed, Grant	15 Sep 1911

Wilson, R.T.	McKeehan, Nancy	21 Dec 1900
Wilson, Sadie	Higgins, Freeman	5 Nov 1911
Wilson, Sallie	Buck, Harry	2 Oct 1872
Wilson, Sallie	Richardson, James	27 Jan 1900
Wilson, Sallie	Blevins, Dill C.	19 Oct 1907
Wilson, Sally	Garland, C.B.	9 Jun 1911
Wilson, Samuel E.	Anderson, Margaret	10 May 1890*
Wilson, Sarah	Hurley, Atkin	15 Oct 1892
Wilson, Sarah	Hurly, Tenie	5 Jul 1902
Wilson, Sarah	Holder, Ham	15 Dec 1904
Wilson, Sarah E.	Trusley, George W.	25 May 1879
Wilson, Soloman	Cole, Sarafina	22 Apr 1874
Wilson, Stella	Baker, Walter (Col)	29 Apr 1916
Wilson, Susan S.	Peters, James	11 Apr 1890
Wilson, Taylor L.	Vanhuss, Edith	15 Sep 1919
Wilson, Tilda	Garland, Wheeler	26 Dec 1901
Wilson, William	Grindstaff, Martha	14 Oct 1890
Wilson, William E.	Perry, Maggie Troxie	24 Apr 1918
Wilson, William E.	Smith, Selma	21 Aug 1920
Wilson, William S.	Garland, Eliza J.	9 Jul 1881
Wilson, W. Clay	Gwaltney, Elva	18 Nov 1916
Wilson, W.B.	Wilson, Ida	29 Jun 1899
Wilson, W.F.	Marthis, Lou C.	17 Aug 1895
Winegar, Robert	McKinney, Amanda	24 Jan 1904
Winehel, Henry	Boice, Irena	28 Oct 1884
Winters, Alice	Jones, W.H.	6 Dec 1916
Winters, Alice	Dolen, George	2 Jun 1900
Winters, Ben	Phillips, Mattie	13 Jul 1910
Winters, Bertha	Hicks, Aaron	20 Oct 1907
Winters, Bessie	Winters, William	12 Nov 1910
Winters, Birda	Phillips, Harrison	21 Mar 1914
Winters, Birtha	Guinn, N.T.	21 Mar 1914
Winters, Campbell	Wright, Mary Ann	16 Aug 1902
Winters, Carter	Oaks, Julia	10 Nov 1907
Winters, Catherine	Bunton, James	3 Apr 1910
Winters, Corbot	Green, Minnie	28 Jan 1916
Winters, Dan	Winters, Florence	10 Oct 1897
Winters, Dora	Morgan, R.C.	23 Mar 1912
Winters, Edd	Shell, Carrie	31 Mar 1920
Winters, Ethel	Holder, David	14 Mar 1920
Winters, Florence	Winters, Dan	10 Oct 1897
Winters, Frank	Davis, Eadie	28 Mar 1914
Winters, Fred	Caraway, Nola	2 Aug 1910
Winters, Hettie	Shell, Arthur	20 Dec 1912
Winters, Ida	Honeycutt, Reuben	29 Mar 1907
Winters, James	Mosler, Sarah	6 Feb 1908
Winters, James M.	Hayes, Sallie	8 Sep 1919

Winters, Jeb	Greer, Elizabeth	9 Jun 1897
Winters, Jessie	Burlison, Matt	2 Sep 1916
Winters, John	Gardner, Doll	9 Mar 1906
Winters, J.	Osborn, Authur	9 Mar 1901
Winters, J.W.	Whittenton, Nellie	15 Mar 1913
Winters, Lackey	Tolley, William	13 Sep 1901*
Winters, Laura	Oaks, John S.	21 Oct 1916
Winters, Laura J.	Fields, James A.	28 Apr 1909
Winters, Lilly	Elliott, Roby	29 Jan 1906
Winters, Lockie	Tipton, Bud	8 Dec 1914
Winters, Lucinda	Hix, Morris, D.	15 Feb 1910
Winters, Lucy	Strickland, Clarence	26 Jul 1919
Winters, Lute	Shell, Rosa	27 Aug 1909
Winters, Martin M.	Daniels, Alice	2 Jul 1882
Winters, Martin W.	Hampton, Sarah	8 Jun 1895
Winters, Mary	Potter, David	11 Jun 1909
Winters, Mauron	Deloach, Belle	3 May 1913
Winters, Minnie	Oaks, William H.	15 Feb 1905*
Winters, Minnie	Gouge, Dorser	20 Jun 1905
Winters, Minnie	Johnson, Will	5 Nov 1919
Winters, Myra	McVey, Elisha	1 Apr 1896
Winters, Nancy L.	Archibold, George	18 Jul 1909
Winters, Nat	Prichard, Hester	4 May 1906*
Winters, Nat T.	Potter, Alice	30 Oct 1895
Winters, Pearl	Perry, Henry	4 Aug 1912
Winters, Robert	Cook, Elizabeth	13 Sep 1903
Winters, Ruth	Vance, J.S.	4 Jun 1917
Winters, R.J.	Gilland, W.M.	12 Mar 1885*
Winters, Sallie	Smith, Elijah	6 Sep 1896
Winters, Samuel	Ingram, Docia	19 Oct 1898
Winters, William	Winters, Bessie	12 Nov 1910
Winters, W.H.	Cook, Charlotte	15 May 1920
Winters, W.M.	Wilson, Annie	4 Jan 1920
Winters, Zeb	Olice, L.A.	9 Jun 1914
Wise, Elizabeth	Hopson, Rosevelt	3 Dec 1918
Wise, Otis	Ford, Ellen	2 Apr 1920
Wiseman, Edward	Gorden, Ethel	16 Feb 1908
Wiseman, Texie	Garland, Stephen	6 Mar 1920
Wishon, David	Netherly, Celia M.	26 Feb 1876*
Wishon, John	Neatherland, Celia	10 Jan 1878*
Wishon, John	Hicks, Elizabeth	2 Mar 1879
Wishon, Sarah	Murray, William H.	27 Jun 1880
Wishon, Susan	Fannon, James	21 Nov 1890
Witherspoon, Alice	Moreland, H.L.	28 Nov 1903
Witherspoon, Ellen	Smith, Jerry P.	1 Apr 1898
Witherspoon, Florenc	Caldwell, John	29 Dec 1900
Witherspoon, Rosa	Johnson, W.F.	30 Sep 1900

Witherspoon, Sam	Smith, Lindy	27 Dec 1914
Wodson, Lucinda	Bowman, Nathaniel	8 Jun 1908
Wolf, C.S.	Greenwell, G.A.	11 Sep 1904
Wolf, James	Angel, Emma	25 Jun 1893*
Wood, Jacob H.	Singleton, Eula Mae	15 Oct 1912
Wood, Lockie Jane	Hampton, Herman L.	8 Oct 1910
Wood, R.F.	Shell, Ollie	1 Feb 1914
Wood, Victorie	Knight, Frank	9 Mar 1914
Woodby, Cameron	Carver, Jane	2 Nov 1902
Woodby, Dempsy	Gillion, Sanada	15 Apr 1910
Woodby, Ellen	Walker, Nat	24 Dec 1919
Woodby, Ethel	Hyder, Nat H.	2 Dec 1906
Woodby, Henry	Lacy, Sarina	12 Aug 1910
Woodby, James	Hyder, Hattie	15 Apr 1900
Woodby, Jerry	Morton, Martha J.	1 Mar 1907
Woodby, Martha	Bryant, Thomas	9 Feb 1899
Woodby, Myrtle	Hyder, Harrison	3 Sep 1911
Woodby, Polly	Ingram, Robert	17 Mar 1906
Woodby, Polly	Street, Dorser	8 Jan 1909
Woodby, Suidaire	Carver, Ellen	12 Mar 1902
Woodby, Susan J.	Carver, William	4 Sep 1906
Woodley, John	Carver, Susan	1 Jan 1912
Woodley, Levi	Clark, Lottie	30 Jan 1911
Woodley, Sarah Ann	McKinney, S.S.	9 Jun 1912
Woodley, Thomas	Morton, Florence	5 Nov 1913
Woodly, Henderson	Headrick, Maggie	14 Oct 1911
Woodly, Laura	Sneed, Henry	2 Dec 1920
Woodriff, James	Phillips, Hester	27 May 1899
Woodring, Marian	Miller, Fannie	2 Apr 1907
Woodruff, E.M.	Julian, Minnie L.	9 May 1899
Woodruff, J.J.	Gregg, Dora J.	13 Jul 1915
Woodruff, J.M.	Gregg, Manerva L.	6 Jul 1899
Woods, Alexander	Lyons, Hester	2 Nov 1888
Woods, Delia	Freeman, Fred	12 Jun 1915
Woods, Delzia	Richard, Noah	27 Apr 1917**
Woods, Emanuel	Royal, Rebecca	20 May 1914
Woods, Henry	Bowers, Agnes	6 May 1906
Woods, James	Carr, Amanda	15 May 1877
Woods, Joseph	Lyon, Lauraney E.	14 Jul 1887
Woods, Lockey	Shell, Chris	26 May 1908
Woods, Lorina	Scalf, Samuel O.	26 Jul 1908
Woods, Lottie	Burnett, Ross	7 Sep 1908
Woods, Mary	Tolly, Francis R.	30 Dec 1914
Woods, Mattie	Ealy, Thomas	10 Apr 1906
Woods, Mollie	Sams, Alfred	31 Mar 1888
Woods, Pearl	Enochs, Donnie	11 Jan 1904
Woods, Reuben	Ward, Mattie	27 Dec 1906

Woods, Roy	Manning, Hossie	21 Mar 1917
Woods, Thomas	Nidiffer, Margaret	5 Dec 1873
Woods, Thomas	Royal, Carry	26 May 1907
Woods, Velvia	Webb, C.G.	8 May 1914*
Woods, Velvia	Webb, C.G.	17 May 1915
Woods, Venis	Ellis, R.J.	15 Apr 1919
Woods, W.G.	Greenway, Carrie	30 Sep 1914
Woodward, Lizzie E.	Roberts, W.A.	11 Jul 1896
Woody, Alice	Greer, Roby	6 Apr 1908
Woody, Bessie	Hughes, Pat	6 Feb 1912
Woody, James	Cole, Sarah	1 Nov 1908
Woody, Margaret	Fowler, E.V.	10 Jan 1897
Woody, Nate	Nave, Ethel	2 Jun 1903*
Woody, Thomas	Coffee, Maude	28 Dec 1908
Wooliverton, Richard	Leonard, Rebecca J.	30 Jun 1913
Wooten, Ruben	Pucket, Monorca	24 Sep 1912
Worley, Joseph	Brown, Margaret P.	21 Mar 1871
Worley, S.P. (Mr.)	Roberts, J.E.	19 May 1912
Wrd, Lura	Tucker, Conly	28 Jun 1908
Wrenne, Jennie B.	Wade, Edwin R.	11 Sep 1901
Wright, Aaron	Burnes, Alice	22 Jun 1903
Wright, Aaron	Odem, Soucie	13 May 1916
Wright, Creasy	Royle, W. Vance	4 Jul 1909
Wright, Dan	Hopson, Julia	4 Jun 1916
Wright, Delia	Julian, Roby	17 Sep 1916
Wright, Hattie	Gilly, Tilmon	9 Feb 1913
Wright, Isaac	Garland, Stella	10 Jun 1900
Wright, James	Townsen, Ida	3 Mar 1902
Wright, J.V.	Edmonson, Maggie E.	28 Jun 1881
Wright, Landon	Richardson, Caroline	19 Nov 1881*
Wright, Mary	Blevins, John M.	19 Feb 1880
Wright, Mary Ann	Freeman, Samuel	8 Jun 1899
Wright, Mary Ann	Winters, Campbell	16 Aug 1902
Wright, Mary A.	Hurley, Mise	13 Dec 1882
Wright, N.G.	Looper, Lucy	28 Jun 1902
Wright, Plato	Blevins, Hulda	20 Jan 1918
Wright, Robert W.	Gray, Louissa	23 Apr 1879
Wright, Sallie E.	Cass, Charley P.	13 Mar 1882*
Wright, Thomas M.	Sells, Marie E.	8 Oct 1902
Wright, Will	Campbell, Etter	5 Aug 1920
Wright, William	Graybeal, Bertha	5 Nov 1907
Write, Robert W.	Gray, Louisa	23 Apr 1879
Wyatt, Mary	Taylor, Edmond W.	9 Oct 1881
Wyatt, Vena E.	Shell, William H.	13 Apr 1879
Yandes, Lena	Tipton, Oscar	27 May 1912
Yandles, Grace	Miller, Roby	28 Sep 1919
Yandles, Pearlie J.	Perkins, John H.	20 Mar 1909

Yates, Alice	Berry, Samuel J.	23 Feb 1872
Yates, Burnice	Morgan, Charley	1 Aug 1920
Yelton, Asberry	McNabb, Pearl	10 Dec 1913
Yokey, B.A.	Thomas, C.F. (Mr.)	10 Apr 1907
Yorber, Lorse	Calvert, Ruth	30 May 1915
Yost, W.K.	Johnson, Bessie	1 Sep 1899
Younce, Fait	Nave, Daisy	14 Oct 1916
Younce, Gertrude	Linkes, Z.H.	8 Apr 1905
Younce, Henry	Eggers, Arbedella	30 Aug 1903
Younce, Nora	Potter, Walter	3 Mar 1912
Younce, T.M.	Reece, Bonnie	10 Jun 1910
Young, Annie	Campbell, Isaac	18 Feb 1911
Young, Charles	Sanders, Jennie	15 Jul 1881
Young, Charles	Pearson, M.	4 Mar 1909
Young, Clarence	McBee, Ella	1 Jun 1914
Young, Corie S.F.	Hyder, Frank M.	1 Oct 1891
Young, Dan	Ashley, Fina	14 Mar 1913
Young, Destie	Lacy, J.E.A.	11 Sep 1913
Young, Dusky	Neal, James	12 May 1913
Young, Ethel	Sloan, Ed	1 Oct 1920
Young, George	Brumit, Lottie	8 Jun 1898
Young, Grant	Berry, Reuben	2 Mar 1906
Young, Hobart	Miller, Lilly	19 May 1919
Young, H.L.	Simmon, James M.	1 Jan 1890
Young, J.W.	Heaton, Minnie	28 Sep 1920
Young, Leona	Brown, Hagie	3 May 1913
Young, Loudania	Richardson, Jordan	22 Sep 1906
Young, L.A.	Simmons, W.E.	5 Mar 1885
Young, Margaret	Clark, Robert N.	11 Apr 1919
Young, Mary	Hughes, John P.	29 Jun 1882
Young, Mary	Smith, N.C.	18 Jan 1903
Young, Mary	Berry, J.F.	24 Jul 1905
Young, Mary Alice	Swift, Dan L.	13 Nov 1920
Young, Melvin	Forbes, Sarah	28 Sep 1899
Young, Mollie E.	Reynolds, Giles M.	28 Jul 1887
Young, Ossie L.	Peoples, Mack H.	14 Mar 1916
Young, Ralph	Burlison, T.A.	19 Jan 1898
Young, Robert	Dunbar, Nora	10 Nov 1892
Young, Sam	Dugger, Rosie	2 May 1920
Young, Samuel J.	Calhoun, Ella	30 May 1915
Young, Sanders	Little, Sallie	2 Jul 1902
Young, Vista	Hicks, Sherman	28 Mar 1907*
Young, Vista	Michals, Albert	9 May 1908
Young, Wesley	Honeycutt, Bettie	26 May 1916
Younge, Robert	Herrell, Caroline	15 Aug 1919
Yount, Hannah A.	Pearce, J.A.	7 Apr 1894
Yount, Logan	Simerly, Rowena	27 Dec 1911
Yount, Mande	Ward, A.F.	30 Jun 1915

www.ingramcontent.com/pod-product-compliance
Lightning Source LLC
Chambersburg PA
CBHW071315150426
43191CB00007B/630